구약학자가 풀어낸

성막의 세계

구약학자가 풀어낸
성막의 세계

지은이 | 김경열
초판 발행 | 2022. 7. 6
6쇄 발행 | 2024. 9. 23
등록번호 | 제1988-000080호
등록된 곳 | 서울특별시 용산구 서빙고로65길 38
발행처 | 사단법인 두란노서원
영업부 | 2078-3333   FAX | 080-749-3705
출판부 | 2078-3331

책값은 뒤표지에 있습니다.
ISBN 978-89-531-4238-1 03230

독자의 의견을 기다립니다.
tpress@duranno.com   www.duranno.com

두란노서원은 바울 사도가 3차 전도여행 때 에베소에서 성령 받은 제자들을 따로 세워 하나님의 말씀으로 양육하던 장소입니다. 사도행전 19장 8~20절의
정신에 따라 첫째 목회자를 돕는 사역과 평신도를 훈련시키는 사역, 둘째 세계선교(TIM)와 문서선교 (단행본잡지) 사역, 셋째 예수문화 및 경배와 찬양 사역,
그리고 가정·상담 사역 등을 감당하고 있습니다. 1980년 12월 22일에 창립된 두란노서원은 주님 오실 때까지 이 사역들을 계속할 것입니다.

구약학자가
풀어낸

성막의 세계

World of the Tabernacle

Mystery of the Tabernacle

김경열 지음

두란노

☀ 목차

우리는 왜
성막을 알아야 하는가?

궁금했다. 너무나 알고 싶었다. 그러나 아무도 가르쳐 주지 않았다. 책방을 아무리 뒤져도 명확한 답을 찾을 수 없어 답답했다. 바로 대학 시절부터 늘 접한 출애굽기 성막 본문이 그 주인공이다. 이 부분을 읽을 때마다 수많은 궁금증이 생겼다. 법궤가 실제로 어떻게 생겼을까? 그룹들은 어떤 모양이었을까? 등잔대는 왜 이렇게 제작 설명이 어려운가? 널판벽의 조립 부품인 "촉"과 "띠"와 "윗고리"는 도대체 뭐란 말인가? 이해하지 못할 글로 가득 찬 성막 본문이었다.

대부분의 책들은 나의 궁금증에 아무런 설명을 해주지 못했고, 단지 성막 비품과 설비들에 담긴 영적 교훈들을 풍부하게 알려 주는 것으로 채워져 있었다. 나는 당시 페이지마다 큰 여백을 둔 성경을 즐겨 읽었다. 필요한 메모를 할 수 있는 유익함 때문이었다. 지금도 그 성경의 출애굽기 여백에는 다양한 밑줄과 내가 직접 연필로 그려 본 여러 가지 그림들이 남아 있다. 상상력을 발휘해 법궤와 진설상을 그려 보고, 널판벽도 나름대로 이런저런 스케치를 해놓았었다. 당시 성경에 기록하고 그려 놓고 메모해 놓은 흔적을 지금 다시 보니 웃음이 나온다.

그러나 상상은 현실이 된다. 당시 대학생이던 나는 언젠가 기회가 되면 직접 난해해 보이는 성막 설계를 구현해 봐야겠다는 생각을 했다. 성막에 대한 오랜 궁금증은 내가 신학을 하고 구약을 전문적으로 연구하면서 하나씩 풀렸다. 특히 몇 년 전 성서유니온의 〈묵상과 설교〉에 "출애굽기" 주해를 싣게 되어 성막 본문을 철저히 공부하게 되었다. 중세와 현대 랍비들의 책과 문헌, 탈무드를 비롯한 유대 문헌을 읽으면서 비로소 궁금증이 해소되기 시작했다. 그림이 하나씩 그려졌다. 그리고 성막의 시설과 비품의 실체가 시청각적으로 눈앞에 펼쳐졌다. 대학 시절의 상상이 현실이 되었다. 그 후 머릿속에 그려진 실체적인 입체 그림을 오랜 시간 구현해 낸 작품이 바로 이 책이다.

성막 본문은 한 주제로는 엄청나게 길다. 무려 출애굽기의 거의 절반인데, 이 해하기 쉽지 않다. 그래서 어떤 사람들은 이렇게 말한다. "우리가 이런 것까지 자세히 알 필요가 있는가? 우리에겐 성막의 의미만 중요할 뿐이다." 과연 그럴까? 그렇다면, 하나님은 쓸데없이 출애굽기를 절반이나 사용하셨단 말인가? 동의할 수 없다. 하나님이 우리에게 이렇게까지 상세히 건축법을 말씀해 주신 이유가 있다. 그래서 하나님이 알려 주신 널판벽의 "띠"가 뭔지, "받침"과 "촉", 그리고 "윗고리"가 뭔지, 어떻게 널판벽을 조립했는지 알 필요가 있다. 그리고 거기서 영적인 교훈을 찾아가는 작업을 해야 한다. 이 책은 바로 그러한 작업의 결과물이다. 시청각적인 그림을 총동원해서 순서대로 비품과 건물이 제작되고 조립되는 과정을 재구성했다. 그리고 오랜 기간 연구한 성막의 역사적 의미와 신학적 메시지를 심도 있게 찾아내 설명을 첨부했다. 시중에 오래도록 유통되어 온 성막에 대한 과도한 풍유적·신비적 해석을 이젠 바로 잡아야 할 시점이다.

책에는 그림과 사진이 140여 장 수록되었다. 그 중 80여 장의 그림을 친구 송종도 목사가 맡아서 그렸다. 그림쟁이인 송 목사가 아니었다면, 이 책은 출간될 수 없었을 것이다. 내가 수도 없이 아주 상세한 부분까지 그림을 고쳐서 다시 그려 달라고 부탁했기 때문이다. 다른 사람에겐 도저히 미안해서 그럴 수 없는 일이다. 두란노 편집팀 역시 숱한 수정 과정으로 고생했다. 매우 상세한 부분의 설명을 자주 바꿔야 해서 이른바 초교와는 아주 다른 성형수술을 한 셈이다. 이 책은 이렇게 많은 사람들이 힘들게 작업해서 낸 결과물이다.

오래 인내하며 책을 만들어 주신 두란노 출판사에 감사드린다. 부족한 나에게 신학을 가르쳐 준 총신의 은사님들과 말씀을 가르쳐 주신 스승님들께 고마움을 전한다. 묵묵히 응원해 준 사랑하는 아내와 세 아들에게 고마움을 전한다. 그리고 부족한 아들을 위해 늘 기도해 주시는 부모님께 이 책을 바치며, 다음 책이 나올 때에도 여전히 건강하시길 하나님께 기도드린다. 하나님께 모든 영광을!

2022년 7월
김경열

프롤로그

새롭게 읽는 성막

성막에 대한 바른 이해는 기독교 신앙에서 대단히 중요하다. 왜냐하면 신비로운 임마누엘과 성육신 사상의 모판이 바로 성막이기 때문이다. 또한 교회는 새로운 성전(성막)이기 때문에 성막 연구는 교회의 의미를 이해하기 위해서도 필수다. 그러나 무엇보다 성막은 하나님이 어떤 분이신지를 알리는 수단이었다. 따라서 우리는 성막의 구조와 규모, 비품들의 종류와 배치, 그리고 건축에 사용된 여러 재료들의 특징과 그 양을 면밀히 살펴보아야 한다. 왜냐하면 성막 자체가 하나님의 영광과 거룩하심을 드러내는 계시의 수단이었기 때문이다.

그러나 아쉽게도 지금까지 한국 교회에서 성막론은 거의 대부분 전문 학자들이 아닌 몇몇 일반 목회자들의 전유물이 되어 왔으며, 그로 인해 정확한 역사와 배경, 문맥에 비춘 해석보다는 지나친 풍유적 해석과 과도한 그리스도 예표론에 치우쳐 있다. 성막을 정확히 이해하려면, 우선 당대의 배경 속에서 일차적 의미를 찾아야 한다.

기존의 성막론 관련 책들이 지닌 가장 큰 문제는 성막 자체에 대한 설명과 정밀한 재구성의 시도에 너무 소홀하거나, 몇몇 재구성된 성막 모형들과 시설, 비품들 중에 매우 잘못된 것들이 많다는 점이다. 무엇보다 출애굽기 25장부터 40장까지에 이르는 엄청난 분량의 성막 본문 자체에 대한(중간에 기록된 금송아지 사건인 32-34장을 제외하더라도) 정확한 이해와 상세한 설명이 부족하다. 말하자면, 대부분의 책들이 성막에서 이해하기 어려운 구절들을 거의 설명하지 않은 채, 비품과 건물의 각 요소들에 온갖 해석들만 갖다 붙이며 아전인수 격으로 풀어내고 있다.

따라서 이 책의 일차 목표는 성막 본문을 히브리어 원문에 입각해 철저히 탐구하여 성막 건물과 비품들의 설계와 제작, 형태를 정확히 재구성하는 데 있다. 이를테면 못 하나까지 어디에, 어떻게 박았는지를 현미경처럼 살피는 작업이 될 것이다. 이것이 이 책의 가장 중대한 목표다. 이어서 우리는 역사, 문화, 지리 배경에 비추어 앞서 말한 성막이 지닌 원래의 일차 의미를 추적하고 그 이상의 신학적 의미와 제의적 논리를 탐구할 것이다. 마지막 단계로 우리는 성막이 지닌 합리적인 그리스도 예표론의 의미와 상징적 의미, 또한 교회론의 의미를 찾아보며 새로운 해석을 시도할 것이다.

성막을 살피기 전에 우리는 먼저 성막에 대한 환상부터 깨야 한다. 성막이 '황금과 보석의 집'이라 불리는 엄청난 건물이거나, 웅장하고 기막히게 아름다운 신전일 것이라는 환상 말이다. 원래 성막은 가난한 광야 피난민들의 초라한 이동식 천막 예배당이었다. 그것은 온 이스라엘 백성이 최선을 다해 지은 건물이긴 하지만, 제국의 엄청난 신전들과 비교할 때 너무나 작고 볼품없었다. 그럼에도 성막이 고대 모든 제국의 신전들보다 위대했던 이유는 성막의 다른 특징들에서 찾아볼 수 있다. 우리는 바로 그 점을 이 책을 통해 추적해 볼 것이다.

이 책의 성막 연구와 건물의 재구성은 크게 몇몇의 가장 권위 있는 랍비들, 특히 중세의 저명한 라쉬(Rashi, 주후 1040-1105년)의 자료에 의존해 있다. 국내는 물론 국외의 기존 성막론 책들은 앞서 말한 대로 전문성이 부족한 이유로 이 책의 목적을 위해 거의 사용하기 어려운 자료들이다. 그럼에도 국외에는 대단히 좋은 몇 개의 유용한 자료들이 있는데, 그것들은 성막의 시설물과 비품들을 매우 탁월하게 재현한 상세한 그림과 사진들을 수록하여 우리의 이해를 돕는다. 그러나 그것들을 번역하여 소개하거나 그대로 사용하기에는 여러 측면에서 적절치 않은 이유로 필자는 그 자료들을 참고하여 한국의 독자들을 위해 성막에 대한 새로운 책을 쓰게 되었다.

책은 대중성을 고려하여 최대한 쉬운 설명과 다양한 삽화와 천연색 사진들을 제공했으나 탈무드를 비롯한 여러 유대 문헌들과 랍비들의 견해를 참고하여 학문적인 토론과 설명에도 소홀하지 않았다. 그러한 다양한 문헌과 저자들의 출처 및 관련된 전문적인 토론은 가독성을 높이기 위해 대부분 미주에 수록했다. 간혹 본문에 중요한 유대 문헌과 주요 저자들의 출처를 간단히 밝히기도 했는데, 이는 하나둘의 저자나 문헌인 경우에 국한된다.

현대 랍비들의 성막론은 한결같이 중세 랍비 라쉬의 출애굽기 주해에 의존해 있다. 그 외 중세의 이반 에스라(Ibn Ezra)나 람반(Ramban)과 같은 저명한 랍비들이 자주 인용된다.[1] 그들은 미쉬나, 탈무드 그리고 미드라쉬와 같은 유대 문헌들에 수록된 고대 랍비들의 성막에 대한 견해를 해석하며 토론한다. 따라서 우리는 이러한 유대 문헌들을 직접 확인하는 작업을 해야 한다.[2] 탈무드는 바빌로니아 탈무드(Babylonia Talmud)와 예루살렘 탈무드(Jerusalem Talmud) 두 종류로 나뉜다. 그런데 흔히 탈무드라 하면 바빌로니아 탈무드를 가리킨다. 따라서 우리는 이 책에서 바빌로니아 탈무드를 인용할 때는 단순히 '탈무드'(Talmud)로 칭하고, 후자의 경우 항상 '예루살렘 탈무드'로 칭한다. 우리는 라쉬를 비롯한 중세 랍비들의 출애굽기 주해에 대한 문헌들을 참고할 때는 간략히 이름과 성경 본문만 기록할 것이다(예. Rashi, 출 25:5; Ramban, 출 26:1).

이 책에는 140여 장의 컬러판 그림과 사진이 수록되었다. 사진과 그림은 모두 Picture를 뜻하는 'P1, P2…'와 같이 일련번호를 붙였는데, 본문 설명에서는 그림인 경우, 예를 들어 '그림 11', 사진인 경우 '사진 25' 등으로 표기했다. 둘은 각각 [P 11]과 [P 25]를 뜻한다.

현대 랍비들이 쓴 성막에 관한 전문 저술들과 자료들은 모두 중세 랍비들의 히브리어 원문이 함께 수록되어 있어 일반 독자가 읽기 어렵다. 또한 그 책들이 제시하는 성막의 시설물과 비품들의 도안과 재구성 모델 중에 많은 것들은 필자가 받아들이기 어려웠다. 그러한 이유로 필자는 그 자료들을 토대로 국내 독자들을 위해 새로운 책을 쓰게 되었다. 다음 세 가지 자료는 이 책에 수록된 많은 그림들, 즉 성막을 재구성한 모델들을 위해 크게 빚진 것이다. 셋 다 공통으로 앞서 언급한 랍비 라쉬의 성막 본문의 주해를 토대로, 필요한 경우 라쉬 외에 다른 거장 랍비들(예. 마이모니데스[Maimonides])의 견해를 참고하여 성막 연구와 현대적 재구성에 심혈을 기울여 유대인 미술가와 랍비들이 만든 작품들이다.

첫 번째 자료는 유대 문헌들을 전문적으로 출판하는 케호트 출판 공회(Kehot Publication Society)에서 제공하는 성막론 자료다. 우리는 이것을 간단히 *Kehot*(케호트)라 부를 것이다. 이 자료는 그 회사의 인터넷 사이트에 전문이 올라와 있으며, 또한 PDF도 내려받을 수 있어서 누구나 활용 가능하다(www.chabad.org/parshah/article_cdo/aid/841839/jewish/Interpolated-Translation.htm. QR코드 참고). 이 자료는 다른 성막 자료와 더불어 필자가 운영하는 네이버 카페 [말씀의집]에서도 얻을 수 있다(cafe.naver.com/torahschool). 이 자료는 라쉬의 히브리어로 된 성막 주해 전문과 더불어 그에 대한 랍비 므나헴 멘델 쉬니어슨(Menachem

케호트
성막론 자료

Mendel Schneerson)의 영문 해석과 보충 해설을 담고 있다. 무엇보다 이 자료는 라쉬의 성막에 대한 해설을 다양한 그림으로 재구성해서 제공하는데, 매우 유익하다. *Kehot* 자료는 2008년도의 것이므로 거기 수록된 그림들은 아래 레빈의 책에 의존하는 것으로 보인다. 그러나 *Kehot*의 재구성 모델은 여러 곳에서 레빈과 차이를 보인다.

두 번째 자료인 모세 레빈의 책은 성막을 가장 설득력 있게 재구성해서 내놓은 최초의 작품(1969년)이라 할 수 있다: Moshe Levine, *The Tabernacle: Its structure and utensils*, Jerusalem: Judaica Press. 랍비의 손자이자 미술가인 그는 수년간 라쉬를 비롯한 여러 중세 랍비들의 성막 주해를 연구하여 그것을 토대로 작은 크기의 수려한 성막을 재현해 냈다. 그는 이해를 돕는 해설들과 함께 재구성된 미니어처 성막의 화려한 컬러 사진들을 자신의 책에 모두 수록했다. 그의 아름다운 성막 재구성 모델을 이 책에서 일부 확인해 볼 수 있다. 그러나 위의 *Kehot*와 아래 랍비 비더만의 책에서 나타나듯이 그의 재구성 모델 전부가 다른 사람들에게 그대로 수용되는 것은 아니다.

세 번째 자료인 랍비 아브로홈 비더만(Avrohom Biderman)의 책은 가장 최근(2011년) 자료다: Avrohom Biderman, *The Mishkan-The Tabernacle: Its Structure and Its Sacred Vessels*, NY: Mesora Publications. 이 책은 더욱 광범위한 연구를 토대로 성막의 재구성을 시도한 뛰어난 작품이다. 레빈보다 훨씬 더 정교하고 상세한 그림으로 성막의 시설들과 비품들을 묘사했으며, *Kehot*처럼 라쉬의 성막 주해 전문을 수록한 뒤 그것을 다른 랍비들의 견해와 적절히 비교하면서 자신의 관점으로 성막을 재구성해 냈다. 그러나 어떤 것들은 여전히 필자에게 불만족스럽거나 동의하기 어려운 재구성 모델들이다.

먼저 성막의 용어를 알아보자

성막의 세부 사항을 살피기 전에 기본 모형과 조감도를 먼저 둘러보는 게 좋겠다. 이 책 1장의 첫 장면에서 전체 조감도를 통해 성막의 크기와 각 기물들의 배치와 규격을 한눈에 살펴볼 수 있다. 더불어 성막론을 공부하기 전에 성막과 관련된 몇 가지 용어들을 처음부터 분명히 구별해야 한다.

모양대로 지으라

8 내가 그들 중에 거할 성소를 그들이 나를 위하여 짓되 9 무릇 내가 네게 보이는 모양대로 장막을 짓고 기구들도 그 모양을 따라 지을지니라 출 25:8-9

하나님은 모세에게 "네게 보이는 모양대로 장막을 지으라"고 명령하셨다. '모양'(תַּבְנִית, 타브닛)은 어떤 형태나 틀을 말하는데, 현대적 개념의 '청사진'이나 '설계 도면'의 개념은 아니나 조감도라 할 수 있다. 모세는 실물 크기의 성막 원형과 그 안에 있는 모든 비품을 시내산에서 환상 중에 상세히 관찰했을 것이다. 다윗도 솔로몬에게 '설계도'를 전달했는데, 그것은 '영감으로 받은 것'이었다.

11 다윗이 성전의 복도와 그 집들과 그 곳간과 다락과 골방과 속죄소의 설계도를 그의 아들 솔로몬에게 주고 12 또 그가 영감으로 받은 모든 것 곧 여호와의 성전의 뜰과 사면의 모든 방과 하나님의 성전 곳간과 성물 곳간의 설계도를 주고 대상 28:11-12

여기서 '설계도'의 히브리어는 '타브닛'으로 하나님이 모세에게 말씀하셨던 '모양'과 동일한 히브리어다. 아쉽게도 동일한 히브리어임에도 번역이 일관되어 있지 않다. 둘 다 "설계(도)"로 옮기는 것이 적절하다. 요지는 성막과 성전 둘 다 하나님이 직접 설계도를 '계시'하여 전달하시거나 '영감'을 통해 알려 주셨다는 사실이다. 이렇듯 성막과 성전은 사람이 설계해서 건축한 건물이 아니라, 하나님이 직접 디자인하셔서 만들어진 신적 건물이다. 따라서 성막은 비록 건축학 측면에서 매우 단순해 보이고, 몇 개 안 되는 비품들도 전문 기술자들이 쉽게 제작할 수 있는 듯 보이나 사람의 기술과 경험, 노력으로 만들어질 수 없었다.

성막과 관계된 여러 이름

성막은 자주 '회막'이라 부르는가 하면, '성소'로도 칭한다. 이것은 '성전'이란 용어가 사용될 때 더욱 큰 혼란을 일으킨다. 넓은 의미에서, 광야의 성막과 후대의 솔로몬 성전 둘 다 신학적으로는 하나님의 언약궤가 놓인 신적 임재의 건물인 성전(temple)이라 칭한다. 그러나 양자를 분리해서 설명할 때는 통상적으로 성막(tabernacle)과 성전(temple)으로 구분한다. 성전은 돌로 지은 예배당으로서 솔로몬 성전 이후 제2성전인 스룹바벨 성전과 후대에 장엄하게 증축, 신축된 헤롯 성전을 포괄한다. 그러나 성막은 재료가 천막인 예배당으로서 흔히 '회막'이라 부르기도 한다. 성막(聖幕)은 하나님이 거하시는 '거룩한 천막', 회막(會幕)은 하나님을 만나는 '만남의 천막(장막)'이라는 뜻이다. 흔하게 성막을 단순히 '장막'이라고도 부르는데 '천막'이라는 뜻이다. 이때는 그것이 백성의 '장막'(천막)과 이름이 같으나 엄연히 둘은 구분된다.

이 모든 하나님의 예배당, 더 확장해서 예컨대, 길갈, 벧엘 그리고 브엘세바와 같은 지역의 예배 처소, 혹은 상수리나무 아래와 같이 하나님께 제사를 바친 제단이 있는 모든 예배 처소를 '성소'(sanctuary)라 부른다. 그로 인해 '성막'도 성소로 칭하는 경우가 발견된다. 예컨대, 출애굽기 25:8에서 하나님은 "내가 그들 중에 거할 성소를 그들이 나를 위하여 짓되"라고 명령하셨다. 우리는 이러한 용어들의 혼란을 다음과 같이 간단히 정리해 볼 수 있다.

성소(sanctuary) = 성막 혹은 성전 그리고 모든 예배 처소			
성막(tabernacle) = 회막 = 장막	천막 건물	이동식(분해, 조립 가능)
성전(temple)	석재 건물	고정식(분해, 조립 불가)

성막과 관련된 각각의 히브리어와 그 뜻은 다음과 같다.

1) **성소(Sanctuary)** : 미크다쉬(מִקְדָּשׁ). 문자적으로 '거룩한 장소'를 뜻한다. 하나님께 예배드리는 모든 곳을 통칭하는 단어다. 성막 본문에서 한 차례 성막을 "내가 그들 중에 거할 성소(미크다쉬)"로 표현한다(출 25:8).

2) **성막(Tabernacle)** : 미쉬칸(מִשְׁכָּן). 단순히 '거처'라는 뜻이나 영어성경은 "tabernacle", 한글성경들은 "성막"으로 번역한다. 미쉬칸은 종종 사람들의 '거처'라는 뜻으로도 사용된다(욥 18:21; 21:28; 렘 9:19 등). 성막은 보통 천막 건물만 가리키는데 때로 성막 건물뿐 아니라 마당까지 포함하는 의미로 사용된다(출 27:19; 38:21; 특히 민 1:49-52에서 레위인들이 '성막' 사방에 진을 치라 했을 때, 마당을 포함한 울타리 경계선 내의 성막 전체 구역을 뜻하는 것으로 이해할 수 있다). 성경에서의 의미와 별도로 통상적으로 성막은 마당을 포함한 건물 구역 전체를 가리키는 말로 사용된다.

3) **회막(the Tent of Meeting)** : 오헬 모에드(אֹהֶל מוֹעֵד). 문자적으로 '만남의 천막(장막)'을 뜻한다. 성막에 대한 다른 표현인데, 이것은 항상 성막의 본당 건물에만 사용된다.

4) **장막(천막, Tent)** : 오헬(אֹהֶל). 이것은 수식어 없이 단순히 '천막'(장막, tent)을 뜻한다. 일반 백성의 막사도 오헬로 칭한다(예. 아브라함의 장막). 성막은 하나님이 거하시는 '천막'이므로 종종 단순히 '(하나님의) 오헬'로 칭하곤 한다. 엄밀히 tabernacle은 텐트를 의미하는 라틴어에

14

서 유래한 단어로 tent와 차이가 없다. 그러나 영어성경은 미쉬칸을 "성막"(Tabernacle)으로, 오헬을 "천막/장막"(Tent)으로 옮긴다. 한글성경들은 전자는 "성막", 후자는 "장막"으로 번역하는데, 장막은 단순히 천막을 뜻한다.

1 성막의 전체 구도
조감도와 기본 구조

성막 전체를 보기 전 먼저 성막을 설명하는 도량들을 살펴보자.

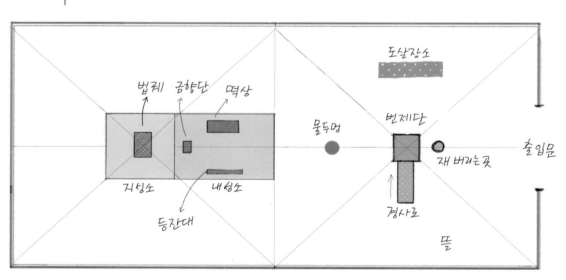

[P 1] 성막의 조감도

성막을 만들 때 무엇으로 측정했을까?
- 규빗, 달란트, 세겔

성막을 만들 때 길이는 규빗, 무게는 달란트와 세겔이 사용되었다. 우리는 이것을 일단 현대의 도량형으로 환산하여 이해할 필요가 있다.

길이: 1규빗 = 50cm

규빗(cubit)은 '팔꿈치, 팔뚝'을 뜻하는 히브리어 '암마'(אַמָּה)의 라틴어 번역 'cubitus'에서 유래했는데, 이것 역시 '팔꿈치, 팔뚝'을 뜻한다. 팔꿈치부터 가운뎃손가락 끝까지의 길이다. 고대에 이집트와 메소포타미아 지역에서 규빗이 널리 사용되었는데, 약간씩 길이의 차이가 있었다. 팔레스타인 규빗은 45cm로 알려져 있는데, 우리는 편의상 이 책에서는 50cm로 간주하기로 한다. 이것은 건물과 시설물, 비품의 정확한 비율을 미터법으로 쉽게 이해하기 위함이다. 우리는 때로 정확한 길이를 산출하기 위해서 45cm의 규격을 따를 것이다.

무게: 1달란트 = 34kg, 1세겔 = 약 11.4g

1달란트는 이견이 있긴 하나 통상 34kg으로 간주한다.[1] 이것은 금, 은, 동 등 금속의 무게를 잴 때 사용되었는데 금 1달란트는 무려 34kg의 금이므로 엄청나게 비쌌다. 1세겔은 많은 학자가 약 11.4g으로 추정한다. 따라서 1달란트는 약 3,000세겔에 해당한다(3,000×11.4g = 34.2kg).

기준 방향: 동쪽

성막을 설치할 때 아무렇게나 세우는 것이 아니라 방향의 기준점이 설정되는데, 반드시 뜰의 입구 쪽을 동쪽으로 삼는다. 이것은 법궤 위에 앉아 계신 하나님이 해 뜨는 쪽을 정면으로 응시하시는 구도를 갖도록 하기 위해서라고 추정된다. 어쨌든 동쪽은 하나님과 얼굴을 맞대는 맞은편이라는 점에서 긍정적이고, 거기서 점점 더 하나님께 가까울수록 그분의 더 큰 영광을 경험할 수 있었다. 그러나 반대로 동쪽에서 만일 하나님께 등을 지고 있는 상태라면, 동쪽은 점점 하나님으로부터 멀어지는 부정적인 방향이었다(창 3:24; 4:16; 11:2). 동쪽의 신학적 의미는 이 책 10장의 "세 휘장막"에 대한 설명에서 논할 것이다.

정리하자면, 하나님을 등진 동편은 저주의 방향이지만, 하나님께 얼굴을 맞댄 동편은 축복의 방향이었다. 따라서 하나님을 향해 들어오는 성막의 동쪽 입구는 매우 긍정적이고 복된 방향이었다고 생각해 볼 수 있다.

성막의 큰 그림

전체 규모

성막의 전체 구도를 살피면, 크기는 동서로 길게 100규빗, 남북으로 짧게 50규빗이다. 현대 도량형으로 가로 50m, 세로 25m 규모의 건축물인 셈이다. 성막 뜰 둘레에 포장막을 치기 위해 60개의 기둥이 세워졌는데, 남쪽과 북쪽에 각각 20개씩, 동쪽과 서쪽에 각각 10개씩이다. 방향은 앞서 말한 대로, 뜰막이 설치된 입구가 동쪽이다.

결론부터 말하면, 성막은 마당까지 포함하더라도 그리 큰 건물은 아니었다. 그러나 나중에 건축된 솔로몬 성전은 이보다 몇 배 더 크고 웅장해진다.

본당 규모

우리는 편의상 벽이 세워진 두 개의 방(내성소와 지성소)을 가진 건물을 종종 '본당'이라 부르기로 한다. 보통 이 건물을 두고 '회막'이라 부른다. 본당은 삼면의 벽을 갖는데 널판들을 조립하여 세운다. 동쪽은 벽을 쌓지 않고 다섯 개의 기둥을 세워 놓고 거기에 휘장막을 걸어 제사장들의 출입이 가능하게 만든다. 크기는 남쪽과 북쪽 벽이 각각 30규빗(15m), 서쪽 벽이 10규빗(5m)이다.

두 개의 방 중에 가장 안쪽인 지성소는 정육방체로서 가로, 세로, 높이가 각각 10규빗(5m)의 공간이다. 그 옆에 가로 방향이 두 배 크기인 '성소'라 불리는 널찍한 방이 있다. 그러나 '성소'라는 명칭은 앞서 하나님의 모든 예배 처소를 가리키는 말로 성막 전체를 칭할 수 있음을 살펴보았다. 지성소(Holy of holies) 옆의 성소(Holy place)는 성막 전체를 의미하는 성소(Sanctuary)와 영어로는 확실히 구별되어 있다. 우리는 구별을 위해 지성소 옆방은 '내성소'라 부르기로 한다. 내성소는 가로 방향이 두 배인 20규빗(10m) 크기의 직사각형 공간이다. 널판의 개수는 남쪽과 북쪽 벽에 각각 20개, 서쪽 벽에 8개 등 총 48개가 세워진다.

비품들
성막의 비품들, 즉 예배 용품들은 불과 6개뿐으로 단출하다.

뜰 : 번제단, 물두멍
내성소 : 떡상, 향단, 등잔대
지성소 : 법궤

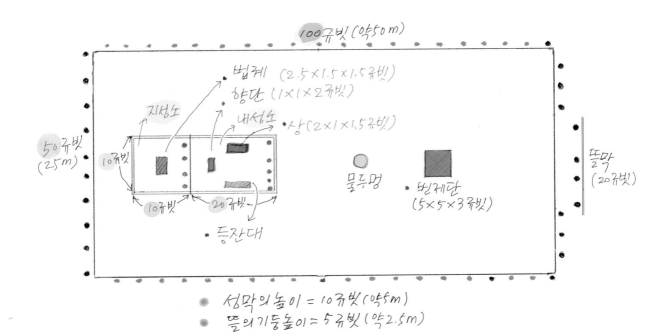

[P 2] 성막 전체의 크기와 비품 배치

우리는 전체 조감도에서 각 비품들의 크기를 확인할 수 있다. 사각형 비품들만 크기가 나와 있으며, 물두멍과 등잔대는 성막 본문 어디에도 크기와 높이 등이 적시되어 있지 않다. 또한 모든 사각형 비품들은 조각목으로 기본 틀을 짜서 제작한다.

각 비품들은 고유의 용도가 있는데 간단히 말하면 예배 용품들이라 할 수 있다. 그러나 여기서 주목해야 할 것은 성막의 예배를 위한 물품은 화려하고 웅장하고 사치스러운 것들이 아니었으며, 광야의 피난 상황에 맞게 불과 몇 개의 비품들이면 충분했다는 것이다. 그러나 크기도 작고 예배 용품도 단출했던 피난민의 천막 예배당에 하나님은 영광의 불-구름 기둥을 동반하여 압도적인 영광 가운데 임재하셨다는 것이 가장 중요하다. 우리의 예배에서도 하나님의 임재가 있는 예배는 예배당의 규모와 시설이 본질이 아님을 알 수 있다.

뜰의 구성

뜰(마당)은 조금 더 구체적인 설명이 필요하다. 거기에는 가장 중요한 비품인 번제단과 더불어 물두멍이 놓여 있다. 성막은 제사를 위해 세워진 건물이므로 번제단이 중심 비품이며, 그에 걸맞게 번제단이 한가운데에 놓여 있다. 물두멍이 그 안쪽에 있는데, 본당 건물과 번제단 중간 지점이다. 물두멍에는 성수(聖水)가 담겨 있는데(민 5:17), 성막 내에서 다양한 활동을 위해 많은 물이 필요했다.

그 외 뜰에는 출애굽기 성막 본문에는 명시되어 있지 않지만 다른 용도의 지정된 공간들이 존재했다(그림 1. 성막의 조감도를 보라). 이것은 오경의 다른 본문들에서 확인된다. 먼저, 제단 동쪽 바로 옆에는 "재 버리는 곳"(레 1:16)이 있었다. 쉼 없이 가동되는 제단에서 언제나 많은 재가 만들어지므로 제사장들은 계속해서 제단에서 재를 제거하여 임시로 그곳에 쌓아 두었다. 또한 짐승을 잡아 제물로 준비할 때 똥이나 내장의 오물과 찌꺼기 등 많은 폐기물이 제거되었는데 그것들을 재 버리는 곳에 버렸다. 재와 폐기물들이 잔뜩 쌓이면 제사장들이 매일 정기적으로 그것을 진영 밖의 폐기장으로 반출시켰다(레 6:10-11).

성막의 조감도(그림 1)에서 보듯이 제단 북쪽은 양과 염소의 도살 장소였다 (레 1:10-11). 그러나 소의 도살 장소는 언급되어 있지 않은데 아마 큰 가축인 이유로 장소를 제한하기 어려웠기 때문일 것이다.[2] 또한 제단에는 틀림없이 경사로가 놓여 있었다. 왜냐하면 제단 본체의 높이는 불과 3규빗(1.5m)에 불과한데, 제사장들이 제단에 오르내리는 장면이 성경에 나타나기 때문이다(레 9:22).

그렇다면 경사로는 제단의 동서남북 어느 방향에 놓여 있었는가? 그 위치는 제단의 남쪽이 분명하다. 왜냐하면 일단 동쪽에는 '재 버리는 곳'이 있다. 북쪽은 도살 장소로서 많은 사람의 도살 활동이 활발한 이유로 경사로가 놓이기에는 부적절하고 너무 협소하다. 서쪽 또한 부적절하다. 왜냐하면 그곳에는 물두멍이 놓여 있을뿐더러, 성막 본문뿐 아니라 오경 어디에도 명시되어 있지 않지만 제사장들이 옷을 갈아입고 씻는 간이 시설물이 있었음이 분명하기 때문이다(레 6:11; 16:4). 또한 제사장들은 물두멍 근처에서 다양한 성물 음식을 요리해 먹었다(레 6:14-23, 26-30). 즉 제단 서편은 제사장들의 활동 공간이며, 또한 분명 간이 시설물이 있었을 것이기에 경사로가 놓일 수 없다. 결국 남은 방향은 남쪽이다.

이 경사로가 어떻게, 어느 정도의 높이와 길이로 세워졌는지는 이 책 11장 "번제단" 제작 부분에서 살펴보기로 한다.

성막이 갖는 공간의 논리

삼중 공간

성막과 성전은 제사를 드렸던 구약의 예배당으로서 동일한 기본 구조를 갖는다. 전체 구역이 다음과 같이 삼중으로 구분되었다.

지성소(Holy of holies)
내성소(Holy place)
마당(Outer court)

지성소 옆방인 내성소(Holy place)를 흔히 '성소'라 부르는데, 앞서 우리는 일반적인 성소(sanctuary)와 구별하기 위해 그것을 '내성소'라 부르기로 했다. 각 구역을 나누는 경계선이 있는데 바로 세 개의 휘장막이다. 마당의 경계선은 마당 입구에 설치된 뜰막이고 내성소의 경계선은 내성소 휘장막이며, 지성소의 경계선은 지성소 휘장막이다.

이러한 삼중 구분은 신학적으로 매우 중요한 의미를 지닌다. 성막(성전)은 삼중 구분의 영역이 각각 거룩의 등급에서 차이를 보인다. 뜰에서 안쪽으로 들어갈수록 거룩의 등급이 높아진다.[3] 이해하기 쉽게 편의상 숫자를 매긴다면, 뜰은 거룩의 등급이 +1, 내성소는 +2, 지성소는 +3의 공간이 된다. 이것은 지성소의 법궤 위에 좌정해 계신 하나님께 가까이 갈수록 거룩의 등급이 높아짐을 의미한다. 하나님은 거룩의 본체이시고 근원이시며 그분에게서 뿜어져 나오는 거룩의 기운(power)이 거리에 비례해서 상징적으로 등급화되어 있음을 뜻한다. 이 거룩의 기운이 어떤 작용을 하는지는 나중에 살펴볼 것이다.

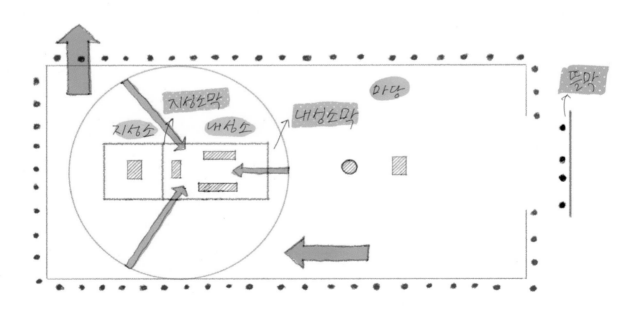

[P 3] 거룩의 등급에 따른 비품의 배치

성막의 세계

각 성막 공간에 매겨진 거룩의 3등급에 걸맞게 거기에 출입이 가능한 사람도 3등급으로 나뉜다. 지성소에는 대제사장만이 입장 가능하고, 내성소에는 일반 제사장들까지 들어올 수 있으며, 마당은 부정한 사람을 제외한 평민(레위인 포함)의 출입이 허용되었다. 달리 말하면, 평민은 내성소에 결코 들어갈 수 없으며, 일반 제사장들은 지성소에 들어갈 수 없었다. 이러한 성막의 신학적 논리는 각 구역에 놓은 비품들과 사용된 금속 재료의 가치를 통해 분명하게 드러난다.

뜰에서 지성소를 향해 : 수평적

성막의 금속 재료는 금, 은, 동인데 비싼 순서로 나열되어 있다. 흥미롭게도 마당에 사용된 금속은 모두 놋(동)이며, 본당 건물로 들어오면 사용된 금속이 모두 금으로 바뀐다. 은이 사용된 곳을 살피면, 우선 본당인 지성소와 내성소의 벽을 짜는 널판들마다 아래에 커다란 은 덩어리 받침대가 끼워져 있다. 그리고 회막 바깥의 마당에는 60개의 울타리 기둥을 세워 포장막을 치는데, 그 기둥들 아래에는 놋 덩어리 받침대가 끼워져 있다. 따라서 내성소 널판의 은받침대보다 가치가 떨어진다. 요지는 뜰에서 안쪽으로 가면서 더 비싼 금속이 사용된다는 점이다.

마당의 비품들인 번제단은 놋을 입혀 '놋제단'이라고도 부르며, 물두멍 또한 놋을 녹여 제작한다. 본당의 비품들인 떡상과 향단은 조각목으로 틀을 짜서 제작한 다음 모두 금을 입히고, 등잔대는 나무가 아닌 큼직한 금 덩어리로 제작한다. 따라서 그 방에 사용된 금속은 모두 금이다.

안쪽으로 들어가면 지성소인데 거기에는 가장 중요한 비품인 법궤만이 놓여 있으며, 그것 역시 조각목으로 틀을 짠 뒤 금을 입힌다. 그러나 궤 위에는 커다란 금 덩어리로 제작된 두 그룹(케루빔) 형상이 놓인 속죄소가 덮여 있다. 지성소 안의 법궤에 사용된 금의 총량은 역시 금 덩어리로 제작된 내성소의 등잔대보다 훨씬 많았을 것으로 추론된다. 따라서 비품들의 가치는 마당에서 지성소를 향해 일직선으로 들어갈수록 점점 비싸지는데 지성소에 가장 비싼 법궤가 놓여 있다.

이것은 각 구역의 경계선 역할을 하는 세 휘장막의 가치에서도 잘 드러난다. 휘장막들은 공통으로 베실을 기본으로 청색, 자색, 홍색의 삼색실을 섞어서 제작한다. 그러나 가장 안쪽의 지성소 휘장막은 추정컨대 상당히 두꺼웠으며 화려한 그룹(케루빔) 문양이 "정교하게 수놓아진"(출 26:31) 최고급 물건이다. 반면에 내성소와 뜰의 휘장막은 역시 삼색실로 "수놓아" 제작되는데, 본문에는 그룹 문양에 대한 언급이 없으나 마찬가지로 그룹 문양이 들어간 것으로 추정된다. 다만 수놓기 기술의 등급이 낮았는데, "정교하게"라는 수식어가 빠진 단순한 "수놓기" 기술이 사용되기 때문이다. 그러나 내성소막과 뜰막 중에 아마 내성소막이 더 중요하고 고급진 물건이었을 것으로 추정된다. 정리하자면, 휘장막의 가치 순서는 뜰막, 내성소막 그리고 지성소 휘장이다.

바깥 테두리에서 안쪽을 향해 : 동심원

또한 전체 도면을 기준으로 바깥 테두리에서 중심의 법궤를 향해 동심원을 이루며 안으로 들어갈수록 비싼 금속이 사용된다. 중심에서 가장 먼 마당 기둥들의 받침대 재료는 모두 놋인데, 안쪽으로 들어가 본당 벽을 짜는 널판들의 받침대 재료는 모두 은이다. 나아가 널판벽 안쪽 비품들의 금속은 모두 금으로 구성된다.

아래에서 위를 향해 : 수직적

마지막으로, 아래에서 위로 향할수록 비싼 금속이 사용된다. 앞서 말한 대로, 바깥뜰의 테두리를 형성하는 기둥들은 그 아래에 놋받침대를 끼우는데, 맨 위에는 은으로 만든 머리싸개가 장식되어 있다. 즉 아래는 놋, 위는 은이다. 본당의 벽을 짜는 널판들은 아래에 묵직한 1달란트(34kg)의 은받침대가 두 개씩 끼워져 있는데, 위로 올라가면 모두 금을 입히고 맨 위에는 금으로 제작된 금고리들이 끼워진다. 즉 아래는 은, 위는 금이다.

여기서 중요한 논리가 발견되는데, 수평으로는 지성소의 법궤로 갈수록 비싼 금속이 사용되며, 수직으로는 땅에서 하늘을 향할수록 비싼 금속이 사용된다는 것이다. 이것은 수평으로는 지성소의 법궤에 계신 하나님을 향해, 수직으로는 하늘에 계신 하나님을 향해 점점 비싼 금속이 사용됨을 뜻한다.

성막을 대표하는 두 비품

성막의 조감도(그림 1)에서 보듯이 성막 전체의 중앙을 자르면, 두 개의 정사각형이 만들어진다. 각각의 정사각형에 대각선을 교차해서 그으면 정중앙에 교차점이 생기는데, 학자들은 각 중심부에 법궤와 번제단이 놓여 있었을 것으로 추론한다. 이것은 법궤와 놋제단이 각각 성막의 대표 기물로 매우 중요한 역할을 했음을 뜻한다. 놋제단에서 가장 중요한 희생 제사가 쉼 없이 드려졌고, 법궤에 임재해 계신 하나님은 그 제사들을 받으셨다.

내성소에서 가장 중요한 비품은 아마 향단이었을 것이다. 속죄제 짐승의 피가 주로 마당의 번제단에 뿌려지지만(레 4-5; 12-15장), 내성소에 뿌려질 때는 향단 뿔에 뿌려진다는 점에서 그렇다(레 4:5-7, 16-18). 또한 일 년에 하루 속죄일에 대제사장에 의해 속죄제 짐승의 피가 지성소의 법궤 위 속죄소(레 16:15-16)와 더불어 향단에 뿌려진다는 사실에서 향단의 중요성이 드러난다. 이것은 짐승의 피가 뿌려졌던 번제단, 향단 그리고 법궤, 이 세 가지가 각 공간에서 가장 중요한 대표 기물임을 시사한다.

성막은 왜 진영 가운데에 배치되었을까?

성막은 하나님이 임재하시고 거하시는 장소다. 그런데 출애굽기 25:8에서 하나님은 "내가 그들 중에 거할 성소"를 지으라 말씀하신다. 이것은 성막이 하나님이 백성 중에 거하시는 수단임을 의미한다. 다시 말해 하나님은 단순히 성막에 거주하기 위해서가 아니라 전적으로 성막을 통해 백성과 함께하기 위해 성막 건축을 명하셨다.

성막은 이스라엘 백성의 삶의 중심에 있었다. 공간적 측면에서 실제로 그러했고, 일상 삶의 측면에서도 그러했다. 일단 성막은 이스라엘 백성 진영의 정중앙에 설치되었다. 12지파가 성막을 중심으로 동서남북으로 세 지파씩 나뉘어 배치되었기에 성막은 물리적, 공간적으로 이스라엘 백성의 중심에 위치했다(민 2장). 또한 제사와 율법을 비롯한 이스라엘 백성의 삶의 모든 것이 성막(성전)과 연결되어 있었기에 일상 삶의 측면에서도 성막은 그들 삶의 심장과 같았다.

진영 배치를 보자면, 동쪽에는 유다, 잇사갈, 스불론으로 그들이 제1대를 이룬다(민 2:3-9). 이때 민수기 본문은 유다를 대장 지파로 가장 먼저 언급하고

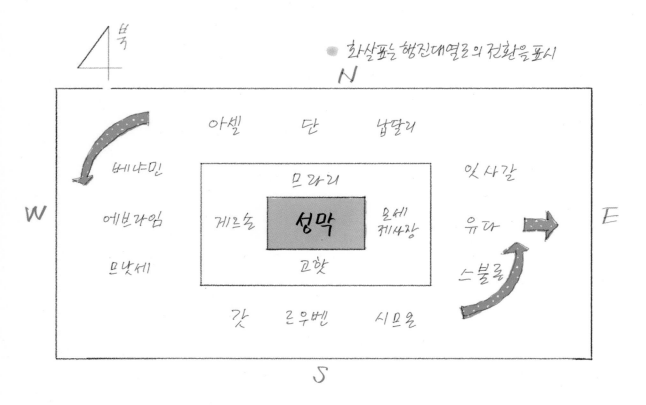

[P 4] 이스라엘의 진영 배치

성막의 세계

이어서 그 옆에 잇사갈과 스불론을 배치하는데, 실제 자리 배치에서는 대장 지파인 유다가 가운데에 서야 하고 양쪽에 잇사갈과 스불론이 배치되는 것이 당연하다. 유다 지파는 유다가 장남이 아님에도 불구하고 하나님의 선택으로 12지파를 맨 앞에서 이끄는 정치, 군사 지도자 역할을 한다.[4]

남쪽에는 르우벤, 갓, 시므온이 배치되어 제2대를 이룬다(민 2:10-16). 역시 르우벤이 가운데에 포진되는 것이 당연하고 좌우에 갓과 시므온이 배치된다. 남쪽은 두 번째로 중요한 방향이었는데, 장남인 르우벤에게 그 자리가 배치되었다. 물론 르우벤은 아버지 야곱의 첩 빌하와 간통한 범죄로 인해(창 35:22) 야곱의 예언을 따라 장자권을 박탈당하며(창 49:4) 요셉이 그 실질적 권리를 넘겨받는다(대상 5:1). 그럼에도 그의 장남의 지위가 예우를 받는다. 북쪽에 단, 아셀, 납달리가 제3대를 이루며 배치되고, 서쪽에 에브라임, 베냐민, 므낫세가 제4대로 배치된다.

이어서 성막 바로 옆의 사방에 레위 지파가 배치되는데, 레위는 고핫, 므라리, 게르손 등 세 가문으로 구성되어 있다. 태어난 순서는 게르손, 고핫, 므라리이지만, 모세와 아론이 속한 고핫이 제사장 집안으로 선택되어 가장 중요한 가문이다.

가장 중요한 방향인 동쪽에는 모세와 더불어 아론의 제사장 가문의 천막들이 설치된다(민 3:38). 그곳은 성막 출입구로서 제사장들의 출퇴근이 가장 용이한 위치다. 남쪽에는 가장 중요한 가문인 고핫 가문이 진을 치는데, 그들은 성막의 모든 예배 비품들을 관리하고 운반하는 임무를 맡았다(민 3:29-32). 이런 비품들이 운반될 때는 우마차를 이용하지 않고 고핫 자손들이 직접 어깨에 멘다. 북쪽에는 므라리 가문이 자리를 잡았는데 그들은 성막의 골조인 대단히 무거운 널판과 다양한 기둥들 및 널판과 기둥 아래 끼운 묵직한 금속 받침대 등을 관리하고 운반하는 임무를 맡았다(민 3:35-37). 이것들을 운반할 때는 사람이 들 수 없었기에 소들이 끄는 우마차에 실었다. 서쪽에는 게르손 가문이 배치되었으며, 그들의 임무는 천막과 휘장, 포장막을 관리하고 운반하는 일이다(민 3:23-26). 역시 우마차가 사용되었다.

한편, 하나님의 구름 기둥이 떠서 움직이면 진영이 이동하는데, 이동 대열은 진영 대열과 달라졌다. 그러나 단순히 그림 4에서 보듯이 남쪽의 제2대가 제1대 뒤로 이동하고, 북쪽의 제3대가 제4대의 뒤로 이동하면 되었다. 다만 제3대의 아셀이 아닌 납달리가 맨 아래쪽으로 이동하는 방식이다.

그림 5에서 보듯이 성막을 운반할 때는 성막이 세 부분으로 분리되었다. 그것은 민수기 10:11-28에 상세히 묘사되어 있다. 맨 앞에 법궤가 앞장섰다. 법궤는 레위인들이 어깨에 멨고 그 위에는 하나님의 불-구름 기둥이 내려와 있었다.

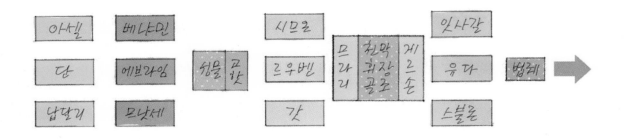

[P 5] 이스라엘의 세부적인 행진 대열

참고로, 불 기둥과 구름 기둥은 밤과 낮을 번갈아 출현된 두 가지 기둥이 아니라 불-구름 기둥으로서 합체된 하나의 기둥이었다(출 14:24; 40:38). 두터운 구름이 하나님의 불을 둘러싸고 있는 형태의 불-구름 기둥으로서 강한 발광성 구름이었다. 그런데 그것이 낮에는 태양 빛으로 인해 구름만 보여 구름 기둥으로 보이고, 밤에는 컴컴해서 구름은 보이지 않고 구름을 투사해 나온 시뻘건 불기둥만 보이는 것이다(출 40:38).

법궤는 평상시에는 레위인들이 운반했지만(민 3:31-32; 4:4-15) 전쟁이나 요단강 도하와 같은 비상 상황에서, 또는 매우 중대한 순간에는 제사장들이 직접 어깨에 멘 것으로 보인다(수 3:3, 6; 6:4, 6-9; 왕상 8:3-6).

법궤 뒤를 제1대가 따르는데 가운데의 유다가 대장 지파로 선두에 선다. 그 뒤에 성막의 골조와 휘장이 우마차에 실려 운반된다. 이것들은 대단히 무거운데, 앞서 말한 대로, 레위 지파의 므라리 족속은 널판이나 기둥과 같은 무거운 골조를, 게르손 족속은 천막과 휘장 종류를 맡았다. 르우벤을 중심으로 제2대가 우마차의 뒤를 따른다. 제2대 뒤에 레위 지파의 고핫 가문이 가장 중요한, 그러나 무겁지 않은 성막의 비품들을 어깨에 메고 이동하며, 마지막에 에브라임의 제4대와 단의 제3대가 뒤따른다.

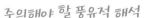

주의해야 할 풍유적 해석

유감스럽게도 많은 목회자가 성막의 구조와 비품들을 가지고 자의적이고 주관적인 풍유적 논리를 개발해 낸다. 분명 성막의 삼중 공간과 거기에 놓인 비품들은 수평적으로, 그리고 수직적으로 하나님께 가까이 갈수록 더 거룩하고 비싸다. 이것을 그리스도인의 점진적 성화에 빗대는 것은 어느 정도 그럴듯하다. 그러나 성막의 거룩 등급과 논리의 일차 목적은 하나님과 인간의 커다란 간격을 교훈하고, 또한 하나님의 거룩하심을 증거하고 가르치는 데 있다. 그러한 이유로 성막의 구조와 비품들의 배치 하나하나가 신자들의 영적 단계를 상징한다는 설명은 아무런 근거가 없는 자의적 적용일 뿐이다.

예를 들어, 성막 문은 보혈의 뿌림과 신앙고백의 단계이고, 번제단은 산 제사로 바치는 헌신의 단계, 물두멍은 죄의 회개라는 설명은 비품들의 원래 기능 및 의미와 아무 관련이 없다. 물두멍은 씻어 내는 기구이기에 죄의 회개로 연결되지만, 성수는 희생 제물의 세척과 성막 청소, 제사장의 목욕과 손발 씻기뿐 아니라, 매우 중요하게도 음식을 요리할 때도 사용되었음을 기억해야 한다. 회개의 메시지는 짐승의 머리 위에서 이루어지는 안수와 도살에서 찾아야 할 것이다.

2 성막의 원자재들

출애굽기 | 25:1-9 / 35:4-9

성막은 어떤 재료로 만들었을까?
광야에서 어떻게 재료를 구할 수 있었을까?

성막 본문에서 출애굽기 25-31장은 건축과 제작 방법을 가르치는 '지시 본문'이며, 35-40장은 그 설계 도면대로 실제로 공사를 하는 '실행 본문'이다. 둘은 거의 똑같은 내용의 반복이다. 우리는 각 장마다 사선(/)으로 앞은 '지시 본문', 뒤는 '실행 본문'으로 구분할 것이다.

출애굽기 24장에서 시내산 언약식을 마친 후 모세는 산에 올라 하나님이 보여 주신 성막을 환상 중에 관찰했다. 그 후 그는 상세하게 설명된 성막 건축 매뉴얼을 받아 왔다. 백성의 자발적 참여를 통해 모아야 할 예물과 건축 자재 그리고 귀금속이 나열된다. 성막 건설은 필요한 재료들에 대한 설명과 그 준비 방법으로 시작된다. 성막 건축을 위해 백성이 바친 예물들은 막대한 양이었으며(출 36:3-5), 질도 최상품이었다.

일곱 가지 재료들

1 여호와께서 모세에게 말씀하여 이르시되 2 이스라엘 자손에게 명령하여 내게 예물을 가져오라 하고 기쁜 마음으로 내는 자가 내게 바치는 모든 것을 너희는 받을지니라 3 너희가 그들에게서 받을 예물은 이러하니 금과 은과 놋과 4 청색 자색 홍색 실과 가는 베실과 염소 털과 5 붉은 물 들인 숫양의 가죽과 해달의 가죽과 조각목과 6 등유와 관유에 드는 향료와 분향할 향을 만

성막의 세계

들 향품과 7 호마노며 에봇과 흉패에 물릴 보석이니라 출 25:1-7

성막 공사에는 총 일곱 가지 원자재가 사용되었다. 그것은 다음과 같다: (1) 금속류, (2) 실들, (3) 가죽들, (4) 나무(조각목), (5) 유향과 향품들, (6) 감람유와 관유 원료들, (7) 보석류.

금속 : 금, 은, 동

여기서 먼저 도량형을 따라 무게를 가늠해야 한다. 1달란트는 3,000세겔인데, 앞서 언급한 대로 약 34kg이다. 학자들은 1세겔을 약 11.4g으로 정한다. 금속 재료는 금, 은, 동 세 가지며 철은 사용하지 않는다(출 38:24-31). 특별히 '순금'이 사용되었는데, 이것은 소위 24K로 다른 금속을 섞지 않은 가장 고가의 금을 뜻한다. 그러나 고대의 순금은 약간의 불순물이 섞여 순도가 떨어졌을 것이고 따라서 현대의 순금보다 강도가 더 높았을 것으로 추론된다.

종류	총중량	사용처
금	29달란트와 730세겔 (약 1톤)	- 법궤, 떡상, 등잔대, 향단 - 기타 부품들(대접과 숟가락, 병, 잔 등) - 널판과 기둥의 도금, 기둥의 고리들, 앙장의 갈고리들, 대제사장의 에봇
은	100달란트와 1,775세겔 (약 3.5톤)	- 널판 받침대 - 울타리 기둥 부품들(머리싸개, 갈고리, 가름대)[1]
놋	70달란트와 2,400세겔 (약 2.5톤)	- 번제단, 물두멍 - 기타 부품들(화로, 부삽, 대야, 갈고리 등) - 울타리 기둥

[P 6]
금 1톤의 부피
사진 속의 가운데 박스가 금 1톤의 부피와 비슷하다.

도표에서 보듯이 금은 약 1톤, 은은 약 3.5톤, 동은 약 2.5톤이 사용되었다. 미리 말해 두지만, 1톤의 금은 굉장히 많은 양이라 생각되나 사실은 그렇지 않다. 금은 비중(19.32)이 철(7.87)의 2.5배나 되는 가장 무거운 금속 중 하나인데, 금 1톤을 부피로 따지면 불과 가로, 세로, 높이 37cm 정방형의 크기밖에 되지 않는다. 사진 6은 택배 상자인데 중간 상자의 규격이 48cm×38cm×34cm이므로 금 1톤과 비슷한 크기다. 결국 양이 많지 않았던 금이 성막 시설과 부품 곳곳에 어떻게 사용되었는지 늘 고려해야 한다.

나열된 예물들은 가치 순서에 따른 것이다. 예를 들어, 금-은-동은 귀금속의 가치에 따른 배열이다. 앞서 설명한 대로, 이 금속 재료들은 그 가치를 따라 성막의 삼중 구분에 따른 거룩의 등급에 맞게 사용되었다. 그러므로 금과 은은 믿음을 상징하고, 놋(동)은 십자가를 의미한다는 식의 풍유적 해석은 바로잡혀야 한다.

실 : 여섯 종류, 가치대로

실은 여섯 종류가 사용되었는데, 그 가치에 따른 배열은 다음과 같다.

금실 ─ 청색 실 ─ 자색 실 ─ 홍색 실 ─ 베실 ─ 염소털 실

실의 사용처는 다음과 같다.

앙장막들, 휘장막들, 울타리 포장막, 제사장 옷
특히 금실은 대제사장 에봇에만 사용

금실은 가장 비싼데, 제작법이 출애굽기 39:3에 "금을 얇게 쳐서 오려서 실을 만들어 청색 자색 홍색 실과 가는 베실에 섞어 정교하게 짜고"라고 묘사되어 있다. 그러나 구체적으로 당시 어떻게 금실을 제작했는지는 알 수 없다. 금은 전성(展性)과 연성(延性)이 가장 뛰어난 금속의 하나이기에 가는 금실을 뽑는 것은 전혀 문제가 되지 않는다.[2]

참고로, 2015년에 덴마크에서 고고학자들이 주전 10-8세기로 추정되는 금실 더미를 발견했는데, 매우 얇고 넓적하게 제조된 긴 금실이 실타래처럼 한덩어리로 뭉쳐 있었다. 이것은 출애굽기에서 언급된 제조법에

**[P 7] 덴마크에서
발견된 고대의 금실**

성막의 세계

따른 금실의 모양과 매우 흡사하다. 어쨌든 가장 비싼 금실은 성막 전체에서 유일하게 대제사장 에봇과 흉패 제작에만 사용되는데, 청색, 자색, 홍색의 다른 색실들과 섞어서 그것들의 옷감을 짓는다.

그다음으로 고가의 실들은 청색, 자색, 홍색 실인데, 기본 재료는 모두 양모(羊毛)로서 그것에 염색을 한 이유로 매우 비쌌다. 고급 염료들에 대해서는 뒤에서 별도로 설명하기로 한다.

반면, 베실은 삼의 종류인 아마(亞麻)나 대마(大麻)와 같은 식물을 말린 후 뽑은 실로서 '삼베 실'로도 부른다. 여호수아서에서 라합이 정탐꾼들을 지붕에 말리던 삼대(삼의 줄기) 사이에 숨기는데(수 2:6), 이것이 베실의 원료다. 이 베실로 옷을 제작하면 베옷이며, 베실로 짠 천, 즉 삼베 원단은 '세마포'라 부른다. 이 세마포를 재료로 세마포 옷(베옷)을 비롯하여 포장막이나 휘장막, 덮개와 커튼 등을 만든다. 결국 베옷과 세마포 옷은 같은데, 재료인 베실에 초점을 맞추면 베옷, 옷감에 초점을 맞추면 세마포 옷이다. 한글성경들은 많은 곳에서 베옷을 세마포 옷으로 번역하는 등 일관된 번역을 하지 않아 혼동을 주지만

[P 8] 대마
베실은 대마와 같은
식물을 말린 후 만들었다.

둘을 같은 옷으로 간주하면 된다.[3] 마지막의 염소털 역시 실을 짜기 위함이다. 재료인 염소털을 쉽게 구할 수 있고, 염색을 하지 않고 제조하는 이유로 염소털 실이 가장 저렴했을 것이다.

가죽 : 두 종류만 사용

가죽은 두 종류만 사용되었는데, 붉은 염색을 한 숫양 가죽과 해달 가죽이 그것이다. 이 가죽들은 성막의 세 번째와 네 번째의 가죽 덮개들을 제조하는 데 사용된다(출 26:14). 그 외 성막 어느 곳에도 가죽은 사용되지 않는다. '해달'로 번역된 '타하쉬'(תחש)는 정체가 불분명하다. 이것을 해달로 보기는 어렵다. 해달이란 바다에 서식하는 수달 종류인데 북태평양 해안에서만 서식하기 때문이다. 아마 타하쉬는 아랍어 어근에 비추어 볼 때, 홍해 연안에 대량으로 서식하는 돌고래(dolphin)나 물개의 일종인 듀공(dugong)인 것으로 추정된다.[4] 특히 듀공 가죽은 매우 질겨 고대로부터 샌들 제작에 많이 사용된 것으로 알려져 있는데(참고. 겔 16:10), 우리는 타하쉬를 듀공으로 이해한다.[5] 참고로 에스겔 16:10에서는 이것이 "물돼지 가죽신"으로 번역되어 있는데, 이것은 듀공으로 만든 샌들을 의미할 것이다. 이렇듯 타하쉬는 듀공으로 추정되지만, 편의상 우리는 개역개정 성경 그대로 그것을 '해달'로 칭하기로 한다.

숫양 가죽은 늘 양을 잡는 이유로 흔한 물건이었으나, 바다에서 조달되는 해달 가죽은 상당히 비쌌다. 여기서 주목해야 할 것은 흔했던 숫양 가죽이 바다에서 조달해야 하는 해달 가죽보다 먼저 언급되어 더 비싸다는 사실이다. 그 이유는 숫양 가죽을 붉은 염료로 염색했기 때문이다. 당시에 탈색이나 변색이 잘 되지 않는 특수 염료는 대단히 비싼 물품이었다.

[P 9]
물개의 일종인 듀공

나무 : 고급 목재인 조각목으로

성막에서 사용된 유일한 목재는 조각목이다. 다른 나무는 일절 사용되지

않았다. 조각목은 사막 아카시아(acacia) 나무인데 우리나라의 아카시아와 전혀 종이 다르다.[6] 이것의 히브리어는 '싯팀'(שִׁטִּים, 단수 '싯타' שִׁטָּה)으로 흔히 '싯딤나무'로도 불린다. 중동 지역에는 싯딤나무가 많아 이것을 지명으로 삼은 지역들이 성경에 여럿 나온다: 싯딤(민 25:1), 아벨싯딤(민 33:49), 벧 싯다(삿 7:22) 등. 이 나무는 건조한 기후에 적응하기 위해 수분 증발을 최소화하도록 잎이 매우 작고, 그것을 동물이 뜯어먹지 못하도록 줄기마다 큰 가시가 나 있다.

그런데 조각목은 엄밀히 '조각자 나무'의 잘못된 용어다. 이 나무는 싯딤나무와 비슷해 보이나 전혀 다른 수종(樹種)이다. 동양에는 싯딤나무가 없는 이유로 싯딤이 그나마 비슷한 조각자 나무로 간주되어 "조각목"으로 번역되었을 뿐이다. 그러나 조각목은 잘못된 용어이긴 하지만 이미 정착되었으므로 그대로 사용하기로 한다. 조각목은 성막 건설에서 매우 다양한 용도로 사용되었는데 그 사용처는 다음과 같다.

사각형 비품들(법궤, 향단, 떡상, 번제단)

널판들, 휘장막 기둥들, 울타리 기둥들

여러 부품들(채, 띠 등)

사막 아카시아는 척박하고 건조한 광야에서 자라는 나무로 그 서식지는 중동 지역을 비롯하여 아프리카 북부부터 남부 지역에 이르기까지 광범위하며 종류도 다양하다. 흔히 조각목을 사막에서 자라는 볼품없는 싸구려 잡목으로 간주하면서 하나님이 그것을 성막 재료로 사용하셨다는 사실에서 큰 영적 의미를 찾는다. 나아가 우리가 바로 조각목처럼 싸구려 인생에 불과한데, 하나님이 우리를 중생한 귀한 존재로 사용하신다고 설명한다.

[P 11]
싯딤나무에는 동물이 먹지 못하도록 큰 가시가 나 있다.

[P 12]
대형 싯딤나무
건조한 기후에 잘 자란다.

이 자체로는 무척 은혜롭고 감동적이나 문제는 그것이 사실에 부합하지 않다는 것이다. 싯딤나무는 사막에서 자라는 싸구려 잡목이 아니다. 비록 레바논 백향목에 견줄 장엄하고 아름다운 나무는 아니지만, 당시 싯딤나무는 매우 비싼 고급 목재로 사용되었다.

70인경은 싯딤나무를 '방부제 나무' 혹은 '썩지 않는 나무'를 뜻하는 "크쉴라 아세쁘따"(ξύλα ἄσηπτα)로 번역했다. 그만큼 잘 썩지 않는 나무라는 뜻이다. 이것은 사막의 건조한 지역에서 자라는 가시가 많은 나무인데, 단단해서 잘 부러지지 않고 변형도 잘 안 되며 특유의 방부 작용으로 잘 썩지도 않는다. 그로 인해 이집트에서는 영생불사를 상징하는 거룩한 나무로 신성시되어 파라오가 죽을 때 이 나무로 관을 짰다.[7]

어떤 사람들은 싯딤나무의 크기로 볼 때, 높이 10규빗(5m), 너비 1.5규빗(75cm), 두께 1규빗(50cm) 크기의 널판을 제작할 거대한 싯딤나무가 존재했을까 의구심을 품는데, 시내반도에는 오늘날에도 여전히 그 규모를 능가하는 대형 싯딤나무들이 존재한다. 현대에는 아마 과도한 벌목으로 그처럼 큰 싯딤나무들이 드물지만, 고대에는 대단히 많았을 것이다.

감람유와 관유 재료들

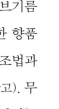

시내반도의
대형 싯딤나무

기름은 동물성 기름이 아닌 감람유를 뜻한다. 오직 감람유, 즉 올리브기름 만이 원료로 사용되고 거기에 몰약, 육계, 창포, 계피 등 네 가지 특별한 향품 들을 섞어 특수한 기름인 관유를 제작해서 성막에서 사용한다. 관유 제조법과 사용법에 대해서는 나중에 상세히 살펴볼 것이다(이 책 7장 "관유와 향"참고). 무 엇보다 불순물을 철저히 걸러 낸 맑은 감람유가 매일 등잔대의 등불을 밝히는 원료, 즉 '등유'로 태워졌다. 이러한 '정결한' 감람유가 아닌 불순물이 섞인 감 람유를 태우면 연기와 그을음이 발생하고 냄새도 좋지 않았을 것이다.

향품들 : 유향을 기본으로

분향단에 태울 향 가루를 만드는 데 여러 가지 향품(향료)들이 사용되었 다. 기본 향료는 '유향'으로 불리는데 이 유향은 성경에서 자주 나오므로 잘

[P 13]
감람유(올리브기름)
맑은 감람유는
등유로 사용되었다.

알고 있어야 한다. 이것은 주로 남부 아라비아 지역에서 자생하는 '보스웰리아'(boswellia) 나무의 진액을 채취해 건조시켜 만든 딱딱한 향품이다. 유향은 고대로부터 분향제, 진통제, 안정제, 화장품 등에 사용된 매우 비싼 물건이었다. 최근에는 보스웰리아가 관절에 좋은 약재로 한국에도 많이 알려져 있다. 액체 상태의 채취된 원액을 말려서 엄지손가

[P 15] **유향**

락 한 마디 크기의 고체로 유향을 제조한다. 성경에서도 황금, 유향, 몰약 이 세 가지 귀중품이 아기 예수에게 예물로 바쳐진다(마 2:11). 유향이 황금과 견줄 만큼 귀하고 비싼 향품(향료)이었음을 뜻한다.

　일상의 제사에서 유향을 자주 바쳤는데, 소제의 밀가루 위에 감람유를 붓고 유향 덩어리 하나를 얹어서 한 움큼을 뜬 뒤 그것을 태운다(레 2:2). 그 외 유향 덩어리(아마 여러 개)를 종지 그릇에 담아 진설상의 두 줄 떡 위에 올려놓기도 하는데(레 24:6-7), 이 유향은 안식일에 떡을 교체할 때 번제단에 태웠을 것으로 추론된다. 제사장들이 매일 아침저녁으로 향단에 태우는 향 가루는 유향을 기본 향품으로 하되 거기에 매우 비싼 향품들인 소합향, 나감향 그리고 풍자향을 섞어서 가루로 만들어 제조했다. 앞서 관유 제조에 사용된 네 가지 향품에 향 제조에 사용된 네 가지 향품을 더하면, 성막에서는 총 8가지의 향품이 사용된 셈이다: 몰약, 육계, 창포, 계피(관유 제조); 유향, 소합향, 나감향, 풍자향(향 제조).

[P 14] **유향 나무
(보스웰리아)**

유향 나무에서 나온 진으로 유향을 만든다.

보석 : 열두 가지 종류

　보석류는 열두 가지가 사용된다. 자세한 것은 대제사장 복장에 대한 설명(이

[P 16] **호마노(onyx) 보석**

책 14장 "제사장의 관복")에서 살피기로 한다. 보석들이 사용된 물품은 유일하게 대제사장 옷이다. 성막 건물이나 휘장과 같은 다른 직물과 옷감류에는 보석들이 일절 사용되지 않는다. 가장 대표적인 보석은 호마노인데, 에봇 양쪽 어깨의 어깨받이(어깨끈)의 금테에 끼운다(출 28:9-12; 39:6-7). 그 외 흉패에 호마노, 홍보석, 황옥, 녹주옥을 비롯하여 열두 개의 보석이 박혀 있다(출 28:17-21). 이 보석들에는 이스라엘 열두 지파의 이름이 하나씩 새겨져 있다. 이것들이 오늘날 어떤 보석들을 가리키는지 정확히 알 수는 없으나, 당시 가장 고귀한 보석들이었음은 분명하다.

호마노(縞瑪瑙)가 가장 대표적인 보석으로 명시되는데 대다수 영어성경들도 호마노를 뜻하는 "onyx"로 옮긴다. 그러나 이것의 정체 또한 분명하지 않은 이유로 랍비들과 고대 번역 성경들마다 다른 보석으로 번역했다.[8]

[P 17] **대제사장의 흉패에 부착된 것으로 추정되는 보석들**

염료와 색실들

색실의 원료인 염료는 별도로 설명할 필요가 있다. 염색 실 중에 청색이 가장 고가였고, 그다음 자색과 홍색의 순으로 비쌌다. 청색, 자색, 홍색 실은 고급 옷감의 소재로 다양한 색상을 나타내는 수단이었다. 이러한 색실들은 가치의 순서대로 나열되어 있다. 이것들이 고가인 이유는 염료 때문이다. 이것은 분자 구조상 색이 쉽게 바래는 일반물감(dye)이 아니라 변색이나 탈색이 거의 안 되는 색소물감(pigment)이다. 고대에 대중적인 질 좋은 염료들도 많이 유통되었으나 성막에 사용된 물감은 최고급 염료들이었음이 분명하다.[9]

홍색 염료
청색과 자색 염료는 서로 다른 종의 바다고둥에서 채취한 분비액으로 제조하고, 홍색 염료는 상수리나무에 기생하는 연지벌레에서 채취한 것으로 알려져 있다.[10]

[P 18] **연지벌레**

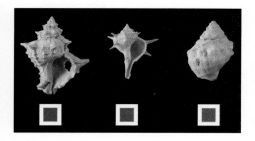

[P 19]
세 가지 염료 원료로
사용되는 지중해 연안의
바다 고둥들. 왼쪽부터
편의상 ①, ②, ③번으로
칭한다.

자색 염료

홍색 염료와 달리 청색과 자색의 정체와 제조법은 오래도록 수수께끼였다. 페니키아의 주요 도시는 두로(Tyre)와 시돈(Sidon)이다. 이 두 도시는 고대에 '티리안(두로) 자색'(Tyrian purple)이라는 고급 염료 산업으로 명성이 높았는데, 많은 나라에 염료를 수출해서 엄청난 부를 축적했다. 그중 청색 염료는 가장 비쌌다.

티리안 자색 염료는 대체로 엄지손가락 크기의 세 종류의 작은 바다고둥들의 아가미 분비물에서 채취되었으며 고둥의 종류에 따라 자색 색상이 조금씩 달랐다. 우리는 사진 19의 바다고둥들의 종류를 왼쪽부터 편의상 ①번, ②번, ③번으로 칭하기로 한다(정확한 이름은 미주를 보라).[11] 어떤 학자들은 뮤렉스(Murex)라 불린 이 바다고둥 종류들에서는 무려 12,000마리에서 겨우 1.4g의 염료 원액만을 채취할 수 있었다고 하는데, 그럼에도 옷 한 벌을 염색할 수 있는 양이었다.[12] 만일 이 견해가 옳다면, 자색 염료 채취에 들어간 노동력은 엄청났을 것이며 얼마나 비쌌을지 추정할 수 있다. 다른 사람들은 이것이 지나치게 과장된 수치라며 반대하지만 상당히 검증된 주장이다.[13] 어쨌든 바다고둥의 자색 염료는 염료 중에 최고가였음이 분명하다.[14]

랍비들은 고대의 성막 시대에도 바다고둥으로 만든 고가의 삼색 염료가 사용되었다고 말한다. 그중 가장 비싼 염료는 ①번 고둥에서 채취된 진한 자색인 청자색(靑紫色, blue purple)으로 추정된다. ②번과 ③번 염료의 자색은 사진 19에서 보듯이 하나는 빨간 색조를, 다른 하나는 약한 보랏빛을 내면서 다소 차이가 난다. 그럼에도 추정컨대 고대에 이 둘을 '자색'으로 칭하였고 심지어 청자색 혹은 보랏빛에 가까운 ①번도 일반적으로 '자색'으로 통칭하곤 하였다.[15]

자색의 범위가 매우 넓었던 이유는 무엇일까? 아마 성경을 비롯한 고대 문헌들에서 자색을 둘러싼 큰 혼동이 발생한 것으로 보인다. 예를 들어, 사도행전에서 루디아가 판매했던 자색 옷은 왕들이 입었던 자색 옷과 어떻게 다른가? 왜 로마 군병들이 예수님을 조롱하며 입힌 짝퉁 망토를 자색 옷이라고도 하고(막 15:17; 요 19:2), 홍포라고도 칭하는가(마 27:28)?[16] 이것은 당시 자색들의 다양한 색상 때문에 생긴 혼동일 수 있다. 아마 자색 망토가 홍포로도 불린 이유는 그 색상이 빨간 색조를 포함하는 자색과 홍색의 경계선에 놓여 있었기 때문일 수 있다.[17] 이렇듯 당시 티리안 자색의 색상 범위는 상당히 넓었다. 그런데 고대의 성막에 사용된 청색과 자색의 색상 분별 에서도 동일한 어려움이 발생된다.

청색 염료

[P 20]
바다고둥들의 원료가 만들어 내는 색깔들

청색은 히브리어로 '트켈레트'(תְּכֵלֶת)라 불리는데, 이 색깔의 정체는 오래도록 자색과 더불어 혼동을 일으켰다.[18] 청색은 흔히 하늘색으로 이해하나 이 염료는 앞서 ②번과 ③번에서 채취한 염료와는 달리 고고학적인 실체가 거의 확인되지 않아 정확한 색상을 알기 어려우며 제조법도 오늘날 완전히 잊혀 오래도록 수수께끼로 남아 있었다.[19] 티리안 자색의 범주에 들어가는 이 청색은 가장 고귀한 색으로서 아마 자줏빛을 띤 청자색으로 추정되며, 이 청색 옷은 고대로부터 중동 지역의 최고급 귀중품으로 알려져 있다.

최근 히브리어 트켈레트의 어근을 추적한 연구에 의하면, 고대로부터 신전과 왕실의 영광을 표현하는 데 사용된 청자색에 대한 언급은 심지어 주전 3500년경의 누지 문헌까지 거슬러 올라가며 이후 우가릿(주전 3천 년)과 아카드 문헌(주전 2700년)에도 나타난다.[20] 따라서 청자색 염료의 제조는 매우 오랜 역사를 두고 있음을 알 수 있다.[21] 염료 사업은 나중에 두로와 시돈에서 꽃을 피웠으며, 페니키아의 자색 염료의 영광은 두로가 무슬림에게 정복당해 염료 산업이 몰락할 때(주후 7세기경)까지 지속되었다.

탈무드를 비롯한 랍비 문헌에 의하면, 성막에 사용된 고귀한 청색과 자색 염료는 유대인들이 '힐라존'(hilazon)이라 부르는 바다고둥(Murex)에서 채취되었다.[22] 랍비들은 이미 고대부터 그 특수한 염료들이 성막을 위해 사용되었음을 인식하고 있었다. 그러나 랍비들은 그 바다고둥이 어떤 종류인지 언급하지 않았다. 자색의 원료는 약간 색감이 다른 ②번과 ③번 고둥임이 이미 밝혀졌으나, 앞서 말한 대로 트켈레트로 불린 청색 원료와 제조법은 오래도록 풀지 못했다.

그러나 최근 연구에 의하면 청색 원료는 자색이 주성분이나 강한 청색 성분을 대량 함유한 것으로 드러난 ①번 고둥의 분비물임이 밝혀졌고, 또한 그 염료의 제조 과정이 거의 복원되면서 색깔의 정체도 짙은 보라색(dark violet) 혹은 청자색(blue purple)이었던 것으로 추정되었다.[23] 염료 제조 과정에서 자외선 노출 시간에 따라 색깔이 달라지고 오랜 시간이 지나면 푸른 하늘과 같은 청색도 가능했던 것 같으나 ①번 고둥의 분비물 성분에 청색과 더불어 자색이 가장 많고 또한 이것도 티리안 자색의 범주에 포함된 것으로 보아 청자색으로 보는 것이 무난해 보인다. 어쨌든 이것은 자색보다 짙은데 우리는 편의상 '청색'으로 부르기로 한다.

리서치게이트의 연구 자료

[P 21]
왼쪽부터 ①, ②, ③번 고둥이다. ①번에 청색 성분이 두드러진다.

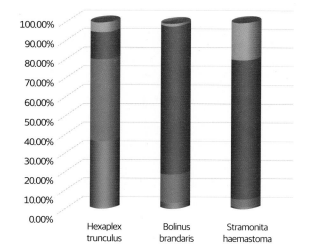

우리는 성막에 사용된 세 가지 색실의 원료들을 추적해 보았다. 가장 고귀했던 이 삼색실로 얼기설기 옷감을 짜서 휘장과 대제사장 옷 등을 제작하는 데 사용했다. 그 색깔들은 조화를 이루며 다양한 무늬와 아름다운 색상을 연출하기 위한 것이었을 뿐, 특정 색이 어떤 상징을 나타낸 것은 아니었다. 이 색상들의 의미는 나중에(116쪽과 10장 "세 휘장막") 성막 앙장막 설명에서 더 상세히 설명할 것이다. 결론부터 말하면, 색깔 하나하나에서 의미를 찾으려는 풍유적 해석은 배제되어야 한다.

3 | 법궤

출애굽기 25:10-22 / 37:1-9

성막의 핵심 비품은 법궤다. 인터넷에 다양한 모양의 법궤가 검색되는데 무엇이 바른 걸까?

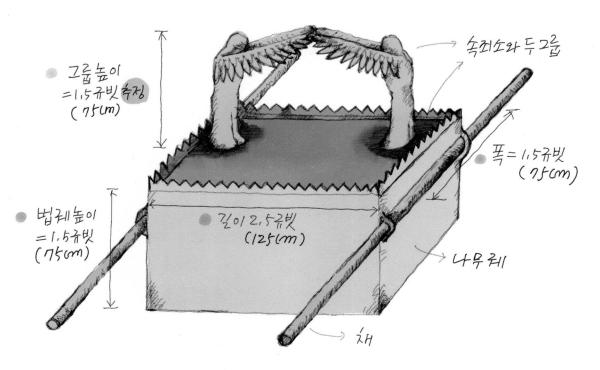

[P 22] 법궤의 기본 구조

성막 건설의 지침은 법궤와 더불어 시작된다. 제작 방법을 알려 주는 지시 본문(출 25:10-22)에서는 성막의 가장 내부 방에 놓인 핵심 기물인 법궤 제작 방법을 설명한 뒤, 법궤를 안치하는 막사 제작이 이어진다. 그러나 출애굽기 35장 이후에 나오는 실행 본문인 실제 성막 건축 과정에서는(출 37:1-9) 이것이 뒤바뀌어 막사 제작이 먼저 이루어진 다음, 법궤 제작 이야기가 등장한다. 지시 본문과 실행 본문 사이의 이러한 차이는 단순히 설비의 중요성의 순서(지시 본문)와 실제 작업 순서(실행 본문)의 차이 때문일 것이다. 실제 작업에서는 건물을 먼저 짓고 거기 들어갈 비품들을 제작하는 것이 타당한 순서다.

[P 23]
모세 레빈의
법궤 복원 모델
(M. Levine, 90)

법궤의 구성

법궤는 아래 '나무 궤'와 위의 '속죄소'로 구성되는데, 나무 궤는 조각목 상자이며 그 위에 속죄소가 놓여 있다. 속죄소는 모두 순금으로 제작되는데, 밑판은 튼튼한 금판으로 되어 있고 그 위에 순금으로 제작된 커다란 두 그룹(cherub)의 형상이 양쪽 끝에("두 끝에") 놓여 있다(출 25:18). 속죄소는 항상 나무 궤와 구분되는 독자적인 물건으로 취급되는데 일반적으로 상자와 속죄소를 합하여 '법궤'(ark) 혹은 '언약궤'(the ark of covenant)라 칭한다.

속죄소는 '소'라는 글자가 붙어 자칫 지성소 안의 어떤 특별한 장소로 착각할 수 있는데 그것은 오해다. 이것은 법궤 상자 위의 뚜껑 부분이므로 "속죄 덮개"(atonement cover, NIV)나 "속죄판"(atonement plate, NET)이 적절한 번역일 수 있다. 그러나 그것이 뚜껑의 역할만 했던 것이 아닌 하나님의 보좌 혹은 발등상이었으며, 속죄일에 여기에 피를 뿌려 온 이스라엘 백성의 속죄가 이루어지는 장소였기에 '속죄의 자리'라는 뜻의 "속죄소"가 무난한 번역으로 추천된다. 나중에 자세히 설명하겠지만, 지성소에는 대제사장이 일 년에 하루, 속죄일(음력 7월 10일)에만 입장할 수 있었다. 거기서 대제사장은 법궤 위의 속죄소에 짐승의 피를 뿌려 온 이스라엘의 모든 죄를 속죄했다.

궤(אָרוֹן, 아론)는 보통 사각형 상자를 말한다. 이것은 흔히 '법궤'로 통용되는데, 정작 개역개정 성경에서는 레위기 16:2에서만 사용된 번역이고 나머지는 대부분 '궤'로 칭한다. 우리는 이것을 '법궤'로 칭하기로 한다. 사실 그 외에도 법궤의 이름은 다양하다. 예를 들어, 법궤에는 두 '증거의 돌판'이 보관되어 있었는데, 그로 인해 그것을 '증거궤'라 부른다(출 26:33; 30:6 등). 다음은 법궤의 다양한 이름들이다: 법궤(궤), 증거궤, 언약궤, 하나님의 궤, 여호와의 궤(이상 성경구절은 생략).

궤(법궤)는 영어로 'ark'이다. 영어로는 이것이 노아의 방주(ark) 및 모세의 갈대 상자(ark)와 구분되지 않는다. 그러나 이것들의 히브리어는 '테바'(תֵּבָה)이므로 궤(아론)는 명백히 다른 종류의 물건이다. 상자나 바구니를 뜻하는 '아론'과 '테바'의 각각의 형태나 기능이 어떻게 다른지 정확히 알 수 없으나, 법궤를 지칭할 때는 언제나 '아론'을 사용한다. 아마 테바는 뭔가를 담는 바구니의 개념이고, 아론은 물품 보관을 위한 상자를 뜻할 것이다. 이것은 요셉의 시체를 안치한 관을 '아론'이라 칭한 데서도 유추된다(창 50:26).

한편 법궤 위에 놓인 두 그룹 형상의 금 덩어리 비품은 속죄소다. 그러나 속죄소로 번역된 '카포레트'(כַּפֹּרֶת)에 대한 논란이 계속되어 왔다. 영어로는 대체로 "mercy-seat"로 번역된다. 이것은 흔히 "시은소"(施恩所, 은혜를 베푸는 자리)로 번역되어 유통되고 있으나 한글성경에서는 전혀 사용되지 않는다. 이 단어는 오히려 '속죄하다', '배상하다', '(진노를) 달래다'를 뜻하는 동사 '카파르'(כַּפַּר)에서 온 명사가 분명하므로 "속죄소"는 적절한 번역이다.

나무 궤의 제작

> **10** 그들은 조각목으로 궤를 짜되 길이는 두 규빗 반, 너비는 한 규빗 반, 높이는 한 규빗 반이 되게 하고 **11** 너는 순금으로 그것을 싸되 그 안팎을 싸고 위쪽 가장자리로 돌아가며 금테를 두르고 출 25:10-11

앞서 조각목은 중동의 건조한 들판에서 자라는 싯딤나무(acacia)로 매우 단단하고 내구성이 좋은 나무임을 살펴보았다. 법궤는 이 조각목으로 짠 사각형

상자가 기본 틀이었다. 반복하지만, 조각목은 사막의 싸구려 잡목이 아니다. 이 나무는 잘 썩지 않는 특징으로 인해 이집트에서 불멸을 상징했으며, 파라오의 장례에서 관으로 쓰일 정도로 신성하게 여겨졌다. 따라서 조각목은 버림받은 인간을 상징하며, 하나님은 조각목을 그렇게 사용하신 것처럼 죄인인 인간을 거룩한 백성으로 삼아 주신다는 해석은 곤란하다.

참고로 우리는 법궤부터 시작하여 성막의 모든 시설물과 비품들의 제작과 설치, 그리고 배치에 대해 살펴볼 것이다. 앞으로 시설과 비품에 대한 그림을 펼쳐 놓고 그림의 각 요소들에 번호를 붙인 다음 그 번호의 순서를 따라 그것들을 설명하는 방식으로 논의를 진행할 것이다. 따라서 독자들은 그림의 번호 순서를 참고하면서 해당 설명을 읽으면 쉽게 이해할 수 있다. 다음은 그림 24에 대한 설명이다.

1) 조각목 상자 : 조각목 상자, 즉 나무 궤의 크기는 작은 편이다. 가로×세로×높이가 각각 2.5규빗(125cm)×1.5규빗(75cm)×1.5규빗(75cm)에 불과하다. 이 책 1장에서 말한 대로, 우리는 규빗의 이해를 돕기 위해 편의상 50cm로 정했으나 실제로 약 45cm로 추정되므로, 이것을 적용하면 상자의 크기는 더 작다. 상자의 위쪽은 나무 판 덮개 없이 비어 있었는가? 이것이 유대교의 정통적 견해이며 랍비들과 현대의 학자들도 일부를 제외하고 모두 동의한다. 즉 윗면은 나무 판이 아니라 속죄소의 밑판인 금판이 덮었다는 것이 정설이다.

2) 내측 금상자 : 조각목 상자를 순금으로 안쪽과 바깥 면을 둘러쌌으며 (11절) 그 위로는 금테를 둘렀다(12절). 그러나 순금으로 '안팎을 싸다'라는 말은 무슨 뜻인가? 여기서 '싸다'(צָפָה, 짜파)의 뜻은 금을 입힌 것으로(overlay) 이해된다. 내성소 다른 비품들의 특징과 제작법을 살펴볼 때, 일반적으로 이것은 나무틀에 얇은 금박을 입힌(도금) 것으로 이해된다. 그러나 유대 랍비들 중에는 적어도 법궤에서만큼은 '금을 싸다'는 뜻

법궤의 세부 구성

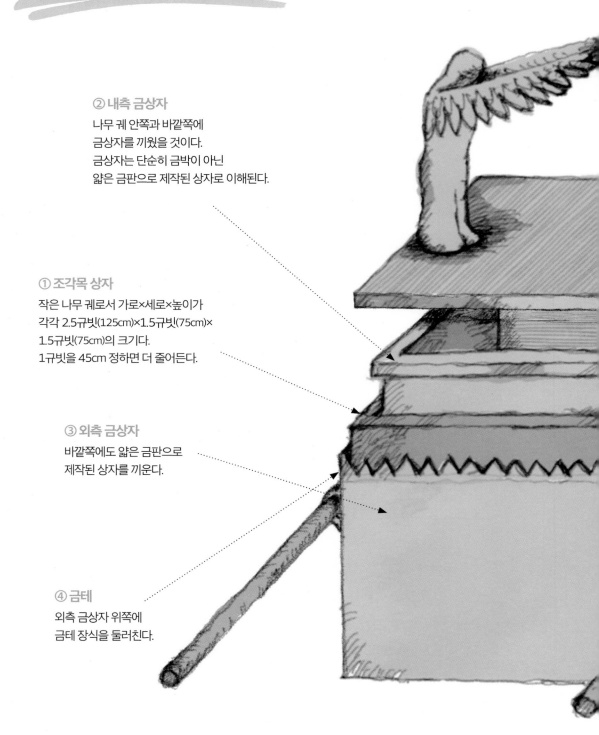

② 내측 금상자

나무 궤 안쪽과 바깥쪽에
금상자를 끼웠을 것이다.
금상자는 단순히 금박이 아닌
얇은 금판으로 제작된 상자로 이해된다.

① 조각목 상자

작은 나무 궤로서 가로×세로×높이가
각각 2.5규빗(125cm)×1.5규빗(75cm)×
1.5규빗(75cm)의 크기다.
1규빗을 45cm 정하면 더 줄어든다.

③ 외측 금상자

바깥쪽에도 얇은 금판으로
제작된 상자를 끼운다.

④ 금테

외측 금상자 위쪽에
금테 장식을 둘러친다.

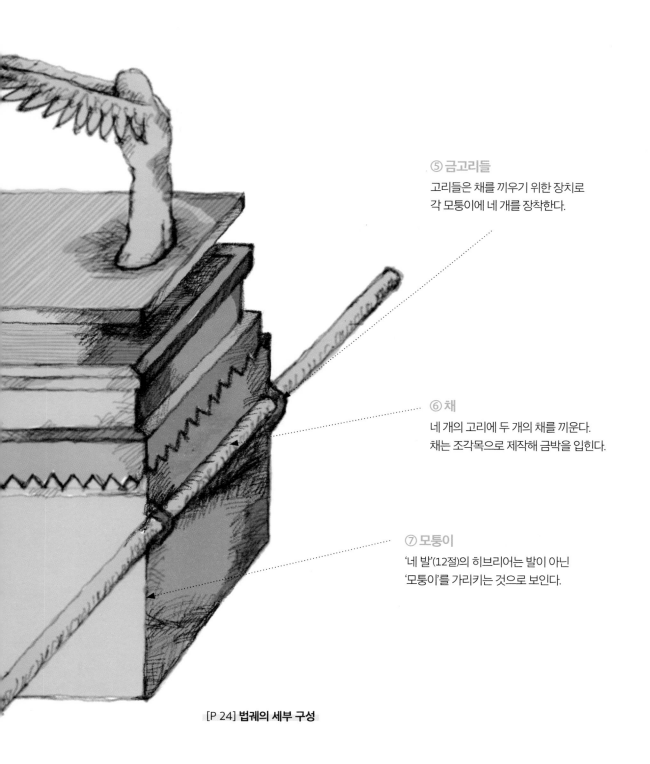

⑤ 금고리들

고리들은 채를 끼우기 위한 장치로
각 모퉁이에 네 개를 장착한다.

⑥ 채

네 개의 고리에 두 개의 채를 끼운다.
채는 조각목으로 제작해 금박을 입힌다.

⑦ 모퉁이

'네 발'(12절)의 히브리어는 발이 아닌
'모퉁이'를 가리키는 것으로 보인다.

[P 24] 법궤의 세부 구성

을 달리 해석하는 사람들이 있다. 그 해석에 의하면, 이것은 조각목 상자에 단지 도금하여 금박을 입힌 것이 아니라, 얇은 금상자들을 만들어 안팎으로 끼워 넣었다는 뜻이다.[1] 재료에서 언급한 금의 놀라운 전성과 연성의 특징으로 인해 매우 얇은 금상자를 만드는 것도 가능하다. 먼저 안쪽에 얇은 금판의 상자가 제작되어 끼워진다.

3) **외측 금상자** : 이어서 바깥쪽에도 얇은 금판의 상자가 끼워진다. 이 경우 세 개의 상자가 차례로 포개진다. 조각목 상자가 먼저 제작되고 거기 바깥에 얇은 금상자와 안쪽에 넣는 더 작은 얇은 금상자가 별도로 제작되었다. 따라서 세 개의 상자가 제작된 셈이다(조각목 바깥의 얇은 금상자, 조각목 상자, 조각목 상자 안의 얇은 금상자). 이것이 매우 일리 있는 이유는 뜰의 번제단의 경우에도 조각목으로 틀을 짠 뒤 표면을 놋으로 '싸는'데, 명백히 이 놋은 놋을 칠하거나 얇게 입힌 것이 아닌 두꺼운 놋판이기 때문이다(그 이유는 이 책 11장 "번제단"에서 설명된다). 그러나 그 외 다른 사각형 비품들은 물건들의 특징상 금을 입혀 도금하는 방식으로 '싼' 것으로 보인다.

4) **금테** : 마지막으로 상자 위쪽에 금테를 둘러친다. 랍비들은 공통으로 금테는 떡상의 턱과 마찬가지로(출 25:25) '한 손바닥 너비'(약 8cm)로 제작되어 그 위쪽에 금테 장식을 만든 것으로 본다. 그러나 법궤에는 그런 언급이 없으므로 우리는 단순히 바깥 금상자 위에 금테 장식을 한 것으로 간주한다.

고리들과 고리에 끼우는 채

12 금고리 넷을 부어 만들어 그 네 발에 달되 이쪽에 두 고리 저쪽에 두 고리를 달며 **13** 조각목으로 채를 만들어 금으로 싸고 **14** 그 채를 궤 양쪽 고리에 꿰어서 궤를 메게 하며 **15** 채를 궤의 고리에 꿴 대로 두고 빼내지 말지며 **16** 내가 네게 줄 증거판을 궤 속에 둘지며 출 25:12-16

5) 금고리들 : 금으로 덮인 법궤의 바깥 면에 금고리 넷을 만들어 네 발에 달았다. 이 "금고리"와 "네 발"은 무엇인가? 이것들의 정확한 정체와 장착된 위치가 어디인지 정확하지 않아 랍비들과 학자들의 의견이 분분하다. 일단 네 고리들은 채를 끼우기 위한 장치로 네 개가 필요하다. 발은 채에 이어서 설명하기로 한다.

6) 채 : 채는 법궤 이동 시 그것을 들고 가기 위한 긴 나무 봉이다. 그 네 고리를 장착하는 법궤 부위에 네 발이 달려 있는데(12절) 이것의 정체는 수수께끼다. 당장에 이 발(פַעַם, 파암)은 테이블의 '다리'를 뜻하는 떡상의 긴 발(רֶגֶל, 레겔)과 히브리어 자체가 다르기 때문이다.

7) 모퉁이 : "발"로 번역된 히브리어 '파암'은 어떤 랍비들의 견해대로 '모퉁이'를 뜻할 수 있다(Rashi, 출 25:12). 파암은 대부분 보폭과 같은 어떤 일정한 간격이나 반복, 규칙적인 거리를 뜻하는데 두어 곳에서만 보폭과 관련되어 "발"(foot)로 번역된다. 이에 근거하여 어떤 사람들은 그 "네 발"은 법궤를 바닥에 닿지 않게 하는 낮은 받침대, 즉 지지대였다고 생각하면서 네 고리를 그 네 발 옆에 달았다고 생각한다(사진 25). 한글성경들뿐 아니라, 대부분의 영역본들이 그런 의미를 반영하여 "발"(foot)로 번역한다.

그러나 어떤 랍비들은 법궤는 아래쪽에 받침대 없이 아랫면이 직접 지면에 닿았다고 말한다.[2] 그들은 법궤 위로부터 3분의 1 지점에 채를 끼우는 고리가 양쪽 면의 모퉁이에 두 개씩 붙어 있었는데 "네 발"의 히브리어(파암)는 통상 "네 개의 일정 간격(보폭)"으로 번역될 수 있기에 그것이 '네 모퉁이'를 일컫는다고 말한다(사진 23).[3] 채의 위치는 법궤 전체의 무게 중심을 따진 물리 역학적 이유도 고려되었던 것으로 보인다.

[P 25]
채를 바닥 쪽에 끼운 법궤 모델

그렇다면 네 개의 금고리를 법궤의 양쪽 표면(12절, "이쪽에 두 고리 저쪽에 두 고리")에 두 개씩, 네 모퉁이 근처에 넷을 달았을 것이다.

어찌되었든 금고리는 법궤를 들고 다니는 긴 채를 끼우기 위함이었다. 그러나 두 견해의 타당성을 굳이 따져 본다면, 법궤 위에는 대단히 무겁고 높은 금 덩어리가 놓여 있기에 채를 끼우는 고리들의 위치는 법궤의 3분의 1 지점이었다고 보는 것이 물리 역학적으로 안정적이다. 아래에 채를 끼운다면 법궤 이동 시 위쪽이 무척 무거운 이유로 매우 불안정하게 흔들릴 수 있다.

이렇게 제작된 조각목 상자 안에 하나님이 모세에게 주신 두 개의 십계명 돌판을 넣어 두어야 했다(16절). 그것은 '증거의 돌판'이라 불린다. 신명기에서는 그것이 '언약의 돌판'으로 불린다(신 9:9, 11, 15). 특별히 그 돌판을 법궤 안에 둔 이유는 십계명이 이스라엘 백성에게 언약의 증표, 즉 '증거' 역할을 했으며, 더불어 그것이 하나님의 살아 계심에 대한 분명한 증거였기 때문이다. 그리하여 그 증거의 돌판을 넣어 둔 언약궤를 '증거궤', 그 증거궤를 안치한 성막을 '증거막'이라 부른다.

채의 방향

다른 문제는 법궤에 끼우는 두 개의 채를 어느 방향으로 끼웠는가 하는 것이다. 이에 대해 가장 흔한 견해가 사진 26의 모습이다. 즉 두 채가 사각형 법궤의 긴 방향으로 끼워져 있다.

그러나 이 널리 알려진 견해는 수정되어야 한다. 우선 랍비 이반 에스라를 비롯한 여러 랍비들은

[P 26]
긴 방향으로 채를 끼운 흔한 법궤 모델

성막의 세계

두 그룹이 긴 방향의 양쪽 끝에 위치하므로 짧은 방향에 채가 끼워졌다고 말한다.[4] 결정적으로, 이것은 법궤가 하나님이 앉아 계시는 왕의 보좌 혹은 발등상인 것을 고려하면 쉽게 이해된다. 법궤는 또한 가마꾼들이 들고 다니는 일종의 이동식 왕좌인데, 왕이 가마 행차를 할 때 지하철을 타듯 옆을 보고 가는 것이 아니라 정면을 바라보고 가는 것은 지극히 상식적이다. 그렇지 않고 왕이신 하나님이 그룹 사이에 좌정해 계시는데 긴 방향으로 채가 끼워져 있다면 하나님이 옆을 보고 이동하시는 해괴한 장면이 연출된다.

따라서 채는 그림 22와 사진 25처럼 짧은 방향으로 끼워져야만 한다. 그런데 사진 25는 우리가 앞서 채가 가장 밑바닥 쪽에 끼워진 재구성 모델이므로 배제했다. 그렇다면 그림 22와 23이 가장 합리적인 복원 모델로 이해된다. 흥미롭게도 사진 23의 모세 레빈(M. Levine)의 모델이 나름 그럴듯한 모델로 인정되면서 1985년에 이스라엘에서 우표로 발행되기도 했다(사진 27).

[P 27]
1985년 우표로 발행된 모세 레빈의 법궤 모델

한편, 법궤를 드는 두 개의 채의 길이도 명시되어 있지 않다. 어떤 사람은 채들의 길이가 정사각형인 지성소의 길이와 동일했다고 말한다.[5] 즉 10규빗(5m) 길이다. 그러나 그것보다 더 길다는 주장도 있으며, 반대로 더 짧다는 주장도 있다.[6] 어쨌든 이 두 개의 채 또한 조각목으로 제작했다. 길이와 마찬가지로 채의 두께가 얼마인지는 명시되어 있지 않다. 그 조각목 긴 봉들을 모두 금으로 입혔다(13절).

그리고 두 개의 채를 법궤 양쪽의 고리들에 끼워 넣어 그대로 두고 빼지 말 것을 분명하게 명령하고 있다(14절). 그 이유는 법궤는 한곳에 고정되어 있는 기물이 아닌, 이동하고 움직이는 하나님의 보좌와 같은 것이기 때문이다. 무엇보다 구름 기둥이 갑자기 떠서 법궤를 운반해야 할 때, 가장 선두에 서야 하는 법궤를 긴급히 이동시켜야 하기에 항상 채가 끼워져 있어야 했다. 그러나 다른 비품들에는 채를 끼워 놓고 빼지 말라는 명령이 없다. 그런 이유로 비더만(Biderman, 54)과 같은 어떤 랍비들은 매일 분주하게 사용된 다른 비품들의 경우 제사장의 활동에 제약이 따르는 이유로 채를 빼놓고 따로 보관했을 것으로 본다.

속죄소와 증거판 앉히기

17 순금으로 속죄소를 만들되 길이는 두 규빗 반, 너비는 한 규빗 반이 되게 하고 **18** 금으로 그룹 둘을 속죄소 두 끝에 쳐서 만들되 **19** 한 그룹은 이 끝에, 또 한 그룹은 저 끝에 곧 속죄소 두 끝에 속죄소와 한 덩이로 연결할지며 **20** 그룹들은 그 날개를 높이 펴서 그 날개로 속죄소를 덮으며 그 얼굴을 서로 대하여 속죄소를 향하게 하고 **21** 속죄소를 궤 위에 얹고 내가 네게 줄 증거판을 궤 속에 넣으라 **22** 거기서 내가 너와 만나고 속죄소 위 곧 증거궤 위에 있는 두 그룹 사이에서 내가 이스라엘 자손을 위하여 네게 명령할 모든 일을 네게 이르리라 출 25:17-22

속죄소 제작

뒤이어 속죄소(כַּפֹּרֶת, 카포레트)를 제작한다. 앞서 언급한 대로, 이것은 법궤 위에 놓였는데 속죄소 밑판의 규격은 정확히 법궤의 규격과 일치한다. 즉, 길이와 너비가 각각 2.5규빗(125cm), 1.5규빗(75cm)이다. 그러나 두께는 명시되어 있지 않다. 재료는 조각목의 틀이 없는 순금 덩어리였다. 엄밀히 하나님은 지성소의 법궤 위, 즉 속죄소 위에 임재하신다. 날개를 단 두 그룹(케룹)이 양쪽을 호위하고 있는데, 하나님은 바로 두 그룹 사이 그 자리에 임재하시어 좌정하신다. 그러한 이유로 법궤는 하나님이 좌정하시는 '보좌'이며(삼하 6:2; 시 80:1), 또한 하나님의 '발판' 혹은 '발등상'이다(대상 28:2; 시 132:7). 진영 중심지인 그 위에서 하나님은 왕으로 좌정하시어 백성을 인도하시고 통치하신다.

속죄소 위의 두 그룹

속죄소 위에 두 호위 천사인 순금으로 만든 그룹들이 세워졌다. 유대 전통과 그것을 따르는 랍비들은 이 두 그룹의 얼굴이 소년의 모습이었다고 말한다.[7] 이 그룹들을 별도로 제작해서 속죄소 밑판 위에 놓은 것이 아니라, 속죄소와 그룹들은 처음부터 한 덩이의 일체형으로 만들어졌다(19절, "한 덩이로 연결할지며"). 그 외 속죄판에 놓인 그룹들의 크기와 높이 그리고 모양과 특징에 대해서는 성경이 침묵하고 있다. 여러 랍비들은 그것의 높이를 나무 궤의 높이와 동일한 1.5규빗(75cm)으로 추정하는데 우리는 이것을 따른다.

필자의 후배는 가정 형편이 어려워 중학교를 마치고 금 세공술을 배워 평생 금을 다루어 왔다. 명장급 기술자인 그가 필자에게 19절의 "한 덩이로 연결할지며"라는 말씀은 속죄소를 처음부터 한 덩어리의 금으로 주물(鑄物)하고 세공을 했다는 뜻이라고 말해 주었다. 즉 금으로 속죄소 밑판을 만든 뒤, 그 위에 별도로 두 그룹 형상을 금으로 제작해 붙인 것이 아니라는 뜻이다. 만일 그렇게 제작하면 물건의 가치가 크게 떨어진다고 했다. 말하자면, 속죄소는 처음부터 금 한 덩어리로 밑판을 녹여 쳐서 만들고 그 위에 복잡한 모양의 두 그룹 형상을 금에 열을 가하며 뛰어난 세공술로 제작했다. 이 기술을 갖춘 인물은 브살렐이었다. 그를 돕는 기술자는 오홀리압이었는데, 이들의 역할에 대해서는 이 책 에필로그("성막이 주는 의미")에서 언급하기로 한다.

두 그룹 형상을 세운 속죄소가 완성되면, 십계명 두 돌판, 즉 증거판을 나무 궤에 넣고 속죄소를 궤 위에 덮는다(21절). 하나님은 거기서 자기 백성을 만나고 필요한 모든 명령을 내리실 것이다(22절).

법궤의 무게를 유추해 보자

한편, 법궤의 무게는 큰 난제다. 속죄소의 크기, 형태 그리고 무게에 대한 아무런 정보가 없으므로 우리는 법궤의 총중량을 정확히 알 길이 없다. 탈무드를 비롯한 어떤 유대 문헌들은 법궤의 과도한 무게를 제시하면서 신비적인 설명을 내놓는다. 그 설명에 따르면, 법궤에 사용했다고 추정되는 순금의 무게만해도 무려 1톤에 이르며, 거기에 조각목 상자, 그 안의 무거운 두 돌판, 두 채가 포함되기에 법궤의 총중량은 1톤을 크게 넘는다. 따라서 이렇게 무거운 법궤는 사람이 들 수 없으니 사실 법궤는 하나님의 능력으로 스스로 이동했으며, 운반자들은 단지 들러리였고 채는 장식용일 뿐이었다는 신비적 해설이 뒤따른다.[8]

그러나 이것은 전혀 신빙성이 없으며 여러 랍비들의 반대에 부딪혔다.[9] 우리는 하나님이 잠시 떠나신 것이 분명했던 법궤를 블레셋 군인들이 들고 자신들의 땅으로 가져갔음을 기억해야 한다(삼상 5:1-2). 만일 법궤가 그토록 무거웠다면, 그들이 조각목 채로 하나님이 떠나신 법궤를 들 때 채가 견디지 못하고 부러졌을 것이다(참고로 여호와께서는 다곤 신상 앞의 법궤 위에 다시 돌아오셔서 다곤 신상의 목을 치고 넘어뜨리셨다고 볼 수 있다).

법궤의 현실적인 무게에 대하여 현대의 몇몇 학자들이 논쟁을 벌인 적이 있다. 그들의 논쟁은 법궤를 네 사람이 멨다는 유대 전통의 견해를 정설로 전제하고 진행된다.[10] 어떤 사람은 법궤 각 요소들의 무게를 과학적으로 세밀히 계산하여 총중량을 131kg 정도로 추론하는가 하면(Joshiah Derby), 다른 사람은 네 사람이 어깨에 메기에는 그것이 너무 무겁다면서, 84kg을 제안한다(E. A. Schatz).[11]

그러나 그들의 계산법에는 몇 가지 약점이 있다. 일단 법궤 운반꾼을 4명으로 고정하는데, 사실 이것은 전혀 성경적 근거가 없다. 오히려 법궤의 총중량을 추정해 보면, 8명이 법궤를 운반했을 가능성을 전적으로 배제하기는 어렵다. 무엇보다 이들은 막대한 금의 비중과 그에 따른 금의 현실적으로 가능

[P 28]
법궤 운반 장면
일반적으로 생각되는 4명에 의해 운반되는 법궤 운반 장면이다. 민수기 4장의 규정에 따라 법궤는 청색 보자기로 덮여 있다(민 4:5-6). 따라서 흔히 알고 있는 법궤가 노출된 채 운반되는 장면은 모두 잘못된 상상도다. 성막 시설과 비품의 운반법에 대해서는 [부록]을 보라.

성막의 세계

한 부피와 두께를 충분히 고려하지 않는다. 그들의 제안을 따른다면, 법궤 상자 위의 두 그룹의 금 덩어리 형상은 너무나 작은 크기일 수밖에 없으므로 받아들이기 어렵다.[12] 또한 그들의 계산법은 운반 시에 법궤 위를 덮는 지성소 휘장의 무게를 전혀 고려하지 않는다(민 4:5-6). 성막 시대의 지성소 휘장은 솔로몬 성전 시대와 헤롯 시대에 비해 다소 얇고 훨씬 가벼웠을 것으로 추론된다. 하지만 그럼에도 이 경우 운반되는 법궤의 총중량이 크게 늘어나는데 4명이 감당하기는 상당히 버거웠을 수 있다.

법궤 자체만 두고 볼 때 법궤 무게의 계산에서 가장 큰 문제는 두 그룹 형상이며, 그것과 더불어 밑판으로 구성된 속죄소 금 덩어리의 무게다. 무엇보다 고대와 현대에 이르기까지 여러 랍비들이 속죄소 밑판이 한 손바닥 두께(약 8cm)의 금판으로 제작되었다고 말한다.[13] 바로 이것이 앞서 말한 랍비들의 비현실적인 법궤 무게의 근거인데, 이 경우 위의 두 그룹의 형상과 아래 나무 궤를 제외한 밑판인 금판의 무게만 1톤이 넘게 되므로 전혀 납득하기 어렵다.[14] 이것은 금의 비중을 고려하여 무게를 산출하면 쉽게 도출되는 결론이다.

한국의 은행에서 유통되는 1kg의 금괴

두께1cm　　가로5cm

[P 29]
한국의 은행에서 유통되는
1kg의 금괴
<출처: 신한은행>

한국의 은행에서 시판하는 금괴 1kg은 두께 1cm, 가로 5cm(정확히는 49mm), 세로 11cm의 크기이다. 이 규격의 금괴를 법궤 위에 얹을 경우 다음과 같은 결과에 이른다. 규빗당 45cm를 법궤 상단 면적에 적용하여 이 금괴를 놓는다면, 긴 쪽이 2.5규빗(약 112cm)이므로 10개, 짧은 쪽이 1.5규빗(약 67cm)이므로 13개, 총 130개(10x13)가 놓인다. 그렇다면 1cm 두께의 속죄소 밑판인 경우 금의 무게는 130kg이다. 이것을 기준으로 만일 속죄소 밑판이 한 손바닥 폭의 두께였다면(약 8cm), 130kg x 8cm = 1,040kg의 중량에 이른다.

결국 법궤 무게를 계산할 때 막대한 금의 비중과 강도를 고려해서 현실적인 무게를 도출해야만 한다. 그러나 성경은 이 모든 정보에 침묵한다. 이것은 법궤 무게가 중요한 것이 아니라 법궤의 의미가 중요하기 때문일 것이다. 그럼에도 성막의 재구성을 위해 이런 공백을 합리적인 유추를 통해 메우는 작업이 필요하다.

이에 대해 우리는 두 그룹 형상은 흔히 생각하는 통금이 아닌 속이 빈 얇은 금판으로 제작된 세공품이었을 것으로 추론한다. 이것에 대한 간접적 증거는 그 유명한 투탕카멘의 황금 가면이다. 이것은 모세 시대와 비슷한 주전 1300년경에 제작된 보물인데, 높이 54cm, 너비 39.3cm이며 두께는 대략 2mm이고 무게는 10.23kg이다. 이것은 당대에 이미 탁월한 금속 세공술이 발달했으며 순금 10kg의 양으로 상당한 크기의 그룹 형상 하나를 거뜬히 만들 수 있었음을 뜻한다.

실제로 성막 본문의 속죄소 제작에 대한 표현 또한 "금으로 그룹 둘을 속죄소 두 끝에 쳐서 만들라"(출 25:18)는 것이다. 여기서 "쳐서 만들라"의 히브리어 '미크샤'(מִקְשָׁה)는 금송아지처럼 부어 만든 조형물(מַסֵּכָה 마세카)이 아닌 망치질로 넓적하게 펴서 만드는 작업을 뜻한다. 이것이 옳다면, 4명이 들 수 있는 법궤의 총중량과 그에 따른 각 구성 요소의 무게를 합리적으로 가늠해 보는 것이 가능하다.

그러나 법궤의 무게가 본질의 문제는 아니므로 우리는 법궤의 총중량과 각 구성 요소들의 무게에 대한 추정치를 [부록]에서 별도로 다루기로 한다.

그룹 사이에 계신 하나님

구약은 천상에서 하나님은 그룹들 사이에 좌정해 계심을 반복해서 진술한다(시 80:1; 99:1; 사 37:16; 겔 41:18). 특히 에스겔은 이해하기 어려운 그림 언어를 동원해서 천상에서 하나님을 시중드는 그룹들의 다양한 활동과 움직임을 묘사한다(겔 10장). 신약의 계시록도 그룹들로 칭하진 않지만, 각각 여섯 날개를

[P 30]
투탕카멘의 황금 가면
중량 10.23kg이다.

[P 31]
투탕카멘의 황금 가면의 측면 모습
두께는 대략 2mm, 높이는 54cm, 좌우 폭은 39.3cm 가량이다.

성막의 세계

가진 네 생물이 하나님의 보좌 둘레에서 그분을 시중들며 찬양하고 있는 천상의 장면을 보여 준다(계 4:7-8). 이 천상의 그림이 지상화된 것이 두 그룹이 속죄소 위의 보좌 곁에서 하나님을 시중들고 있는 모습의 법궤라 할 수 있다.

하나님은 이 법궤 위에 임재하시어 자신의 백성과 만나시고 거기서 생명의 말씀을 전하신다.

> 21 속죄소를 궤 위에 얹고 내가 네게 줄 증거판을 궤 속에 넣으라 22 거기서 내가 너와 만나고 속죄소 위 곧 증거궤 위에 있는 두 그룹 사이에서 내가 이스라엘 자손을 위하여 네게 명령할 모든 일을 네게 이르리라 출 25:21-22

성막이 건축된 이후 법궤 위에 좌정하신 하나님은 이제 거기서 모든 율법과 계명을 모세를 통해 선포하신다.

텅 빈 법궤와 짝퉁 법궤, 형상이 아닌 현상으로!

추가로 법궤에서 눈여겨보아야 할 특징은 법궤와 비슷한 것들이 이웃 나라들에도 존재했는데, 이스라엘의 법궤 중앙에는 유일하게 아무것도 안치되어 있지 않았다는 점이다. 주변국의 궤 중앙에는 한결같이 그들의 신상이 놓여 있거나 지존자인 왕이 앉아 있다.

다시 말해, 신의 보좌를 상징한 궤의 그룹들은 이스라엘만의 고유한 것이 아니었다. 이방 민족들도 각자 자신들의 궤가 있었고, 양쪽에 그룹과 흡사한 날개 달린 수호천사들이 배치되었으며, 각종 귀중한 물품들을 궤 안에 보관했다. 그 그룹들 사이에 신격화되었거나 위엄 있는 풍채의 왕이 앉아 있

[P 32]
이집트 파라오의 가마 행차

파라오의 보좌 양옆에 날개 달린 시중꾼 두 천사가 서 있고 아래에는 법궤와 비슷한 물건이 발등상으로 놓여 있다. 가마꾼들이 채를 어깨에 메고 가마를 운반한다.

[P 33] 보좌에 앉은 므깃도의 왕
보좌와 발등상, 그리고 양쪽의 날개 달린 두 수호자가 법궤 모델과 동일하다.

었다. 또는 궤 위에 국가의 대장 신의 형상을 올려놓았다.

하지만 이스라엘의 법궤에는 아무것도 놓여 있지 않았다. 그런 이유로 이웃 나라의 관점에서는 법궤는 만들다 만 비품이거나 짝퉁 법궤로 비쳤을 것이다. 그러나 법궤 위 그룹 사이에 아무것도 없는 텅 빈 법궤로 제작된 이유는 하나님은 어떤 방식으로든 형상화되실 수 없기 때문이다. 누군가 하나님을 형상화하여 무언가를 만든 뒤 '이것이 하나님이다'라고 하면, 그 순간 그것은 전혀 하나님이 아니게 된다. 우리는 그것을 '우상'이라 부른다. 오히려 이웃 나라의 법궤 비슷한 비품들이 짝퉁 법궤들이다.

하나님은 제한된 형상에 가두어 놓을 수 없는 무한하고 영원하신 분이며, 인간의 언어로 묘사될 수 없는 초월적인 궁극의 존재이시기에 그 어떤 형상화도 불경한 일이다. 가장 대표적인 사례가 시내산 아래서 이스라엘 백성이 "이것이 우리를 이집트에서 인도한 여호와이시다"라고 선언하며 제작한 황금 송아지다(출 32:4). 하나님은 구름과 불길 속에서 음성을 말씀하셨을지언정, 형상으로 모습을 드러내지 않으셨다(신 4:15). 그분은 법궤의 속죄판에 보이지 않게 임재하신 것이다.

이렇듯 하나님은 '형상'으로 자신을 드러내시는 것이 아니라 '현상'으로 드러내신다. 이 자체로 이미 여호와 신앙은 근본적으로 이방 종교들과 다르다는 것을 알게 된다. 오경은 자주

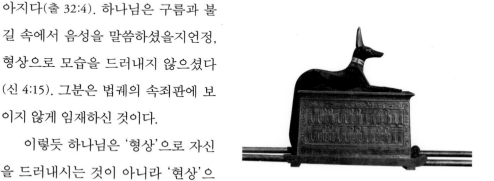

[P 34] 이집트 죽음의 신 아누비스가 궤 위에 앉아 있는 모습
신들도 형상화되어 나무 궤 위에 안치되었다. 이 궤에는 그룹들은 없으나 채가 끼워져 있는 모양이 법궤와 유사하다.

보이지 않게 임재하신 하나님은 자신의 궁전인 성막 위에 구름 기둥과 불 기둥과 같은 초자연적인 현상을 동반해서 자신의 임재를 드러내셨다고 증언한다.

[P 35] 보좌에 앉아 있는 앗수르의 산헤립왕
산헤립의 보좌와 발등상은 법궤에 해당되고 양쪽의 새의 깃털처럼 보이는 장식품을 들고 있는 두 시중꾼은 그룹들을 연상시킨다.

4 진설상

출애굽기 25:23-30 / 37:10-16

진설상은 떡을 놓는 상이라네. 상 위에 떡이 어떤 방식으로 놓였을까?

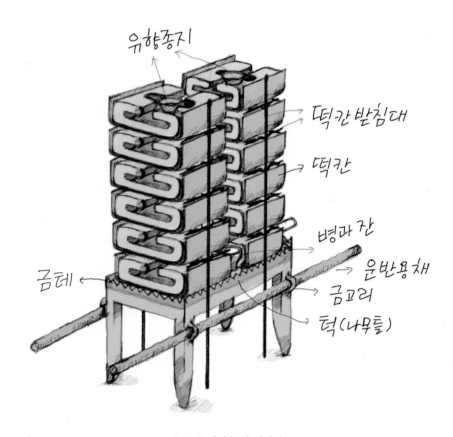

[P 36] 떡이 놓인 진설상

지성소 밖으로 나오면 큰 방인 내성소로 이어지는데, 그곳에는 진설상(떡상)과 등잔대 그리고 금향단이 놓여 있다. 법궤에 이어 이 세 가지 내성소의 비품들 또한 브살렐이 제작했으며 이것들은 대제사장의 지휘 아래 제사장들에 의해 철저히 관리되었다. 조감도의 본문 순서로는 진설상과 등잔대가 먼저 출애굽기 25장에서 설명되고, 향단은 30장으로 유보된다. 여기에는 나름의 이유가 있는데, 그것은 이 책 6장의 "금향단" 설명에서 살펴보기로 한다.

진설상이라 불린 이 특수한 떡상은 다양한 명칭으로 나타난다. 순결한 상(레 24:4; 대하 13:11), 떡을 진설하는 상(대하 29:18), 진설병의 금상(왕상 7:48) 등이다. 진설상에 대한 묘사도 법궤처럼 정확히 이해하기가 쉽지 않다. 따라서 오래전부터 랍비들은 각기 다양한 재구성 모델을 제시해 왔으나 표준 모델이 만들어지기는 어렵다.

참고로 로마의 티토 장군의 개선문에는 성전(성막)의 비품들 중 유일하게 등잔대와 진설상의 실체가 커다란 돌문 표면에 부조로 새겨져 남아 있다. 반란을 일삼는 예루살렘 일대를 초토화하고 성전을 불태운 뒤 개선하는 티토의 군대가 등잔대와 진설상을 전리품으로 메고 들어오는 장면이다(사진 42). 그러나 그 진설상은 다소 모호한 형태를 지니며 크기도 성막 본문의 묘사와 잘 맞지 않아 실제 진설상을 정확히 묘사했다고 보기 어렵다. 성막 본문에도 설명이 많이 부족하지만, 그럼에도 진설상 본체에 대한 묘사는 비교적 단순하여 기본 틀은 재구성이 그리 어렵지 않다. 진설상 위에는 열두 덩이의 떡, 즉 진설병들을 여섯 덩이씩 두 줄로 층층이 쌓았다.

진설상 본체와 부품들

진설상 본체

23 너는 조각목으로 상을 만들되 길이는 두 규빗, 너비는 한 규빗, 높이는 한 규빗 반이 되게 하고 24 순금으로 싸고 주위에 금테를 두르고 25 그 주위에

진설상의 기본 구조

① 떡상 본체

진설상 본체의 규격은 가로×세로×높이가
2규빗×1규빗×1.5규빗(100×50×75cm)이다.
전체를 금으로 쌌는데,
법궤와 달리 금박을 입힌 것으로 이해된다.

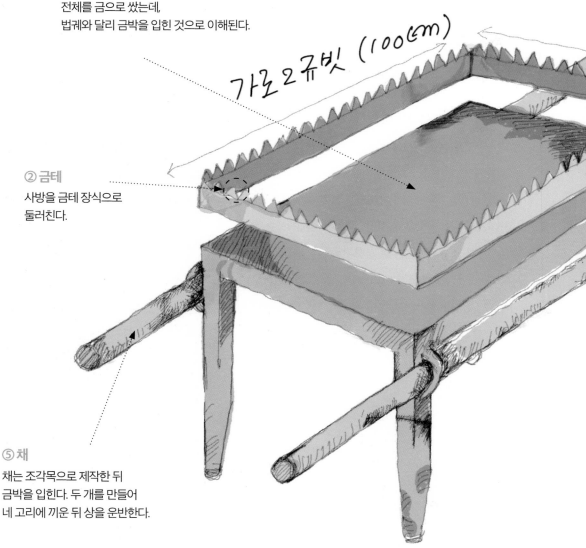

가로 2규빗 (100㎝)

② 금테

사방을 금테 장식으로
둘러친다.

⑤ 채

채는 조각목으로 제작한 뒤
금박을 입힌다. 두 개를 만들어
네 고리에 끼운 뒤 상을 운반한다.

[P 37] 진설상의 기본 구조

③ 턱

나무로 별도의 손바닥 폭의 턱을 만들어 부착한다. 그 위에 금테를 둘러서 장식한다. 이 금테는 나무 턱 전체를 두껍게 금으로 입히면서 제작했을 것이다.

세로
1규빗 (50cm)

높이
1.5규빗
(75cm)

④ 금고리

법궤와 마찬가지로 네 개의 금고리가 네 개의 상 다리에 하나씩 부착된다.

손바닥 넓이만 한 턱을 만들고 그 턱 주위에 금으로 테를 만들고 26 그것을 위하여 금고리 넷을 만들어 그 네 발 위 네 모퉁이에 달되 27 턱 곁에 붙이라 이는 상을 멜 채를 꿸 곳이며 28 또 조각목으로 그 채를 만들고 금으로 싸라 상을 이것으로 멜 것이니라 출 25:23-28

1) 떡상 본체 : 성막의 모든 사각형 비품이 그렇듯이 진설상 또한 조각목으로 기본 틀을 제작했다. 크기는 가로×세로×높이가 각각 2규빗(100cm)×1규빗(50cm)×1.5규빗(75cm)이었다. 상의 표면 전체를 순금으로 씌웠으며 사방에 금테를 둘렀다. 여기서 금으로 "싸고"(24절)의 히브리어는 앞서 법궤를 금으로 "싸다"라는 동사와 동일하게 '짜파'(צָפָה)다. 우리는 마당의 놋제단에 비추어서 법궤는 놋제단처럼 단순한 도금이 아닌 얇은 금판을 입혔을 것으로 추정했다. 그러나 진설상의 경우 이 '금으로 싸기'는 도금, 즉 금박을 입혔다는 뜻으로 이해된다. 이것은 다른 나머지 비품들도 마찬가지다.

2) 금테 : 이렇게 금칠이 된 진설상 사방에 금테를 둘렀다(24절).

3) 턱 : "손바닥 넓이만 한 턱"은 손바닥 넓이(약 8cm)의 별도의 직사각형 나무 틀(frame)을 말하는데, 이것이 어떤 방식으로 부착되었는지는 불확실하다.[1] 아마 얇은 막대를 사각 틀로 짜서 상단에 단단히 고정했을 것이다. 그 사각의 턱에 금으로 멋진 무늬가 들어간 띠를 둘러치는데 그것이 금테다(25절).

4) 금고리 : 네 개의 상다리("네 발") 위쪽에 네 개의 금고리를 제작해서 부착했다(26절). 이것은 손바닥 넓이의 턱 가까운 곳에("턱 곁에") 위치하며, 이것의 용도는 이동을 위한 두 개의 채를 끼우기 위함이다(27절).

5) 채 : 사각형의 모든 비품은 조각목으로 틀을 짜며 이동을 위해 두 개의 채를 끼우는데, 내성소 비품들의 채들은 모두 금박을 입혔다. 진설상에 끼운 채들도 조각목으로 만들어 금박을 입혔다(28절).

법궤의 두 채는 이동 중이든 안치된 상태든 항상 끼워 놓으라고 지시받았다(출 25:15). 그로 인하여 흔히 향단과 떡상 그리고 놋제단도 마찬가지로 늘 채는 사용 중에도 끼워 놓았던 것으로 이해된다. 그러나 다른 비품들의 경우 끼워 놓으라는 지시가 발견되지 않는다. 따라서 어떤 사람은 법궤를 제외한 다른 비품들의 채가 안치되어 사용될 때는 채를 빼놓았다고 설명한다. 본문 또한 이동을 위하여("상을 멜 채"), 즉 이동할 때 채를 끼워 사용하라는 의미로 이해된다.[2]

이것은 비품들의 빈번한 사용을 고려할 때 합당한 해석으로 보인다. 사용하지 않고 모셔 놓았던 법궤와 달리 다른 비품들의 경우 매일 사용하기 위한 예배 용품이기에 만일 긴 채가 끼워져 있다면 제의 활동이 매우 불편했을 것이다. 아마 진설상과 향단의 채는 회막 밖에 보관하지 않고 안쪽의 어느 한곳에 보관했을 것으로 추정된다.

첫째는 채라 하더라도 내성소 비품에 속한 물건을 내성소 밖에 반출시키는 것은 적절치 않고, 둘째는 구름의 이동과 더불어 성막의 신속한 운반을 위해 같은 공간에 보관하는 것이 타당하기 때문이다.

떡상 위의 떡 칸?

진설상과 진설병에 관한 추가 내용이 레위기 24:5-9에 자세히 설명되어 있다. 떡 하나의 크기를 알려 주며 진설상 관리와 사용법을 가르친다.

> 5 너는 고운 가루를 가져다가 떡 열두 개를 굽되 각 덩이를 십분의 이 에바로 하여 6 여호와 앞 순결한 상 위에 두 줄로 한 줄에 여섯씩 진설하고 7 너는 또 정결한 유향을 그 각 줄 위에 두어 기념물로 여호와께 화제를 삼을 것이며
>
> 레 24:5-7

먼저, 무교병으로 추론되는 떡은 상 위의 양쪽에 6개씩 쌓아 총 열두 개를 올린다. 열두 개의 떡은 물론 이스라엘 12지파를 상징한다. 그리고 각 떡 줄 위에는 정결한 유향을 "기념물"로 올려놓는다. 유향은 앞서 우리가 재료에서 살펴보았다. 그렇게 하여 열두 개의 떡을 여호와께 "화제"(火祭)로 바친다. 이때 "화제"는 사실 잘못된 번역이다. 왜냐하면 이어지는 8-9절에서 진설병은 결코 태우지 않고 일주일 동안 올려놓았다가 다음 안식일에 새 떡으로 교체되며, 이렇게 물린 떡들은 제사장 몫으로 돌아가 그들이 먹기 때문이다. 이것의 히브리어 '이쉐'(אִשֶּׁה)는 "음식 봉헌물"이라는 번역으로 바꾸어야 한다. 제단에 태우는 제사에서 빈번하게 나타나는 표현인 "이는 화제라 여호와께 향기로운 냄새니라"에서도 "화제"는 "음식 봉헌물"로 수정되어야 한다.[3]

여기서 주목할 점은 떡의 크기다. 떡 하나는 우리가 사진 38에서 보는 것처럼 흔히 생각하는 호떡 같은 모양의 작은 크기가 아니었다. 떡 하나는 10분의 2에바,

[P 38] 흔히 생각되는 진설상 위 떡들이 놓인 모습
그러나 이렇게 작은 호떡 같은 떡을 포개서 쌓은 것이 아니다.

즉 무려 부피 4.4리터에 이른 엄청난 크기였다(레 24:5). 참고로 1에바는 22리터, 10분의 1에바는 2.2리터의 부피다. 따라서 떡 하나가 4.4리터의 크기라면, 2리터 생수병 두 개가 넘는 초대형 떡이다.

떡 하나가 이렇게 크고 매 안식일마다 갓 제작한 따끈하고 물렁한 떡이었다면, 이것을 포개서 쌓아 올리는 것은 불가능하다. 만일 막 쪄내 말랑한 떡들을 이렇게 포개서 올리면, 아래의 떡들은 말 그대로 떡이 될 것이다. 그래서 탈무드와 그것을 따르는 랍비들은 본체 위의 양쪽에 6칸의 떡을 놓는 독립적인 공간들, 즉 12개의 떡 칸이 있었다고 주장한다. 이것은 그림 39에 잘 묘사되어 있다. 그러나 본문은 언뜻 진설상의 본체만을 묘사하고 있을 뿐, 떡 칸의 존재는 분명하게 드러나지 않는다.[4]

진설상의 부품들

너는 대접과 숟가락과 병과 붓는 잔을 만들되 순금으로 만들며 출 25:29

진설상 위에 놓는 몇 가지 용기들을 제작하라는 명령이 내려지는데, 이것들은 정확히 어떤 물건인지 알기 어렵다(참고. Sarna, 163). 그런 이유로 영어성경들의 번역도 제각각이다. 또 한 가지 난제는 이 부품들이 모두 복수라는 점이다. 즉, 각 부품들이 모두 두 개 이상씩이다.

1) 대접 : 추론컨대, '대접'은 밑이 우묵하게 파인 용기(קְעָרָה, 케아라)를 말한다. 복수이므로 '대접들'인데, 바로 이것들이 랍비 라쉬의 제안대로 떡을 떡 칸에 넣을 때 사용한 열두 개의 떡 그릇일 가능성이 매우 크다. 라쉬는 철대접에 반죽을 올려 떡을 구운 다음, 그 떡을 다시 순금대접에 옮긴 뒤 그것을 떡 칸에 끼워 넣었다고 설명한다(Rashi, 출 25:29). 이것에 대해 뒤에서 추가로 설명하겠다.

진설상의 세부 구성

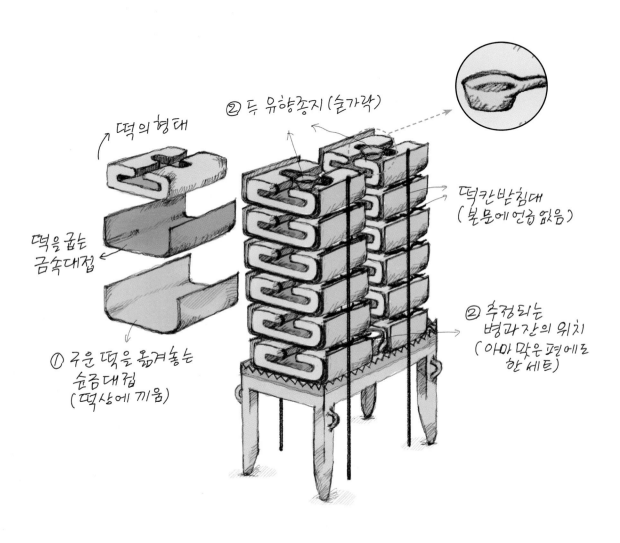

떡의 형태

② 두 유향종지 (술가락)

떡을 굽는
금속대접

떡칸받침대
(본문에 언급 없음)

① 구운 떡을 옮겨놓는
숨금대접
(떡상에 끼움)

② 추정되는
병과 잔의 위치
(아마 맞은 편에도
한 세트)

[P 39] 진설상의 세부 구성

2) 숟가락 : '숟가락'은 사실 손바닥처럼 생긴 작은 종지(קפ, 카프, '손바닥'을 뜻함)로 손잡이가 달려 있었을 것이다. 랍비들은 두 줄의 떡들 위에 유향을 놓았다는 레위기 24:7에 근거하여 두 개의 종지에 유향을 담았다고 생각한다. 아마 작은 유향 덩어리 여러 개를 놓았을 것이다. 어떤 랍비는 두 유향 종지가 두 줄 떡 사이의 떡상에 놓였다고 말하는가 하면, 다른 사람은 두 떡 줄 위에 각각 하나씩 놓았다고 말하는 사람이 있다.[5] 티토의 개선문 부조에 새겨진 진설상에는 종지 그릇 두 개가 놓여 있다(사진 42. 하나는 돌이 깨져 희미함). 그러나 떡들이 보이지 않으므로 여전히 이 두 종지 그릇의 위치는 분명하지 않다. 우리는 떡 줄 위에 놓인 것으로 간주한다. 그러나 이러한 배치 역시 추론일 뿐이다. 이 유향은 태우기 위해 놓은 것이 아니라 장식용이었다. 흥미롭게 탈무드 므나호트(*Menachot* 86b)는 안식일에 새로운 떡을 놓을 때 묵은 떡을 물려 내는데, 떡은 당번을 맡은 제사장들에게 돌렸고 유향은 번제단에 태웠다고 말한다.

3) 병과 잔 : '병'과 '잔'의 히브리어 또한 희귀한 고대 히브리어인 이유로 그 의미를 정확히 파악하기 어렵다. 탈무드와 랍비들은 이것들을 진설상의 다른 부품과 용기로 해석하지만, 이 둘은 '병'과 '잔'의 한 세트였던 것 같다(NIV; ESV).[6] 포도주는 떡을 먹을 때 음료로 마셨기에 '병'과 '잔'이 일상의 식탁 세트로 떡과 나란히 배치되는 것은 자연스러워 보인다. 그러나 하나님께 바치는 상징적인 물건으로 비치했을 뿐 실제로 포도주를 잔에 부었다고 보기는 어렵다. 내성소에서는 결코 전제가 드려질 수 없기 때문이다(출 30:9).

병과 잔이 떡상에 비치되었는데, 모두 복수형이므로 각각 최소 두 개씩 놓여 있었다. 그러나 몇 개가 어디에 놓여 있었는지는 알 길이 없다. 필자의 견해로, 병과 잔은 한 세트로 묶여 포도 음료를 위한 비품으로 두 줄의 떡 사이에 놓였을 것이다. 병과 잔은 아마 두 개씩이었을 것이며 양쪽 6층의 떡 줄을 위해 두 세트의 병과 잔을 놓았을 수 있다.

진설상 위에 놓인 떡의 이름

상 위에 진설병을 두어 항상 내 앞에 있게 할지니라 출 25:30

진설병 이름의 의미

떡상의 이름이 그런 것처럼, 상 위에 올린 진설병 또한 여러 명칭으로 나타난다. 진설병(30절), 진설하는 떡(대상 9:32), 항상 진설하는 떡(민 4:7), 거룩한 떡(삼상 21:6) 등이다.

진설병의 히브리어 '레헴 파님'(לֶחֶם פָּנִים)은 문자적으로 '얼굴의 떡'이라는 뜻이다(30절). 탈무드(*Menachot* 96a)와 그것을 따르는 랍비들은 '얼굴의 떡'은 문자적으로 떡이 평평한 '면들'(faces)을 가진 형태였기 때문에 붙은 이름으로 본다(Rashi, 출 25:29; Ramban, 출 25:30). 그 견해에 따른 떡의 형태는 평평한 '면'을 가진 사각형이다(그림 39). 우리는 이 떡의 형태를 수용하지만, '얼굴의 떡'이 그런 의미를 지녔는지에 대해서는 동의하기 어렵다.

어떤 사람은 얼굴의 떡 덩어리들에 무늬나 도안이 새겨져 있었는데, 그것이 여호와의 얼굴을 상징했다고 생각한다. 그러나 성경이 하나님의 어떠한 형상이나 모양도 금지한다는 점에서 받아들이기 힘들다. '얼굴이 함께 있다'라는 히브리어는 당사자가 그곳에 함께있음을 의미하는 전형적인 히브리식 표현이다(참고. 창 3:8; 신 4:37; 사 63:9).[7]

그러므로 '얼굴의 떡'이란 말은 떡상 앞에 하나님이 임재해 계심을 의미했을 것이다. 이반 에스라는 이어지는 "내 앞에"라는 표현이 '얼굴의 떡'을 설명한다고 말한다(Ibn Ezra, 출 25:30). 즉 그것은 '하나님 앞에 놓여 있는 떡'인데, '얼굴의 떡' 역시 임재의 떡을 의미할 것이다. 따라서 최근의 영어성경들은 "임재의 떡"(the bread of the Presence)이라 부른다(NIV; ESV). 반면에 오래된 영어성경들은 진열된 떡, 즉 "진설병"(shewbread = showbread)으로 옮긴다(KJV; ASV; JPS). 한글성경의 "진설병"은 후자를 따르는데, '진설'이란 '펼쳐 놓다'라는 뜻이다.

하나님이 떡상에 임재해 계신 이유는 떡상의 예물을 기쁘게 받으시기 위함이다. 이 떡은 '항상' 하나님 앞에 놓여야 하는데(30절), '항상'(תָּמִיד, 타미드)은 제단 불처럼 끊이지 않고 계속되는 것을 의미할 수도 있지만, '규칙적인 계속'이라는 뜻으로도 쓰인다. 안식일마다 진설병이 교체되었다.

안식일마다 교체된 떡

레위기 24:8-9은 진설상의 떡에 대한 관리 규정을 설명하고 있다.

> 8 안식일마다 이 떡을 여호와 앞에 항상 진설할지니 이는 이스라엘 자손을 위한 것이요 영원한 언약이니라 9 이 떡은 아론과 그의 자손에게 돌리고 그들은 그것을 거룩한 곳에서 먹을지니 이는 여호와의 화제 중 그에게 돌리는 것으로서 지극히 거룩함이니라 이는 영원한 규례니라 레 24:8-9

안식일마다 새로운 떡을 여호와께 진설했으며, 여기에 이것이 "이스라엘 자손을 위한 것이요 영원한 언약"(레 24:8)이라는 말이 첨부된다. 이 떡이 "영원한 언약"으로 명시된 것은 매우 중요한 기능이 있음을 시사한다. 안식일마다 새 떡을 하나님께 바친 것은 하나님 앞에서 언약의 식탁이 계속 진행된다

앞서 말한 대로, 떡 덩이 하나는 매우 컸는데, 그것은 어떤 모양이었을까? 떡의 모양에 대해 대체로 탈무드는 두 랍비의 견해를 소개한다(Talmud Menachot 94b). 하니나(Haninah)는 그림 39에서 보듯이 윗부분에 네 뿔이 접힌 커다란 직사각형 모양이었다고 말하는가 하면, 요하난(Yohanan)은 그것이 타원형의 배(ship) 모양(즉 바가지 같은)이었다는 견해를 제시한다. 그러나 떡의 정확한 형태를 알 수는 없는데, 후대의 랍비들은 전자의 견해를 따른다(Rashi; Ramban).

그렇다면 떡을 어떻게 교체했을까? 어떤 랍비들은 제사장들이 여러 개의 떡들을 한꺼번에 들고 와서 떡 칸의 떡 받침에 놓았을 것으로 추론한다. 그러나 필자의 견해로 떡 하나가 매우 컸기 때문에 하나 내지 둘씩 운반했을 것으로 보인다. 제사장들은 아마 대접에 구운 떡을 하나씩 가져온 뒤, 떡상 위의 떡 칸에 놓인 일주일 지난 떡을 꺼내 교체했을 것이다. 이때 비더만은 대접에 담긴 떡이 어느 정도 굳은 뒤 가져와서 떡만 떡 칸의 받침살

는 것을 말해 준다.

일주일이 지나 물려 낸 묵은 떡은 제사장들이 먹었는데, 집에 가져가선 안되고 "거룩한 곳", 즉 성소 안에서 먹어야 했다(9절).[8] 떡은 일주일이 지난 뒤에도 곰팡이가 슬거나 부패하지 않았던 것으로 보인다. 앞서 언급한 탈무드 므나호트(*Menachot* 86b) 외에 탈무드 요마(*Yoma* 38a)는 구체적으로 안식일에 떡을 교체하는 작업을 했던 제사장들에게 그 열두 개의 커다란 떡덩이들이 돌아갔다고 기록한다(자세한 것은 [부록]을 보라). 거기서 말한 대로, 떡 위에 놓은 유향도 이날 안식일에 번제단에 태웠다.

탈무드는 하나님의 기적으로 그 떡이 일주일이 지나도 온전했다고 말한다. 다만 어떤 랍비들은 일주일이 지났어도 떡이 여전히 따뜻했다고 말하는데, 이것은 과도한 신비주의적 해석이다.[9] 우리는 이 책의 [부록]에서 성막과 관련된, 와전된 소설 수준의 설명이나 신비적 주장을 바로잡는 작업을 시도할 것인데(예를 들어, 대제사장의 발목에 맨 밧줄), 거기서 이에 대해 자세히 설명하기로 한다. 결론만 말하면, 탈무드 요마(*Yoma*)는 떡이 오래도록 썩지 않은 이유가 은총을 받은 어떤 가문의 대를 이은 비밀 제조법 때문이었다고 말한다.

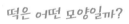
떡은 어떤 모양일까?

위에 끼워 넣었다고 본다(Biderman, 84-86). 그러나 라쉬는 앞서 말한 대로, 두 종류의 떡 받침용 대접들, 즉 떡을 끼우는 용기들(moulds)이 있었다고 말하는데, 하나는 철대접, 다른 하나는 금대접이다(당시 철기가 아직 보급되지 않았다면 놋대접일 수 있다). 먼저 제사장은 구운 떡을 철대접에 담아 내성소로 가져온다. 이어서 떡 칸에 끼워져 있던 순금대접(떡 받침)을 꺼내 오래된 떡을 빼낸다. 그리고 거기에 철대접의 떡을 옮겨서 다시 그 순금대접을 떡칸에 끼워 넣는다(Rashi, 출 25:29). 아마 이때는 떡이 아직 온기가 있고 말랑말랑했을 것이다. 철대접과 금대접 두 종류가 있어야 하는 이유는 내성소에는 순금 외에 어떠한 금속도 허용되지 않기에 철대접을 그대로 떡 칸에 끼울 수 없기 때문이며, 또한 성물인 금대접을 성소 밖에서 떡을 굽는 데 사용했을 리 만무하기 때문이다. 어쨌든 우리가 진설상의 정확한 모양을 확인할 방법은 없으나 떡 칸과 거기에 끼우는 떡 받침용 대접들이 있어야 한다는 것은 매우 합리적인 추론이다.

5 등잔대

출애굽기 | 25:31-40 / 37:17-24

7개 가지와 7개 등잔의 금등잔대, 하나님의 빛을 비추소서.

[P 39]
현대 이스라엘 국장

앞서 살펴보았듯이, 진설상과 등잔대 그리고 향단은 내성소에 놓여 있다. 이 중 가장 중요한 비품은 신학적으로는 향단이라 할 수 있다. 거기에 제사장과 회중이 지은 중대한 죄를 속죄하기 위한 속죄제 짐승의 피가 뿌려지기 때문이다(레 4:3-7, 13-18). 그러나 역사적으로는 이스라엘에게 등잔대가 가장 중요했다. '메노라'라 불리는 이것은 '다윗의 별'과 더불어 오늘날까지 유대인의 민족 상징물이기 때문이다. 현대 이스라엘 국기의 문양은 다윗의 별이며, 국장의 문양은 메노라다. 등잔대의 이름 '메노라'(מְנוֹרָה)는 '등잔'을 뜻하는 '네르'(נֵר)의 파생어다.

등잔대 또한 순금으로 만들어졌는데, 부품들을 만들어 접착시킨 것이 아니라 금 덩어리 전체의 일체형으로 제작되었던 것으로 보인다. 등잔대의 밑판과 더불어 중심에 놓인 큰 줄기가 메노라의 기본 축으로, 그 줄기에서 양옆으로 3개씩의 가지가 뻗어 나온다. 등잔대를 흔히 '촛대'라 칭하는 경우가 많은데, 이는 중대한 오류다. 등잔대에는 기름을 붓고 심지를 놓았지 초를 꽂지 않았기 때문이다. 따라서 요한계시록의 "촛대" 또한 오역이므로 바로잡혀야 한다. 항상 메노라는 촛대가 아닌 '등잔대' 혹은 '등대'로 칭해야 한다.

등잔대의 구성

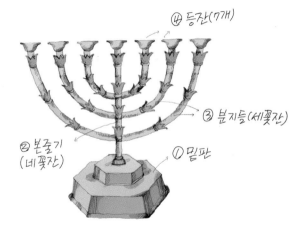

④ 등잔(7개)

③ 분지들(세꽃잔)

② 본줄기
(네꽃잔)

① 밑판

[P 40]
등잔대의 기본 구조

31 너는 순금으로 등잔대를 쳐 만들되 그 밑판과 줄기와 잔과 꽃받침과 꽃을 한 덩이로 연결하고 **32** 가지 여섯을 등잔대 곁에서 나오게 하되 다른 세 가지는 이쪽으로 나오고 다른 세 가지는 저쪽으로 나오게 하며 출25:31-32

앞서 언급한 대로, 등잔대는 각 부분들을 제조한 뒤 조립한 것이 아니다. 법궤 위의 속죄소와 마찬가지로 모든 부품이 한 덩어리를 형성한 일체형 기물이다(31절, "한 덩이로 연결하고"). 따라서 등잔대는 브살렐의 뛰어난 세공술로 만들어진 정교한 작품이다. "쳐서 만들라"는 표현에 비추어 볼 때, 등잔대도 속죄소 그룹 형상처럼 통금이 아닌 속이 빈 조형물임이 분명하다. 만일 이 물건을 통금으로 제작했다면, 그 두께에 비추어 볼 때 금의 무게는 등잔대 전체에 사용되어야 하는 1달란트를(출 25:39) 훨씬 상회할 수밖에 없다.

1) 밑판 : 먼저 금 덩어리를 녹여 주물을 하며 밑판을 만든다. 이 밑판부터 속이 빈 형태로 제작되었을 것이다. 만일 그렇지 않으면 밑판의 금덩어리 무게만으로 순금 1달란트(34kg)를 훨씬 넘게 될 것이기 때문이다.

2) 본줄기 : 밑판에서 가운데 줄기가 뻗어 올라온다. 이것도 속이 빈 파이프처럼 제작된 것으로 보인다. 추가로 설명하겠지만(34절), 그 줄기에는 복수로 언급되는 "꽃받침"과 "꽃"(아마 꽃봉오리)으로 구성된 "잔"(살구꽃 모양의 꽃잔)이 네 개 달려 있다(31절).

3) 곁줄기 : 가운데 줄기에서 양쪽으로 세 개씩 가지가 나왔으며, 각 분지마다 본줄기와 마찬가지로 꽃받침과 꽃봉오리를 가진 살구꽃 모양의

등잔대의 세부 구성

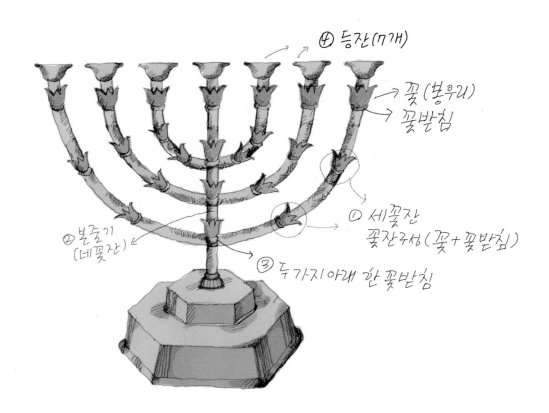

④ 등잔(7개)

꽃 (봉우리)
꽃받침

① 세꽃잔
꽃잔구성 (꽃+꽃받침)

② 본줄기
(네꽃잔)

③ 두 가지 아래 한 꽃받침

[P 41] 등잔대의 세부 구성

성막의 세계

장식용 꽃잔들이 세 개씩 달려 있었다(32절).

4) 등잔 : 결국 성소를 밝히는 등잔은 각 줄기마다 1개씩 7개다. 말하자면, 등잔대에는 7개의 등불이 켜졌다.

등잔대의 장식들과 부품들

33 이쪽 가지에 살구꽃 형상의 잔 셋과 꽃받침과 꽃이 있게 하고 저쪽 가지에도 살구꽃 형상의 잔 셋과 꽃받침과 꽃이 있게 하여 등잔대에서 나온 가지 여섯을 같게 할지며 34 등잔대 줄기에는 살구꽃 형상의 잔 넷과 꽃받침과 꽃이 있게 하고 35 등잔대에서 나온 가지 여섯을 위하여 꽃받침이 있게 하되 두 가지 아래에 한 꽃받침이 있어 줄기와 연결하며 또 두 가지 아래에 한 꽃받침이 있어 줄기와 연결하며 또 두 가지 아래에 한 꽃받침이 있어 줄기와 연결하게 하고 36 그 꽃받침과 가지를 줄기와 연결하여 전부를 순금으로 쳐 만들고 37 등잔 일곱을 만들어 그 위에 두어 앞을 비추게 하며 출 25:33-37

여러 꽃잔들과 일곱 등잔

본줄기에서 양쪽에 3개씩의 가지가 뻗어 나왔고 각 가지에 3개씩의 장식용 꽃잔이 세공되었다. "살구꽃"은 엄밀히 아몬드(almond)꽃으로 이해되지만, 우리는 살구꽃으로 칭하기로 한다.

1) 곁줄기의 세 꽃잔 : 이쪽 가지 셋과 저쪽 가지 셋, 즉 양쪽 6개의 분지 각각에 장식용 꽃잔이 3개씩 만들어졌다(33절). 이에 대한 묘사인 개역개정 성경의 "살구꽃 형상의 잔 셋과 꽃받침과 꽃"이라는 설명은 혼동을 준다(31, 33-34절). 이것은 마치 꽃잔 셋이 달려 있고, 또한 별도로 꽃받침과 꽃이 달려 있는 인상을 준다.

꽃잔은 무엇이고, 꽃받침과 꽃은 무엇인가? 이것은 한글성경의 번역상의 문제다. 다수 영어성경들의 번역에서 보듯이, 이것은 "잔, 곧 꽃받침과 꽃"으로 이해되어야 한다. 교정된 번역은 다음과 같다: "세 개의 잔, 즉 꽃받침과 꽃이 있게 하고."[1] 다시 말해 장식용 살구꽃(아몬드꽃) 잔이 아래 꽃받침과 위의 꽃으로 구성되었다는 뜻이다. 요컨대, 각각의 살구꽃 잔은 꽃받침을 가진 작은 꽃봉오리 모양을 지녔다.

그러나 라쉬와 마이모이네스를 비롯한 중세 이후 전통적인 랍비들은 "꽃잔"과 "꽃받침"과 "꽃"을 전혀 다르게 해석하면서 등잔대, 즉 메노라에 대한 매우 복잡한 재구성을 내놓는다. 또한 그들은 6개의 줄기를 본줄기에서 직선으로 뻗어 나오는 것으로 설명하는 등 전혀 사실과 다른 모델을 제시하는데(미주의 그림 참고)[2] 그들 견해는 모두 기각되어야 한다. 왜냐하면 그들 시대 이후에 메노라의 역사적 실체가 다수 발견되었는데, 그것들은 그들이 제안한 모양과는 전혀 달랐기 때문이다. 따라서 그들의 꽃잔을 비롯한 여러 구성 요소들에 대한 설명도 신뢰하기 어렵다.

2) 본줄기의 네 꽃잔 : 그러나 가운데 기둥 줄기에는 장식용 꽃잔이 셋이 아닌 넷이었고, 역시 그것들은 각각 꽃받침과 꽃으로 구성되어 있었다(34절).

3) 본줄기의 꽃받침 : 35절에 세 번이나 반복되는 "두 가지 아래에 한 꽃받

침"은 이해하기가 쉽지 않다. 맨 앞의 "등잔대에서 나온"은 정확히는 "등잔대 줄기에서 나온"이다. 즉 본줄기에서 6개의 가지가 나온다. 접속 부분에서 본줄기와 각 가지는 본줄기 꽃의 꽃받침에 연결되어 있다. 말 하자면, "두 가지 아래에 한 꽃받침"은 양쪽 두 가지와 본줄기가 만나는 부분에 본줄기의 꽃받침이 놓여 있다는 의미다. 이 표현이 세 번 반복 되는 이유는 두 가지가 세 번 양쪽으로 뻗어 나오기 때문이다. 그리하 여 본줄기 3개의 꽃받침이 6개의 가지와 본줄기를 연결한다(36절).

4) 일곱 등잔: 앞서 말한 대로, 7개의 가지에 7개의 등잔이 놓인다(37절).

정리하자면, 가운데 받침대에 연결된 본줄기에는 장식잔이 넷, 실제 불을 켜는 등잔이 맨 위에 놓여 있다. 그리고 그 줄기에서 양쪽에 3개씩의 분지가 나 오며 그 위에 등잔 6개를 놓아 등잔은 총 7개다. 각 분지의 장식용 꽃잔 개수는 각 분지에 3개씩 여섯 분지이므로 18개이고, 추가로 줄기에 4개이므로 총 22개 의 꽃잔이 있다. 그러나 이 꽃잔들은 모두 등잔대의 줄기와 가지의 장식물들이 었고 불을 켜기 위한 것이 아니었다. 맨 위쪽에 있는 7개의 등잔에 불이 피워졌 다(37절). 등잔에 붓는 감람유(올리브기름)는 최고급의 '정결한 기름'이었다(레 24:2, "순결한 기름"). 이것은 불순물이 거의 완벽하게 제거된 맑은 기름으로서, 탈 때 그을음이 전혀 나지 않고 냄새도 거의 없으며 불빛은 선명했다.

[P 43] 중간기 (주전 40년경)의 동전에 새겨진 메노라

그 외에도 비석 따위에 새겨진 메노라 문양이 몇 개 더 발견되는데, 메노라는 성막(성전) 비품들 중에서 진설상과 더불어 티토 개선문 부조에 새겨져 역사적으로 유일하게 확인되는 비품이다.

일곱 등잔의 의미
'7'은 완전수를 가리키고, 등잔의 불빛은 '빛'이신 여호와 하나님을 상징한 다. 어떤 사람은 천계의 태양과 달, 가장 빛나는 5개의 별을 상징한다고 말하 지만 근거는 없으며, 완전수 7이 가리키는 빛의 완전성에 주목할 필요가 있다. 하나님의 빛은 완전하고 그 빛은 결코 꺼지지 않는다. 또한 7은 태양과 달을 따라 7의 주기로 구성된 천계의 시간표를 상징할 수 있다. 7일 주기의 안식일, 7년 주기의 안식년, 7년의 7년 주기의 희년 등이 그것이다. 재차 말하지만, 오 늘날 유대인들이 이스라엘 국가를 상징하는 국장에 메노라를 그려 넣을 만큼

이 기물은 역사 속에서 유대인에게 중요했다.

등잔대의 부품들

> **38** 그 불집게와 불똥 그릇도 순금으로 만들지니 **39** 등잔대와 이 모든 기구를 순금 한 달란트로 만들되 **40** 너는 삼가 이 산에서 네게 보인 양식대로 할지니라 출 25:38-40

금등잔대에 딸린 부품들은 불집게와 불똥 그릇이다(38절). 이 또한 모두 순금으로 제작되었다. 그러나 본문의 언급 외에 추가적인 몇 가지 부품들이 더 있었을 것으로 추론된다.

1) 불집게 : 불집게는 등잔의 심지를 갈 때 사용되었을 것이다. 제사장들은 등잔대를 철저히 관리해야 했는데, 매일 짧아진 심지를 갈고, 심지와 기름이 타고 남은 재,
그리고 그 외 찌꺼기와 그을음을 청소해야 했다. 이때 집게는 아직 뜨거운 짧은 심지와 재를 집어내 제거하고 그것을 그릇에 담는 데 사용했다. 또한 이 집게를 이용해 새로운 심지를 등잔에 꽂는 일도 했을 것이다.

2) 불똥 그릇 : 불똥 그릇은 뜨거운 심지와 재를 담는 용도로 사용되었을 것이다. 동일한 히브리어 '마흐타'(מַחְתָּה)가 번제단에서는 "불 옮기는 그릇"으로 번역되는데, 그것은 번제단의 부속 비품(불똥 그릇)으로 아마 거기에 숯불을 담아 본당 안으로 가지고 들어갔을 것이다(출 27:3). 향단에 향을 피우고 등잔대의 새로운 심지에 불을 켜기 위함이다. 제단의 불똥 그릇(불 옮기는 그릇)은 놋으로 제작되었으나 등잔대의 불똥 그릇은 순금으로 제작되었다. 정리하자면, 등잔대의 부품인 순금의 불똥 그릇은 등잔에서 타고 남은 재

와 심지를 집게로 제거한 뒤 거기에 담아 밖으로 반출하는 기능을 했을 것이다. 이때 번제단의 놋으로 만든 불똥 그릇(불 옮기는 그릇)에 담아 온 제단의 숯불로 새로운 심지에 불을 밝혔을 것이다(Talmud *Yoma* 45:b).

3) 기름병들 : 추가로, 본문에는 빠져 있지만 분명히 순결한 감람유를 매일 채우기 위한 기름병이 부속물로 사용되었다. 이것은 민수기 4:9에서 확인된다: "청색 보자기를 취하여 등잔대와 등잔들과 불집게들과 불똥 그릇들과 그 쓰는 바 모든 기름 그릇을 덮고."

4) 발판 : 탈무드는 등잔들의 불을 켜고 청소를 하기 위해 세 개의 계단을 가진 돌로 만든 발판이 놓였다고 말한다(Talmud *Menachot* 29a; 참고. Mishnah *Tamid* 3). 이는 등잔대가 상당히 높았음을 뜻하는데, 이 경우 발판이 있어야 한다는 것은 매우 합리적인 추론이다. 만일 발판이 없다면 머리 근처에 등잔이 놓인 채 작업이 이루어지므로 매우 불편할 뿐 아니라 위험하기도 했을 것이다. 유대 문헌들은 세개의 계단에서 마지막 계단 발판 위에 다른 비품들을 올려놓고 제사장은 그 중간 칸에 서서 등잔대에 필요한 작업들을 수행했다고 말한다(참고. Mishneh Torah, *The Chosen Temple* 3).

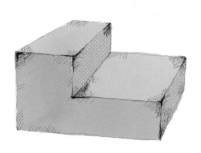

그러나 세 개의 계단은 과도하게 높고 자칫 앞으로 넘어질 듯한 느낌을 주기 때문에 불안정해 보인다. 우리는 등잔대 작업에 충분히 안정적인 높이인 두 계단의 발판을 제시한다. 제사장은 발판의 맨 윗면에 비품들을 올려놓고 작업을 했을 것이다.

5) 비품 운반용 쟁반 : 또한 어떤 재구성에서는 새로운 심지들과 집게, 기름병 등을 한꺼번에 담아 운반하는 별도의 커다란 쟁반(tray)이 있었을 것으로 추론하는데 이것도 상당히 그럴 듯하며 우리는 이것을 따른다(*Kehot*, 191).

[P 44] 등잔대의 부속 비품들

등잔대와 부속 비품들에 들어간 금의 총량은 1달란트였다(39절). 이것은 약 34kg의 무게이므로, 전체가 금 덩어리였던 등잔대 하나에 많은 금이 사용되었음을 알 수 있다. 앞서 언급한 대로, 법궤는 그 중요성을 고려할 때 금등잔대보다 훨씬 더 많은 양의 금이 사용되었을 것이다.

등잔대를 어떻게 관리했을까?

20 너는 또 이스라엘 자손에게 명령하여 감람으로 짠 순수한 기름을 등불을 위하여 네게로 가져오게 하고 끊이지 않게 등불을 켜되 **21** 아론과 그의 아들들로 회막 안 증거궤 앞 휘장 밖에서 저녁부터 아침까지 항상 여호와 앞에 그 등불을 보살피게 하라 이는 이스라엘 자손이 대대로 지킬 규례이니라 출 27:20-21

2 이스라엘 자손에게 명령하여 불을 켜기 위하여 감람을 찧어 낸 순결한 기름을 네게로 가져오게 하여 계속해서 등잔불을 켜 둘지며 **3** 아론은 회막 안 증거궤 휘장 밖에서 저녁부터 아침까지 여호와 앞에 항상 등잔불을 정리할지니 이는 너희 대대로 지킬 영원한 규례라 **4** 그는 여호와 앞에서 순결한 등잔대 위의 등잔들을 항상 정리할지니라 레 24:2-4

내성소의 등잔대 또한 대제사장의 지휘 아래 일반 제사장들이 관리했던 것으로 보인다. 그들은 깨끗한("순수한") 감람유를 짜 내서 등잔에 사용했다. "순수한"이란 단어 '자크'(זַךְ)는 오직 성막 본문에서 기름과 향에만 사용되는 단어인데, 이것은 액체나 원료의 찌꺼기나 불순물을 제거한 정결한 상태를 가리키는 용어로 이해된다(Sarna, 174). 따라서 자크는 '더럽다'보다는 '탁하다'의 대립적 개념으로 볼 수 있다.

한편, 일곱 분지 등대의 불을 24시간 계속 지폈는지, 아니면 저녁부터 아침까지만 지폈는지 의견이 양분되어 있다. 이것은 레위기 24:2-3에 기록된

"계속해서 등잔불을 켜 둘지며"(2절), "아론은 회막 안 증거궤 휘장 밖에서 저녁부터 아침까지 여호와 앞에 항상 등잔불을 정리할지니"(3절)라는 지침 때문에 생긴 논란이다. 2절은 종일 켜 놓으라는 뜻으로 이해된다. 반면, 다수의 학자들은 3절에 근거하여, 낮에는 등불을 켜지 않고 저녁부터 동틀 무렵의 아침까지 불을 밝혔을 것으로 본다. 또한 히브리어 '타미드'는 '규칙적으로 계속'의 의미가 가능하므로 등불을 매일 '규칙적으로' 저녁부터 아침까지만 켰다고 이해해도 큰 문제는 없다. 출애굽기 30:7에 따르면, 등잔의 청소와 심지 갈이를 하는 때는 매일 아침 시간이었다.

결국 이에 대해 두 가지 견해가 있다. 첫째, 회막 내부는 삼중 내지 사중의 덮개로 덮였기에 전혀 자연 채광이 안 돼 캄캄해서 24시간 불을 켜 놓아야 했다. 요세푸스의 설명에 의하면 낮에는 3개만 켜 놓았으며 밤에 7개를 모두 켰다(Josephus, *Antiquities* 3.8.3). 그의 말대로 낮에는 절반만 켜 놓았다면, 저녁 점화에 대한 설명은 7개의 등잔 모두 불을 밝혀야 한다는 지시일 것이다. 둘째, 매일 규칙적으로("계속해서") 캄캄해진 저녁부터 아침까지만 켰고(출 27:21; 30:8), 아침마다 등잔대를 깨끗이 청소했다(출 30:7). 출애굽기의 추가적 증언은 저녁마다 등불을 밝혔다는 것이다(출 27:21; 30:8). 이 경우 낮에는 등잔대의 불을 모두 껐음을 뜻한다.

삼중, 사중의 막으로 덮인 성막 내부에 자연 채광이 거의 불가능했다는 것을 고려해 볼 때, 낮에도 불을 켜 놓았다는 첫 번째 견해가 더 타당하게 보인다. 이것은 영화관 내부가 대낮에도 매우 컴컴해 아무것도 보이지 않는 것과 비슷한 이치다. 그러나 우리는 요세푸스의 기록이 다 옳지는 않다는 점을 유념해야 한다. 특별히 '7'이 꺼지지 않는 하나님의 완전한 빛을 상징한다면, 항상 7개 전부를 켜 놓았을 가능성이 있다. 이 경우 "저녁부터 아침까지"라는 표현은 저녁과 밤중에도 계속 켜 놓으라는 지시로 이해될 수 있다. 어찌 되었든 적어도 청소할 때는 한쪽 4개를 정돈하면서 다른 쪽 3개는 불을 켜 놓았을 것이며, 이어서 청소 후 심지를 간 4개를 켠 뒤 남은 3개의 불을 끄고 청소를 했을 것이다. 재를 청소하고, 심지를 갈고, 기름을 채우고, 심지에 불을 켜기 위해(아마 제단에서 가져온 불로) 앞에서 언급한 비품들을 사용했을 것이다.

6 향단

출애굽기 30:1-10 / 37:25-29

내성소에서 피를 뿌리는 유일한 비품인 향단, 왜일까?

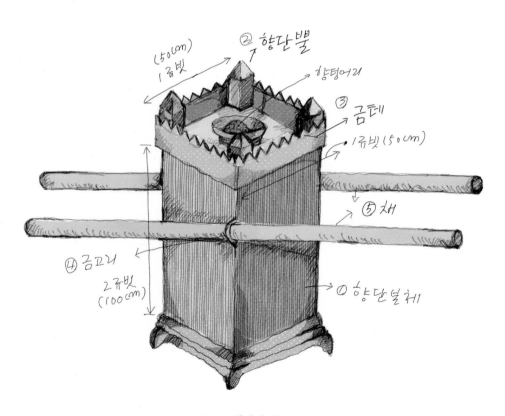

[P 45] **향단의 기본 구조**

성막의 세계

성막 비품 설명은 등잔대의 다음 차례로 내성소의 마지막 비품인 향단 제작법으로 이어지는 것이 자연스럽다. 그러나 출애굽기 25장에 이어 향단이 아닌 다른 비품들과 시설물 제작법에 대한 장황한 설명이 펼쳐진다(출 26-29장). 향단은 30장에 뒤늦게 나타난다. 우리는 편의상 성경 본문 순서를 바꿔 여기서 내성소의 남은 비품인 향단을 알아보기로 한다. 향단 제작법이 30장의 향 제조법과 묶여 뒤로 미루어진 이유는 향과 향단의 밀접한 관련 때문일 것이다.

향단의 구성

1 너는 분향할 제단을 만들지니 곧 조각목으로 만들되 **2** 길이가 한 규빗, 너비가 한 규빗으로 네모가 반듯하게 하고 높이는 두 규빗으로 하며 그 뿔을 그것과 이어지게 하고 **3** 제단 상면과 전후좌우 면과 뿔을 순금으로 싸고 주위에 금테를 두를지며 **4** 금테 아래 양쪽에 금고리 둘을 만들되 곧 그 양쪽에 만들지니 이는 제단을 메는 채를 꿸 곳이며 **5** 그 채를 조각목으로 만들고 금으로 싸고 출 30:1-5

1) **향단 본체** : 향단의 본체는 조각목으로 틀을 짠 뒤 금박으로 순금을 입힌 작은 비품이다. 향단은 가로×세로×높이가 1규빗(50cm)×1규빗(50cm)×2규빗(1m)의 크기다. 높이가 제사장의 허리 높이인 1m이므로 제사장이 분향하기에 적합했을 것이다. 향단 또한 진설상과 마찬가지로 법궤처럼 금상자를 입히지 않고 단지 얇은 금박을 아름답게 입힌 것으로 보인다.

2) **향단 뿔** : 향단 상단에 4개의 뿔이 만들어진다. 이것은 마당의 번제단과 더불어 제단의 공통 양식이다. 뿔들도 모두 금을 입혔다(3절). 뿔은 뒤에 이어서 설명하겠지만, 매우 중요한 신학적, 제의적 의미를 지니고 있다.

3) **금테** : 더불어 상단에는 순금으로 만든 금테가 둘린다(3절).

4) 금고리 : 아래쪽에는 이동을 위한 장치, 즉 금고리 둘이 장착된다. 흥미롭게도 고리의 숫자가 넷이 아닌 '둘'만 언급된다(4절, "양쪽에 금고리 둘을 만들되"). 이 경우 두 개의 채를 끼우는 유일한 방법은 모서리에 두 고리를 장착하는 것뿐이다. 생각해 보면, 이것은 매우 합리적인 설계 결과다. 향단은 너무 작고 가벼워 두 사람이 들고 다닌 것으로 보인다. 그러나 향단의 폭은 50cm도 안 되므로 만일 이 채를 두 제사장이 앞뒤에서 들고 간다면, 너무 폭이 좁아 향단 운반이 쉽지 않았을 것이다.

그러나 양쪽 모퉁이에 두 개의 고리만을 만들어 끼우면, 폭이 훨씬 넓어져 불편함이 해소된다. 앞서 진설상의 채를 안치된 상태에서는 빼놓고 사용했다는 랍비들의 견해를 따라, 아마 향단의 채도 사용 중에는 따로 보관했던 것으로 보인다. 특히 향단의 경우 채가 끼워져 있었다면, 채 하나에 고리가 하나뿐이므로 채가 수평을 유지하기 힘들었을 것이며 제사장의 활동도 상당히 불편했을 것이다.

5) 채 : 고리들에 끼울 금을 칠한 두 개의 조각목 채가 만들어졌다(5절). 다른 비품들의 채와 마찬가지로 이 채들도 길이와 두께가 명시되어 있지 않다. 그러나 두 사람이 앞뒤에서 운반하기에 적절한 길이였을 것이다.

[P 46] 1985년 이스라엘에서 발행된 우표들 속의 성막 비품들

성막의 세계

향단의 위치

> 그 제단을 증거궤 위 속죄소 맞은편 곧 증거궤 앞에 있는 휘장 밖에 두라 그
> 속죄소는 내가 너와 만날 곳이며 출 30:6

이 책 1장 성막의 조감도에서 보듯이 향단의 위치는 지성소 바로 앞이다. 6절의 다소 복잡해 보이는 묘사인 "증거궤 위 속죄소 맞은편 곧 증거궤 앞에 있는 휘장 밖"은 단순히 지성소 앞, 즉 지성소 휘장 앞을 의미한다. 참고로 여기서도 법궤(증거궤)와 그 위에 놓인 속죄소(속죄판)가 별개의 비품인 마냥 취급되는 것이 확인된다. 엄밀히 속죄소는 나무 궤와는 다른 독자적인 기물이었으나, 흔히 두 개를 통틀어 법궤, 가장 대표적인 공식 명칭으로는 '언약궤'라 부른다.

본문은 속죄소를 "내가 너와 만날 곳"으로 표현한다. 하나님은 증거궤 위의 속죄소에 왕으로 임재하셔서 백성을 만나신다. 향단은 휘장을 사이에 두고 하나님이 임재해 계신 그 속죄소가 놓인 법궤와 마주 보고 있다. 이 위치는 향단이 갖는 중요성을 말해 준다. 또한 이 책 1장에서 살펴보았듯이, 기능적 측

우표에 실린 성막 주요 비품들의 표준 모형

1985년에 이스라엘에서 발행된 우표들에 네 가지 성막 주요 비품들의 재구성 모형이 담겨 있다. 우표에 수록될 정도면 사실상 표준 모형으로 간주되었다고 볼 수 있는데, 그것은 레빈의 재구성 모형들이다. 법궤와 진설상은 앞서 동의한 모델 그대로이나 등잔대는 로마의 티토 개선문에 부조된 역사적 증거에 다소 부합되지 않는 아쉬움이 있다. 가운데 본줄기에 있는 4개의 꽃잔에서 여섯 줄기가 뻗어 나오는데, 꽃 없이 꽃받침들만 부착되어 있는 모습이기에 동의하기 어렵다. 각 줄기의 꽃잔들도 모두 맨 위에 몰려 있는데, 티토 개선문의 등잔대 모습과 맞지 않는다. 반면, 향단 또한 법궤와 진설상과 더불어 우리가 받아들일 수 있는 재구성이다.

[P 47] **향단에서 분향하는 대제사장**

면에서도 향단은 내성소를 대표하는 기물로 나타난다. 내성소에서 피를 뿌리는 유일한 비품이 향단이기 때문이다.

어떻게 분향했나?

매일 드리는 분향

7 아론이 아침마다 그 위에 향기로운 향을 사르되 등불을 손질할 때에 사를지며 **8** 또 저녁 때 등불을 켤 때에 사를지니 이 향은 너희가 대대로 여호와 앞에 끊지 못할지며 출 30:7-8

성막의 세계

대제사장 아론이 매일 아침과 저녁에 분향을 했다. 아침에, 즉 동이 틀 때 등잔대의 등을 청소하고 심지를 갈 때 향을 태웠고, 저녁에 한 번 더 향을 살랐다(7-8절). 여기서 분향이 대제사장의 직무로 언급되지만, 이것은 분향에 대한 대제사장의 책임과 지휘권을 뜻할 수 있다(앞서 레 24:3에서 본 등잔대의 등잔 켜기도 마찬가지). 왜냐하면 성경은 일반 제사장들이 분향을 드리는 장면을 증거하기 때문이다(레 10:1-2; 대하 26:18; 눅 1:8-9).[1] 대제사장은 마당의 제사(동물 제사)와 내성소의 제사(떡 제사와 향 제사, 그리고 등잔불 켜기) 모두를 총괄 지휘했다.

향은 아침저녁으로 태웠기에 내성소 안은 24시간 내내 지극히 향기로운 향으로 채워져 있었을 것이다. 특별히 이 분향은 지성소 휘장 바로 앞에서, 즉 법궤 앞에서 한다. 말하자면, 이것은 언약궤의 그룹 사이에 좌정하신 하나님께 끊임없이 최고의 향을 피워 올렸다는 뜻이다. 하나님은 이 향을 기쁘게 흠향하셨다.

계시록은 이 향연이 매일 올라가는 경건한 성도의 기도를 상징하는 것으로 해석한다(계 5:8; 8:3-4). 실제로 누가복음은 제사장이 분향을 하는 그 시간에 모든 백성이 성전 마당에서 기도했음을 증언한다(눅 1:8-11).

다른 향과 제물의 금지

> 너희는 그 위에 다른 향을 사르지 말며 번제나 소제를 드리지 말며 전제의 술을 붓지 말며 출 30:9

향단에는 합법적으로 제조된 향 외에 어떠한 향도 금지되었으며, 그 외 마당에서 드린 모든 제물이 일절 허용되지 않았다. 즉 동물 제사나 소제(곡식 제사) 그리고 술을 바치는 전제가 모두 금지되었다. 마당에서도 소제의 밀가루 위에 작은 유향 한 덩어리를 얹어 태웠는데(레 2:1-2),[2] 이 유향도 향단에서는 금지되었다. 향단에서는 오직 특수하게 제조되어 빻은 향 가루가(출 30:34-38) 태워졌다. 향의 제조법과 사용법에 대해서는 이어지는 7장 "관유와 향"에서 설명될 것이다.

속죄일에 향단에 피 뿌리기

아론이 일 년에 한 번씩 이 향단 뿔을 위하여 속죄하되 속죄제의 피로 일 년에
한 번씩 대대로 속죄할지니라 이 제단은 여호와께 지극히 거룩하니라 출 30:10

　　매년 속죄일(유대력 음력 7월 10일)에 대제사장이 속죄제 짐승의 피를 손가
락에 찍어 향단 뿔에 바르고 향단 주변에는 손가락에 묻힌 피를 일곱 차례 뿌
렸다(출 30:10; 레 4:5-7, 16-18; 16:15-16). 이렇게 함으로써 향단 뿔을 속죄한다.
이것은 향단을 정결하게 청소한다는 뜻으로 이해된다. 참고로 번제단의 뿔에
도 속죄제 짐승의 피를 손가락에 찍어 바르므로(레 4:25, 30) 향단이든 번제단
이든 제단 뿔은 매우 중요한 제의적, 신학적 의미를 지녔음을 알 수 있다.[3]

성막의 세계

출애굽기 30:10의 '향단 뿔을 속죄한다'는 표현은 매우 괴이하다. 사람이 아닌 제단 뿔이 속죄를 받기 때문이다. 거의 모든 영어성경은 이것을 "make atonement on its horns"(제단 뿔 위에서 속죄하다)로 번역하여 이 난처한 문제를 피해간다. 하지만 이것은 고육책으로 나온 번역일 뿐이다. 이 표현을 여기서 그렇게 피해간다손 치더라도, 다른 곳에서는 여전히 난감한 문제를 발생시킨다.

동일한 히브리어 숙어가 번제단과 회막 건물을 목적어로 삼는 사례들이 발견되는데, 대부분의 영어성경들이 거기서는 이 숙어를 달리 번역한다(출 29:36-37; 레 16:20).

제단의 경우 그것은 "make atonement for the altar", 즉 "단(번제단)을 속죄한다, 단을 위하여 속죄한다"로 번역된다. 참고로 번제단에도 향단과 마찬가지로 "제단 뿔"에 속죄제 짐승의 피를 바른다.

한편 레위기 16:24는 속죄일에 짐승의 피를 회막 건물 안에서 법궤, 향단, 번제단에 뿌린 결과 지성소와 회막(내성소)과 제단이 속죄된다고 말한다. 이러한 것들이 괴이한 표현인 이유는 제단과 건물이 속죄된다고 말하기 때문이다. 도대체 어떻게 사물이 속죄된다는 것인가? 제단과 건물이 죄를 지었는가?

사실은 앞서 "향단 뿔을 속죄한다"는 표현도 이것이 동일한 히브리어 숙어이고 목적어가 사물이며, 피를 뿔에 바르는 행위마저 동일하기 때문에 다르게 번역할 이유가 없다. 따라서 향단의 경우도 개역개정 성경처럼 "향단 뿔을 속죄한다"로 번역하는 것이 정당하다. 하지만 어떻게 향단이라는 물건을 속죄하는가? 향단이 죄를 지었는가? 명백히 말이 안 되는 표현이다. 또한 왜 속죄가 향단 자체가 아닌 향단 뿔에 제한되는가?

먼저, 향단과 번제단의 네 뿔은 둘 다 제단을 대표하는 부위다. 사물의 삐져나온 부분에 때가 많이 묻는 법이다. 구약에는 인간이 심각히 부정하게 되고 죄를 지으면 성전이 더럽혀진다는 개념이 나타난다(레 15:31; 20:3; 민 19:13). 놀랍게도 이것은 신약에서도 나타난다(고전 3:16-17). 인간의 죄로 향단과 번제단이 오염된다면, 안테나와 같은 뿔이 가장 오염에 취약하다는 개념이 작동되었을 것이다. 그러한 이유로 뿔들은 제단을 대표한다고 볼 수 있다. 따라서 대표성을 지닌 뿔들을 청소하면, 제단 자체가 청소되는 셈이다.

그러나 어떻게 비품이 죄를 짓는가? 이것은 '속죄하다'의 원어 '키페르'(כִּפֶּר) 번역의 한계로 인한 것이다. 자세한 내용은 생략하지만, 동사 '키페르'는 속죄제에서만큼은 '배상하고 씻어 내다'라는 이중적 뜻을 지닌 단어다.[4] 즉 피를 손가락에 찍어 향단 뿔에 바르고 향단 주변에 튕겨 뿌릴 때 죄로 더럽혀져 손상이 된 향단은 오염이 '청소'되고 손상이 '배상'된다. 그러나 이 청소와 배상의 이중적 개념을 담을 영어 단어도, 한국어도 없다. 결국 배상해서 문제를 해결한다는 뜻의 "속죄하다"로 번역할 수밖에 없었는데 이것을 풀어서 해석하면, 제단을 '배상하고 정결케 하다'라는 의미다.

7 관유와 향

출애굽기 | 30:22-38

거룩한 기름과 정결한 향으로 성소를 향기롭게 채운다.

향은 분향을 위해, 관유는 성막과 제사장의 기름 부음에 사용된다. 특별히 관유(灌油)는 "거룩한 관유"로, 향은 "정결한 향"으로 표현된다. "정결한(기, 자크) 향"이란 앞서 말한 대로, 불순물이 전혀 없는 깨끗한 재료로 만든 향을 의미한다. 그것을 태운 연기는 회막 내부를 지극히 향기로운 냄새로 채웠을 것이다.

관유는 감람유에 다양한 향품(향료)을 섞어 만든 특수한 기름이며, 향은 기름을 넣어 섞지 않고 단지 몇 가지 향품 덩어리를 가루로 만들어 섞어서 제조되는 향 가루를 말한다. 관유는 성막을 봉헌하고 제사장을 위임할 때 사용되는 최고급 기름이며, 향은 금향단에 분향하기 위해 사용되는 최고급 향 가루다.

본문에 등장하는 다양한 향료의 정체와 성분, 진귀한 식물의 종류 또한 정확히 알 수 없다. 그러나 분명한 것은 그것들이 고대 근동 지역에서 보석류와 같이 매우 귀하고 대단히 비싼 물품으로서 질병의 치료와 예방, 강한 살균 효과를 지닌 방부제 및 강렬한 냄새를 풍기는 향수와 방향제로 사용되었다는 점이다.

관유 제조법과 사용법

관유 제조법

> 22 여호와께서 모세에게 또 말씀하여 이르시되 23 너는 상등 향품을 가지되
> 액체 몰약 오백 세겔과 그 반수의 향기로운 육계 이백오십 세겔과 향기로운
> 창포 이백오십 세겔과 24 계피 오백 세겔을 성소의 세겔로 하고 감람 기름
> 한 힌을 가지고 25 그것으로 거룩한 관유를 만들되 향을 제조하는 법대로 향
> 기름을 만들지니 그것이 거룩한 관유가 될지라 출 30:22-25

분향에 사용된 향보다 관유 제조법과 사용법이 먼저 언급된다. '관유'의
히브리어 '쉐멘 하미쉬하'(הַמִּשְׁחָה שֶׁמֶן)는 '부어 바르는 기름'(anointing oil)을 뜻
한다. 관유는 감람유를 기본으로 네 가지 '향기로운' 향품들로 구성된다. 액체
몰약(沒藥), 육계, 창포, 계피다. 이 향품들의 정체는 분명하지 않다. 몰약을 제
외한 나머지는 우리 문화권의 명칭이 붙은 그 식물들과 물품이 아닌 것은 분
명하다. 몰약은 북아프리카와 중동
지역 특산물로 널리 알려져 있는
데, 앞서 말한 대로 몰약은 황금 및
유향과 더불어 성경에서 가장 고가
의 품목으로 꼽을 수 있다(마 2:11;
참고. 창 37:25; 43:11; 겔 27:22). 그
외의 향품들도 특수한 향과 성분을
지닌 진귀한 식물들인 것으로 보인다.

몰약	500세겔	약 6kg
육계	250세겔	약 3kg
창포	250세겔	약 3kg
계피	500세겔	약 6kg
감람유	1힌	약 3.6L

육계(cinnamon)는 계피의 일종으로 추정되는데, 창포(calamus?)와 계피
(cassia?)는 불확실하다(Sarna, 198). 창포는 약초로 널리 쓰이는데 뿌리가 매우 독
특한 향을 풍기는 식물로 알려져 있다. 계피는 육계와 비슷한 특산물이었던 것
같다. 이런 고급 향품들로 제조된 관유는 아주 고가의 귀한 기름이었다고 볼 수
있다.

각 품목들의 무게와 양이 적시되어 있다. 1세겔은 무게 단위다. 약 11.4g, 여유 있게 12g으로 산정하면, 500세겔은 6,000g(6kg)가량이다. 1힌은 부피 단위로 약 3.6L다. 몰약 6kg, 육계 3kg, 창포 3kg, 계피 6kg에 감람유 3.6L를 섞어서 관유를 제조한다. 아마 감람유를 제외한 성분들은 모두 측량 단위가 무게인 세겔이었던 것으로 보아 건조된 고체 덩어리나 가루였을 것으로 추측된다.

힌은 감람유와 같은 액체의 부피 측량 단위이므로 500세겔(6kg)의 무게로 산정되는 몰약 또한 액체가 아닌 고체 덩어리나 가루였을 수 있다. 사르나는 이것이 "응고된(solidified) 몰약"이라고 말한다 (Sarna, 198). 히브리어로 이것은 엄밀히 아가서 5:5에서 "몰약의 즙"으로 번역된 액체 몰약과 다르다. 제조된 관유 양이 엄청난데, 그 이유는 제사장들뿐만 아니라 성막 기물들 전체에 발라야 했기 때문이다.

현재의 관유 제조법에는 이 많은 양의 성분들에 어떻게 감람유를 섞어서 관유를 만드는지 구체적인 설명이 없다. 아마 이것들을 오랜 시간 함께 물에 넣어 끓인 뒤, 감람유 3.6L를 부어 섞었을 것이다. 혹자는 이집트의 기름 추출법을 참고하여 우리가 약탕기에 한약을 끓일 때처럼 도자기에 넣어 끓인 뒤 헝겊에 넣어 짜내 불순물을 걸러 냈을 것으로 추론하기도 한다.[1] 이 액체가 "향기름"(25절)이라 표현된 것을 볼 때 타당한 추론으로 여겨진다. 이렇게 제조된 향기로운 기름은 "거룩한 관유"라 칭한다(출 30:25, 31).

관유 사용법

26 너는 그것을 회막과 증거궤에 바르고 27 상과 그 모든 기구이며 등잔대와 그 기구이며 분향단과 28 및 번제단과 그 모든 기구와 물두멍과 그 받침에 발라 29 그것들을 지극히 거룩한 것으로 구별하라 이것에 접촉하는 것은 모

[P 48] 몰약 덩어리와 액체형 몰약

가루로도 유통된다. 몰약은 감람과의 몰약 나무 채취액인데, 고대로부터 약재와 항균제, 진통제, 방향제 등으로 사용된 매우 비싼 물건이었다.

[P 49] 육계(좌)와 계피(우)

둘은 비슷하나 다른 종의 나무다 껍질의 향과 맛이 비슷하나 육계가 더 향이 부드럽고 단맛도 더 강하다고 한다.

[P 50] 창포

주로 창포의 뿌리가 약초로 쓰이는데 강한 향을 풍기는 특징을 지닌다.

두 거룩하리라 **30** 너는 아론과 그의 아들들에게 기름을 발라 그들을 거룩하게 하고 그들이 내게 제사장 직분을 행하게 하고 출 30:26-30

이어서 관유 사용법이 설명된다. 여기서는 관유를 단지 '바른다'고 명시했으나, 정확히는 부은 다음(מוֹשְׁ, 야차크) 바르는(מָשַׁח, 마샤흐) 방식으로 관유가 사용된다(출 29:7, "관유를 가져다가 그의 머리에 부어 바르고"). 우선 성막 봉헌식에서 관유를 성막의 모든 비품과 시설물에 부어 바른다(26-28절).[2] 이로써 그 모든 물건이 거룩해진다(29절).

성막 봉헌식 날에 제사장 위임식이 동시에 진행되는데(출 29장; 레 8장), 이때 역시 관유를 모든 제사장에게 부어 바른다. 구체적으로, 아론과 그의 아들들의 '머리 위에' 관유를 부어 바르지, 몸에 바르지는 않는다(출 29:7). 다만, 제사장 옷들에 관유를 뿌린다(출 29:21). 이로써 제사장들이 거룩해진다. 이후 신임 제사장이 위임될 때마다 이 관유를 그들에게 부어 발랐다.

관유가 발라진 대상은 거룩하게 되지만, 그런 변화가 자동으로 이루어지는 것은 아니다. 왜냐하면 인간과 사물의 거룩한 변화는 궁극적으로 오직 거룩의 근원이신 하나님에게서 비롯되기 때문이다. 따라서 관유는 단지 거룩성을 유발하는 매개물일 뿐 신적 개입 없이 그 자체로는 아무런 의미가 없다. 이것은 법궤를 비롯한 다른 기물들도 마찬가지다. 하나님이 임재하실 때에만 그것이 의미가 있었으며 거룩의 힘이 작동되었다. 말하자면, 그 물건들이 자동으로 하나님의 임재를 보장하고 스스로 역사를 일으키는 것은 아니었다.

관유를 사용할 때 주의 사항

31 이스라엘 자손에게 말하여 이르기를 이것은 너희 대대로 내게 거룩한 관유니 **32** 사람의 몸에 붓지 말며 이 방법대로 이와 같은 것을 만들지 말라 이는 거룩하니 너희는 거룩히 여기라 **33** 이와 같은 것을 만드는 모든 자와 이것을 타인에게 붓는 모든 자는 그 백성 중에서 끊어지리라 하라 출 30:31-33

관유는 일반인이 제조할 수 없었으며 성소에만 국한되어 사용되었다. 따라서 이 특별한 관유를 멋대로 만들어 자신은 물론 다른 사람에게 부어서도 안 된다(33절). 그런 불법을 자행하는 사람들은 모두 '끊어짐'의 형벌을 당한다.[3]

향 제조법과 사용법

향 제조법

34 여호와께서 모세에게 이르시되 너는 소합향과 나감향과 풍자향의 향품을 가져다가 그 향품을 유향에 섞되 각기 같은 분량으로 하고 **35** 그것으로 향을 만들되 향 만드는 법대로 만들고 그것에 소금을 쳐서 성결하게 하고 출 30:34-35

금향단에 태우기 위한 향 또한 특별하게 제조되어야 한다. 고가의 세 가지 향품(향료)들을 섞어 향을 제조한다. 소합향(蘇合香)은 유향처럼 끈적끈적한 나무 액(수지)을 채취해서 제조한다. 그러나 그것이 어떤 나무였는지는 분명하지 않다.[4] 아마 송진과 같은 수지로 강한 냄새를 풍기는 향품이었을 것이다. 나감향(螺龕香)은 향기 나는 조개껍질을 빻아서 조제한 향품을 가리키는 것으로 추정되며, 풍자향(楓子香)은 아마도 '페룰라'(Ferula)라 불리는 미나리과 식물 중에서 채취한 강한 향을 내뿜는 끈적끈적한 액체였을 것이다(Sarna, 199). 이것은 진통제와 해독제였으며, 강한 살균력을 지녀 방부제로도 널리 사용되었다고 한다.

관유의 원료인 몰약, 육계, 창포, 계피와 더불어 특수한 향의 원료인 소합

[P 51]
소합향(stacte)의 원료로 추정되는 서양 때죽나무의 일종. 나무 진액을 채취하여 제조한다.

[P 52]
나감향(onycha)의 원료로 알려진 지중해의 조개 종류

향, 나감향, 풍자향은 원액을 채취한 후 말려서 제조한 고체 덩어리의 최고급 향품들로 유통되었다. 여러 향품들이 섞인 이 향은 소제의 밀가루 위에 올린 단순한 유향 덩어리보다 훨씬 비싸고 귀했다.

유향은 가장 기본적이고 중요한 향품으로서 별도의 설명이 필요한데, 이 것은 이미 앞서 이 책 2장 "성막의 원자재들" 부분에서 상세히 다루었다. 이것 은 제사장이 소제의 밀가루 위에 유향 한 덩어리를 올리는 등 가장 사용 빈도 가 높았던 기본 향품이었다(레 2:2).

여러 향품들의 혼합물에 소금을 쳐야 하며, 그렇게 해서 그것을 성결하게 만들 것을 지시한다(35절). 히브리어 구문은 소금을 친 결과 성결케 되는 것이 아니라, 단순히 소금을 첨가한 전체 향품의 혼합물을 성결하게 만들라는 뜻이

[P53]
풍자향(galbanum)의 원료로 알려진 미나리과 식물인 페룰라(Ferula)

다. 사르나는 소금은 향이 더 잘 타게 하고 향연도 더 잘 나게 하는 작용을 한다고 설명한다(Sarna, 199). 각 종류의 향품들을 같은 분량의 비율로 섞어서 제조하라고 할 뿐 관유와 달리 성분들의 구체적인 양이 명시되지 않으며 제조 방법도 설명되어 있지 않다. 아마 필요할 때마다 적절한 양을 제조해서 사용했기 때문일 것이다. 그러나 이어지는 36절에서 보듯이 굳은 송진 덩어리 같은 원료들을 녹인 뒤 섞어서(아마 조개껍질인 나감향은 빻아 넣어서) 일단 딱딱한 혼합 덩어리로 만든 다음 그것을 곱게 빻아서 사용했던 것으로 보인다.

향 사용법

> 36 그 향 얼마를 곱게 찧어 내가 너와 만날 회막 안 증거궤 앞에 두라 이 향은 너희에게 지극히 거룩하니라 37 네가 여호와를 위하여 만들 향은 거룩한 것이니 너희를 위하여는 그 방법대로 만들지 말라 38 냄새를 맡으려고 이 같은 것을 만드는 모든 자는 그 백성 중에서 끊어지리라 출 30:36-38

앞서 말한 대로, 제조 과정을 거쳐 고체의 향 덩어리가 만들어졌을 것이다. "향 얼마를 곱게 찧어"(36절)라는 말은 고체의 향 덩어리를 빻아 가루로 만들어 사용하라는 뜻이다. 그 가루를 둥그런 환약처럼 만들어 향단 위에 놓은 뒤 태웠을 것으로 추정된다. 가루로 만든 향을 "증거궤 앞에" 두라고 지시하는데(36절), 아마 법궤와 가까이 마주보는 내성소의 금향단 근처에 일정량을 가루로 제조한 뒤 보관하라는 뜻으로 보인다. 매일 향을 피우기 위해 그것을 조금씩 사용했을 것이다.

내성소에 쓸 등유(감람유)와 향 그리고 관유는 매일 드리는 소제의 밀가루와 더불어 아론의 셋째 아들인 제사장 엘르아살이 맡았다(민 4:16). 아마 그는 이것들의 제조와 관리, 이동시에는 운반을 맡았으며(부록의 "성막 운반법"을 보라) 제의적 사용은 대제사장 아론이 관할한 것으로 보아야 한다.

한편, 33절에서 관유를 멋대로 사용하지 말 것을 '끊어짐'의 형벌과 더불어 경고한 것과 마찬가지로, 37-38절은 사적인 목적을 위해, 혹은 강렬한 향기를 맡고 싶다는 이유로 거룩한 향료를 제조하지 말라고 경고한다. 그러한 불법을 저지른 사람 역시 '끊어짐'의 형벌을 피할 수 없다.

참고로, 속죄일에 지성소에 대제사장 아론이 향로에 피우고 들어갔던 분향 가루는 금향단에 사용된 향과 동일했지만, 그것보다 더 정밀하게 빻아 만든 최고급 향이었다(레 16:12).[5] 결국 향은 이렇게 3등분되었다.[6]

마당 : 번제단의 소제에 올리는 유향 덩어리의 "향"

내성소 : 향단의 "향기로운 향(가루)"

지성소 : 속죄일의 "곱게 빻은 향(가루)"

이렇게 3등급으로 나뉜 향을 보더라도 성막의 삼중 구조에 따라 성막의 거룩성이 3등분되었음을 알 수 있다.

8 회막의 덮개들
출애굽기 26:1-14 / 36:8-19

휘장, 앙장, 덮개… 이것들의 역할은 무엇일까?

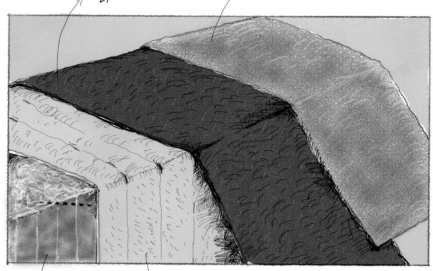

③ 세 번째 덮개
(붉은색 숫양가죽)

④ 네 번째 덮개
(해달가죽)

① 첫 번째 덮개
(삼색실 앙장막)

② 두 번째 덮개
(염소털실 앙장막)

[P 54] 네 겹의 성막 덮개들
처음 두 장은 실로 짠 앙장막, 나머지 두 장은 가죽 덮개들이다.

네 겹의 성막 덮개

다시 출애굽기 본문 30장에서 26장으로 거슬러 올라가 이제 성막 건물과 시설물의 건축법을 묘사할 차례다. 우리는 편의상 본당 건물을 '회막'이라 칭하기로 한다. 실제로 회막이란 명칭은 좁은 의미로 대부분 이 건물을 지칭한다. 반면, 우리는 마당을 포함한 전 공간을 가리키는 명칭으로 '성막'을 사용하기로 한다.

먼저, 회막 지붕을 덮는 앙장과 덮개들의 제작에 대한 지침이다. 회막 전체를 최소 두 겹, 아마도 세 겹 혹은 최대 네 겹의 덮개로 덮었다. 마지막 해달 가죽이 지붕만 장식했다는 의견이 옳다면 세 겹이 되나, 해달 가죽 또한 전체를 덮었으면 네 겹이 되는 셈이다.

이 책 2장 "성막의 원자재들"에서 언급한 바, 백성에게 준비하라고 한 여러 가지 실과 염소털 실, 그리고 숫양의 가죽과 해달의 가죽들이 바로 이 천막들과 덮개들을 제작하는 데 쓰인다(출 25:3-5). 이 천막들은 고급 실들로 꼼꼼하게 자수를 놓고, 비싼 염료로 물을 들이고, 여러 장을 잇대어 만든 대형 천막들이다.

처음 두 개의 앙장막은 고급 실들로 꼼꼼하게 자수를 떠서 문양을 새겼고, 고가의 염료로 물들였다. 이것들은 건물 전체를 덮었다. 뒤이어 가죽 덮개로 방수와 방풍을 위해 다시 그 위를 덮어야 했을 것이다.[1] 실로 짠 첫 번째와 두 번째 앙장막은 방수가 안 돼 쉽게 물에 젖고 바람에 취약하기 때문이다.

앙장, 휘장, 덮개, 포장막?

성막에 사용된 막들은 여러 종류가 있다. 본당 건물을 덮은 천막과 성막의 세 공간을 가리는 가림막들로 나뉘며, 뜰의 경계를 두른 포장막이 있다. 이것들의 히브리어는 모두 다른데, 아쉽게도 영어성경들뿐 아니라 한글성경들도 구분이 안 되는 번역 용어들을 사용한다. 그리하여 독자들은 상당한 혼란을 느낀다.

예를 들어, 본당 건물을 덮은 실로 짠 두 종류의 천막을 개역한글의 개정

본인 개역개정 성경은 모두 "휘장"(揮帳)으로 번역했는데, 이것은 각 공간의 가림막이었던 커튼을 의미하는 '휘장'과 구분이 안 되는 아쉬운 번역이다. 지성소 휘장도 '휘장'으로 부르고, 건물을 덮는 천막도 '휘장'이라 하니 혼동될 수밖에 없다. 이 둘은 히브리어 자체가 다르다. 오히려 예전의 개역한글 성경의 "앙장"이 휘장과 구분되고 히브리어의 의미를 정확히 반영한 용어다. '앙장'(仰帳)은 천장이나 물건 위에 덮어서 치는 휘장을 뜻하기 때문이다. 우리는 여기서 실로 짠 천막들은 '앙장'이라 칭할 것이다. 그 외 다양한 막들의 종류는 다음과 같이 구분된다. 히브리어 원어는 미주를 참고하기 바란다.[2]

앙장(예리아) : 회막 건물을 덮은 천막

덮개(미크세) : 앙장막 위에 씌운 이중의 가죽 덮개

휘장막(파로케트) : 지성소를 가리는 휘장(커튼)

내성소막(마삭) : 내성소를 가리는 휘장(커튼)

뜰막(마삭) : 성막 입구를 표시하는 휘장(뜰문)

포장막(켈라) : 성막의 울타리 막

첫 번째 앙장막: 삼색실 앙장

열 폭의 앙장들은 어떻게 결합되었나?

1 너는 성막을 만들되 가늘게 꼰 베실과 청색 자색 홍색 실로 그룹을 정교하게 수놓은 열 폭의 휘장을 만들지니 2 매 폭의 길이는 스물여덟 규빗, 너비는 네 규빗으로 각 폭의 장단을 같게 하고 3 그 휘장 다섯 폭을 서로 연결하며 다른 다섯 폭도 서로 연결하고 출 26:1-3

앙장막은 두 종류인데, 첫 번째는 삼색실 앙장막, 두 번째는 염소털 실로 짠 앙장막이다. 먼저 첫 번째 덮개인 삼색실 앙장막 제조법이 설명된다. 앙장막은 여러 쪽의 앙장들을 결합해서 만든다. 우리는 쪽 앙장들은 단순히 '앙장', 앙장들을 결합한 완성품은 '앙장막'으로 부르기로 한다.

1) 쪽 앙장 : 삼색실 앙장막(휘장)은 열 폭의 작은 앙장들을 결합해서 만든다. 앙장들은 세마포 베실을 기본으로, 거기에 염색을 한 양털 실(wool, 양모)인 청색, 자색, 홍색의 실들을 섞어서 그룹들을 정교하게 수놓았다. 정교한 수놓기는 최고급 수놓기 기술이다. 또한 이 색실들의 염료는 대단히 고가였다(이 책 2장 "성막의 원자재들" 참고).

2) 규격 : 앙장 한 폭의 크기는 가로 4규빗(2m), 세로 28규빗(14m)이었다. 먼저 다섯 폭의 앙장들을 연결하고 다른 다섯 폭도 서로 연결한다. 이 연결은 단단한 바느질 작업으로 이루어진 것으로 추정된다. 다섯 폭짜리 앙장막 두 개를 연결하면 열 폭의 앙장막, 즉 세로 28규빗에 가로의 총길이는 40규빗인 대형 앙장막이 만들어진다(14m×20m).

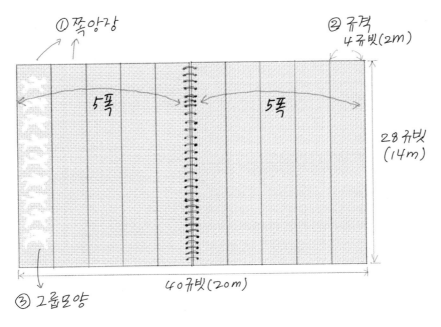

[P 55] 삼색실 앙장막의 제작 방법

3) 그룹 문양 : 어떤 유대 문헌은 그룹들 문양이 모든 앙장의 양쪽 모두에 수놓아졌는데 그것이 각각 사자와 독수리 모습이었다고 한다.[3] 그러나 에스겔서와 요한계시록에 나타난 그룹들 형상은 사람, 사자, 독수리, 황소인데 이 중 어느 것인지 확인할 길은 없다(겔 1:10, 10:14; 계 4:7). 또한 각 앙장들에 수놓은 그룹들의 크기와 개수에 대해서도 성경은 침묵한다. 우리는 편의상 라쉬를 따라 최고급 직조술인 "그룹을 정교하게 수놓기"를 양쪽 면에 서로 다른 그룹 형상의 문양을 수놓은 작업으로 간주한다. 그것은 한쪽은 독수리, 다른 쪽은 사자이다(Rashi, 출 26:1). 우리는 다만 편의상 사자 형상의 한쪽 면만을 채택하여 재구성하기로 한다.

앙장들을 연결하는 장치

> 4 그 휘장을 이을 끝 폭 가에 청색 고를 만들며 이어질 다른 끝 폭 가에도 그와 같이 하고 5 휘장 끝 폭 가에 고 쉰 개를 달며 다른 휘장 끝 폭 가에도 고 쉰 개를 달고 그 고들을 서로 마주 보게 하고 6 금갈고리 쉰 개를 만들고 그 갈고리로 휘장을 연결하게 한 성막을 이룰지며 출 26:4-6

4) 고 : 다섯 폭의 앙장막 두 세트를 조립하기 위해 특수한 장치가 사용된다. 각 세트의 끝 폭 가장자리에 청색 실로 50개의 "고"(갈고리를 끼는 구멍)를 만든다. 양쪽 세트에 총 100개의 고가 만들어진다.

5) 금고리 : 이어서 50개의 단추, 즉 금갈고리를 제작해 고들에 끼워 촘촘하게 결합시킨다. 결국 내부에서는 금갈고리들이 빛에 반사되어 별처럼 빛났을 것으로 추론된다. 탈무드는 그것을 회막 내부에 구현된 밤하늘 별들의 모습이라고 말한다(Talmud *Shabbat* 99a). 첫 번째 덮개인 앙장은 제일 먼저 덮기 때문에 밖에서는 볼 수 없었고, 오직 회막에 들어간 제사장들만 볼 수 있었다. 아마 제사장들은 금등잔대에서 타오르는 등불에 반사되는 금갈고리들의 광채를 보면서 하나님의 창조를 기억했을

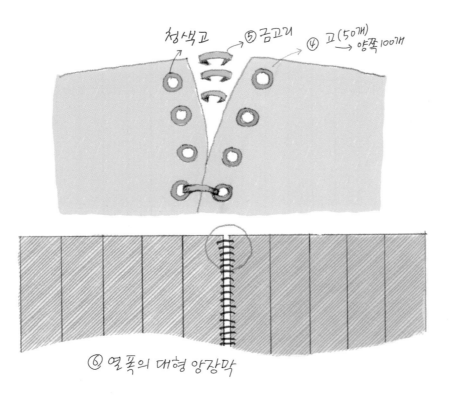

[P 56] 삼색실 앙장막 조립하기

것이다.

6) 열 폭의 대형 앙장막 : 완성된 대형 앙장막은 폭이 28규빗(14m), 길이가 40규빗(20m)이었다. 추정컨대 이동 시에 성막을 분해할 때는 휘장막 가운데의 고리 매듭들을 풀어서 다시 다섯 폭의 앙장막 두 세트로 분해한 뒤 수레에 실었을 것으로 보인다.

첫 번째 앙장막 덮기

삼색의 대형 앙장막이 회막 건물에 덮인다. 나중에 살피겠지만, 널판들로 삼면의 벽을 짠 뒤 그 위에 앙장막을 덮는다. 이 앙장막이 열려 있는 회막 입구(휘장막으로 가림) 쪽은 덮지 않고 입구 쪽 지붕에서 시작해서 지성소 서쪽 바

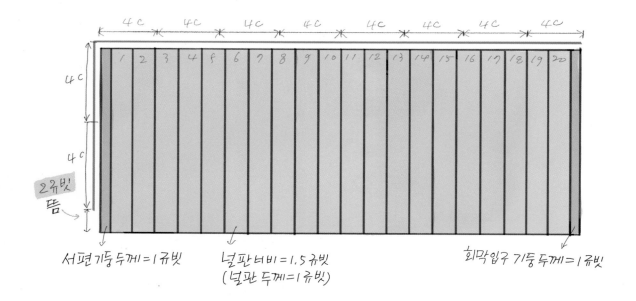

[P 57] 첫 번째 앙장막 덮기

깔 면까지 전체를 덮었다. 우리가 내성소와 지성소의 두 방이 있는 건물을 성막 본당이라 칭한다면, 본당 건물의 크기는 길이가 30규빗(15m), 높이가 10규빗(5m)이다(이 책 1장 성막의 조감도를 보라). 여기에 첫 번째 앙장막을 덮을 경우 계산해 보면 앙장막이 바닥에서 2규빗(1m) 떠 있는 결과가 나온다(자세한 내용은 미주를 참고하라).[4]

두 번째 앙장막 : 염소털 실 앙장

열한 폭의 앙장들의 결합

7 그 성막을 덮는 막 곧 휘장을 염소털로 만들되 열한 폭을 만들지며 8 각 폭의 길이는 서른 규빗, 너비는 네 규빗으로 열한 폭의 길이를 같게 하고 9 그

휘장 다섯 폭을 서로 연결하며 또 여섯 폭을 서로 연결하고 그 여섯째 폭 절반은 성막 전면에 접어 드리우고 출 26:7-9

1) **쪽 앙장** : 두 번째 앙장막의 재료는 염소털로 뽑은 털실(wool)인데 가치가 색실에 비해 현저히 떨어진다. 또한 기술적 측면에서도 수놓기가 들어가지 않고 단순히 만들기("만들지며"), 즉 일반 직조술이 사용된다. 이 앙장은 첫 번째 것보다 한 장 더 많은 11장이다. 이것은 다섯 폭의 앙장들을 바느질로 연결해 한 세트를 구성하고, 다른 여섯 폭의 앙장들을 다른 한 세트로 만든 다음, 두 세트를 연결해서 완성한 열한 폭의 대형 앙장막이다.

2) **그룹 문양 없음** : 화려한 그룹들의 문양이 전혀 없다는 점에서 값이 떨어진다고 추론할 수 있다.

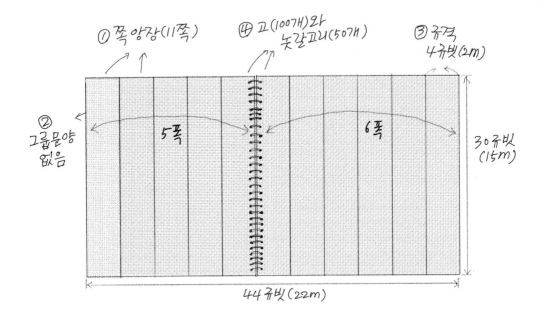

[P 58] **두 번째 앙장막의 제작 방법**

3) 규격 : 앙장 한 폭의 크기는 가로 4규빗(2m), 세로 30규빗(15m)이다. 앞
서 첫 번째 것은 세로 28규빗(14m)인데, 2규빗(1m)이 더 길다. 이것은
11장을 이었으므로 총길이가 44규빗(22m)이다. 즉 폭이 30규빗(15m),
총길이 44규빗(22m)의 대형 앙장막이다. 첫 번째 것보다 한 장이 더 많
아 총길이는 4규빗(2m)이 더 길다. 이 두 번째 앙장이 한 장만큼, 즉 4규
빗이 더 길고 세로도 30규빗으로 2규빗이 더 길다는 것은 이것이 첫 번
째 덮개를 완전히 덮었음을 의미한다. 9절은 이에 대한 묘사인데, 뒤에
서 설명한다.

앙장들을 연결하는 장치

[P 59] **두 번째 앙장막 조립 장치**

10 휘장을 이을 끝 폭 가에 고 쉰 개를 달며 다른 이을 끝 폭 가
에도 고 쉰 개를 달고 **11** 놋갈고리 쉰 개를 만들고 그 갈고리로
그 고를 꿰어 연결하여 한 막이 되게 하고 출 26:10-11

4) 고와 놋갈고리 : 첫 번째 삼색실의 앙장막과 같은 방
식으로, 두 세트의 반 앙장막 각각의 끝에 50개씩, 총
100개의 고와 50개의 단추(갈고리)를 만들어 양쪽을
조립한다. 첫 번째 앙장막과 차이가 있다면, 고들은
청색 실이 아닌 염소털 실로 만들고, 갈고리는 금이
아닌 놋(구리)으로 만들어진다는 것이다. 이것은 두
번째 앙장막이 첫 번째 것보다 가치가 덜 나갔다는
추가적인 증거다.

두 번째 앙장막 덮기

9 ··· 그 여섯째 폭 절반은 성막 전면에 접어 드리우고 ··· **12** 그 막 곧 휘장의
그 나머지 반 폭은 성막 뒤에 늘어뜨리고 **13** 막 곧 휘장의 길이의 남은 것은

성막의 세계

이쪽에 한 규빗, 저쪽에 한 규빗씩 성막 좌우 양쪽에 덮어 늘어뜨리고 출 26:9-13

9절 하반절과 12-13절은 두 번째 앙장막을 덮는 방법을 설명한다. 그러나 이해하기 어려운 짧고 추상적인 묘사이기에 직접 회막 건물의 설계도면을 보고 재구성을 시도해야 한다. 매우 정교한 설명이므로, 정확한 이해를 위해 독자들의 집중력이 요구된다.

1) 여섯째 폭 절반 : 9절 하반절의 의미는 다음과 같다. 여섯 폭을 연결한 앙장막 세트의 끝 폭의 절반이 접혀서 성막 전면, 즉 본당 입구의 지붕에 처마처럼 드리워진다. 절반의 폭이므로 2규빗(1m)의 길이다.

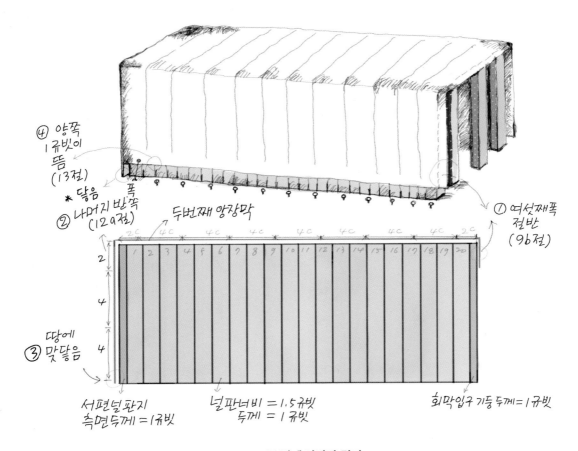

[P 60] **두 번째 앙장막 덮기**

2) 나머지 반 폭 : 12절의 "나머지 반 폭"은 앙장막이 지붕을 모두 덮은 뒤 끝에서 남는 반 폭을 뜻한다. 그 반 폭이 본당 지붕 맨 뒤에서 아래로 접혀 꺾인다.

3) 땅에 맞닿음 : 이런 방식으로 두 번째 앙장막을 입구부터 덮으면 첫 번째 색실 앙장막을 완전히 덮은 뒤 본당 서쪽, 즉 본당 뒷벽에서는 앙장막이 땅에 정확히 맞닿는다(자세한 내용은 미주를 참고하라).[5]

4) 양쪽 1규빗이 뜸 : 13절 역시 난해하다. "휘장의 길이의 남은 것"은 두 번째 휘장이 폭(세로) 30규빗(15m)이므로 첫 번째 휘장의 폭 28규빗(14m)을 뒤덮은 뒤 이쪽과 저쪽에 한 규빗씩, 두 규빗(50cm×2=1m)이 남는다는 뜻으로 이해된다. 따라서 두 번째 휘장막이 "이쪽에 한 규빗(50cm), 저쪽에 한 규빗씩(50cm)" 회막 건물의 "좌우 양쪽에" 첫 번째 것보다 더 길게 늘어뜨려진다.

정리하자면, 두 번째 앙장막은 첫 번째 앙장막을 완전히 덮고 뒷벽에서

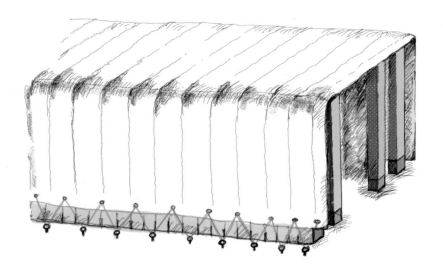

[P 61] 앙장막 아래 짧은 말뚝들

는 땅에 맞닿게 되고 양쪽 벽에서는 1규빗(50cm)씩 바닥에서 뜨게 된다 (자세한 설명은 앞의 미주 5를 참고하라).

라쉬는 출애굽기 27:19과 35:18과 38:20 등에 언급된 "성막(장막) 말뚝"에 근거하여 두 번째로 덮은 염소털 앙장막이 바람에 날리지 않도록 말뚝을 끈으로 연결하여 땅에 박았다고 설명한다.[6] 이 경우 아마 앙장막 바닥에 짧은 끈을 달아 말뚝을 박았을 것이다(그림 61). 이 회막의 말뚝들은 놋으로 제작된다(출 38:20).

앙장막 수치에 영적 의미가 있다고?

어떤 사람은 앙장막의 치수로도 엉뚱한 풍유적 해석을 시도한다. 예를 들어, 두 번째 앙장 한 폭은 길이 30규빗, 폭이 4규빗인데 이것이 영적 의미를 지닌다는 것이다. 즉 길이 30규빗은 10규빗 곱하기 3인데 3은 삼위일체를, 10은 완전수, 곧 완전하신 삼위일체 하나님을 상징하고, 폭 4규빗은 사복음서를 상징한다는 것이다.

그런 설명이 일관성이 없는 이유는 첫 번째 앙장 한 폭의 크기에 대해서는 다른 해석을 내놓기 때문이다. 즉 그것은 28규빗×4규빗의 크기인데, 이에 대해서는 7×4의 수식을 적용해 완전수 7은 하나님의 완전하심을, 4는 사방의 창조 세계를 의미한다고 해석한다. 숫자 4가 사복음서가 되는가 하면, 사방의 방향을 가리키기도 하는 등 전혀 일관성이 없는, 제멋대로의 해석인 것을 알 수 있다. 그런 식이라면, 성막 울타리 기둥이 60개인데 10×6이니 짐승의 숫자 6이 완전수 10과 사용된 것이 아닌가? 그렇다면 이 얼마나 심각한가? 또한 다른 시설물과 비품들이 매우 다양한 규빗들을 가지고 있는데, 이들 숫자에는 무슨 의미를 부여할 것인가?

랍비들도 성막의 수치에 다양한 영적, 풍유적 해석을 시도해 왔던 것은 사실이다. 그러나 각자 견해가 다르고, 근거가 전혀 없으며, 무엇보다 많은 랍비들의 구약 해석은 과도한 신비적 경향이 나타나곤 한다는 점을 유의해야 한다. 분명 지성소 규격은 정방형 10규빗으로 완전수를 사용하는 등 수치가 전혀 무의미했던 것은 아니나 모든 치수에 영적 의미를 부여하려는 시도는 과도한 해석이니 주의해야 할 것이다. 주어진 치수들은 건축학적, 미학적 관점에서 안정적인 비율에 따른 수치로 간주해야 한다.

세 번째와 네 번째 덮개 : 두 장의 가죽 덮개

숫양의 가죽 덮개와 해달의 가죽 덮개

> 붉은 물 들인 숫양의 가죽으로 막의 덮개를 만들고 해달의 가죽으로 그 윗덮개를 만들지니라 출 26:14

회막을 덮는 세 번째와 네 번째 막은 가죽 덮개들이다. 이 덮개들에 대해서는 불과 한 절의 간략한 설명밖에 주어지지 않는다. 따라서 이것들의 크기와 제조 방법 그리고 덮는 방식도 정확히 알 길이 없다. 정확한 정보는 가죽 덮개의 재질은 붉게 염색한 숫양 가죽과 해달 가죽이라는 것, 숫양의 가죽 덮개를 먼저 덮고 해달의 가죽 덮개를 그 "윗덮개"로 덮는다는 것뿐이다. 그러나 가죽 제품은 대형의 덮개라 해도 제작이 그리 어렵지 않았을 것이다.

숫양의 가죽이 먼저 언급되고 이어서 해달 가죽이 등장한다. 숫양 가죽은 매우 흔했음에도 바다에서 조달한 해달 가죽보다 비쌌다. 그 이유는 "붉은 물 들인", 즉 비싼 홍색 염료로 물들였기 때문이다. 그러나 가죽 덮개들은 실로 짠 앙장막들보다 가치가 크게 떨어졌다. 값이 저렴했던 염소털 실로 짠 앙장막이라도 실로 짠 제품이기 때문에 가죽 덮개들보다 훨씬 비쌌다.

[P 62] 네 장의 덮개를 겹겹이 덮은 재구성

결국 회막을 덮었던 네 장의 덮개는 안쪽 것일수록 더 고귀하고, 바깥으로 나올수록 값이 덜 나갔다. 이것은 성막의 신학에 잘 부합한다. 거룩의 근원지인 지성소에 가까울수록 더 고귀하고 가치 있는 것이어야 한다. 한편, 두 번째 앙장은 첫 번째 것과 달리 당연히 안쪽에서는 보이지 않았다.

네 장의 덮개를 어떻게 덮었는가?

두 장의 가죽 덮개를 어떻게 덮었느냐에 따라 회막의 외관은 달라진다. 이에 대해 보통 세 가지 견해가 있다.[7]

첫째, 어떤 랍비들은 두 장의 가죽 덮개를 염소털 앙장막 위의 지붕에 간단하게 장식용으로 덮었던 것으로 생각한다. 즉 두 장이 지붕 위에서 절반씩 나란히 지붕을 덮은 것이다.

둘째, 그러나 다른 사람들은 적어도 붉은 숫양의 가죽은 전체를 덮었다고 보고, 해달의 가죽만 지붕 위에 얹혀 멋이 나도록 했다고 말한다.

셋째, 가장 일반적 견해로 숫양 가죽과 해달의 가죽 둘 다 전체를 덮었다는 입장이다. 이 경우 가죽 덮개들은 다른 휘장막들보다 더 컸으리라는 결론이다.

결국 회막 전체가 몇 장의 덮개들로 덮였는지는 마지막 두 장의 덮개가 어떤 식으로 덮였느냐에 따라 차이가 난다. 견해에 따라 그것이 2중일 수도 있고, 최대 4중일 수도 있다. 가장 그럴듯한 견해는 3중 덮개다. 즉 회막 전체를 3중으로 덮고 마지막 해달 가죽은 지붕에 장식용으로 덮는 방식이다. 이때 세 번째 가죽 덮개 또한 바람에 날리지 않도록 말뚝과 밧줄로 단단히 땅에 고정했을 것이다.

만일 첫째라면, 방수, 방풍의 문제가 해결되지 않는다. 물론 실을 촘촘하게 짠 앙장막이라면 어느 정도 방수가 될 수도 있겠지만, 그럼에도 고가의 휘장막을 물에 젖도록 노출시켰을 리는 없다. 셋째의 경우도 합리적이지 않다. 왜냐하면 만일 세 번째 덮개인 붉은 염색을 한 가죽 덮개가 해달 가죽으로 완전히 덮인다면, 회막 내부는 물론 밖에서도 아무도 그 아름다운 색깔을 볼 수가 없기 때문이다. 그러면 염색이 아무런 의미가 없게 된다.

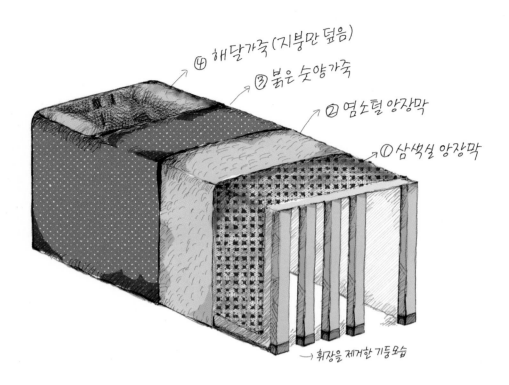

④ 해달가죽(지붕만 덮음)

③ 붉은 숫양가죽

② 염소털 앙장막

① 삼색실 앙장막

→ 휘장을 제거한 기둥모습

[P 63] 세 장의 덮개를 겹겹이 덮은 재구성

　　첫 번째 휘장막의 찬란한 색깔을 회막 내부로 출입이 가능했던 제사장들이 독점했다면, 바깥의 아름다운 붉은 가죽 덮개는 백성이 관찰할 수 있도록 노출되었을 것이다. 그리고 한 장의 가죽 덮개만으로도 방수, 방풍은 충분하다. 따라서 우리는 둘째 견해가 가장 타당하다는 결론을 내릴 수 있다. 이 경우 회막 건물은 네 개의 덮개로 삼중으로 덮였다고 볼 수 있다. 첫 번째 앙장막, 두 번째 앙장막 그리고 세 번째 가죽 덮개 세트(붉은 숫양 가죽 + 해달 가죽)다. 요컨대, 우리는 다음과 같은 네 종류의 덮개가 삼중으로 회막 건물에 씌워졌다고 정리한다.

1. 세마포 앙장막 : 10장의 앙장을 이어서 만들었다.
2. 염소털 앙장막 : 11장의 앙장을 이어서 만들었다.
3. 붉은 숫양 가죽 덮개 : 크기와 개수가 명시되지 않았다.
4. 해달 가죽 덮개 : 크기와 개수가 명시되지 않았다.

성막의 세계

앙장막과 덮개는 어떤 기능을 하는가?

실용적 기능 : 회막의 외형, 방수와 방풍 그리고 차단

3중 혹은 4중의 앙장막과 덮개들은 앞서 간단히 살펴보았지만, 몇 가지 기능을 지니고 있었다. 우선 그것들은 널판벽과 더불어 회막 전체의 아름다운 외형을 갖추게 한다. 두 번째로 가죽 덮개는 광야의 강한 비바람을 막는 방풍과 방수 기능을 겸했을 것이다. 세 번째로 3중, 4중의 덮개는 외부로부터 지성소는 물론이고 내성소도 관찰되지 않도록 철저히 차단시켰다. 그곳은 하나님이 임재해 계시는 지극히 거룩한 곳이기 때문에 외부 노출이 금지되었다.

특히 마지막 기능과 관련하여, 구약에서는 하나님이 현현하실 때 구름을 동반해 반드시 자신을 가리시거나 감추고 나타나셨음을 기억해야 한다. 하나님이 자신의 본체를 본디 그대로 드러내시면 피조물은 그것을 감당하지 못하고 인간은 즉사하고 만다. 회막의 앙장막들과 덮개들 그리고 입구를 가리는 휘장막들은 그런 점에서 하나님의 압도적인 영광의 광채와 치명적인 거룩의 기운을 막는 차단막 기능을 했을 것이다.

한편, 이런 다중 덮개로 인해 외부의 빛, 특히 태양 빛마저 거의 차단되었기에 회막 내부에서는 메노라(등잔대)의 빛이 내부를 밝혔다. 지성소는 휘장으로 가려져 있으니 거기는 메노라의 빛이 밝힐 수 없다. 이에 대해 예루살렘 탈무드는 법궤 자체에서 발광되는 "법궤의 빛"에 대해 짧게 언급하는가 하면, 중세의 어떤 유대 랍비는 법궤에서 하나님의 빛이 뿜어져 나왔다고 주장한다.[8]

이것은 유대 신비주의 전통의 견해로 보이지만 앞서 말한 대로 지성소는 하나님의 강력한 거룩의 기운과 영광으로 가득 찬 공간이었다. 따라서 발광성 구름인 불-구름 기둥이 그러했듯이 하나님의 빛이 법궤에서 신비한 발광 현상으로 나타났는지도 모른다. 이 압도적인 영광은 인간이 감당할 수 없기에 지성소는 철저히 차단되고 지붕까지 다중 덮개들로 봉쇄되었다. 오직 대제사장만이 1년 중 속죄일(유대 음력 7월 10일)에만 입장할 수 있었다. 이때 대제사장은 향연을 피우고 들어가 법궤 위 속죄소에서 발하는 하나님의 강한 거룩의 기운과 영광을 가려야만 했다(레 16:13). 향연은 그렇게 속죄소를 가려 대제사장이 죽지 않게 보호했다.[9]

심미적 기능 : 색깔은 무엇을 상징하는가?

종종 붉은 물을 들인 숫양이 예수 그리스도를 예표한다는 해석이 있었다. 구약에서도 붉은색이 종종 피를 상징하는 것은 사실이다(레 14:4, 6; 민 19:6). 그러나 붉은색은 일반적으로 고급스러운 색깔로 여겨져서 화려한 복장이나(삼하 1:24; 사 63:1; 렘 4:30; 애 4:5; 계 17:4; 18:12) 아름다운 건물 장식에 사용되었다(렘 22:14). 따라서 숫양의 붉은 가죽에서 예수 그리스도와 그분의 보혈을 발견하려고 하는 것은 건축미라는 원래의 의도를 벗어난 해석으로 보인다.

이런 색깔에 대한 자의적 해석이 앙장막 실의 색깔인 청색, 자색, 홍색에 함부로 적용되어선 안 되는 이유도 마찬가지다. 예컨대, 청색은 생명의 그리스도, 자색은 만왕의 왕 그리스도, 홍색은 피 흘리신 그리스도를 상징한다고 설명하나 아무런 근거가 없다. 이와 달리 어떤 유대 랍비들은 베실은 희생, 청색은 경외, 자색은 동정, 홍색은 사랑을 상징하는 것으로 해석하는가 하면,[10] 요세푸스는 청색은 공중(하늘), 자색은 바다, 홍색은 신비적인 불을 가리킨다고 말한다(*Wars* 5.5.4).[11] 이 견해들 중 어느 것이 맞는 건가?

이러한 해석들 또한 근거가 없으며 풍유적 해석의 일종일 뿐이다. 일상의 소품들과 옷들도 이러한 색들로 화려하게 꾸몄기 때문이다(에 1:6; 8:15; 아 3:10; 렘 4:30; 겔 27:7; 행 16:14). 사울왕은 홍색 옷을 입었으며(삼하 1:24), 부잣집에서 어른들은 자색 옷을, 자녀들은 홍색 옷을 입었다(잠 31:21).

21 자기 집 사람들은 다 홍색 옷을 입었으므로 눈이 와도 그는 자기 집 사람들을 위하여 염려하지 아니하며 22 그는 자기를 위하여 아름다운 이불을 지

으며 세마포와 자색 옷을 입으며 잠 31:21-22

여기서 홍색 옷과 자색 옷은 매우 비싼 '아름다운' 옷을 뜻한다. 마찬가지로, 예수 그리스도께 자색 옷이 입혀졌다는 이유로 자색이 항상 그리스도의 왕 되심을 상징한다고 해석하거나, 붉은색은 모두 보혈을 의미한다고 보는 해석은 곤란하다.

그레고리 비일의 해석처럼, 홍색이 불타는 번개와 태양 빛을 가리키고 청색과 자색은 하늘과 구름을 가리킨다고 해석하는 등 색실에 대한 좀 더 그럴듯한 해석도 있지만, 사실 이러한 해석들은 모두 색실이 지닌 원래의 미적 기능과 목적을 간과한 것들이다.[12]

[P 64] 레빈에 의한 다채로운 색깔의 4중 덮개의 재구성 (Levine, 53)
지극히 아름다운 건축미를 뽐낸다.

물론 유대 전통에서 하늘색에 가까웠던 청색(이 책 2장 청색에 대한 재료 설명을 보라)은 분명 하늘을 가리키는 가장 귀한 색깔이었던 것으로 보인다.[13]

그러나 기본적으로 청색을 포함, 자색과 홍색의 옷들을 아름다움과 위엄을 뽐내기 위해 입었던 것처럼, 성막의 삼색실 또한 가장 아름다운 건축미를 표현하기 위해 사용된 것으로 보아야 한다. 따라서 각각의 색들에 대한 아전인수격 해석은 주의해야 한다.

특히 홍색은 다른 어떤 색보다 빈번히 그리스도의 보혈로 연결되곤 한다. 물론 구약 여러 곳에서 홍색이 피를 가리키나, 더 많은 곳에서는 그렇지 않다. 홍색이 그리스도의 보혈을 가리킨다면, "네 입술은 홍색 실 같고 네 입은 어여쁘고"(아 4:3)라고 노래한 아가서는 어떻게 이해해야 하는가? 여인의 붉은 입술과 그리스도의 보혈이 무슨 관련이 있는가? 여기서 홍색 실은 여인의 입술의 아름다움을 상징한다. 마찬가지로, 홍색 옷은 자색 옷과 더불어 구약에서 아름다운 비싼 옷으로 부자와 권력자들이 즐겨 입었다(삼하 1:24; 잠 31:21-22).

성막의 홍색 실도 마찬가지로 청색과 자색 실과 더불어 성막의 아름다움을 표현하기 위한 것이지, 여기서 그리스도의 보혈을 찾으면 곤란하다. 붉은 염료로 염색한 숫양 가죽의 덮개 또한 마찬가지다. 그것은 성막 건물의 아름다움을 표현하는 색이었을 뿐이다. 십자가 희생의 보혈은 제단 동물의 피에서 찾는 것으로 충분하다.

따라서 우리는 삼색의 사용을 건축미의 관점에서 이해해야 한다. 성막의 휘장과 앙장막은 최고급 색실들의 조합으로 하나님의 영광과 아름다움을 나타냈다. 그리스도 예표론적 해석은 색실 하나하나가 아니라 이 색실의 조합이 주는 영광의 광채와 연결해 시도되어야 한다. 그리스도는 하나님의 영광의 광채시요, 그 본체의 형상이시다(히 1:3; 참고 요 1:14). 성막은 그리스도의 모형(模型)이며 그분을 예표한다.

따라서 반복하지만 우리는 삼색실 각각에서 그리스도를 찾기보다는 색실의 조합이 표출하는 아름다움과 영광의 광채에 주목하면서 거기서 그리스도의 영광의 광채를 볼 수 있어야 한다. 성막 색실의 조합은 하나님의 아름다우심과 찬란한 영광을 표현하는 수단이었기 때문이다. 결론적으로, 현재의 색깔들은 단순히 여러 가지 성막 휘장들의 다채로운 화려한 장식을 위해 사용되었을 뿐이다.

9 회막의 널판벽

출애굽기 26:15-30 / 36:20-34

회막의 벽을 어떤 재료와 방법으로 쌓았을까?

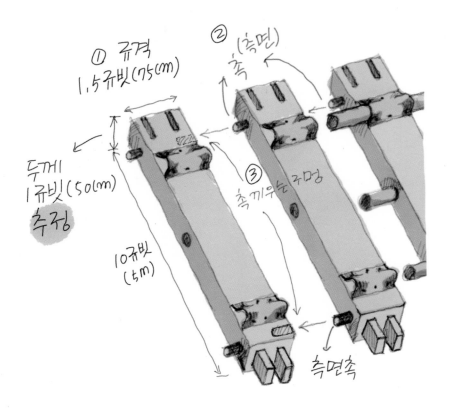

[P 65] 널판벽 측면의 조립 장치

성막의 세계

주요 비품들과 덮개들의 제작법에 이어 이제 지성소와 내성소로 구성된 건물 골조의 축조법을 살펴보자. 회막의 벽은 널판들을 조립해서 만든다. 널판들의 재료와 조립 부품들 그리고 조립 방법이 설명된다. 그러나 이 설명은 매우 난해하다. 벽을 쌓기 위해 많은 부품이 필요한데, 정확한 이해를 위해서는 약간의 건축 지식이 요구된다. 아주 복잡하고, 파악하기 어려운 난해한 용어들이 나타나기 때문이다. 예를 들어, "촉" "받침" "띠" 그리고 "윗고리"가 무엇인지 이해하기가 쉽지 않다. 또한 널판들의 조립에 대한 설명도 난해하다. 그로 인해 회막의 널판들을 연결해서 만든 벽을 재구성한 모형들이 각기 다르다.

널판 제작법

15 너는 조각목으로 성막을 위하여 널판을 만들어 세우되 16 각 판의 길이는 열 규빗, 너비는 한 규빗 반으로 하고 17 각 판에 두 촉씩 내어 서로 연결하게 하되 너는 성막 널판을 다 그와 같이 하라 출26:15-17

1) 널판의 재료 역시 조각목이다. 널판 한 장은 길이(높이)가 10규빗(5m), 너비가 1.5규빗(75cm)이다. 그런데 두께가 어느 정도인지 명시되지 않았다. 탈무드(*Shabbat*, 98b)와 랍비들은 1규빗(50cm)의 두께로 보는데 이는 너비에 대비한 적절한 폭의 두께다.[1] 이 널판의 표면 전체에 금박을 입혔다(29절). 금을 칠한 널판들로 구성된 널판벽에는 많은 양의 금이 사용되었을 것이다.

2) 각 널판에는 두 개의 "촉"을 만든다(17절). '촉'의 히브리어 '야드'(יָד)는 문자적으로 '손'이다. 이 두 개의 촉(pegs 혹은 tenons)은 그것을 다른 면의 구멍에 끼우도록 튀어나온 "촉꽂이"(공동번역)를 가리킨다. 말하자면, 촉은 각 판을 조립하는 장치인데, 분명히 옆의 널판에는 3) 촉을 끼울 구멍이 있었을 것이다.[2] 따라서 촉을 마치 레고 블록처럼 끼워서 널판

들을 조립한다. 이것은 널판들이 일차적으로 견고히 세워지도록 "서로 연결"시켰을 것이다(17절). 다른 부품들은 이어서 설명된다.

널판벽 조립 : 남북 방향

18 너는 성막을 위하여 널판을 만들되 남쪽을 위하여 널판 스무 개를 만들고 **19** 스무 널판 아래에 은받침 마흔 개를 만들지니 이쪽 널판 아래에도 그 두 촉을 위하여 두 받침을 만들고 저쪽 널판 아래에도 그 두 촉을 위하여 두 받침을 만들지며 **20** 성막 다른 쪽 곧 그 북쪽을 위하여도 널판 스무 개로 하고 **21** 은받침 마흔 개를 이쪽 널판 아래에도 두 받침, 저쪽 널판 아래에도 두 받침으로 하며 출 26:18-21

널판벽을 세우기 위해 널판들을 남쪽에 20개, 북쪽에 20개, 총 40개를 만든다. 동서남북의 기준은 이 책 1장에서 설명한 대로, 성막의 입구가 동쪽이다. 성막 본당인 회막은 크기가 남과 북이 각각 30규빗(15m), 동과 서가 각각 10규빗(5m)이다. 남과 북의 각 널판 20개가 개당 1.5규빗씩이므로 정확히 30규빗이다.

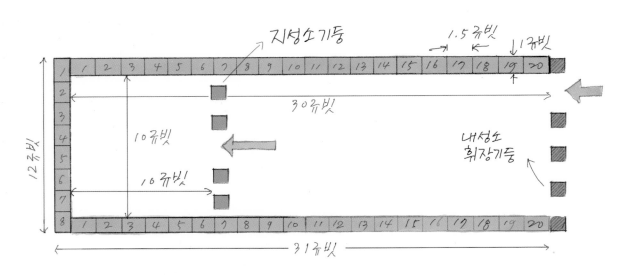

[P 66] 회막 널판벽 배열 및 회막의 크기

성막의 세계

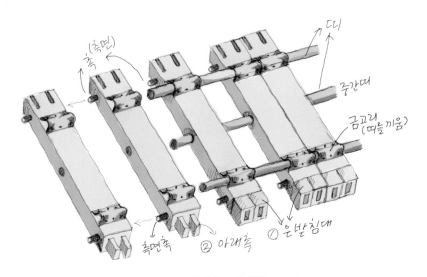

[P 67] 널판벽 조립 방법

1) 각 널판 아래에는 은받침 두 개를 만들어 끼운다. 이것은 은 덩어리로 만들었기에 대단히 무거운데, 하나가 1달란트(34kg)이므로(출 38:27), 두 개를 끼우면 2달란트, 무려 68kg의 무게다. 그러나 이 받침대의 정확한 크기와 규격은 명시되어 있지 않다. 라쉬를 비롯한 어떤 랍비들은 각 받침대의 높이가 1규빗이었다고 추정하는데 타당해 보인다.[3]

2) 각 널판 아래에는 또 다른 촉꽂이, 즉 "두 촉"이 만들어지는데, 이것은 측면 촉들과 달리 받침들을 끼우기 위한 용도다. 따라서 우리는 이 두 종류의 '촉'을 구분해야 한다. 말하자면, 각 널판 아래에는 측면의 두 촉과 별개의 두 촉이 만들어지고 거기에 두 은받침을 끼워서 조립한다.

"이쪽 널판"과 "저쪽 널판"(19, 21절)은 단순히 나란히 붙은 두 널판 중 하나(이쪽)와 다른 하나(저쪽)를 지칭한다. "성막 다른 쪽"(20절)은 남쪽의 다른 쪽, 즉 북쪽을 뜻한다. 북벽을 위해서도 널판들을 똑같은 방식으로 제작해서 준비한다. 널판과 다른 부속품들에는 모두 순금이 사용되었는데, 아래쪽의 받침들은 모두 은으로 만들었다. 여기서 아래쪽에서 하늘 방향의 위쪽으로 가면 더 비싼 재료가 사용되는 논리가 확인된다. 띠와 금고리는 뒤에서 설명된다.

널판벽 조립 : 서쪽 방향

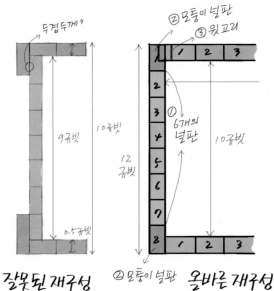

두겹두께 9
10규빗
9규빗
0.5규빗

잘못된 재구성

②모퉁이 널판
③윗고리
1 2 3
6개의 널판
①
10규빗
12규빗
2 3 4 5 6 7 8
1 2 3

②모퉁이 널판 **올바른 재구성**

[P 68] 서쪽의 널판벽 조립에 대한 두 모델

22 성막 뒤 곧 그 서쪽을 위하여는 널판 여섯 개를 만들고 **23** 성막 뒤 두 모퉁이 쪽을 위하여는 널판 두 개를 만들되 **24** 아래에서부터 위까지 각기 두 겹 두께로 하여 윗고리에 이르게 하고 두 모퉁이 쪽을 다 그리하며 **25** 그 여덟 널판에는 은받침이 열여섯이니 이쪽 판 아래에도 두 받침이요 저쪽 판 아래에도 두 받침이니라 출 26:22-25

회막의 서쪽 벽에도 동일한 규격의 널판들로 짠 벽이 세워졌는데, 몇 가지 차이점이 있다. 먼저, 서벽을 위해서는 널판 8개가 조립되었다. 반대편 동쪽은 회막 입구이므로 내성소를 가리는 휘장막이 드리워져 벽이 없다. 다른 차이점으로 8개의 널판 중에 2개는 모퉁이에 세워진다. 그런데 24절의 모퉁이에 세운 두 널판에 대한 묘사가 매우 난해하여 설명하기 어렵다. "두 겹 두께"와 "윗고리"가 무슨 뜻인지 알기 어렵기 때문이다.

어떤 사람들은 "두 겹 두께"(24절)에 대해 이것이 서쪽 벽의 두 모퉁이 부분에는 널판 두 장이 겹으로 놓인 설명이라고 주장한다(그림 68 참고). 만일 그렇다면, 지성소의 내측에 의한 서벽의 길이는 6장의 널판 길이이므로 6×1.5규빗=9규빗에 불과하다. 하지만 지시된 성막의 설계도면은 내측을 기준으로 10규빗이어야 하므로 1규빗이 부족하다. 그러므로 두 모퉁이에서는 널판들이 그림 68의 오른쪽 그림처럼 세워져야 내측, 즉 지성소의 내부 공간 10규빗의 길이가 확보된다. 또한 이런 배치는 뒤에서 살필 긴 막대들(띠들)을 널판들에 끼우기에도 전혀 부적절하다. 따라서 우리는 대다수 견해를 따라 그림의 오른쪽을 타당한 재구성으로 간주한다.

성막의 세계

1) 서쪽 벽을 위해 널판 6개가 연결된다(22절).

2) 양쪽 모퉁이에 두 개의 널판을 추가로 세워 총 8개의 널판이 조립되어 벽을 짠다(23절).

3) 모퉁이의 널판을 "아래에서부터 위까지 각기 두 겹 두께"로 세우고 그것을 "윗고리"에 이르게 한다(24절). 이 난해한 표현은 추가 설명이 필요하다.

"두 겹 두께"와 "윗고리"의 의미

아래에서부터 위까지 각기 두 겹 두께로 하여 윗고리에 이르게 하고 두 모퉁이 쪽을 다 그리며 출 26:24

24절은 영어성경들마다 제각기 번역이 다를 만큼 난해한 히브리어 문장이다. 23절이 두 모퉁이의 널판들에 대한 설명이므로, 24절은 이 두 널판에 대한 묘사로 보인다. 직역에 가까운 번역은 다음과 같다.

그것들(두 널판)은 아래에서 두 겹이 되어야 할 것이고 더불어 위에서 첫 번째 고리에서 완성되어야 한다(참고. NASB; JPS).

여전히 이해하기 어려운 묘사다. 일단 히브리어 표현은 "아래에서 위까지"는 적절하지 않고, 대다수 영역본들이 그런 것처럼 "아래에서 두 겹"과 "위에서 (첫 번째) 고리"로 이해되어야 한다. 개역개정 성경은 위에 있는 고리를 단순히 "윗고리"로 번역했으나, 히브리어 문장을 볼 때 다수의 영어성경들처럼 그것은 위에 있는 "첫 번째 고리"로 해석하는 것이 타당해 보인다.[4]

그렇다면 널판 위의 그 첫 번째 고리는 무엇인가? 또한 널판들이 아래에서 "두 겹 두께"가 되어야 한다는 것은 무슨 뜻인가? 라쉬와 그를 따르는 어떤 랍비들은 아래의 "두 겹 두께"를 "나란히"로 이해하면서 아래에서 받침대를 끼워 널판들을 "나란히 붙여 놓는다"(coupled together)는 뜻으로 이해한다.[5] 그러나 라쉬의 견해는 수용하기 어려운데 그의 설명은 서쪽 벽만이 아닌 모든 벽에 다 적용되는 조립 방법이기 때문이다. 라쉬는 이것이 일반 널판벽이 아닌 서쪽 벽의 두 모퉁이에 대한 특수한 설명이라는 점을 간과하고 있다.[6] 우리의 견해는 다음과 같다.

1) "아래에서 두 겹 두께"는 모퉁이의 두 널판이 바로 옆의 널판과 수평 방향으로 나란히 잇대어진 상태에서 동시에 직각으로 꺾이는 수직 방향 벽의 첫 번째 널판들과 잇대어져, 결국 '양방향으로 잇대어'(두 겹) 세워진다는 뜻으로 이해된다. '아래쪽에서' 모퉁이 널판을 이런 방식으로 놓은 다음, '위쪽'에서 견고히 그 널판을 잡아 마무리 작업을 해야 한다.

2) 위에 있는 "첫 번째 고리"는 널판 위에 끼우는 고리가 있음을 뜻한다. 동시에 그것을 끼우는 홈이 널판 위에 만들어져 있었을 것이다. 그리하

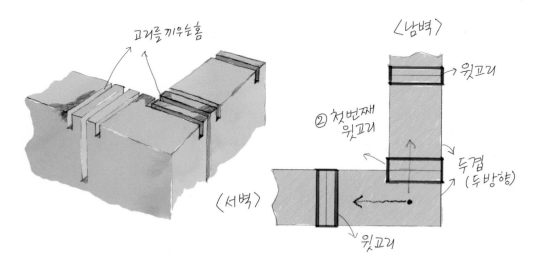

[P 69] 양방향(두 겹)의 모퉁이 조립

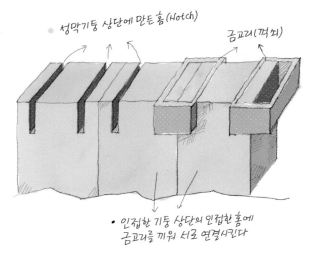

성막기둥 상단에 만든 홈(Notch)

금고리(꺾쇠)

• 인접한 기둥 상단의 인접한 홈에 금고리를 끼워 서로 연결시킨다

[P 70] 널판벽 상단의 연결

여 고리를 그 홈에 마치 꺾쇠처럼 끼워 넣는다. 그 윗고리들은 여러 개이며 본당 건물의 부품에 걸맞게 이 고리들도 순금으로 제작되었을 것으로 추론된다.[7] 아마 꽤 두껍고 컸을 이 고리 제작에 들어간 금이 상당했을 것이다.

참고로 우리는 성막 휘장을 연결했던 갈고리(clasp)와 어떤 물건을 끼우는 고리(ring)를 구분해야 한다.[8] 채를 끼우는 고리와 널판을 끼우는 고리는 형태와 기능이 다를 뿐 둘 다 '고리'다. 고리는 뭔가를 끼우는 장치고, 갈고리는 뭔가를 거는 장치다.

윗고리들을 끼우는 방식을 구체적으로 설명하자면, 모퉁이에서 첫 번째 고리를 끼운 후 연이어 다른 고리들을 널판들마다 끼운다. 두 널판이 짝을 이루도록 그 사이에 하나의 고리를 끼워 널판과 널판을 결합하는 방식이다.

[부록]에서 논의한 우리의 추정대로 법궤에 들어간 금이 만일 2달란트라면, 약 28달란트의 순금이 남는다. 넉넉히 3달란트라 해도 27달란트의 많은 금이 남는다. 그러나 그 금들은 금등잔대 제작과 비품들의 금박 입히기, 그리고 무엇보다 이렇게 커다란 널판벽들의 금박 입히기와 상단 금고리들의 제작에 대부분 사용되었을 것이다. 그리고 남은 일부 순금은 대제사장 복장에 사용되었다.

종합하면, 널판 아래는 커다란 은신발이

[P 71] 윗고리들이 끼워진 널판벽

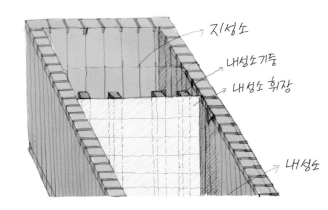

지성소

내성소기둥

내성소 휘장

내성소

신겨져 있고, 위에는 순금의 커다란 고리가 끼워져 있다. 아래에서 위로 갈수록 재료가 더 비싸지는 것이 재차 확인된다.

널판벽을 지지하는 봉들(띠)

26 너는 조각목으로 띠를 만들지니 성막 이쪽 널판을 위하여 다섯 개요 **27** 성막 저쪽 널판을 위하여 다섯 개요 성막 뒤 곧 서쪽 널판을 위하여 다섯 개이며 **28** 널판 가운데에 있는 중간 띠는 이 끝에서 저 끝에 미치게 하고 출 26:26-28

이어서 조각목으로 "띠"를 여러 개 만든다. 나무로 만든 이 띠들은 또 무엇인가? 보통 띠는 머리띠나 허리띠처럼 가죽 제품이나 천으로 얇고 가늘게 만든 끈과 같은 물건을 가리킨다. 나무 띠는 생소한데, 이것은 쉽게 말하면 문에 끼우는 빗장과 같은 기다란 막대기를 뜻한다. 동일한 히브리어 '브리아

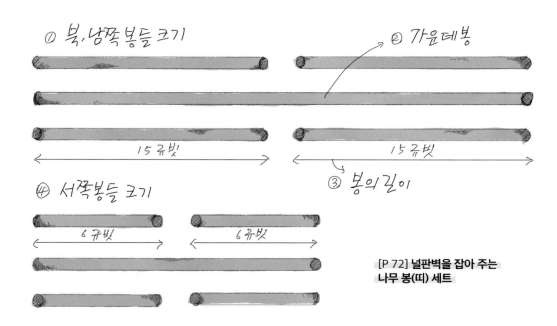

[P 72] 널판벽을 잡아 주는
나무 봉(띠) 세트

흐'(בְּרִיהַ)가 다른 곳에서 성문의 "빗장"으로 번역되어 있다(신 3:5; 삿 16:3; 삼상 23:7 등). 공동번역과 새번역은 이 나무 띠를 "가로다지"(참고. 민 3:36; 4:31)로 번역했는데, 아마 이것은 기다란 둥근 봉이거나 사각형의 막대기였을 것이다. 주요 랍비들의 견해를 따라 우리는 이것을 둥근 봉으로 간주하며 '봉'이라 칭하기로 한다.[9] 널판들뿐 아니라 이 봉들도 표면에 금을 입혔다(29절).

1) 북·남쪽 봉들: 남벽("이쪽 널판")과 북벽("저쪽 널판"), 그리고 지성소 뒤편의 서벽을 위해 각각 5개씩의 봉들을 제작한다(26-27절).

2) 가운데 봉: 가운데의 봉은 "이 끝에서 저 끝"까지의 길이로 제작한다(28절). 이것은 가운데 봉만이 회막 본당의 길이만큼 아주 길었을 뿐 다른 봉들은 그렇지 않다는 뜻이다. 여기서 유추되는 결론은 나머지 4개의 봉들은 절반 크기였다는 것이다. 어떤 랍비들은 "널판(들) 가운데에 있는 중간 띠"(28절)를 널판들 "속에"(가운데에) 중간 띠를 끼워 넣은 의미로 이해한다. 가운데 봉을 널판벽들의 중앙에 끝에서 끝을 관통하는 구멍을 뚫어 거기에 집어넣어 끼웠다는 설명이다(Rashi, 출 26:26). 나머지 4개의 봉들은 널판 표면에 부착된 '고리들'에 끼웠다는 것이다.
건축학적 관점에서 이것이 훨씬 더 벽을 견고히 서게 만들므로 우리도 이것을 따르기로 하지만, "가운데"라는 히브리어 표현이 널판들 "속에"인지 단순히 중앙의 위치인지 모호하다. 후자라면, 중앙의 봉 역시 다른 봉들처럼 밖에 노출된 방식으로 빗장처럼 걸었을 가능성도 있다.

3) 봉의 길이: 가운데 봉의 길이는 30규빗(15m)일 것이다. 본당 동서 방향의 너비가 1.5규빗 폭의 널판 20개로 조립되어 30규빗(1.5×20)이기 때문이다. 나머지 4개의 봉은 절반 길이인 15규빗(7.5m)으로 추정된다.

4) 서쪽 봉들: 서벽의 봉들은 서벽의 너비가 짧으므로 당연히 길이가 짧다. 8개의 널판이므로 12규빗(1.5×8)이다. 긴 봉은 12규빗(6m), 짧은 4개의

봉들은 각각 6규빗(3m)이라는 결론이다.

널판벽 조립의 완성

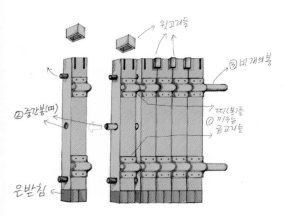

[P 73] 널판벽 완성하기

29 그 널판들을 금으로 싸고 그 널판들의 띠를 꿸 금고리를 만들고 그 띠를 금으로 싸라 **30** 너는 산에서 보인 양식대로 성막을 세울지니라 출 26:29-30

1) 봉들을 끼울 금고리를 제작해서 널판에 부착한다. 이 봉들도 모두 금을 입힌다(29절). 윗고리뿐만 아니라 봉(띠)을 끼우는 묵직한 많은 금고리들과 널판벽에 입힌 금박의 총량은 막대했을 것이다.

2) 아마 가장 긴 중간 봉을 가장 먼저 끼웠을 것이다.

3) 이어서 4개의 봉을 널판의 고리들에 끼운다.

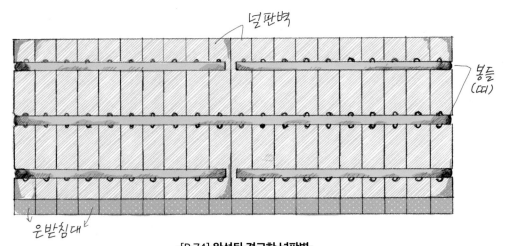

[P 74] 완성된 견고한 널판벽
실제로 가운데 봉은 보이지 않으며 남은 4개의 봉도 금띠에 덮여 있으나
이해를 돕기 위해 편의상 노출시켰다.

이런 과정을 통해 최종으로 완성된 널판벽은 대단히 견고할 수밖에 없다. 상당히 두껍고 묵직한 나무 목재가 널판의 재료로 사용되었으며 각각의 조립 과정을 살피면 건축학적으로 벽이 강한 물리적 힘에도 버틸 수 있도록 세워졌음을 알 수 있다. 널판벽 조립 과정을 종합하면 다음과 같다.

1단계 : 각 널판마다 아래에 두 개의 무거운 은 덩어리 받침이 신발처럼 끼워진다. 100개의 은받침이 아래에 놓여(출 38:27) 세워진 널판들이 쉽게 움직이지 않도록 견고하게 잡아 준다.

2단계 : 널판들은 측면의 촉들을 끼워 레고 블록처럼 단단히 조립한다.

3단계 : 이렇게 널판들을 서로 이어 붙인 뒤 5개의 긴 봉을 끼워 넣어 벽이 흔들리거나 삐걱대지 않게 만든다. 봉들이 벽을 견고히 잡아 주는 역할을 한다.

4단계 : 마지막에 널판들 위에 윗고리들을 끼워 조립을 마무리한다. 여기서도 건축학적인 세밀함이 엿보이는데, 만일 고리들로 윗부분의 널판과 널판 사이를 잡아 주지 않으면 미세하게 삐걱대며 시간이 갈수록 널판들은 점점 틈이 벌어질 것이다.

견고한 널판벽의 의미

흔들리거나 무너지지 않는 견고한 널판벽으로 설립된 회막 건물은 그리스도의 교회에 중요한 상징적 의미를 줄 수 있다. 그것은 견고한 공동체인 교회의 참모습을 가리킬 수 있을 것이다. 신약에서는 신자들의 모임인 교회가 곧 성전이기 때문이다. 바울은 성도들이 서로 하나가 되어 용서하고 "이 모든 것 위에 사랑을 더하라 이는 온전하게 매는 띠니라"(골 3:14)라고 권면했다. 이 '띠'는 나무 봉이 아닌 끈을 뜻하지만, 단단히 결속시키는 기능을 하는 측면에서 의미는 동일하다. 회막이 나무 봉들로 견고히 세워졌듯이, 교회는 사랑의 띠로 온전히 결속되어야 할 것이다.

10 세 휘장막

출애굽기 26:31-37, 27:16 / 36:35-38, 38:18-20

세 구역의 경계를 맡은 휘장, 예수님 운명 시에는 어느 휘장이 찢어졌을까?

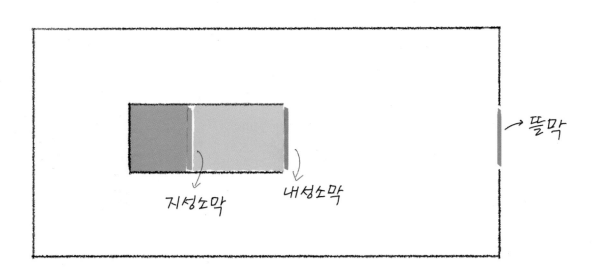

지성소막   내성소막   뜰막

[P 75] 성막 구역을 나누는 세 휘장막

성막의 세계

이 책 1장에서 살펴본 대로, 성막에는 3개의 가림막(커튼)이 존재하며 그것들이 삼중 구역의 경계선 표시를 한다. 지성소 휘장, 내성소 휘장, 뜰의 휘장(뜰막) 등이다. 뜰막은 나중에 마당 시설물과 더불어 설명되지만, 이 셋을 함께 설명하는 것이 좋다. 이것들은 '앙장막'과 동일한 재료, 즉 삼색실로 제작되는데 '앙장(막)'과 구분하여 모두 '휘장(막)'으로 부르기로 한다. 그러나 개역개정 성경에서는 앙장도 휘장이라 칭하고, 심지어 뜰의 포장막도 휘장이라 칭하므로 혼동을 일으키기에 구분해서 분별해야 한다.

세 휘장막의 차이점

흥미롭게도 이것들의 직조 기술은 약간 차이가 나는데, 지성소 휘장은 "그룹들을 정교하게 수놓기"가 사용된 반면(31절), 내성소 휘장과 뜰의 휘장은 단순한 "수놓기"로 만들어진다(36절, 27:16). 하란(Haran)은 성막에서 직조술이 3등급으로 나뉜다고 말한다.[1] 도표에서 보듯이 "정교한 수놓기"(호쉐브)와 "평이한 수놓기"(로켐)는 물건의 가치를 결정하는 기술적 차이가 있었음을 말해준다.[2]

직조술	히브리어	사용된 제품
정교한 수놓기	마아세 호쉐브	삼색 앙장막, 지성소 휘장, 대제사장 에봇과 흉패 등
평이한 수놓기	마아세 로켐	내성소 휘장, 뜰막, 제사장 허리띠(복대) 등
일반 베짜기	마아세 오렉	대제사장 겉옷과 제사장 속옷(예복) 등

(붉은색 : 휘장막)

지성소 휘장의 이름은 '파로케트'(תֶכֹרָפ)인데, 오직 이 휘장의 이름에만 사용된다. 다른 두 휘장막은 모두 '마삭'(ךָסָמ)이라 칭한다. 마삭은 아마 가장 일반적인 '가림막'(screen)을 뜻하는 것으로 보인다. 그런데 파로케트는 이것과 구별된 명칭이다.[3] 히브리어 사전들은 파로케트가 '가로막다, 차단하다'라는 뜻의 어근에서 유래된 것으로 추론하는데 마삭과의 정확한 기능적 차이는 찾아보기 어렵다. 라쉬는 그것을 내성소와 지성소를 구분 짓는 "칸막이"(partition)로 이해하고(Rashi, 출 26:31), 그 외 내성소 휘장과 뜰막은 "차단막"(screen)으로 이해한다(Rashi, 출 26:36). 그러나 마삭과 파로케트는 쓰임새가 동일했지만 제작법과 질적 차이로 인해 구분된 것으로 보이는데, 파로케트가 무슨 뜻이든 그것은 최고의 직조술로 짠 가장 비싼 휘장막인 이유로 이 특별하고 유일한 명칭이 붙은 것으로 추정된다. 이 지성소 휘장은 삼색실 앙장막과 재료와 제작법이 일치하는 동일한 제품이다. 둘 다 삼색실을 섞어 그룹 문양을 "정교한 수놓기"로 넣기 때문이다.

지성소 휘장과 달리 "정교한 수놓기"가 아닌 단순히 "수놓기"(평이한 수놓기)로 제작된 내성소 휘장과 뜰막에는 그룹 문양이 들어간다는 언급이 전혀 없다. 그로 인해 사르나(Sarna)를 비롯한 현대의 어떤 랍비들과 학자들은 그것들은 그룹 문양이 없었다고 말한다.[4] 그럼에도 탈무드의 견해와 그것을 따르는 랍비들은 다른 두 휘장에도 동일하게 그룹 문양이 수놓아졌다고 말하는데 우리는 이에 동의한다.[5]

분명 본문의 지침에서는 그룹에 대한 언급 없이 그것들을 단순히 "수놓아 짜서" 만들라고 지시하지만 수놓기는 일차로 제작된 원단에 별도의 바느질로 문양을 새겨 넣는 작업을 뜻한다. 그렇다면 수놓기로 넣은 문양의 종류는 언급되지 않지만 그룹들이었을 것이다. 다만 지성소 휘장과 다른 두 막(내성소 휘장과 뜰막) 사이에는 자수 기술의 차이가 있었다고 볼 수 있다.[6] 그리고 우리는 내성소 휘장과 뜰막도 각 막이 책임지는 공간의 거룩의 등급에 차이가 있기에 제품의 등급 차이가 있었을 것으로 추정한다.

우리는 앞서 삼색실의 앙장막에 대한 설명에서 성경에는 네 가지 형상의 그룹들(독수리, 사자, 소, 인간)이 있음을 살펴보았다. 그 앙장막에 무슨 그룹 형상이 수놓아졌는지 알 수 없듯이 이 휘장막들의 그룹 문양의 정체도 알 수 없다. 또한 그 그룹 문양이 몇 개 수놓아졌는지, 양면에 문양을 넣었는지, 아니면 한 면에 넣었는지도 알려진 바가 없다. 그럼에도 오래전부터 유대 전통에서 이에 대한 매우 다양한 견해가 있는데 단지 모두 추론에 불과하며 그리 중요한 문제도 아니다.[7]

우리는 세 휘장막 모두 양면에 그룹 문양이 들어간 것으로 간주하되, 편의상 네 개 그룹 형상이 수놓아진 것으로 간주한다(참고. Levine, 39, 48-49). 다만 최고급 수놓기로 제작된 지성소 휘장막에는 탈무드와 라쉬의 견해를 따라 양면이 서로 다른 그룹 문양이 들어가 제품의 품질 차이가 난 것으로 간주한다. 그것은 한쪽에는 독수리 형상, 다른 쪽에는 사자 형상의 그룹 문양이 들어간 지성소 휘장이다. 반면에 가치가 떨어진 다른 두 휘장에는 양면에 사자 형상이 수놓아진 것으로 간주한다. 그러나 다시 강조하나 이것은 편의상의 추론일 뿐이다.

지성소 휘장 : 최고급 수놓기 - 한 면에 사자, 다른 면에 독수리(최고급 휘장)
내성소 휘장 : 평이한 수놓기 - 양면에 사자(비싼 휘장)
마당의 휘장 : 평이한 수놓기 - 양면에 사자(가장 저렴한 휘장)

지성소 휘장막 : 최고급 재료와 최상의 기술로

31 너는 청색 자색 홍색 실과 가늘게 꼰 베실로 짜서 휘장을 만들고 그 위에 그룹들을 정교하게 수놓아서 32 금갈고리를 네 기둥 위에 늘어뜨리되 그 네 기둥을 조각목으로 만들고 금으로 싸서 네 은받침 위에 둘지며 33 그 휘장을 갈고리 아래에 늘어뜨린 후에 증거궤를 그 휘장 안에 들여놓으라 그 휘장이 너희를 위하여 성소와 지성소를 구분하리라 출 26:31-33

이 구절 역시 난해 구절이므로 독자들의 집중력이 요구된다. 자칫 따분해질 수 있으므로, 그림 76의 번호를 보면서 시청각적으로 이해하며 설명을 읽어야 한다. 이때 본문의 의미가 비로소 명쾌해질 것이다.

1) **지성소 휘장** : 가는 베실을 기본으로 값비싼 삼색실들을 사용해서 지성
소 휘장을 만든다(31절). 이 휘장은 지성소를 가리고 지성소와 내성소
를 나누는 가장 중요한 커튼이다(33절). 그런 만큼 최고급 재료와 최상
의 기술이 사용되었다. 회막을 덮는 첫 번째 최고급 앙장막과 마찬가지
재료와 기술이 사용된다. 즉 베실을 기본으로 삼색실을 섞어 "그룹들을
정교하게 수놓아" 제작된다.

이 휘장은 본당 내부의 규격에 맞춰 가로세로 10규빗(5m)이었을 것이
다. 그러나 지성소 휘장의 두께는 명시되어 있지 않다. 탈무드와 유대
전통에서는 그 두께가 한 손바닥 너비(약 8cm)였다고 말하는가 하면,
간혹 어떤 사람들은 아무런 근거 없는 과도한 두께를 제시한다.
그러나 어느 주장이나 속설이든 적어도 성막 시대의 지성소 휘장의 두
께로 신뢰하기는 어렵다. 왜냐하면 성막 시대에는 그 휘장을 법궤 위에
먼저 덮은 다음에 법궤를 레위인이나 제사장들이 어깨에 메고 운반했
기 때문이다(민 4:5-6). 분명히 그 당시 지성소 휘장은 그리 두껍지 않고

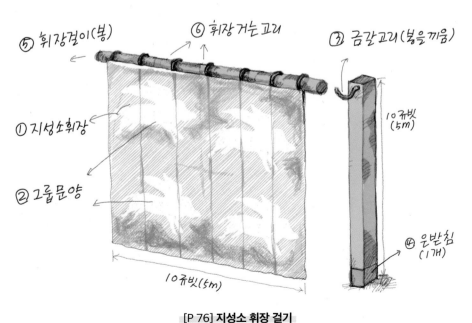

[P 76] 지성소 휘장 걸기

생각보다 가벼운, 그러나 원단이 모직인 이유로 대단히 질긴 물건이었을 것이다.

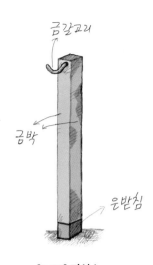

금갈고리

금박

은받침

[P 77] 지성소 휘장 기둥
널판 한 장을 반으로 자른 크기다.

2) 그룹 모양 : 앞서 말한 대로, 지성소 휘장에는 삼색의 첫 번째 앙장막과 마찬가지로 최고가의 삼색실에 최고급 직조술인 "정교한 수놓기"로 그룹들의 문양을 그려 넣는다. 우리는 앞서 탈무드와 어떤 랍비들의 견해를 수용하여 삼색실이 사용된 앙장막과 지성소 휘장은 같은 제품으로서 양쪽 면에 각각 사자와 독수리 형상이 "최고급 수놓기"로 수놓아졌다는 견해를 따랐다. 그리고 양면에 각각 네 개의 그룹 형상이 수놓아진 것으로 간주한다.

3) 금갈고리 : 이 휘장을 걸기 위해 네 개의 기둥이 제작되는데, 각각의 기둥 위에 금 갈고리를 하나씩 제작해 부착한다(32절). 따라서 금갈고리를 네 기둥 위에 "늘어뜨린다"는 번역은 오역이다. 직물이 아닌 금갈고리를 어떻게 늘어뜨린다는 것인가? 오히려 기존의 개역한글 성경이 더 정확하다. "금갈고리로 [가림막을] 네 기둥 위에 드리우되."[8] 성막 뜰 사방에 세운 기둥들에도 갈고리가 부착된다(출 27:10).

4) 은받침 : 네 기둥 역시 조각목으로 만들어 금을 칠하며 각각에 은받침 하나를 끼운다. 앞서 널판벽의 널판들 각각의 아래에 두 개의 은받침을 끼운 것과 차이가 난다. 이로써 은받침의 총계는 100개가 된다(출 38:27). 남북 널판들 80개(40×2), 서쪽 널판들 16개(8×2), 네 기둥 아래 4개, 도합 100개다.

은받침은 개당 1달란트(34kg)이므로 총 100개의 은받침을 위해 100달란트의 은이 사용되었다(출 38:27). 봉헌된 은의 총량은 금속 중 가장 많은 100달란트 1,775세겔이었다(출 38:28). 따라서 남은 은은 1,775세겔인데, 3,000세겔이 1달란트이므로 0.6달란트 정도의 무게다. 이것은 마당을 둘러친 기둥들의 갈고리와 머리싸개 그리고 기둥 가름대(?)에 사용되었다(출 38:28). 다양한 사용처를 볼 때 은의 양이 다소 부족해 보이나 은은 금보다 비중이 두 배가 적다는 점이 고려되어야 한다. 다시 말해 은은 같은 무게의 금보다 부피가 두 배 크다.

기둥의 크기와 규격이 명시되어 있지 않은데, 기둥 아래 1달란트짜리 은받침을 한 개만 끼운다는 사실에서(은받침 100개가 모두 1달란트 중량이다) 그것이 가로세로 1.5규빗×1.0규빗 규격 널판의 절반 두께임을 알 수 있다. 그렇다면 기둥 하나의 두께는 0.75규빗(37cm), 너비는 1.0규빗(50cm)이다. 높이는 널판벽과 일치하는 10규빗(5m)인 것은 물론이다.

어떤 사람들은 지성소에 입장하는 대제사장의 통로 확보를 위해 네 개의 기둥 중 가운데 두 기둥 사이의 공간이 더 넓게 세워졌을 것으로 추론한다.[9] 속죄일에 대제사장이 법궤 앞에서 향연을 피우고 법궤 위 속죄소에 피를 뿌리는 의식을 하는데(레 16:12-16) 분명히 두 채 사이에

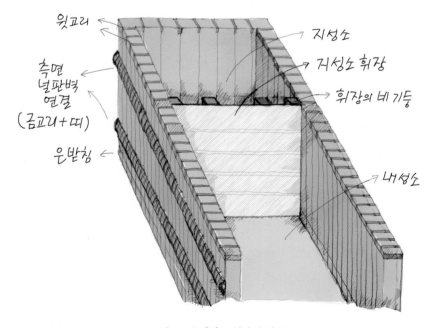

[P 78] 지성소 휘장막 설치

서, 방향은 휘장이 걸려 있는 법궤 동편에서 선 채로 그 의식을 실행했을 것이다(Mishnah *Yoma* 5; Talmud *Yoma* 52b). 이것에 비추어 볼 때, 중앙의 기둥 사이가 넓었을 개연성이 크다. 대제사장은 안전을 위해 휘장을 닫은 뒤 법궤 정면에서 법궤에 피를 뿌리는 의식을 수행했을 것이다. 참고로 [부록]에서 설명하겠지만, 대제사장은 속죄일에 네 차례 지성소에 입장하는데, 매번 입장 후에는 일단 휘장을 닫은 뒤 예식을 진행했을 것으로 추론된다.

5) 휘장걸이 : 본문에 명시되지 않았으나 휘장을 걸기 위해서는 필연적으로 긴 나무 봉, 즉 휘장걸이가 필요하다. 그림 76에서 보듯이, 금고리들의 용도는 거기에 휘장걸이를 끼우기 위함으로 보아야 한다.[10] 이 휘장걸이는 동시에 네 기둥이 흔들리지 않도록 견고히 붙잡는 기능을 했을 것이다.

6) 휘장 거는 고리 : 라쉬는 휘장의 상단 끝을 휘장걸이(나무 봉)에 감은 다음 그것을 갈고리들에 끼워 걸었다고 말한다(Rashi, 출 26:32). 그러나 그 경우 두꺼운 휘장을 나무 봉에 감는 것도 어려울뿐더러 휘장이 견고하게 걸려 있기가 힘들어 보인다. 따라서 휘장걸이에는 별도의 갈고리들이 부착되어 그것으로 휘장 상단을 걸었다고 보는 것이 합리적이다. 즉 휘장걸이를 끼우는 기둥의 갈고리들(③번)과 휘장을 휘장걸이에 걸기 위한 갈고리들이(⑥번) 별개로 존재했다는 뜻이다.

이 네 기둥이 지성소에서 보였는지, 아니면 내성소에서 보였는지 정확히 알 수 없으나 우리는 전자를 따른다.[11] 즉 내성소에서는 지성소 휘장의 기둥들은 보이지 않고 휘장만 보인다. 이것은 뒤에서 논할 휘장들과 휘장들에 수놓아진 그룹들의 차단과 경계 역할을 볼 때 적절해 보인다. 즉 사람의 관점에서 휘장은 기둥까지 완전히 가리는 차단막으로 관찰되어야 한다. 이런 방식의 설치는 남은 차단막인 내성소 휘장막과 뜰막 또한 마찬가지라고 판단된다. 그러나 각 휘장막들의 기둥들이 입장하는 사람들을 향해 드러나도록 설치되었을 가능성도 배제하긴 어렵다.

유대 문헌들에 의하면, 지성소 휘장의 두께는 한 손바닥 너비(약 8cm)였는데 너무 무거워 그것을 빨 때는 무려 300명의 제사장들이 동원되어 물에 담아야 했다.[12] 휘장은 먼저 24가닥의 가는 실을 꼬아 굵고 튼튼한 실을 만든 다음, 총 72개의 굵은 실을 얼기설기 짜서 두텁게 제작했다. 오직 유대 문헌에서만 지성소 휘장의 두께에 대해 언급하는데 일관되게 한 손바닥 너비를 말할 뿐이다. 그러므로 일단 그 이상의 과도한 두께를 말하는 속설이나 주장은 모두 어디에도 근거가 전혀 없는 허구에 불과하다. 흔히 요세푸스를 들먹이곤 하는데, 그는 휘장의 두께에 대해 언급한 적이 없다. 또한 말이나 소 여러 마리가 양쪽에서 끌어도 찢어지지 않았다는 널리 퍼진 속설도 요세푸스의 기록에 전혀 나타나지 않으며 그 어디에도 근거가 없는 누군가 퍼뜨린 허구에 불과하다.

영어권의 여러 저술들에서 지성소 휘장을 4인치, 즉 약 10cm 두께로 설명하는데 모두 탈무드의 한 손바닥 두께(네 손가락 폭)를 조금 더 부풀린 것이다. 어쨌든 과연 그 휘장은 한 손바닥 두께였을까? 물론 요세푸스 시대 헤롯 성전의 지성소 휘장은 상당히 두껍게 제작되었을 것으로 보인다. 실제로 요세푸스는 회막 입구의 막, 즉 내성소 휘장에 출입할 때 제사장들은 휘장이 매우 무거워 아래에서 절반 정도만 젖힌 뒤 기는 듯이 몸을 숙여서 입장했다고 기록했다(*Antiquities* 3.6.4).
그럼에도 사실 유대 문헌들이 말하는 한 손바닥의 두께나 세탁을 위해 무려 300명의 제사장이 동원되었다는 이야기 또한 유대 신비주의 특유의 과도한 과장으로 보인다. 왜냐하면 이렇게 두껍고 엄청난 무게의 휘장들이었다면 제사장들이 매일 내성소를 출입하기가 쉽지 않았을 것이고, 또한 속죄일에 대제사장 혼자 육중한 지성소 휘장을 밀치고 들어가기가 어려웠을 것이기 때문이다. 실제로 탈무드에서 다른 랍비들은 지성소 휘장이 한 손바닥 두께라는 것과 무려 제사장 300명이 동원되어 세탁했다는 것을 과장된 이야기로 치부한다(*Talmud Tamid* 29a:7-29b:3).

두께와 무게가 상당히 과장되어 있지만, 그럼에도 지성소 휘장이 매우 두껍고 질겼다는 사실은 변함이 없는 듯 보인다. 모직 원단은 매우 질기며 모직으로 짠 휘장이 예를 들어 2-3cm 정도라 해도 굉장히 두꺼운 편이다. 따라서 그것을 사람의 힘으로 찢기는 어려울 것이다. 예수님이 운명하시는 순간 그 두껍고 질긴 휘장이 찢어졌는데, 더구나 위에서 아래로 찢어졌기에 사람이 찢었을 리가 없다. 따라서 성전의 지성소 휘장이 실제로는 유대 문헌의 기록보다 훨씬 얇았더라도 하나님이 직접 찢으셨다는 사실은 달라지지 않는다.

헤롯 성전과 달리 성막 시대에는 지성소 휘장이 그리 두꺼운 물품이 아니었던 것으로 보인다. 당시에는 성막을 운반해야 했는데 이렇게 두꺼운 직물이라면 그 무게가 엄청나 고핫 자손이 휘장과 함께 어깨에 메고 다닐 수 없었을 것이다(민 4:5-6).

그들이 법궤와 더불어 지성소 휘장을 어깨에 메고 운반했다는 것은 성막 시대의 지성소 휘장이 매우 질기긴 했으나 아주 무겁진 않았음을 뜻한다.

후대의 솔로몬 성전의 지성소 휘장은 지성소 규모와 일치한 가로세로 20규빗(10m)으로 추정되며(왕상 6:20; 미쉬나의 어떤 랍비들이 말하는 높이 40규빗[20m], 폭 20규빗[10m]의 크기는 탈무드에 의해 과장으로 평가된다[Talmud *Tamid* 29a:11; 29b:2]). 더 후대의 요세푸스의 기록에서는 더욱 웅장해진 헤롯 성전의 화려한 지성소 휘장이 높이가 무려 55규빗(27m), 폭은 16규빗(8m)이었다고 말한다(*War* 5.5.4).

참고로 유대 문헌들은 지성소 휘장이 소모품으로서 해마다 새롭게 두 개 제작되었다고 말한다(Mishnah *Shekalim* 8; Talmud *Tamid* 29b). 이것도 탈무드에서 과장으로 평가되지만, 적어도 성막(성전)의 휘장들은 반복적으로 제작되었을 것이며 성전시대에는 훨씬 두터워졌을 것이다. 결국 성막의 지성소 휘장은 후대 성전들의 휘장들보다 크기가 훨씬 작고 두께도 상당히 얇았다고 봐야 한다. 이는 성막 시대에는 지성소 휘장을 법궤에 덮은 뒤 운반하는 데 큰 문제가 없었음을 뜻한다.

내성소 휘장막 : 아름답지만 덜 화려하게

34 너는 지성소에 있는 증거궤 위에 속죄소를 두고 **35** 그 휘장 바깥 북쪽에 상을 놓고 남쪽에 등잔대를 놓아 상과 마주하게 할지며 **36** 청색 자색 홍색 실과 가늘게 꼰 베실로 수놓아 짜서 성막 문을 위하여 휘장을 만들고 **37** 그 휘장 문을 위하여 기둥 다섯을 조각목으로 만들어 금으로 싸고 그 갈고리도 금으로 만들지며 또 그 기둥을 위하여 받침 다섯 개를 놋으로 부어 만들지니라 출 26:34-37

휘장 문의 기둥 다섯과 그 갈고리를 만들고 기둥머리와 그 가름대를 금으로 쌌으며 그 다섯 받침은 놋이었더라 출 36:38

지성소 휘장과 별개로 내성소로 들어가는 회막 입구를 막는 커튼이 만들어진다. 그에 앞서 여기서 내성소 비품들의 위치가 지정된다. 가장 중요한 비

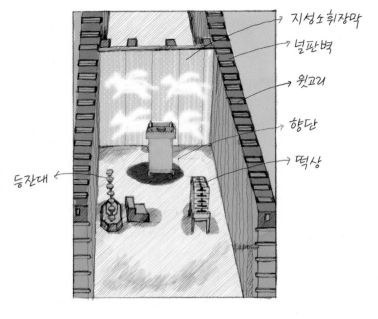

지성소휘장막

널판벽

윗고리

향단

떡상

등잔대

[P 79] 내성소의 비품 배치

품들인 회막 안 비품들의 배치는 다음과 같다.

먼저, 속죄소는 지성소 안에 안치된 법궤(증거궤) 위에 놓아야 한다(34절). 반복하지만, 이것은 엄밀히 속죄소가 법궤와는 다른 독자적인 기물이었다는 증거다. 지성소 휘장 바깥쪽인 내성소에서 금향단이 지성소 휘장 바로 앞에 놓여 있었다는 것은 이미 설명되었다(출 30:6). 이제 남은 내성소 비품들인 진설상과 등잔대의 위치가 여기서 지정된다. 우리는 이미 성막의 조감도에서 배치도를 살펴보았다.

내성소 북쪽에 떡상을 놓고, 맞은편 남쪽에는 등잔대를 놓는다(35절). 이렇게 해서 떡상과 등잔대는 서로 마주보도록 배치되었다. 금향단이 그 사이에 휘장 가까운 위치에 놓인다. 이런 기물들이 벽으로부터 어느 정도 떨어져 있어야 하는지는 전혀 설명되어 있지 않다.[13] 다음은 그림 80의 설명이다.

1) 내성소 휘장 : 내성소와 마당을 경계 짓는 막을 우리는 '내성소 휘장' 혹은 '내성소 막'이라 부르며 지성소 휘장과 구분한다. 이 휘장의 직조 묘사에는 "그룹들을 정교하게 수놓아 짜라"는 언급 없이 단순한 수놓기, 즉 "수놓아 짜라"는 지시만 나타난다. 일부 탈무드 전통과 그것을 따르는 사람들은 이 휘장에 직조술의 차이가 있었을 뿐 지성소 휘장과 동일하게 그룹들이 수놓아진 것으로 이해한다.

물론 다른 아름다운 문양을 수놓아 짰을 수도 있으나, 우리는 탈무드와 랍비들의 견해를 따라 그 문양을 그룹으로 간주한다. 다만 만일 내성소 휘장에도 그룹 문양이 수놓아졌다면, 지성소 휘장과는 차이가 있었을 것이다. 아마 자수 기술의 차이가 있었을 텐데, 덧붙여 우리는 지성소 휘장에는 양면에 독수리와 사자의 그룹 문양이 수놓아진 반면, 다른 휘장들에는 사자 형상의 그룹만 수놓아진 것으로 간주하기로 했다. 어떤 경우라도 이 휘장은 지성소 휘장보다는 덜 화려했으며, 가치가 떨어졌을 것이다.[14] 이것은 지성소와 내성소의 거룩의 등급의 차이를 볼 때 자연스러운 일이다.

2) 다섯 개의 기둥 : 내성소 휘장을 거는 조각목 기둥은 다섯 개다. 참고로 지성소 휘장은 네 개의 기둥에 걸었다. 기둥 하나의 크기는 지성소 휘장의 기둥과 달리 가로세로 각각 1규빗(50cm)의 정사각형으로 추론되며(마당의 울타리 기둥들도 마찬가지), 높이는 10규빗(5m)이다. 역시 모두 금을 입힌 기둥들인데, 기둥의 받침은 은이 아닌 놋이었다(37절). 이것이 개수와 규격 외에 지성소 휘장의 기둥들과 큰 차이점이다.

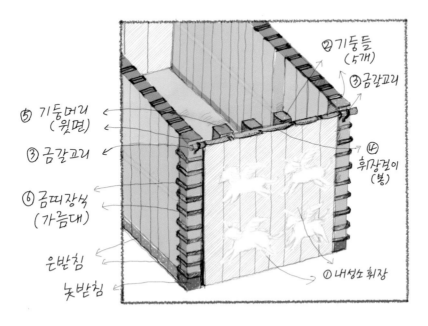

[P 80] **내성소 휘장막**

3) 금갈고리 : 지성소 휘장의 기둥들과 마찬가지로 각각의 기둥 위에 휘장을 거는 금 갈고리(hook)가 부착된다(37절).

4) 휘장걸이(봉) : 앞서 지성소 휘장과 마찬가지로 내성소 휘장을 걸기 위한 휘장걸이인 긴 나무 봉이 금갈고리들에 끼워진다. 또한 그림 80에는 정확히 묘사되어 있지 않지만, 이 봉에도 지성소 휘장의 봉처럼 휘장을 거는 별도의 갈고리들이 부착되었을 것이다. 또한 어떤 랍비들의 견해대로, 지성소 휘장 기둥들과 비슷하게 중앙 통로를 확보하기 위해 가운데에 널찍한 공간을 만들면서 한쪽에 두 개, 다른 쪽에 세 개의 기둥이 세워졌을 수 있다.

그러나 앞서 말한 대로, 요세푸스는 제사장들이 내성소에 입장할 때, 아래서 반 정도를 열고 몸을 구푸려 기듯이 입장했다고 기록한다(*Antiquities* 3.6.4). 이것을 토대로 추론하자면, 그림 81처럼 아마 한쪽 측면에 넓은 공간을 입구로 만들어 놓았을 가능성이 크다. 이것은 비더만의 견해이기도 하다(Biderman, 175, 177). 그러나 매일의 분향과 금등잔대 관리는 그렇다 쳐도 적어도 매 안식일마다 커다란 진설병들을 운반했다면, 요세푸스의 기록처럼 겨우 힘들게 입장했을지 의문이다.

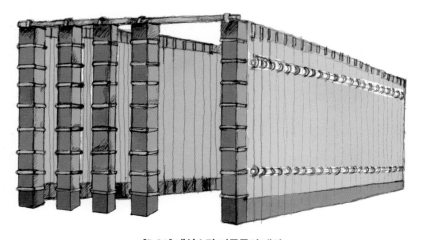

[P 81] 내성소막 기둥들의 배치
이것은 요세푸스의 기록을 토대로 추정한 기둥 배치인데,
오른쪽에 충분한 출입 공간이 확보된 것으로 추정된다.

성막의 세계

5) 기둥머리 : 출애굽기 36:38을 보면, 여기에는 언급되어 있지 않은 "기둥머리"와 "가름대"가 새롭게 기둥에 붙어 있는 장식처럼 언급된다: "휘장문의 기둥 다섯과 그 갈고리를 만들고 기둥머리와 그 가름대를 금으로 쌌으며." 이것들도 모두 금을 입혔다.

언뜻 기둥머리는 기둥 맨 위의 장식품으로 생각되고, 가름대는 막대기 같은 물건인 듯 보인다. 그러나 일단 "기둥머리를 금으로 쌌다"는 히브리어 문구의 문자적 의미는 "기둥들의 머리를 금으로 입혔다"이다. 아마 "기둥머리"로 번역된 '로쉬'(ראש)는 단순히 머리나 윗부분을 뜻하는데, 이것은 별도의 상단 장식이 아닌 단순히 기둥의 가장 윗면(top)을 가리킨다고 보아야 한다(NIV; NASB). 이 경우 기둥의 윗면은 아무런 장식 없이 평평하며, 따라서 "기둥머리를 금으로 쌌다"는 표현은 단지 기둥 윗면도 금을 칠했다는 뜻으로 이해된다. 이것은 랍비들의 전통적인 견해이기도 하다. 따라서 일단 우리의 해석은 이것이다: "기둥 윗면과 가름대를 금으로 쌌으며."

6) 가름대(금띠 장식) : 그런데 "가름대"는 오역이다. 가름대란 양쪽 공간을 구분하기 위해 끼우는 긴 나무막대를 뜻하기 때문이다. 혹자는 휘장걸이가 '가름대'라 생각할지 모르나 그것이 아님은 울타리 기둥들의 "가름대"에서 분명해진다(출 27:10; 38:17). 5규빗(2.5m) 간격의 울타리 기둥들 사이에는 어떠한 가름대도 설치되지 않기 때문이다. 이것은 기둥에 부착된 금을 입힌 띠 장식(band 혹은 fillet)을 말한다. 이것 역시 랍비들과 대다수 영어성경들의 번역이기도 하다. 이것이 어떤 무늬를 띠고 어떻게 장식되었는지는 분명하지 않다. 그림 82에서 보듯이, 어떤 사람은 금띠 무늬가 사선으로 기둥에 빙 둘러쳐졌다는 견해를 제시하고(Kehot), 레빈을 비롯한 다른 사람들은 아래에서부터 맨 위까지 일정한

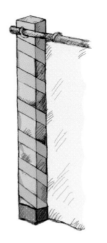

[P 82] 띠 무늬가 둘린 모델(좌)과 띠 장식이 부착된 모델(우)

간격의 금띠 장식이 부착되었다는 모델을 내놓는다(Levine; Biderman).[15]

모두 역사적 근거가 없지만 우리는 레빈의 모델을 따르기로 한다. 정리하자면, 내성소 휘장을 거는 기둥은 다섯이며, 규격은 1규빗의 정사각형, 기둥의 측면 표면과 상단 표면 모두 금을 입히고 기둥 둘레에 금띠 장식을 넣었다. 그러나 바닥에는 기둥마다 놋받침 하나를 끼웠다. 상단에 금갈고리가 있으며, 거기에 휘장걸이(나무 봉)를 끼운 뒤 봉에 부착된 별도의 여러 갈고리에 휘장을 건다.

뜰막 : 저렴하고도 편하게

뜰문을 위하여는 청색 자색 홍색 실과 가늘게 꼰 베실로 수놓아 짠 스무 규빗의 휘장이 있게 할지니 그 기둥이 넷이요 받침이 넷이며 출27:16

뜰문이라 할 수 있는 뜰막은 출애굽기 27장에서 마당의 비품들 및 시설물과 더불어 등장하나, 앞서 말한 대로 여기서 함께 다룬다. "뜰문"에서 "문"의 히브리어는 회막에 입장하는 "입구, entrance"(פֶּתַח, 페타흐)와 달리("회막문"은 엄밀히 오역이며 "회막 입구"임) "문, gate"(שַׁעַר, 샤아르)을 뜻하므로 독립적인 시설물임을 암시한다. 이것도 휘장막으로 만들었으므로 우리는 이것을 '뜰막'이라 칭하기로 한다.

1) **뜰문인 뜰막** : 뜰막 또한 베실을 기본으로 삼색실을 섞어서 제작한다. 이 휘장막은 내성소 휘장과 마찬가지로 그룹 문양에 대한 언급 없이 단순히 "수놓기"로 제작된다. 그러나 여기서도 그 수놓은 문양은 그룹들인 이유로 생략되었을 수 있다.

   내성소 휘장과 뜰의 휘장, 즉 뜰막은 문구 하나 차이 없이 동일한 재료와 직조술이 사용되었기에 동일한 물품처럼 보인다. 그럼에도 우리는 성막의 세 휘장막이 성막의 세 공간을 거룩의 차등화로 구분하는 경계선임을 기억해야 한다. 마당의 거룩 등급이 가장 낮고, 내성소는 더욱 거룩하며, 지성소는 가장 거룩하다. 따라서 휘장들 또한 뜰막의 가치가 가장 낮고, 내성소 휘장은 매우 비쌌으며, 지성소 휘장은 최고급 품목이었다고 볼 수 있다. 이 논리를 따른다면, 뜰막은 내성소 휘장보다 저렴하게 제작되었을 것이다.

2) 뜰막의 길이 : 뜰문 휘장의 길이는 20규빗(10m)이며, 이것을 네 개의 기둥에 걸어서 세운다. 20규빗은 뜰의 기둥들 사이의 간격 5규빗(2.5m)과 기둥 넷에 부합하는 수치인 듯 보인다(5×4=20). 그러나 나중에 논의하겠지만 네 기둥에 20규빗의 휘장막을 5규빗 간격으로 세울 수 없으므로 복잡한 문제가 생긴다.

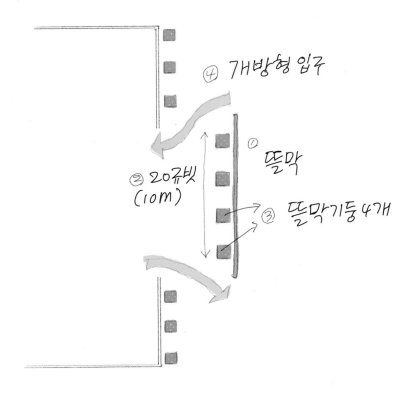

[P 83] 개방형으로 추정되는 뜰막

3) **네 개의 기둥** : 뜰막 기둥은 넷이다. 네 개의 조각목 기둥 아래에는 내성
   소 휘장 기둥과 마찬가지로 각각 한 개의 놋받침을 끼운다(출 38:17).
   양자의 차이는 내성소 휘장 기둥 표면은 금칠을 했지만, 뜰막 기둥들
   을 포함한 마당의 기둥들은 모두 놋칠을 한다는 점이다. 이것은 이 책
   12장 "울타리 축조"에서 살펴보기로 한다.

4) **개방형 뜰막** : 뜰막은 "문"으로 표현되고 뜰막을 위해 별도로 네 개의 기
   둥과 20규빗의 휘장을 제작하라는 지시가 내려지는 것으로 보아, 이것
   은 그림 83에서 보듯이 독자적으로 제조되어 성막 동편의 벽과 분리되
   어 설치되었을 수 있다. 이런 개방형 입구는 많은 백성이 수시로 혹은
   동시에 성막에 입장할 수 있도록 만든다. 만일 동편 울타리가 다른 방
   향의 울타리처럼 봉쇄형의 일직선으로 설치된다면, 출입하는 데 큰 불
   편을 겪었을 것이다. 물론 그럼에도 뜰막은 울타리 벽과 나란히 일직선
   으로 설치되었을 수도 있다. 이 문제 역시 나중에 울타리 축조에 대한
   설명에서 논의하기로 한다(이 책 12장 "울타리 축조" 참고). 일단 현재의
   그림은 잠정적일 뿐 정확한 것은 아니다.

세 휘장막의 기능과 의미

세 휘장막의 기능과 신학적 의미에 대해서는 우리가 이 책 1장에서 간단
히 살펴보았다. 세 휘장막은 각자의 공간을 감추는 가림막이면서 세 성막 구
역의 경계선 표시다. 세 휘장막은 성막에 좌정하신 하나님의 영광과 거룩의
기운을 단계별로 가리고 인간의 무단 침입을 차단하는 역할을 한다. 이것이
휘장막들의 가장 중요한 기능인데, 이러한 이유로 우리는 세 휘장막을 자주 '가
림막'이라 칭한다. 이러한 휘장막들의 기능은 네 겹의 회막 덮개가 철저하게 지
성소와 내성소를 가려 아무도 내부를 보지 못하게 했던 기능과 동일하다.

세 공간은 백성의 신분에 따라 출입이 제한되었다. 거룩의 등급이 가장 낮은 평민(레위인 포함)은 첫 번째 뜰문(뜰막)을 통과한 후 뜰의 입장이 가능하고, 거룩한 제사장들은 내성소 휘장을 통과할 수 있다. 율법은 엄히 경고하기를, 만일 레위인을 포함한 평민이 여기에 무단 출입하면 사망하게 되는데, 입장은 커녕 심지어 누군가 내성소 휘장을 젖히고 내부의 성물들을 쳐다보기만 해도 죽을 것이라고 말한다(민 4:20). 그곳은 그만큼 위험한 공간이었다.

제사장이라 할지라도 지성소에 함부로 들어가면 역시 사망에 이른다. 그곳은 대제사장만, 그것도 하나님이 정해 주신 날인 속죄일(유대력 음력 7월 10일)에만 출입할 수 있었다. 그렇다 해도 대제사장이 그날 지성소에 아무렇게나 들어갈 수 없었고, 반드시 목욕을 하고 하얀 세마포 옷으로 대제사장 옷을 갈아입은 다음, 향연을 피우면서 조심스럽게 들어갈 수 있었다(레 16:4, 13). 그는 먼저 화려한 대제사장 복장 대신 계급장을 뗀 밋밋한 옷, 즉 겸손히 아무런 색깔과 장식이 없는 흰 세마포 옷으로 갈아입어야 한다. 그러나 만일 향연을 피우지 않고 들어가면 대제사장마저 죽게 된다.

속죄일 규정은 대제사장이 그날 향연으로 "증거궤 위 속죄소"를 가려야 죽지 않을 것이라고 경고한다(레 16:13). 앞서 이 책 8장에서 회막의 여러 덮개들의 기능에 대하여 말한 대로(115-116쪽), 속죄소를 가리는 이유는 법궤에서 하나님의 압도적인 영광과 거룩의 기운이 발산되어 나오기 때문으로 보아야 한다. 향연을 피우지 않고 입장한 대제사장은 다름 아닌 그 강력한 거룩의 기운에 타격을 입고 사망했을 것이다.

'향연'의 히브리어는 '아난'(עָנָן)인데 '구름'을 뜻한다(8장의 미주 9를 보라). 이것은 시내산 위에 출현한 하나님의 임재 현상인 그 구름과 같은 단어다. 시내산의 두터운 구름(아난)이 하나님이 현현하신 꼭대기를 가려 백성의 사망을 면케 했던 것처럼[16] 지성소 안의 향연, 즉 구름(아난)은 하나님이 좌정해 계신 속죄소를 가려 대제사장이 죽지 않게 했다.

우리는 시내산 또한 삼중으로 구역이 나뉘었는데, 각 공간은 백성, 백성의 대표(장로들과 제사장 후보자들), 모세로 구분되어 출입이 가능했음을 기억해야 한다. 말하자면, 시내산도 3개의 경계선이 구분되어 있었는데, 이는 성막이 건축되기 이전에 시내산이 일종의 성전이었음을 시사한다. 그곳의 지성소 자리는 구름이 둘러치고 있는 산 정상이며, 내성소 자리는 장로들이 들어갔던 공간, 성막 뜰은 백성이 머문 산기슭에 해당된다. 누구든지 금지된 경계선을 돌파하면 사망에 이르며, 심지어 짐승도 예외가 아니다(출 19:12-13; 34:3; 히 12:20).

이렇듯 인간은 하나님께 접근할수록 더욱 위험해지고 심지어 사망에 이르기도 하는데, 그 이유는 인간이 하나님의 말로 다할 수 없는 빛과 거룩의 강력한 기운에 타격을 입기 때문이다.[17] 빛 되신 거룩한 하나님을 대면한 인간은 그 영광에 압도되어 거꾸러진다(출 40:34-35; 행 9:3-5; 딤전 6:16; 히 12:29). 내성소가 매우 위험하고, 지성소 역시 가장 위험했던 이유도 강력한 하나님의 거룩의 기운이 그 공간들을 채워 감돌고 있었기 때문이다.

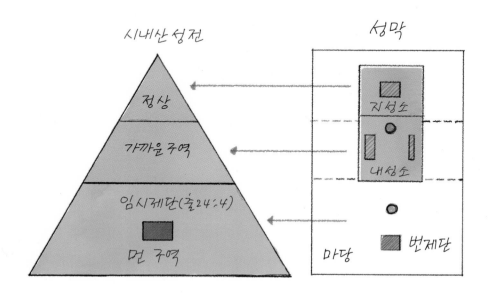

[P 84] 시내산과 성막의 병행 구도

성막의 세계

따라서 성막의 세 가림막은 각 공간의 출입을 제한하는 차단막과 경계선 역할을 했으며, 각 공간에는 하나님의 거룩 등급에 부합한 등급화된 비품들과 재료들이 사용되었다.

가장 비싼 삼색실로 제작된 최고급의 첫 번째 앙장막은 밖에서 볼 수 없고 제사장들만 볼 수 있었다. 일반 백성이 그 아름다움을 볼 수 없게 만드신 이유는 하나님의 영광의 광채를 구름으로 가려 백성이 온전히 볼 수 없게 만드신 것에서 유추해 볼 수 있다. 반면, 회막 바깥은 가장 싼 가죽 덮개들로 덮여 모든 백성이 볼 수 있었다.

만일 회막이 삼중으로 덮였다면, 여기서 회막의 삼중 덮개(마지막은 두 가죽 덮개 세트)와 삼중 휘장막의 상응성이 엿보이는 듯하다. 가장 값이 쌌던 숫양 가죽과 해달 가죽은 세트를 이루어 회막의 겉모양을 꾸미는데, 그것은 뜰 막에 해당될 수 있다. 더 비쌌던 염소털 실로 짠 앙장막은 내성소 휘장에 연결해 볼 수 있다. 마지막으로 가장 고가의 삼색실 앙장막은 가장 중요했던 지성소 휘장에 상응하는 듯하다. 이런 점에 비추어 볼 때도 회막은 삼중으로 덮였던 것이 옳아 보인다.

정리하자면, 하나님이 구름이나 휘장으로 자신을 감추시는 이유는 일차적으로 하나님이 피조물인 인간에게 자신의 온전한 영광을 감추어 인간이 죽지 않게 하시는 조치와 관련되어 있다. 또한 하나님이 인간의 수준으로 낮추어 임마누엘하시는 성육신의 신학과도 관련되어 있다. 이것은 우리가 [부록]에서 더 심도 있게 논할 것이다.

예수님이 돌아가셨을 때 성전의 휘장이 찢어졌다. 그것은 지성소 휘장과 내성소 휘장 중 어느 것일까? 그레고리 비일은 이 문제를 흥미롭게 다룬다(Beale, 254-256). 학자들의 견해도 이 둘로 나뉜다. 앞서 우리는 내성소 휘장과 지성소 휘장 둘 다 화려하고 웅장했다는 요세푸스의 기록을 살펴보았다(Antiquities 3.6.4). 따라서 둘 중어느 것이 찢긴다 해도 이상해 보이진 않는다. 무엇보다 복음서의 저자들은 자신들과 사람들이 성전 밖에서 그 장면을 목격했던 것처럼 기록한다. 만일 지성소 휘장이찢어졌다면, 내성소에는 제사장 외에 들어갈 수 없기에 이런 목격담 방식의 보고는잘 어울려 보이지 않는다.

그러나 당시 찢어진 휘장은 분명히 지성소 휘장이었을 것이다. 만일 내성소 휘장이찢겼고 지성소 휘장은 멀쩡했다면, 신학적 관점에서는 사람들은 여전히 지성소 입장이 불가능했을 것이다. 본당 입구의 휘장막이 찢겼다 해서 누가 감히 지성소에 갈수 있겠는가. 물론 성전 내실 밖의 사람들에게는 그것이 보이지 않았을 것이다. 즉그곳에서 매일 일하는 제사장들만이 그 장면을 목격했을 것이다. 그러나 이런 엄청난 일은 제사장들의 입을 통하여 삽시간에 예루살렘 전역에 퍼질 수밖에 없다. 복음서 기자들은 제사장들의 목격담, 바로 그 사실을 기록했다고 보아야 한다.

또한 내성소 휘장이 찢겼다는 것은 신약이 선포하는 신학적 관점에서도 타당하지않다. 예수님과 신약은 건물 성전의 폐기를 선언한다(마 24:1-2; 요 2:19-20; 참고. 막14:57-58; 마 26:61; 27:40). 이제 그리스도인들의 공동체인 교회가 진정한 성전이다(고전 3:16-17; 고후 6:16; 엡 2:21). 그리스도의 죽음과 더불어 건물 성전의 기능이폐지되었다면, 찢어진 휘장은 당연히 지성소 휘장일 수밖에 없다. 이것을 전쟁에 비유하면 잘 이해된다. 만일 두 군대가 싸울 때, 한쪽에서 가장 깊숙이 자리한 적군의사령관 본부를 기습해서 점령하면, 전투는 그것으로 끝난다. 본부가 털리면, 그 앞에있는 여러 겹의 방어벽은 아무 소용이 없게 된다. 마찬가지로 성막의 삼중적 차단막에서 가장 중요한 것은 지성소 휘장막이다. 만일 최후의 차단막인 지성소 휘장이 찢겼다면, 이는 비유적으로 마치 본진이 털린 것과 같다. 그러면 전투가 종결된다. 그앞에 가려 놓은 내성소 휘장과 뜰막은 아무런 의미가 없게 되는 것이다. 지성소 휘장이 찢김으로써 건물 성전의 기능은 비로소 종료된다.

구약 시대에는 하나님께로 향하는 길이 겹겹이 차단되고 접근이 제한되었다. 구약에서는 하나님이 그런 방식으로 창조주와 피조물 사이에 놓인 큰 간격과 자신의 거룩함과 영광을 교훈하셨다. 그러나 하나님은 자신의 아들 예수 그리스도의 죽음과더불어 자기 본진의 수비벽을 친히 무너뜨리시고 모든 사람이 들어오게 하셨다. 그리스도의 피 흘리심과 더불어 지성소로 가는 길이 비로소 열린 것이다.

구약에서는 대제사장이 일 년에 하루, 속죄일에만 짐승의 피를 가지고 지성소의 휘장을 '젖히고' 그곳에 들어가 법궤 위 속죄소에 그 피를 뿌렸다(레 16장). 이 일은 매년 반복되었다. 그러나 신약에서는 대제사장이신 예수님이 친히 희생 짐승이 되시어 그 피를 들고 지성소의 휘장을 젖히신 것이 아니라 '찢으셨다.' 그리고 그곳에 입장하시어 법궤 위 속죄소에 자신의 피를 뿌리셨다. 이제 이 일은 매년 반복될 필요가 없으며 그리스도가 드리신 "단번에" "영원한" 제사로 속죄가 완성되었다(히 7:27; 9:11-12). 그리하여 누구든지 그리스도의 피를 의지하는 사람은 지성소에 들어가 하나님을 가까이 대면할 수 있게 되었다.

다른 관점으로는 하나님이 성전의 자기 보좌의 자리에서 일어나셔서 지성소 휘장을 친히 제거하신 뒤 부정한 세계를 향해, 속된 영역의 백성들에게 저벅저벅 걸어 나오신다. 이것이 신약의 신자들이 누리는 말할 수 없이 큰 구원의 감격이다. 바로 이러한 이유로 성전의 찢어진 휘장은 내성소 휘장이 아닌 지성소 휘장이었던 것이다.

에덴동산과 성막, 생명나무와 그룹들

앞서 우리는 본문 주해의 관점에서 세 개의 휘장막 모두에 그룹 문양이 새겨져 있다는 랍비들의 견해에 동의한 바 있다. 그런데 신학적인 측면에서도 삼중의 휘장막들 전부에 그룹 문양이 수놓아져 있었다고 볼 수 있다. 왜냐하면 휘장막들은 일종의 경계선 표시를 하는 차단막으로서 성막으로의 접근을 제한하기 때문이다. 그렇게 휘장에 수놓아진 그룹들은 생명나무로의 접근을 차단하는 그룹들과 분명히 어떤 연관성을 갖는다.[18] 요컨대, 생명나무 길목을 그룹들이 지키고 있던 것처럼 출입 제한 구역인 성막에는 단계별로 성막의 출입을 제한하는 휘장들에 그룹들의 형상이 수놓아 져 있었을 것이다. 따라서 휘장막들에 수놓아진 그룹들은 단지 화려한 문양의 미적 목적만 지녔던 것은 아닌 듯하다.

그룹들이 에덴동산 동쪽을 지키고 있었다는 것은 에덴이 일종의 원형 성전이었으며 하나님이 추방된 아담과 하와의 에덴 성전 입장을 금지시키셨음을 말한다. 실제로 많은 사람이 에덴을 원형 성전 혹은 최초의 성전으로 이해한다.[19] 거기에 동산지기로 임명된 아담은 최초의 제사장이라 할 수 있다. 이것은 아담과 하와의 범죄 직후 하나님이 짐승을 잡아 그들에게 가죽옷을 입히신 일에서도 암시된다. 왜냐하면 레위기 제사법에 따르면, 번제를 바친 뒤 가죽은 제사장의 생활용품으로 주기 때문이다(레 7:8). 그러나 아담은 범죄하여 에덴에서 추방되었으며 그 후 하나님은 동산의 동쪽에 그룹들과 두루 도는 불칼을 두어 생명나무의 길을 지키게 하셨다. 이러한 구도는 놀랍게도 성막의 구도와 정확히 일치한다.

성막의 가장 깊은 곳에 법궤가 놓여 있고 거기에는 십계명 두 돌판, 즉 언약의 두 돌판이 들어 있다. 아마도 이것들은 에덴동산의 가장 깊은 곳, 즉 "동산 가운데에는 생명나무와 선악을 알게 하는 나무도 있더라"(창 2:9)에 상응하는 것으로 보인다.[20] 사실 선악과나무와 생명나무는 모두 아담에게 생명을 주

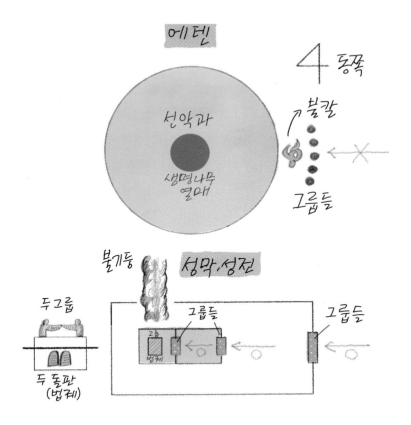

[P 85] **에덴동산과 성막의 병행 구도**

기 위한 나무였다. 다만 두 나무 사이에는 역설이 있었다. 선악과를 먹지 않으면 생명과가 주어졌고, 반대로 선악과를 먹으면 생명과를 얻을 수 없었다. 즉 선악과 계명을 지키면 아담에게 영생이 보장되었다. 그것은 하나님의 선물인 생명나무 열매를 통해 실현될 수 있었다. 따라서 선악과나무는 생명을 주기 위한 수단이다.

선악과의 금지는 최초의 계명, 즉 언약의 말씀이기에 그 나무는 말씀을 상징하며 이것은 절대적 금지로, 결코 허락되지 않았다. 그러나 생명나무는 아마 잠정적으로 섭취가 유보되었으나 곧 허락될 열매, 즉 '믿음으로' 그 계명을 준수하는 아담에게 주기로 작정된 종말론적 영생의 선물로 이해된다. 애초에 유한의 세계에서 영생을 내다보며 창조된 아담은 무한한 내세, 더 나은 세계에서의 더 나은 종말론적 완성을 기다리는 존재로 창조되었다.[21] 애초에 에덴에서는 아담의 믿음의 순종과 더불어 그 종말의 영생의 선물은 곧 주어질 예정이었다.

우리는 하나님의 섭리와 예정을 다 이해하기 어렵지만 이것이 선악과나무와 생명나무를 통해 이루어 가시려던 하나님의 계획이었음은 분명하다. 그러나 선악과 계명을 어긴 인간의 죄로 인하여 인간은 파멸과 죽음의 존재가 되었고, 따라서 그 종말론적 성취를 위해서는 필연적으로 인간을 구원하기 위한 프로그램, 즉 구속사가 필요하게 되었다.

이제 그 에덴의 선악과나무와 생명나무가 성막의 말씀의 돌판으로 나타난다. 이것은 두 돌판 중 하나는 선악과나무, 다른 하나는 생명나무라는 뜻이 아니다. 두 돌판이 함께 선악과나무와 생명나무 역할을 한다. 그 두 나무가 그랬던 것처럼 두 말씀의 돌판은 생명을 주는 수단이다. 이제 그 율법의 말씀을 '믿음'으로 지키고 '순종'하는 자에게 생명이 주어진다. 이때 율법 순종은 참된 믿음의 표현이므로 믿음과 순종(행위)은 결코 분리될 수 없다. 따라서 분명 모든 율법의 요약인 십계명 두 돌판은 믿음으로 순종하며 지켜야 하는 새로운 선악과이자 그 결과로 주어지는 영생을 얻게 하는 생명과라 할 수 있다. 이것에 실패하는 백성을 위해 하나님은 속죄 제사라는 방안을 마련하셨다.

법궤 위에는 두 그룹이 하나님을 시중들고 있다. 그들은 왕이신 하나님을 좌우에서 보좌하는 시중꾼이지만, 법궤로의 접근을 막는 파수꾼으로도 볼 수 있다. 그러나 앞서 말한 대로, 그룹들의 파수꾼 역할은 오히려 지성소를 차단하는 휘장막에 수놓아진 그룹들에서 분명하게 암시된다. 나아가 내성소 휘장과 뜰문의 휘장에도 그룹들이 새겨져 있는 것으로 추정되는데, 성막은 이렇게 삼중적으로 접근이 제한되고 있다. 정리하자면, 그 차단막들마다 수놓아진 그룹들은 아름다운 문양을 만드는 미적 목적이 최우선이겠지만, 분명 에덴동산 입구에서 생명나무 길목을 차단시킨 그룹들을 연상시킨다.

두루 도는 불칼과 불-구름 기둥

더 놀라운 것은 칼처럼 타오르는 불, 즉 '불칼'이다(창 3:24). 불칼의 히브리어 '라하트 하헤레브'(לַהַט הַחֶרֶב)는 문자적으로 '칼의 화염(불꽃)'이다.[22] 이것은 흔히 생각하듯이 '불붙은 칼'(flaming sword)이라기보다는 칼 모양을 띤 화염을 뜻할 수 있다. 불이 칼 모양으로 나타난 것은 침입자에 대한 공격과 타격을 암시한다. 이 불칼이 두루 돌며 에덴동산과 생명나무를 지키고 있다. 필자의 견해로, 분명 이것은 회막 위에, 구체적으로 지성소 법궤 위에 임한 불-구름 기둥에 부합한다(출 40:34-38). 앞서 지적한 대로, 흔히 구름기둥과 불기둥을 낮과 밤에 교차되는 별도의 기둥으로 오해하는데, 성경은 그것이 불-구름 기둥이 합체된 상태임을 증거한다(출 14:24; 40:38). 두터운 하나님의 구름 속에 하나님의 불이 늘 타고 있는 형식이다. 불-구름 기둥이 단지 사람의 눈에 낮에는 구름기둥으로, 밤에는 불기둥으로 보일 뿐이다(출 40:38).

그러나 그 불은 낮에도 자주 구름 속에서 분출한다. 하나님은 그 불기둥으로 부적절한 접근을 차단하시고(출 14:20) 불법으로 성막을 침해하거나 하나님의 권위에 도전하는 사람들은 직접 불로 치신다. 그 불은 때로 낮에도 "맹렬한 불"로 목격되는데(출 24:17), 그 불이 바로 구름 속에서 종종 칼처럼 뿜어져 나온다. 불법한 다른 불을 가지고 내성소에 입장하다 불에 맞아 죽은 나답과 아비후(레 10:2)와 아론의 제사장직에 도전한 고라 일당이 즉시 불 심판을 당해 몰살당했다(민 16장). 이것은 분명히 에덴동산과 생명나무를 지키며 무단 침입을 막는 불칼을 연상시킨다.

그러나 동시에 하나님의 불은 은혜와 구원의 불이다. 하나님의 불기둥은 광야에서 백성을 인도하고 보호했다. 아론과 아들 제사장들이 임직을 받고서 최초의 제사를 바친 직후, 제단 위에 가득 쌓인 제물들을 불이 내려와 순식간에 태워 하나님이 즉시 모든 제물을 기쁨으로 받으셨다(레 9:24). 나답과 아비후를 때렸던 바로 그 불, 동일한 하나님의 불이었다. 신약에서도 성령이 임하실 때는 이 불이 "불의 혀처럼" 갈라져 은혜의 불로 뿜어졌다(행 2:3). 혀처럼 갈라진 이 불은 불칼을 연상케 하나, 이것은 타격하는 불이 아니다. 이와 같이 동일한 하나님의 불이 심판의 불로 떨어지는가 하면, 은혜의 불로도 떨어진다. 그리스도인은 어떤 불을 맞을 것인가?

봉쇄된 동쪽과 동쪽의 이중성

에덴동산과 성막의 동일성은 방향에서도 나타난다. 에덴동산/생명나무는 철저히 봉쇄되고 아담은 추방되어 하나님은 동산의 동쪽 접근을 통제하셨다. 이는 아담이 동쪽으로 추방되었음을 뜻한다. 마찬가지로 성막의 동쪽이 바로 성막의 입구이며 그 입구부터 출입이 일차로 통제된다. 우리는 성막의 조감도(이 책 1장 참고) 설명에서 해 뜨는 동쪽이 주는 의미를 이미 살펴보았다. 에덴의 위치는 "동방"이었다(창 2:8). 구약에서 동쪽은 긍정적인 방향이면서 동시에 부정적인 방향으로 나타난다. "동방의 에덴"(창 2:8)이라는 표현이나 그룹들이 불칼을 들고 있던 "에덴동산 동쪽"(창 3:24)이라는 표현은 그런 측면에서 이해될 필요가 있다.

구약에서 동쪽은 '하나님의 맞은편'을 의미했다. 동쪽은 실제적 방향이자 하나님과의 관계를 나타내는 상징이었다. 동쪽에서 하나님과 얼굴을 마주보고 있다면, 그곳은 하나님과 소통이 있는 복된 자리요, 생명의 방향이다. 거기서 발걸음을 앞으로 옮기면 하나님께 더 가까이 간다. 그럴수록 인간은 더 큰 기쁨과 복을 누린다. 그러나 만일 동쪽이 하나님과 등을 진 맞은편이라면 매우 부정적이다. 그곳은 하나님과 단절되어 멀어지는 저주의 자리요, 죽음의 방향이다. 발걸음을 옮길수록 하나님과 점점 멀어지는 결과를 낳는다. 발걸음의 마지막에는 심판과 파멸이 기다리고 있다.

아담의 범죄 후 에덴은 추방의 성전이었다. 따라서 아담은 "에덴동산 동쪽"(창 3:24)으로부터 멀리 추방되었으며 하나님을 등지고 더 먼 동쪽으로 떠났다. 그리고 동산의 동쪽 입구는 차단되었다. 이후 인간은 점점 더 동쪽으로 가면서 하나님에게서, 또한 에덴에서 멀어졌다. 가인은 "여호와 앞을 떠나서 에덴 동쪽 놋 땅에" 거주했다(창 4:16). 노아 홍수 후에 다시 번성한 인류는 "생육하고 번성하여 땅에 충만하라"는 하나님의 명령을 따라 흩어지지 않고 점점 "동방으로" 옮겼다. 인류는 거기 시날 평지에서 대도시를 건축하고 인간의 능력을 과시하며 하나님께 도전했다(창 11:2-7). 바벨탑은 하나님께 대항하는 인본주의의 절정이었다. 요컨대, 동쪽으로 갈수록 인간의 죄도 심화되었고 그렇게 하나님을 점점 멀리한 인간은 결국 먼 동쪽에서 심판을 받았다.

동일한 불이 은혜의 불과 심판의 불이 될 수 있었듯이 동쪽도 그러했다. 동쪽에서 인간이 하나님을 향해 있는지, 등지고 있는지에 따라 그 장소는 긍정적인 자리일 수도, 부정적인 자리일 수도 있다. 우리는 하나님의 맞은편에서 어느 쪽을 응시하고 있는가? 우리는 어느 방향으로 가야 하는가?

성막으로 옮겨진 에덴, 교회로 옮겨진 에덴

한 가지 궁금증이 생긴다. 아담과 하와가 추방된 후 에덴동산은 어떻게 되었을까? 여전히 에덴은 지구상 어딘가에 실제하며 거기엔 그룹들이 보초를 서고 불칼이 맴돌고 있을까? 하나님은 지리적 에덴동산을 상징적 장소로 남기고 폐쇄하신 것이 분명하다. 왜냐하면 에덴을 지키던 그룹들과 그곳을 두루 돌던 불칼을 성막으로 모두 옮겨 오셨기 때문이다. 말하자면, 하나님은 에덴을 성막으로 옮기시고 지리적, 역사적 에덴동산은 폐쇄하셨다. 무엇보다 에덴은 이미 창세기 6장 이후의 홍수와 더불어 파괴되어 사라졌다고 보아야 한다. 따라서 더 이상 지리적 의미의 에덴은 존재하지 않는다.

그리하여 성막에도 에덴과 동일하게 그룹들과 하나님의 불기둥(불칼)이 배치되어 그곳을 지킨다. 그러나 이제 성막은 에덴과 달리 더 이상 차단되고 봉쇄된 공간이 아니다. 아담은 에덴에서 추방되어 그곳을 등지고 멀리 떠나갔지만, 이제 인간은 동쪽 입구에서 성막으로 입장하여 들어온다. 에덴의 길이 열렸다. 에덴의 생명나무의 길은 차단되었지만, 성막의 생명나무의 길은 열렸다. 여전히 성막의 접근을 제한했던 휘장막들에 장식된 그룹들이 상징적으로 파수꾼 역할을 하고 하나님의 불칼이 성막에 두루 돌고 있지만, 인간에게 조심스러운 접근과 입장이 허용된다. 생명나무의 길, 영생의 길이 열린 것이다. 따라서 성막은 에덴 회복을 위한 하나님의 프로그램이다. 그러므로 성전이 중앙에 놓인 이스라엘 백성의 가나안 땅은 젖과 꿀이 흐르는 땅, 에덴동산이다. 이 가나안 땅, 젖과 꿀이 흐르는 새로운 에덴동산이 영원한 낙원, 즉 천국을 상징하고 있음은 물론이다.

우리는 법궤 안에 놓인 말씀의 돌판들이 생명나무에 상응할 수 있음을 살펴보았다. 영생을 얻는 에덴의 생명나무는 접근이 금지되었다. 그러나 이제 영생이 허락되어 말씀을 믿음으로 지키는 자는 생명나무의 은혜를 얻는다. 우리는 그리스도가 '말씀'이 육신이 되어 오신 분임을 기억해야 한다(요 1:1, 14; 요일 1:1). 이제 그 말씀의 돌판, 생명나무 자리를 그리스도가 대체하셨다. 그리스도가 생명의 말씀이요, 생명나무이다. 그분은 생명이시고 그 안에 생명이 있기 때문이다(요 1:4; 5:24; 14:6). 이제 아들이 있는 자에게 생명이 있고 아들이 없는 자에게는 생명이 없다(요일 5:12).

성전의 휘장을 찢으며 죽으신 예수님은 무덤에서 부활하셨다. 그분을 누인 관 주변에 흰옷 입은 두 천사가 나타났다(요 20:12). 이것은 법궤를 둘러싼 두 그룹을 연상시킨다. 놀랍게도 가장 부정했던 죽음의 장소인 무덤이 삼일 만에 생명의 장소로 뒤집혀 바로 그곳이 가장 거룩한 지성소가 된다. 이제 예수께서 계신 곳이 지성소다. 두 십계명 돌판이 안치된 법궤 위의 하나님이 믿는 자들에게 생명을 주시듯이, 이제 부활하신 말씀 되신 그리스도가 믿는 자들에게 생명을 주신다.

또한 그리스도는 진정한 성전으로 이 땅에 오셨다(요 2:19-21). 그 성전에 연합된 모든 믿는 사람은 이제 함께 지어져 가는 성전이 된다(엡 2:21-22). 그것은 더 이상 건물 성전이 아닌 사람 성전이다(고전 3:16-17; 고후 6:16). 그것이 바로 교회다. 따라서 이제 새로운 성전인 교회 안에서 그분을 믿고 순종하는 사람만이 하나님의 아들이 되고 영생을 얻는다. 하나님의 은혜의 불칼, 불의 혀처럼 갈라진 성령의 불이 이제 교회 위에 떨어졌다(행 2:1-4). 이 불칼은 에덴동산처럼 심판과 추방, 차단을 위함이 아니라 구원과 회복, 소통을 위한 새로운 불칼이다. 불칼로 임하신 성령은 교회를 심판하는 것이 아니라 교회에서 역사하시며 교회를 이끄신다. 이것은 성전 된 교회가 하나님의 회복된 에덴임을 말해 준다. 이제 교회가 새로운 에덴이다. 하나님이 거하시는 동산, 곧 회복된 에덴인 교회는 계시록이 장엄하게 묘사하는 종말론적 완성의 날을 기다린다.

[P 86]
**티치아노 베첼리오(Tiziano Vecellio)
의 "성령의 강림"**
(The Descent of the Holy Ghost, 1545년)

11 번제단

출애굽기 27:1-8 / 38:1-7

작은 번제단에서 어떻게 수많은 제물을 살랐을까?

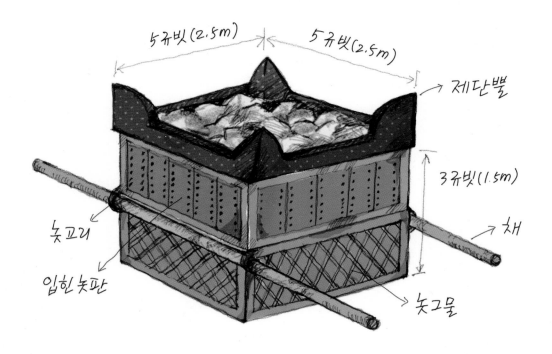

[P 87] 번제단의 기본 구조

마당에는 번제단과 물두멍이 배치되고 성막 뜰의 경계를 긋는 울타리가 세워진다. 추가로 동쪽 입구에는 뜰막이 만들어진다. 번제단의 제작법이 구체적이지 않은 이유로 이 비품에 대해서도 여러 가지 복원 모델이 제시되어 왔다. 울타리에 대한 설명은 비교적 단순한 편이나 역시 세부 정보는 제한되어 있다. 가장 심각하게, 물두멍은 재료가 놋이라는 것 외에 그 어떤 정보도 주어지지 않았다. 눈여겨봐야 할 것은 마당은 거룩의 등급이 가장 낮은 공간인 이유로 모든 비품에 놋이 사용된다는 점이다.

번제단의 구성

> **1** 너는 조각목으로 길이가 다섯 규빗, 너비가 다섯 규빗의 제단을 만들되 네모 반듯하게 하며 높이는 삼 규빗으로 하고 **2** 그 네 모퉁이 위에 뿔을 만들되 그 뿔이 그것에 이어지게 하고 그 제단을 놋으로 싸고 출 27:1-2

마당에 축조하는 제단은 흔히 '번제단' 혹은 '놋제단'으로도 불린다. 제단을 나무틀로 짠 뒤 놋을 입혔기 때문이다. 사각형 모든 비품이 그렇듯이, 가장 거대한 비품인 번제단도 조각목으로 틀을 짰다. 제작법이 대략 주어지나 몇 가지는 매우 모호하다.

1) 번제단의 크기는 가로×세로×높이가 5규빗(2.5m)×5규빗(2.5m)×3규빗(1.5m)이다(1절). 높이가 만일 1.5m에 불과하다면 레위기 9장에서 아론이 위임을 받은 후 첫 번째 제사들을 마치고 제단에서 "내려왔다"는 진술은 매우 이상하게 들린다(레 9:22). 1.5m 높이면 땅바닥에서 모든 작업이 가능하기 때문이다. 이 문제는 뒤에서 논의하기로 한다.

2) 제단 상단의 네 모퉁이에는 네 뿔이 붙어 있다. 이 뿔은 본체와 같이 조각목으로 만든 뒤 타지 않도록 두껍게 놋을 입혔거나, 혹은 네 뿔과 제단

상단부를 놋을 녹여 제작했을 수 있다. 뿔의 형태는 고대 가나안 일대의 유적지에서 발견된 뿔을 가진 제단들에서 유추해 볼 수 있다. 따라서 근대 이후의 고고학적 발굴에 무지했던 중세의 라쉬와 그의 견해를 추종하는 많은 랍비들의 공통된 번제단 모형, 즉 뿔을 사각형으로 묘사한 재구성은 모두 기각되어야 한다(그림 91을 보라; 이것은 *Kehot*, Levine 그리고 Biderman도 마찬가지다).

3) 제단은 놋을 입혔다(2절). 그러나 이것은 단순히 놋을 얇게 칠했다는 의미로 이해될 수 없다. 번제단은 방화벽 역할을 하도록 매우 두꺼운 놋판을 입힌 것으로 보인다. 제단의 강하고 뜨거운 불길이 조각목 나무틀을 그을리고 태울 수 있기 때문이다.

이것은 고라 사건을 통해 분명하게 확인된다. 250명의 고라 일당이 각자 놋향로를 들고 모세와 아론에 대항하여 반역을 일으켰을 때 모두 심판당해 몰살되었다. 이때 남은 놋향로들은 모두 녹여 번제단을 싸는 데 사용했다(민 16:38-39). 이것은 분명히 반복적으로 제단 표면을 두꺼운 놋으로 입혔음을 시사한다.

250개의 향로는 많은 양의 놋이었기에 보관 후 오래도록 사용되었던 것 같다. 제단의 불길에 놋판이 녹아 조금씩 줄면 계속해서 보관된 놋으로 보충해 제단을 쌌을 가능성이 크다. 이는 제단 벽에 입힌 두꺼운 놋이 화염이 직접 목재에 닿지 않도록 강력한 방화벽 역할을 했다는 사실을 말해 준다. 따라서 조각목 틀로 짠 제단이 강한 화력을 견딜 수 있었던 것으로 보인다. 그러나 놋판을 통해 나무로 전달되었을 고열을 기술적으로 어떻게 처리했는지는 우리가 정확히 알 수 없다. 다만 제단 틀 안쪽 공간에는 흙을 가득 채웠기 때문에 별 문제가 없었을 가능성이 크다. 추가적인 가능성은 뒤에서 살피기로 한다.

4) 번제단 운용을 위해 몇 가지 부속 비품들이 필요했다. 그 부속 비품들 외제단에는 놋그물, 놋고리 그리고 고리에 끼는 채가 부착되었다. 이것들은 본문 순서를 따라 부속 비품들에 이어서 설명하기로 한다.

번제단의 부속 비품들

재를 담는 통과 부삽과 대야와 고기 갈고리와 불 옮기는 그릇을 만들되 제단의 그릇을 다 놋으로 만들지며 출 27:3

제단 업무에 필요한 여러 가지 비품들이 등장한다. 재를 담는 통, 부삽, 대야, 갈고리, 불 옮기는 그릇 등이다. 이 모든 것도 놋으로 제작했다. 이 비품들의 정확한 형태와 모양은 우리가 알 수 없다. 이것들은 모두 복수이므로 각 비품들은 여러 개가 제작되었다.

1) 재를 담는 통 : 재를 담는 통은 번제단에 쌓인 재들을 처리하기 위한 도구다. 제단은 매일 가동되기 때문에 계속 많은 재가 발생했다.

2) 부삽 : 재를 부삽으로 긁어내서 통에 담아 "제단 동쪽 재 버리는 곳"에 임시로 쌓아 두었다(레 1:16). 동쪽, 즉 뜰의 입구(뜰막) 방향의 제단 바로 옆이 재 버리는 곳이다(이 책 1장 "성막의 조감도" 참고). 제사장들은 재와 짐승의 버리는 부위들을 그곳에 쌓아 둔 뒤, 다른 옷으로 갈아입고 정기적으로 밖에 내다버렸다(레 6:11).

3) 대야 : 대야는 짐승의 피를 받는 양푼이었다(출 24:6).[1] 그 양푼에 담긴 피를 제사장이 제단에 끼얹고 뿌렸다(레 1:5, 3:2, 4:6).

[P 89] 번제단의 부속 비품들

4) 갈고리 : 갈고리는 삼지창과 같은 비품이었던 것으로 추정되는데, 제단

위에 고기를 가지런히 놓고 또 잘 타도록 정돈하기 위한 도구였을 것이다. 타락한 엘리의 아들들이 불법으로 삶은 제물 고기를 건져 올릴 때 사용하던 요리용 갈고리와 이름이 같다(삼상 2:13). 따라서 성막에는 제단용 놋갈고리와 요리용 놋갈고리가 있었을 것이다.

5) 불 옮기는 그릇(화로) : 불 옮기는 그릇은 제단에서 숯불(불똥)을 담아 내성소에 가지고 들어가는 비품이다. 이 숯불로 향단의 향료에 불을 지피고, 등잔대 등잔들의 심지에 불을 붙였을 것이다. 앞서 이 책 5장 "등잔대"에서 동일한 히브리어 '마흐타'(מַחְתָּה)가 타고 남은 심지와 재를 담는 "불똥 그릇"으로 번역된다는 사실을 살펴보았다. 추가로 이것은 단지 재와 불을 옮길 뿐만이 아니라 제사장들이 자주 향을 담아 직접 향을 피운 '향로'이기도 하다.[2]

모두 동일한 히브리어 '마흐타'로 칭한다. 결국 불 옮기는 그릇, 불똥 그릇, 향로 등은 모두 같은 종류의 물건들로 쓰임새만 달랐던 것으로 보인다.

번제단의 부착물들

4 제단을 위하여 놋으로 그물을 만들고 그 위 네 모퉁이에 놋고리 넷을 만들고 **5** 그물은 제단 주위 가장자리 아래 곧 제단 절반에 오르게 할지며 **6** 또 그 제단을 위하여 채를 만들되 조각목으로 만들고 놋으로 쌀지며 **7** 제단 양쪽 고리에 그 채를 꿰어 제단을 메게 할지며 **8** 제단은 널판으로 속이 비게 만들되 산에서 네게 보인 대로 그들이 만들게 하라 출27:4-8

다시 번제단의 기본 식양으로 돌아가 남은 부착물들, 즉 놋그물, 놋고리 그리고 고리에 끼는 채에 대해 알아보자. 고리와 채는 앞서 여러 비품들에서 살핀 대로 들고 다니기 위한 장치다. 그러나 그 위치가 혼란스럽다. 특히 이것은 놋그물의 정체와 부착 지점과도 관련되어 있다.

1) **놋그물** : 놋으로 만든 철망(그물)이 번제단에 부착되었는데 이것의 정확한 용도나 모양, 부착된 위치는 알 수 없다. 많은 재구성 모델이 이 철망을 고기 굽는 석쇠의 종류로 간주하고 제단 안쪽에 놓는다. 그러나 번제단은 안쪽이 텅 비어 있는데, 설치할 때마다 여기에 흙을 채웠던 것으로 보인다.[3] 그 위에 장작들을 쌓으므로 석쇠를 놓을 공간이 존재하지 않는다.

4-5절은 놋그물의 부착 지점에 대한 설명이다. 우선 "네 모퉁이에 놋고리 넷"을 부착하는데 위치는 놋그물 위("그 위")이다(4절). 아마 채를 끼우는 고리들이 놋그물 주위에 달려 있다는 뜻으로 이해된다. 따라서 이것은 고기를 굽기 위한 석쇠일 수 없다.

이어지는 5절은 가장 난해하다: "그물은 제단 주위 가장자리 아래 곧 제단 절반에 오르게 할지며." 대부분의 영어성경은 "가장자리"를 턱진 돌출부(ledge)로 해석한다. 이 구절은 공동번역이 이해하기 쉽다: "이 철망을 제단 가두리 밑쪽에 달아, 철망이 제단 중간에까지 닿게 하여라." 즉 그림 90과 같이 제단 사면을 둘러서 중간 지점에 턱진 부위(가두리)가 있으며 그 아래로 철망을 달라는 뜻으로 이해된다.[4] 바로 그 지점이 채를 끼우는 놋고리들이 부착되는 위치다.

2) **놋고리** : 번제단을 운반하기 위한 장치로 4개의 놋고리가 제작되어 네 모퉁이에 고정된다. 이것은 채를 끼우기 위한 부품이다.

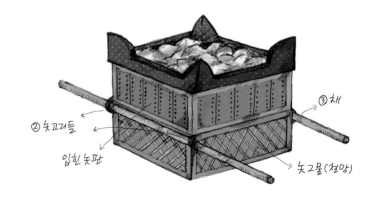

[P 90] **놋그물과 고리들의 위치**

3) 채 : 또한 조각목으로 두 개의 긴 채를 만든 뒤 놋으로 입힌다. 두 채를
   고리들에 끼워 넣어 번제단 운반용으로 사용한다. 그러나 진설상 및 향
   단과 마찬가지로 제단을 사용하는 중에는 두 채를 빼서 보관했던 것으
   로 보인다. 그렇지 않으면 제단 주변에서 왕성히 활동하는 제사장들이
   대단히 불편했을 것이다.

속이 텅 빈 번제단

번제단은 나무로 틀을 짤 때 속을 비워 두어야 한다(8절). 앞서 언급한 대
로 이 텅 빈 공간에는 흙을 채워 제단을 사용했을 것이다. 반면에, 운반할 때는
당연히 틀만 들고 다녔을 것이다. 사용을 위해 흙을 제단 뿔들 근처까지 채운
뒤 그 위에 장작을 쌓아 제물을 태운 것으로 보인다. 이때 내부의 흙이 방화벽
역할을 해서 조각목 제단 틀이 타지 않게 했을 것이다. 그럼에도 강한 화력은
바깥쪽의 나무 제단 표면에 손상을 입힐 수 있었다.[5] 그러나 아마 우리의 주장
대로, 매우 두꺼운 놋판이 제단 틀 전체 표면에 입혀져 방화벽 역할을 했기 때
문에 강한 화력도 별 문제가 없었던 것으로 추정된다. 그럼에도 상단의 제단
뿔은 화력을 어떻게 견뎠을지 의문인데 네 뿔과 제단 상단부는 놋 자체로 제
작을 했거나 혹은 나무로 제작했다면 매우 두텁게 동판을 입혔을 것이고, 가
운데의 불판과 어느 정도 간격이 있었을 것으로 보인다.

낮은 제단을 왜 오르내리는가?

제단 본체의 높이가 불과 3규빗(1.5m, 실측은 약 1.35m)인데도 제사장이 오
르내렸다(레 9:22). 이것은 제단이 높은 곳에 설치되었음을 뜻한다. 제단 본체
가 매우 낮은 이유는 운반을 위한 실용적 목적 때문이었을 가능성이 크다. 그
럼에도 제단을 높이 설치한 이유는 아마 사람들이 제단에 쉽게 접근하지 못하
도록 하기 위해서일 것이다. 제단은 평민이 접촉해선 안 되는 중대한 성물이
기 때문이다. 그렇다면 제단에 접근하기 위한 비탈진 통로가 있었던 것이 분
명하다. 제단에는 결코 계단이 허용되지 않으므로 경사로여야 한다(출 20:26).

[P 91] 라쉬의 설명을 토대로 재구성된 번제단 모델
(Kehot, 204)

이에 대해 탈무드와 라쉬를 비롯한 어떤 랍비들은 흥미로운 대안적 설명을 내놓는다. 3규빗 높이는 제단 본체, 즉 순수한 제단 부분만을 가리키고 실제적인 제단의 전체 높이는 뿔을 포함해 회막 높이와 동일한 10규빗(5m)이었다는 것이다. 그들은 본체 아래에 조각목으로 만든 매우 높은 밑판, 즉 7규빗(3.5m) 높이의 기단(基壇)이 놓여 있었다고 추측한다(그림 91).[6]

우리는 이것을 여러 가지 이유로 받아들이지 않는다. 자세한 설명은 생략하나 당장 전체 10규빗(5m) 높이의 제단에 경사로를 만든다면 급경사를 이루는데, 그것은 미끄럼틀이나 마찬가지이기 때문에 제사장이 오르내리기가 쉽지 않다.[7] 더구나 이동 시에는 기단까지 포함해서 제단을 운반해야 하는데, 높이가 무려 5m나 되는 제단 전체를 두 개의 채로 운반할 수 있었을지 의문이다.

더 큰 문제는 경사로로 올라가 기단 위의 제단에 피를 제대로 뿌릴 수 있었는가다. 레위기는 짐승을 잡은 뒤 그 피를 제단 사방에 뿌릴 것을 지시하기 때문이다(레 1:5, 11; 3:2, 13 등). 여러 유대 문헌들에 따르면, "제단 사방"은 제단 사면 벽을 가리킨다.[8] 그렇다면 어떻게 제사장이 높은 기단이 놓인 경사로를 통해 제단에 올라 제단 사면 벽에 피를 뿌릴 수 있었는지 이해하기 어렵다.

따라서 만일 기단이 놓였다면, 상당히 낮아야 한다. 그렇다 해도 기단의 상단 면적은 제사장이 제단 사방을 돌며 활동할 만큼 매우 넓어야만 한다. 이 경우 필연적으로 나무 기단은 대단히 크고 무거울 수밖에 없으며 따라서 여전히 운반 문제가 남는다. 추가로 라쉬는 현대에 발견된 가나안 일대의 제단 유적에서 확인되는 네 뿔을 가진 제단 양식을 알지 못했다(사진 88). 이것은 제단 뿔을 사각형으로 간주하는 라쉬와 그를 지지하는 사람들의 번제단 재구성을 전혀 지지하지 않는다.

또한 라쉬의 제단은 제단 상단의 매우 제한적인 중간 부분에만 불을 피우고 그 불 주위를 제사장들이 걸어다녔다고 주장하는데, 미주 5에서 말한 대

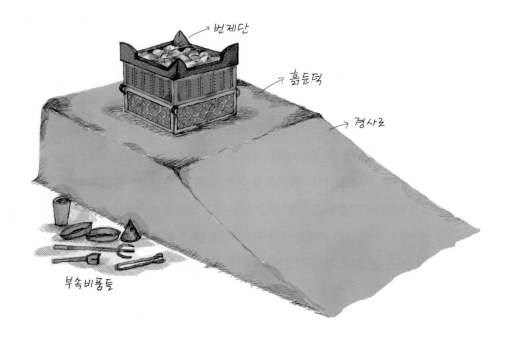

[P 92] 흙자갈 둔덕에 설치된 번제단

로 이렇게 작은 장작불에 소 한 마리라도 태울 수 있는지 의문이다. 그것은 불가능하며, 또한 앞서 말한 가나안의 번제단 형식도(사진 88) 전혀 그것을 지지하지 않는다. 따라서 우리는 가나안 번제단들의 형식에 맞춘 성막 번제단의 재구

우리는 이런 각종 제단에서 사용된 도구들에도 영적인 의미를 함부로 부여하려 하지 말아야 한다. 예컨대, 재는 죄를, 부삽은 죄의 고백을, 재를 담는 통은 죄의 처리와 속죄를 상징하고, 고기 갈고리는 성도가 시험에 들지 못하게 하는 하나님의 붙들어 주심이며, 불 옮기는 그릇은 성령의 불씨를 담은 성령 충만을 상징한다는 식의 해석은 곤란하다.

하나님께 향기로운 냄새로 올라간 거룩한 짐승이 타고 남은 재가 어떻게 죄를 상징할 수 있는지 이해하기 어렵다. 우리는 붉은 암송아지는 가죽, 피, 심지어 똥을 포함해 전체를 태운 뒤 그 재를 진영 밖의 재 버리는 곳에 쌓아 두고, 오히려 집단으로 심각한 부정결을 입은 사람들에게 그것을 물에 타서 정화수로 사용했음을 기억해야 한다(민 19장; 31장;

성막의 세계

성을 타당한 것으로 간주한다.

　무엇보다 본문 자체가 제단의 높이를 분명하게 3규빗으로 제시한다. 따라서 만약 기단의 존재를 배제한다면, 자갈을 섞은 튼튼한 흙 둔덕을 높이 쌓은 뒤 거기에 번제단을 올려놓았을 가능성이 가장 크다. 이 경우 흙 자갈 둔덕이 경사로 역할을 했을 것이다. 우리는 이 흙 둔덕 모델을 따르기로 한다. 흙과 자갈로 넓은 면적의 튼튼한 둔덕을 쌓았다면, 제단을 둘러 가며 수행된 피 뿌리기 절차를 비롯한 제반 활동은 아무런 문제없이 진행될 수 있다. 그리고 운반 시에도 흙 둔덕은 그대로 두고 번제단만 운반하므로 전혀 문제가 없다.

　어쨌든 번제단 또한 우리가 실체를 확인할 길은 없지만, 제단 본체의 높이를 고려해 볼 때 기단이 있었다면 적당한 높이의 기단일 것이고(여전히 운반의 문제가 있지만), 더욱 그럴듯하게는 적당한 높이의 흙 자갈 둔덕 위에 제단을 놓았다는 것이 합리적 결론이다.

비품들에 영적 의미가 있다?

참고. 민 8장). 도대체 어떻게 죄를 상징하는 재가 더러움을 씻는 역할을 하는가? 재는 단순히 제사 후에 생기는 폐기물일 뿐이다. 아울러 부삽과 재 담는 통을 죄의 고백과 속죄로 해석하는 것 또한 기이하다.
고기 갈고리는 성도를 붙드는 하나님의 은혜와 아무런 상관이 없다. 그러면 고기 갈고리로 제멋대로 마음에 든 고기를 찍어 건져내 강탈한 엘리의 두 아들의 행동은 도대체 무얼 붙드는 것인가(삼상 2:12-17)? 제단의 갈고리는 그저 제사장들이 제단 위 고기를 뒤집고 삶은 고기를 찍어내는 데 사용되었을 뿐이다. 이런 교훈을 주기 위해서는 성경의 다른 본문들을 얼마든지 사용해도 된다. 이런 제단 비품들은 단순히 제단 관리를 위해 만들어져 사용된 소중한 예배 용품일 뿐이다.

꺼지지 않는 제단 불

율법에서 하나님은 제단의 불이 꺼져선 안 된다고 말씀하셨다.

> **12** 제단 위의 불은 항상 피워 꺼지지 않게 할지니 제사장은 아침마다 나무를 그 위에서 태우고 번제물을 그 위에 벌여 놓고 화목제의 기름을 그 위에서 불 사를지며 **13** 불은 끊임이 없이 제단 위에 피워 꺼지지 않게 할지니라 레6:12-13

이것은 제단 불이 이동 중에도 꺼져선 안 된다는 뜻인가? 그렇다면 하나님의 구름이 떠서 이동을 해야 할 때 성막을 모두 분해해서 운반했다면, 제단 불은 어떻게 해야 했을까? 그러나 율법은 제단을 운반할 때는 "제단의 재를 버리고 그 제단 위에 자색 보자기를 펴고" 그 위에 제단의 부속 비품들을 올려놓은 뒤 해달 가죽 덮개로 덮고서 운반하라고 명령한다(민 4:13-14). 즉 이동을 위해 제단 불을 정리하라는 명령이다. 그런데 어떻게 재를 버리면서 동시에 제단 불을 끄지 않을 수 있는가? 게다가 만일 불을 끄지 않으면 위에 덮은 보자기와 가죽 덮개는 즉시 불에 타고 만다. 따라서 성막이 이동할 때는 필연적으로 제단 불을 정리할 수밖에 없었을 것이다. 그렇다면 성막을 새로 설치할 때마다 제단 불을 다시 지폈는가? 이것은 두 가지 견해로 나뉜다.

1. 제단이 사용될 때만 불이 계속 유지되어야 한다

우선 탈무드와 어떤 학자들은 제단 불을 끄지 말라는 명령은 제단 가동 시에만 해당되는 것으로 해석한다.[9] 제단을 사용하는 한 제단 불은 아침저녁으로 계속 유지된다. 매일 아침마다 제사장들은 그날의 아침 번제에서 제단에 나무를 올려놓고 불을 붙여야 한다. 이것은 밤새 타 작아진 제단 불 위에 장작을 쌓아 불을 크게 지펴야 한다는 의미다. 이 일은 매일 반복되어 제단 불은 꺼지지 않는다. 중세의 랍비 마이모니데스는 만일 관리를 잘못하여 제단 불을 꺼뜨린 제사장이 있다면 그는 그 일에 책임을 지고 매질을 당했다고 말한다.[10] 따라서 제단 위의 불은 제물이 다 탄 후에도 계속 타고 있어야 한다. 아침과 저녁 번제는 이 목적을 위해 대단히 중요했다. 특히 저녁 번제는 모든 성막 업무가 종료된 후에도 제단 불이 밤새 계속 탈 수 있게 만들었다.

탈무드는 매일의 제단에서 인간이 불을 지피지만, 하늘의 불이 내려오는 기적이 발생한다고 말한다(*Yoma* 21b). 아마 이것은 밤새 타서 작아진 제단 불을 아침에 장작을 쌓아 다시 일으킬 때마다 하나님이 그 불을 신적 불로 승격시키셨다는 의미로 이해된다. 미쉬나에 따르면, 이 불은 계속 타올라 심지어 비가 올 때도 꺼지지 않거나 바람이 불어도 제단의 연기가 흐트러지지 않는 기적이 발생되었다(Mishnah *Pirkei Avot* 5).[11] 탈무드와 미쉬나의 이 같은 견해는 분명 과장된 신비적인 해설이다.

하늘에서 불이 떨어진 기적은 아론과 그의 아들들의 제사장 위임식 후 아론이 제단 위에 바친 최초의 제사들에서 확인된다(레 9:24). 그날 갑자기 하늘에서 하나님의 불이 내려와 모든 제물을 순식간에 태워 하나님이 받으셨다. 필자의 견해로, 모세가 제단 불을 처음 지폈지만, 하나님이 그날 이후 그 불을 신령한 불로 승격시키셨다. 이 일은 솔로몬 성전 봉헌식에서 다시 발생했다(대하 7:1). 그러나 매일 하늘의 불이 떨어졌다는 주장은 매일 아침 번제의 새로운 장작불에 대한 신비적인 해설일 뿐이다.

요지는 첫 번째 견해에 따르면, 솔로몬 성전 시대 이후부터 제단 불은 매일 새벽 하나님의 불로 새로워지며 연중 내내 탔지만, 광야 성막 시대에는 이동 중에는 제단 불을 다 정리했다. 다만 성막이 설치된 곳에 다시 '제단을 가동할 때는' 절대 불을 끄면 안 된다.

2. 제단이 운반될 때도 불이 유지되어야 한다

그러나 어떤 랍비들은 제단 불을 끄지 말라는 명령을 이동 중에도 그 불을 꺼뜨리지 않고 유지해야 한다는 지시로 해석한다. 필연적으로 랍비들 사이에서 여행 중에 불을 과연 완전히 정리했는지, 불을 보관했다면 어떻게 보관했는지에 대한 토론이 진행되었다. 유대 문헌들은 여행 중에도 제단 불을 계속 보관했다는 랍비들의 논쟁을 기록하는데, 두 가지 가능한 견해를 제시한다.[12]

제단을 운반할 때 제단 위에 불을 보관하는 커다란 금속 용기를 뚜껑처럼 덮어 불을 유지했다는 견해(Johanan과 Jehudah)와 민수기 4:13-14을 따라 완전히 불을 정리했으며 추정컨대 별도의 용기에 담았다는 견해다(Simeon).

먼저 랍비 요하난은 이렇게 말한다: "심지어 여행 중이라도 그 불을 꺼서는 안 된다. 그들은 어떻게 했던 것일까? 그들은 금속 용기를 제단 위에 놓았다"(Midrash *Sifra Tzav* 2:10). 말하자면, 요하난의 견해는 제단 불을 일단 정리하지만 제단 위에 여전히 잔불을 남겨 놓고 그 숯덩이들 위에 금속 용기 뚜껑을 덮었다는 주장이다. 이어서 뚜껑이 덮인 "그 제단 위에 자색 보자기를 펴고"(민 4:13), 그다음 자색 보자기 위에 제단의 모든 부속 비품을 올려놓고, 그 위에 해달 가죽을 덮은 뒤 제단을 운반한다(민 4:14). 이 해석을 따르면, 제단 불을 끄지 말라는 율법과 이동 시에 제단 위의 재를 정리하라는 율법, 이 모순되어 보이는 두 율법을 모두 지킬 수 있다. 그러나 숯불을 덮은 뜨거운 금속 뚜껑을 보자기로 덮을 수는 없다.

반면에 랍비 시므온은 이것에 대해 "제단의 재를 버리고"라는 민수기 4:13의 명령에 주목한다. 그는 이 지침대로 제단 위의 재와 불은 이동 중에는 반드시 정리해야 했다고 말하며, 따라서 숯불을 별도의 용기에 불씨를 담아 보관했다는 암시를 준다(Midrash *Sifra Tzav* 2:10). 아마 그러한 이유로 시므온은 제단 위에는 재와 숯불이 전혀 남아 있어선 안 된다고 말한다(Midrash *Sifra Tzav* 2:10). 그 미드라쉬 시프라를 영어로 해석한 랍비 슈라가 실버슈타인(Shraga Silverstein)의 해설에 의하면, 시므온의 견해는 제단 전체를 금속 뚜껑으로 덮어 불을 유지한 것이 아니라 불을 별도의 용기에 보관해서 제단 위에 놓고 그 위에 자색 보자기를 덮은 뒤 제단을 운반했다는 뜻이다(www.sefaria.org). 다음 진영에 머물 때 그 불씨로 제단에 다시 불을 켠다. 다시 말해, 제단의 재를 모두 정리한 후 먼저 숯불을 보관해 담은 용기(아마 뚜껑이 있는)를 놓고 그 위에 보자기를 덮는다. 이어서 그 위에 각종 제단 비품들을 놓고 그 위를 해달 가죽으로 다시 덮은 뒤 제단을 운반한다.

필자는 제단의 잔불이 어떤 용기에 보관되었다는 견해를 따른다. 아마 그것은 별도의 특수한 비품이거나 아니면 제단의 부속 비품인 여러 개의 "재를 담는 통"일 수 있는데 필자는 후자의 가능성에 무게를 둔다(자세한 것은 [부록] "성막 운반법과 시설관리"를 보라). 그러나 이러한 아이디어 역시 실제로는 숯불을 담은 뜨거운 용기 위에 보자기를 덮을 수 없다는 문제를 해결하지 못한다. 필자의 견해로 이 문제점을 해결하기 위한 힌트는 번제단 내부가 텅 비어 있다는 점에 있는 것으로 보인다. 추론해 보자면, 일단 제단 불판의 재를 모두 제거한 뒤 잔불을 별도의 용기(아마 "재를 담는 통들")에 담아 거기 텅 빈 공간에 둔다. 이어서 제단 윗면에 넓은 나무 판을 놓은 뒤 민수기 4장의 지침대로 제단을 자색 보자기로 덮는다. 이 경우 숯불을 담은 용기와 보자기 사이에는 충분한 유격이 있으므로 보자기가 불에 타지 않는다. 이어서 그 위에 다시 여러 개의 번제단 비품들을 모두 올려놓은 뒤 해달 가죽으로 덮어(민 4:13-14) 운반했을 수 있다.

한편, 이동 시에는 제단 벽에 붙인 놋판이 대단히 무거웠을 것이기에 따로 떼어 낸 뒤 번제단을 운반했는지도 모른다. 그러나 이 모든 재구성은 단지 추론일 뿐이며 제단의 불 관리와 운반을 실제로 어떻게 했는지는 정확히 알 수 없다.

제단 불과 관련해 중요한 사실은 이것이다. 성막의 제단에 하나님의 불이 내려와 모든 제물을 태워 성막 시대가 시작되었다(레 9:24). 이 불은 솔로몬이 새로운 성전을 봉헌한 후 제단에 잔뜩 제물들을 태우며 기도를 마쳤을 때도 내려와 모든 제물을 태우며 새로운 성전 시대의 시작을 알렸다(대하 7:1).[13] 이 불들은 분명히 오순절에 마가 다락방에서 기도하던 120명의 성도들에게 내려온 성령의 불을 연상시킨다. 그 성령의 불과 함께 교회 시대가 시작되었다.

요컨대 최초의 불이 내려와 천막 성전 시대가 시작되었고, 다시 하늘의 불이 내려와 건물 성전 시대가 시작되었으며, 이제 성령의 불이 내려와 새로운 사람 성전 시대가 시작된 것이다. 제단 불이 계속 타며 유지되었던 것처럼, 성령의 불은 오순절 이후 사람 성전인 교회에서 계속 타며 유지되고 역사(役事)하고 있다. 교회의 역사(歷史) 속에서 때로 그 불은 강하게 타올랐으며, 언제든지 그 역사는 반복될 수 있다.

성막은 결국은 번제단에서 하나님께 각종 제사를 바치기 위해 설치된 건물이다. 따라서 번제단이 가장 핵심 비품이다. 거기서 매일 상번제로 어린 숫양 두 마리가 아침 저녁으로 기본으로 드려지고(출 29:38-42; 민 28:3-4), 백성의 오대 제사(번제, 소제, 화목제, 속죄제, 속건제)가 끊임없이 드려졌다(레 1-7장). 이렇듯 번제단은 매일 사용 빈도가 매우 높았기 때문에 혹사당할 수밖에 없다. 그런 이유로 필자는 번제단은 주요 소모품 중 하나였다고 본다.

모든 물건은 수명이 있는 법이다. 예컨대, 제사장의 옷은 계속 지어야 했을 것이다. 앞서 말한 대로, 유대 문헌은 성막의 휘장들을 매년 새로 제작했다고 기록한다. 아마 법궤를 제외한 모든 오래된 비품은 새로 제작해 봉헌한 뒤 교체했을 가능성이 크다. 특히 번제단은 수많은 제사를 드리므로 두꺼운 놋을 입힌 강한 방화벽에도 불구하고 조각목이 강한 화력에 많이 손상될 것이고, 따라서 아마 정기적으로 식양에 따라 다시 짰을 것이다.

물론 역대하 1:5은 이렇게 말한다. "옛적에 훌의 손자 우리의 아들 브살렐이 지은 놋제단은 여호와의 장막 앞에 있더라." 아직 성전을 건축하기 전 여전히 성막 시대였던 솔로몬왕의 시기를 일컫는다. 그러나 이 진술이 문자 그대로 수백 년 전의 놋제단이 솔로몬 시대까지 계속 사용되었다는 의미인지는 의심스럽다. 이것은 브살렐에 의해 시작된 제단을 비롯한 성막의 비품 제작 전통이 역사 속에서 계속 이어져 왔다는 뜻일 것이다.

이 브살렐 전통의 성막의 놋제단이 곧이어 솔로몬의 성전에서는 번제단의 규모가 가로세로 각각 20규빗(10m), 높이 10규빗(5m)의 거대한 크기로 바뀐다(대하 4:1). 이 면적은 브살렐 제단의 무려 16배에 이른다. 브살렐의 제단에 각을 뜬 소를 쌓을 경우 2~3마리 정도 올릴 수 있었다면, 솔로몬의 제단에는 동시에 최소 30마리 정도는 거뜬했다는 계산이 나온다.

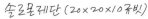

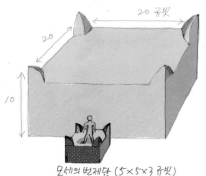

[P 93] 성막 제단과 솔로몬 제단의 크기 비교

성막 시대에 어떻게 사방 2.5m 크기의 제단에 수많은 백성의 제물을 다 태웠을까? 또한 솔로몬 시대에 수만 마리의 짐승을 바친 사례들이 있는데, 제단 규모가 엄청나게 커졌다 해도 이것이 어떻게 가능한가? 이는 종종 제기되는 질문들이다. 여기에 두 가지 답변이 가능하다.

첫째, 광야 40년 동안에는 다른 제단 없이 성막 제단만 사용했는데, 광야 기간은 피난을 다니는 특수한 상황이었기에 제단 사용이 별 문제없었다고 볼 수 있다. 출애굽 당시 꽤 많은 가축을 몰고 나왔지만(출 12:38) 정상적인 목축이 불가능했기에, 시간이 갈수록 제한된 가축만 소유할 수밖에 없었을 것이다. 따라서 광야 시대에는 백성이 정상적으로 동물 제사를 드리기 어려운 상황이었다. 덧붙여 소제, 즉 밀가루 제사나 포도주의 전제 역시 농사가 불가능했기에 드리기 어려웠다.

다만 아침과 저녁에 바치는 매일의 상번제와 소제는 중단 없이 드렸을 텐데, 이런 용도의 제한적인 소제의 밀가루는 외부에서 조달이 가능했을 것으로 보인다. 광야에서 떠도는 이스라엘 백성을 외부와 단절된 폐쇄된 집단으로 볼 필요는 없다. 무엇보다 백성이 바치는 동물 제사의 경우 가축 부족으로 매우 제한적이었을 것이다. 따라서 성막의 제단만으로 충분했을 수 있다.

그러나 가나안 땅에 들어가서는 상황이 바뀐다. 가나안 땅에서도 성막 시대가 상당 기간 계속되다 솔로몬 시대에 성전 시대가 열렸다. 성막과 성전은 둘 다 중앙 성전이다. 앞서 말한 대로, 솔로몬 성전의 제단은 성막의 제단과는 비교할 수 없이 컸다. 하지만 가나안 땅에 들어온 이후에도 작은 제단의 성막 시대가 여호수아 시대부터 솔로몬 시대까지 출애굽 연대에 대한 견해 차이에 따라 최소 150년, 최대 400년이나 계속되었다. 어떻게 성막의 작은 제단으로 가나안 땅 온 백성의 제사를 다 감당했을까? 이것은 솔로몬 제단이 월등히 규모가 커졌다 해도 여전히 문제 될 수 있다.

두 번째 답변이 이에 대한 해결책일 수 있다. 가나안 땅에서는 중앙 성전(성막과 솔로몬 성전) 외에 다른 지방의 합법적인 제단과 성소들이 운용되고 있었음이 분명하다. 많은 학자가 신명기 12장의 중앙 성소법을 근거로 중앙 성소 외에 일체의 다른 성소와 제단이 허용되지 않았다고 말한다.

중앙 성소법이란 여호와께서 "택하신 곳"에서만 제사를 바치라고 명령하신 법을 말한다(신 12:11, 1, 18; 참고. 신 16:2, 6; 17:8 등). 대부분의 학자들이 이것을 성전 시대 이전에는 제의 중심지인 실로 성막에서만, 그리고 성막이 철거되고 성전이 완공된 이후에는 오직 예루살렘 성전에서만 제사를 드려야 한다는 뜻으로 이해한다. 다시 말해 중앙 성소만 합법이고 그 외 지방의 어떠한 제단과 성소든지 모두 불법이다. 그러나 이 경우 먼 북쪽의 단 지파는 예루살렘에서 거의 200km의 거리인데, 어떻게 양 한 마리를 바치러, 심지어 비둘기 한두 마리를 바치러 거기까지 와야 하는지 매우 이해하기 어렵다. 이것은 제의적 현실에 전혀 들어맞지 않는다.

하지만 중앙 성소법이 단일 성소만 허용한다는 주장은 성경의 다양한 증거로 반박될 수 있다. 먼저 출애굽기 및 레위기의 증거는 물론(출 20:24-26; 레 26:31) 분명히 다른 합법적 제단을 허용하는 신명기 자체의 증거를 들 수 있다(신 16:21, 27:4-8, 33:19). 그 외 지방에서 제사장들이 활동하는 신명기의 본문들(신 19:17, 20:2, 21:5), 역사서의 다양한 증거(삼상 9:14, 10:3; 왕상 18:30-32; 19:10, 이 구절에서 "주의 제단"의 히브리어 원문은 "주의 제단들"이다. 이는 패역한 백성이 파괴한 여호와의 제단이 갈멜산만 아니라 전국적으로 많았다는 뜻이다), 그리고 일부 선지서의 증거(암 7:9)는 지방에 여러 여호와의 제단과 성소가 존재했음을 말해 준다.[14]

분명히 지방의 여호와의 성소들은 중앙의 본부 성전의 통제 아래 있었고, 거기에는 제사장들이 파송되어 활동했음이 명백하다. 그러므로 중앙 성소법이란 단일 성소가 아니라 본부 성전의 통제와 관리를 받는 지방의 여러 성소들이 존재하는 중앙화된 시스템을 뜻할 수 있다. 따라서 중앙의 본부 성전(성막과 성전)에서 백성의 모든 제사를 다 처리했다고 생각할 필요가 없다.

그럼에도 솔로몬 성전 한 곳에서 수만 마리의 동물을 바쳤다는 다음 기록은 상식적으로 이해하기 어렵다.

> **63** 솔로몬이 화목제의 희생 제물을 드렸으니 곧 여호와께 드린 소가 이만 이천 마리요 양이 십이만 마리라 이와 같이 왕과 모든 이스라엘 자손이 여호와의 성전의 봉헌식을 행하였는데 **64** 그날에 왕이 여호와의 성전 앞뜰 가운데를 거룩히 구별하고 거기서 번제와 소제와 감사 제물의 기름을 드렸으니 이는 여호와의 앞 놋제단이 작으므로 번제물과 소제물과 화목제의 기름을 다 용납할 수 없음이라 왕상 8:63-64

물론 앞서 말한 대로, 솔로몬 성전의 제단은 가로×세로×높이가 20×20×10규빗(10×10×5m)으로 대단이 컸기에 각 뜬 소라면 30마리 이상의 소도 겹겹이 올릴 수 있었을 것이다.

또한 앞의 64절은 제물이 한꺼번에 폭주하는 비상한 상황에서는 솔로몬의 번제단 외에 마당의 특정 구역이 보조 제단처럼 사용되었음을 명시한다.

따라서 널찍한 솔로몬 성전의 마당에서 한꺼번에 100마리의 소도 동시에 바칠 수 있었는지 모른다. 그럼에도 소와 양을 합하여 14만 마리가 넘는 엄청난 숫자의 짐승을 한 제단에 드리기가 불가능하므로 이것을 문자적으로 받아들이기는 쉽지 않다. 그러나 지방 곳곳에 많은 합법적인 여호와의 제단이 중앙 성전의 통제 하에 운용되고 있었다면, 그 많은 짐승을 반드시 중앙의 본부 성전에서 다 바쳤다고 생각할 필요는 없을 듯하다. 대대적인 국가 행사가 진행되면서 전국의 여호와의 제단에서 막대한 숫자의 짐승들을 바쳤을 것으로 추정된다.

12 | 울타리 축조
출애굽기 27:9-21 / 38:9-20

성막 전체를 보호하는 울타리. 주님도 우리의 울타리가 되어 주신다.

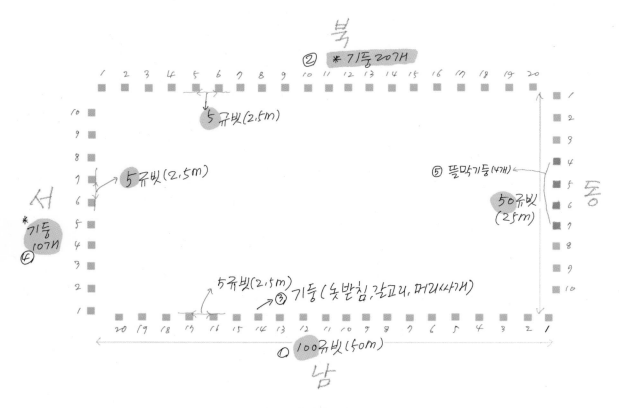

[P 94] **울타리 조감도**

성막의 세계

마당의 축조는 번제단에 이어 성막의 울타리로 이어진다. 울타리는 성막 전체 구역의 경계를 짓는다. 전체 규모는 동서로 100규빗(50m), 남북으로 50규빗(25m)이다. 동쪽 입구에는 첫 번째 휘장막인 뜰막(뜰문)이 설치된다. 사방 기둥은 남쪽과 북쪽에 각각 20개, 동쪽과 서쪽에 각각 10개씩 총 60개가 세워진다. 다만 뜰막이 있는 동쪽은 10개의 기둥이 조금 특별한 방식으로 설치된다.

남쪽과 북쪽 울타리 축조 방법

9 너는 성막의 뜰을 만들지니 남쪽을 향하여 뜰 남쪽에 너비가 백 규빗의 세마포 휘장을 쳐서 그 한쪽을 당하게 할지니 **10** 그 기둥이 스물이며 그 받침 스물은 놋으로 하고 그 기둥의 갈고리와 가름대는 은으로 할지며 **11** 그 북쪽에도 너비가 백 규빗의 포장을 치되 그 기둥이 스물이며 그 기둥의 받침 스물은 놋으로 하고 그 기둥의 갈고리와 가름대는 은으로 할지며 출 27:9-11

기둥 받침은 놋이요 기둥의 갈고리와 가름대는 은이요 기둥 머리싸개는 은이며 뜰의 모든 기둥에 은가름대를 꿰었으며 출 38:17

1) 울타리 조감도(그림 94)에서 설명의 순서를 지시하는 번호는 생략한다. 9절에서 성막의 남쪽과 북쪽의 길이가 100규빗(50m)임이 명시된다. 그 길이를 둘러칠 100규빗의 세마포 포장을 제작한다. "세마포 휘장"(9절)이란 세마포로 제작한 포장막, 즉 베실로 세마포를 짜서 세운 막이란 뜻이다. 말하자면, 이것은 삼색실로 제작되지 않아 하얀색을 띤다. "한쪽을 당하게 한다"는 표현은 우선 남쪽 벽 한 곳을 둘러친다는 뜻이다. 한쪽 울타리의 포장막을 치기 위해 기둥을 20개 제작한다(10절).

2) 이어서 북쪽에 동일한 방식으로 100규빗 길이의 포장막을 제작한 뒤

기둥 20개를 만들어 둘러친다(11절).

울타리 기둥

1) **기둥 규격** : 울타리 기둥은 다시 그림의 번호 순서대로 설명한다. 여기에 기둥의 재료와 규격이 명시되지 않으나 출애굽기 36:36을 통해 모두 조각목으로 만들었으며 거기에 놋을 입혔다는 것을 알 수 있다. 사각형으로 추론되는 이 기둥의 두께와 폭에 대해 유대 문헌은 각각 1규빗(50cm)의 정사각형을 제시한다. 기둥의 높이와 각 기둥들의 간격(너비)은 이어

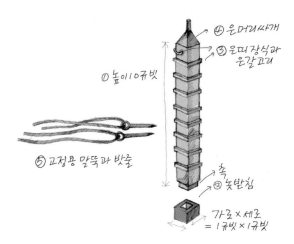

[P 95] 울타리 기둥의 구성 요소

지는 27:18에서 공히 5규빗(2.5m)으로 언급된다. 높이는 5규빗으로 명시된 반면 간격이 5규빗으로 명시되진 않았지만, 기둥이 20개이고 길이는 100규빗이므로, 기둥의 간격은 5규빗이었음을 알 수 있다. 그러나 나중에 뜰막 설치법에서 보겠지만, 일부 기둥들의 간격은 5규빗 간격이 아닌 약간의 조정이 필요하다.

2) **촉과 놋받침** : 높이 5규빗의 울타리 기둥에는 아래쪽에 놋받침을 끼운다. 아래에 놋받침을 끼우는 촉(장부)을 깎아 만들었을 것이다. 어디에도 언급되어 있지 않으나 놋받침의 가로세로는 기둥과 동일하게 각각 1규빗, 높이 또한 1규빗으로 정방체였을 것이다.

3) **은띠 장식과 은갈고리** : 각각의 기둥에는 은띠 장식('가름대')이 부착되고 (내성소 휘장의 5개 기둥에는 금띠 장식), 상단에는 은갈고리가 달려 있다

(10절). 앞서 언급한 대로, 아마 은띠 장식은 얇은 은박으로 입혔을 것이다. 은받침 100개에 이미 100달란트의 은이 사용되어 남은 은은 1,775세겔, 즉 약 0.6달란트에 불과하기 때문에 소량의 은만이 사용된다.

4) **머리싸개** : 출애굽기 38:17에서 확인되는 기둥 상단의 "머리싸개"는 논쟁의 여지가 있는데, 일단 이것은 앞의 내성소 휘장의 "기둥머리"(출 36:38)와 마찬가지로 단순히 기둥의 윗면을 뜻할 수 있다. 그러나 이것은 기둥 위에 있는 별도의 은으로 만든 장식인 것으로 보인다(Levine, 79-80). 은머리싸개는 기둥을 말뚝으로 고정하기 위해 밧줄을 거는 부분으로(Levine에 동의하여) 남은 은이 많지 않으므로 역시 뾰족한 부분만 작은 은 덩어리이고 상단 표면은 얇게 은을 칠한 은박일 것이다. 반면에 기둥 전체는 놋을 입혔으며 받침 또한 놋 덩어리다. 따라서 놋을 입힌 기둥들 표면에 규칙적인 간격의 얇은 은띠 장식이 들어가 훨씬 더 품격 있는 기둥이 만들어진다.

5) **말뚝과 밧줄** : 추가로 말뚝이 놋으로 제작되는데(출 27:19) 기둥을 튼튼히 고정하기 위해 말뚝에 줄을 묶어 기둥과 연결한 뒤 땅에 박았을 것이다. 이것들에 대해서는 포장막 설치법과 더불어 뒤에서 별도로 설명하기로 한다.

서쪽 울타리와 동쪽의 뜰문 축조 방법

12 뜰의 옆 곧 서쪽에 너비 쉰 규빗의 포장을 치되 그 기둥이 열이요 받침이 열이며 **13** 동쪽을 향하여 뜰 동쪽의 너비도 쉰 규빗이 될지며 **14** 문 이쪽을 위하여 포장이 열다섯 규빗이며 그 기둥이 셋이요 받침이 셋이요 **15** 문 저쪽을 위하여도 포장이 열다섯 규빗이며 그 기둥이 셋이요 받침이 셋이며 **16** 뜰문을 위하여는 청색 자색 홍색 실과 가늘게 꼰 베실로 수놓아 짠 스무 규빗의

1) 다시 그림 94의 울타리 조감도를 보라. 뜰의 서쪽, 즉 지성소 뒤쪽의 울타리는 50규빗(25m)이다. 서쪽 울타리는 남과 북의 울타리에 비해 길이가 절반이라 10개의 기둥이 필요했다(12절).

2) 동쪽은 성막 입구라 약간 형식이 다르다. 우선 길이는 서쪽과 마찬가지로 50규빗이다(13절). 앞서 이 책 10장에서 우리는 지성소 휘장과 내성소 휘장을 설명할 때 더불어 간략하게 16절에 나오는 뜰의 휘장막, 즉 뜰막을 설명했다. 뜰문이라 할 수 있는 그 통로는 별도의 네 개의 기둥들을 세워 뜰막을 둘러쳐 가렸다. 가운데 네 개의 기둥들이 20규빗(10m) 길이의 뜰문을 만들고, "문 이쪽", 즉 남쪽 방향으로 세운 기둥 셋에 길이 15규빗(7.5m)의 포장막이(14절), 그리고 "문 저쪽", 즉 북쪽 방향에 동일하게 세운 기둥 셋에 길이 15규빗의 포장막이 설치된다(15절).

3) 포장막은 베실로 짠 단색의 세마포로 제작되지만, 뜰막은 지성소와 내성소의 휘장처럼 청색, 자색, 홍색의 삼색실로 수놓아 특수하게 제작한다(16절). 여기에도 그룹들로 수놓는다는 언급이 없으나 원단에 별도로 문양을 넣는 바느질 작업인 "수놓기"를 하므로 그룹 문양이 들어간 것으로 보인다.

울타리 기둥 60개를 어떻게 세웠는가?

사실 남북 20개씩의 기둥들과 동서 10개씩의 기둥들을 세우는 것은 생각처럼 쉽지 않다. 그림 96이 이 문제를 잘 보여 준다. 언뜻 기둥들이 남북 20개씩, 동서 10개씩, 따라서 자연스럽게 총 60개의 기둥이 배치된 것으로 보이나,

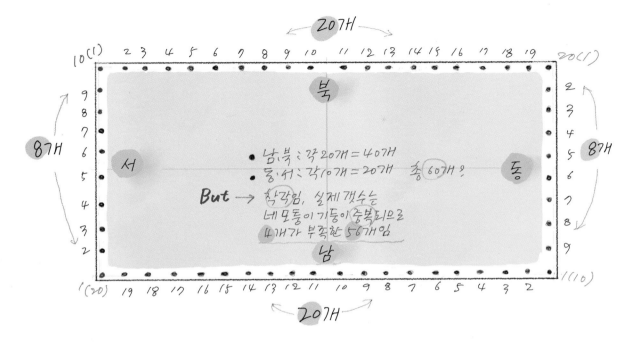

[P 96] 난감한 기둥 60개 배치하기

실제로 기둥 개수는 56개뿐이다. 왜냐하면 네 모퉁이의 기둥들이 중복 계수 되기 때문이다. 따라서 60개의 기둥을 지시된 동서남북의 개수에 맞춰 실제로 세우는 일은 생각처럼 쉽지 않다. 이 울타리 기둥 세우기는 뜰막 설치 방법과 도 밀접히 관련되어 있다. 따라서 이 문제는 뜰막 축조법과 더불어 설명하기 로 한다.

미리 언급하지만, 뜰막이 어떻게 설치되었는지에 대해 두 가지 견해로 양 분된다. 어떤 사람들은 네 개의 기둥을 가진 뜰막은 입구의 통로로부터 조금 떨어져 위치한 독자적인 시설물이었을 것으로 본다(Levine, 76-77).[1] 입구는 늘 개방되어 있었고 뜰문은 울타리 앞에 동떨어져 세워졌다는 의미다. 개방형 뜰 문이다. 이것은 입구의 빈번한 통행을 고려할 때 매우 그럴듯한 견해다. 그러 나 라쉬는 뜰막과 동편 울타리는 일자로 설치되었다고 설명하는 것으로 보인 다(Rashi, 출 27:14; 35:17). 봉쇄형 뜰문이다. 이 문제는 마지막에 다루는 뜰막 축조법에서 별도로 논하기로 한다.

기둥의 부품들과 설치법

17 뜰 주위 모든 기둥의 가름대와 갈고리는 은이요 그 받침은 놋이며 18 뜰의 길이는 백 규빗이요 너비는 쉰 규빗이요 세마포 휘장의 높이는 다섯 규빗이요 그 받침은 놋이며 19 성막에서 쓰는 모든 기구와 그 말뚝과 뜰의 포장 말뚝을 다 놋으로 할지니라 출 27:17-19

기둥 받침은 놋이요 기둥의 갈고리와 가름대는 은이요 기둥 머리싸개는 은이며 뜰의 모든 기둥에 은가름대를 꿰었으며 출 38:17

울타리 기둥들에는 몇 가지 부품이 있었다. 앞서 언급한 대로, 기둥은 조

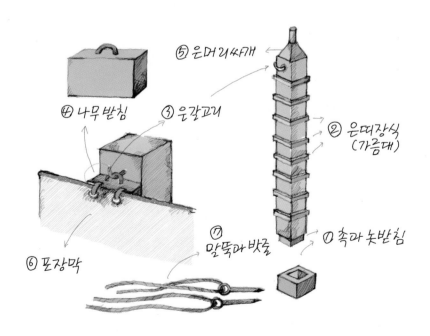

[P 97] 포장막을 설치하는 장치들

성막의 세계

각목으로 깎아 제작했으며, 기둥 아래에는 당연히 한 개의 놋받침을 끼울 촉 (장부, tenon)을 깎았을 것이다. 덧붙여 기둥에는 몇 가지 부품이 부착되었다. 여기서는 이것들의 설치와 조립 방법을 설명하기로 한다.

1) 1규빗 정방체로 추정되는 놋받침은 기둥마다 한 개씩 끼웠다.

2) 내성소 휘장의 기둥들과 마찬가지 방식으로 표면에 띠 장식이, 그러나 금이 아닌 은띠(가름대)가 기둥에 아래에서부터 일정한 간격으로 둘러 쳐지고 갈고리가 은으로 제작되어 기둥 상단에 부착된다(17절).

3) 은갈고리는 포장막을 거는 장치다. 그것을 기둥 상단에 고정한다.

4) 라쉬는 기둥에 갈고리를 부착한 뒤 거기에 본문에 언급되지 않은 가로 여섯 손바닥 너비(1규빗)와 세로 세 손바닥 너비(0.5규빗) 크기의 사각 형 각목(나무 받침)을 걸었다고 언급한다(Rashi, 출 27:10; 참고. *Kehot* 205). 그리고 그 각목에 포장막과 연결하는 끈을 단단히 묶는다. 그런 장치가 실제로 있었는지는 불확실하나, 포장막을 직접 갈고리에 걸면 쉽게 찢 어질 수 있지만 각목을 대면 그럴 염려 없이 안정적으로 걸 수 있는 것 은 사실이다.

5) 그 밖에 은으로 만든 머리싸개는 앞서 내성소 휘장의 기둥머리와는 달 리 기둥 상단의 별도의 장치나 장식물인 것으로 보인다.[2] 레빈은 그림 98에서 볼 수 있듯이 머리싸개의 돌출 부분에 말뚝의 밧줄을 건 것으로 재구성한다(Levine, 74, 79-80).

6) 세마포 휘장의 높이가 5규빗(2.5m)으로 명시되는데(18절), 이것을 통 해 울타리 기둥의 높이 또한 5규빗임을 알 수 있다. 그러나 어떤 랍비들 은 이 5규빗 높이를 회막과 제단의 10규빗 높이보다 5규빗이 더 높다

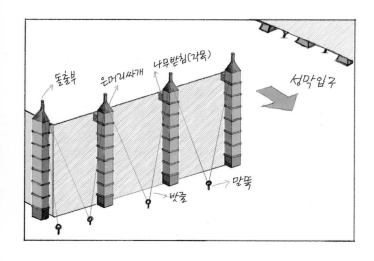

돌출부   은머리싸개   나무받침(각목)

성막입구

밧줄   말뚝

[P 98] 기둥을 말뚝과 밧줄로 고정하기

는 의미로 해석한다.[3] 특히 제단의 높이 10규빗이 기준인데, 앞서 살핀 대로, 라쉬를 비롯한 여러 랍비들은 제단이 기단과 합하여 총 10규빗 높이라고 주장한다. 결국 울타리는 15규빗(7.5m)의 높은 울타리인데 이것은 밖에서 제사장의 직무를 아무도 볼 수 없게 하기 위함이다. 하지만 이러한 해석은 "세마포 휘장의 높이는 다섯 규빗"(18절)이라는 분명한 진술에 위배된다.

7) 포장막을 치기 위한 마지막 도구로 말뚝이 제작된다(19절). 여기서 말뚝이 두 종류 있다는 사실이 확인된다: "성막에서 쓰는 모든 기구와 그 말뚝과 뜰의 포장 말뚝을"(히브리어 원문은 "그 말뚝과 뜰의 말뚝"). 하나는 "성막에서", 즉 회막 건물에서 쓰는 '말뚝'이며, 다른 하나는 포장막을 설치하기 위한 '뜰의 말뚝'이다. 앞서 앙장막에서 설명한 대로, 라쉬는 회막 건물의 '말뚝'은 두 번째 앙장막인 염소털 앙장막을 덮은 뒤 그것을 땅에 고정하기 위해 사용되었다고 말한다. 반면에 뜰의 포장 말뚝은 울타리의 포장막을 치기 위한 말뚝이다. 라쉬는 이 말뚝에도 줄을 달아 기둥이 아닌 포장막에 연결하여 말뚝을 땅에 박았다고 말한다(Rashi, 출 27:19).

라쉬의 설명은 염소털 앙장막과 울타리 포장막의 지면과 접촉되는 끝부분에 짧은 끈을 달아 말뚝에 묶은 뒤 땅에 박았다는 뜻으로 이해된다. 그러나 포장막만 말뚝으로 고정하고, 울타리 기둥은 말뚝으로 고정하지 않은 채 단순히 아래의 놋받침에 의존해서 세워진다면 건축학적으로 전혀 견고하지 못한 울타리가 만들어진다.

따라서 우리의 그림처럼(그림 98) 가장 먼저 말뚝에 달린 밧줄을 포장막 기둥 상단의 은머리싸개의 돌출부에 묶은 뒤 말뚝을 땅에 박아 기둥을 견고히 고정한 것으로 보아야 한다(대체로 레빈의 재구성을 따름). 아마 마당 안쪽에서도 밧줄로 기둥을 붙잡아 말뚝을 박았을 것이다. 덧붙여 우리의 재구성 그림들에는(그림 98과 102) 분명하게 표현되지 않았지만, 라쉬의 말대로 포장막이 바람에 날리지 않도록 아래쪽에 짧은 끈이 달린 말뚝들을 포장막에 연결해 일정한 간격으로 박았을 것이다.

뜰막 설치법

앞서 제시되어 논의된 해당 본문을 편의상 다시 제시한다.

> 12 뜰의 옆 곧 서쪽에 너비 쉰 규빗의 포장을 치되 그 기둥이 열이요 받침이 열이며 13 동쪽을 향하여 뜰 동쪽의 너비도 쉰 규빗이 될지며 14 문 이쪽을 위하여 포장이 열다섯 규빗이며 그 기둥이 셋이요 받침이 셋이요 15 문 저쪽을 위하여도 포장이 열다섯 규빗이며 그 기둥이 셋이요 받침이 셋이며 16 뜰 문을 위하여는 청색 자색 홍색 실과 가늘게 꼰 베실로 수놓아 짠 스무 규빗의 휘장이 있게 할지니 그 기둥이 넷이요 받침이 넷이며 출27:12-16

우리는 뜰막(뜰문)이 동편 정문에 어떤 방식으로 설치되었을지 의문을 품고 토론을 미루어 두었다. 이것은 전체 60개의 기둥을 정확히 숫자에 맞춰 세우는 법과도 밀접히 관련되어 있다. 대부분의 독자들에게 무의미한 논쟁으로 치부될 수도 있지만, 성막을 재현하는 사람들의 입장에서는 대단히 복잡한 문제다. 이에 대해 두 가지 방식이 제안되었다. 하나는 뜰막이 울타리 막과 일직선으로 설치되었다는 견해이고(Rashi), 다른 하나는 뜰막이 울타리 막과 떨어져 세워졌다는 견해다(Levine). 우리는 전자는 '봉쇄형 뜰막', 후자는 '개방형 뜰막'으로 칭하기로 한다. 건축학적 측면에서는 첫 번째 견해가 설득력 있는 반면, 실용적 측면에서는 두 번째 견해가 매우 타당하게 여겨진다.

봉쇄형 뜰막 모델

건축학적 모순 없이 재구성된 첫 번째 모델은 라쉬의 설명에 근거한 것이다 (*Kehot*, 205). 그림 94가 그것을 잘 재현하고 있다. 물론 중세에 기록된 라쉬의 주석을 현대에 해석하여 재구성한 모델이므로 실제 라쉬가 그렇게 생각했는지는 의문이다. 사실 라쉬는 개방형 뜰막이 아닌 봉쇄형 뜰막을 주장했을 뿐 상세한 축조 방법은 말하지 않았다. 어쨌든 만일 그림 94처럼 기둥들을 배치하면, 모순 없이 60개의 기둥 배치가 가능하다.

그림 94의 동편을 확대한 그림 99에서 보듯이, 네 모퉁이에 세워진 1번 기둥들이 기준점과 축 역할을 하면서 양방향으로 뻗는 포장막을 견고하게 잡아 준다. 이때 포장막은 반드시 기둥 안쪽으로 둘러쳐져야 양방향의 포장막을 견고히 잡아 주는 모퉁이의 1번 기둥들이 제 역할을 할 수 있다. 그림 99의 상단에서 보듯이, 북쪽 기둥이 19번을 지나 20번까지 온 후 아래로 방향이 꺾이는데, 이때 동쪽의 새로운 1번 기둥은 북쪽 기둥들의 일직선상 아래에 세워진다. 그리하여 그 기둥은 북쪽 기둥들의 대열에서 빠지고 동쪽의 기둥으로 배열되므로 북쪽 기둥은 20개가 된다.

마찬가지로 동쪽에서 아래로 뻗어 가다 남쪽의 모퉁이에서 새로운 1번이 일직선 안쪽으로 빠지면서 기준점을 형성한다. 따라서 동쪽 기둥들의 개수는 10개가 된다. 이런 방식으로 기둥들이 세워지면, 네 방향에 총 60개의 기둥이 완벽하게, 그리고 모퉁이에서 네 개의 1번 기둥들이 축 역할을 하므로 안정적으로 세워진다. 따라서 일단 봉쇄형 모델은 건축학적으로 매우 타당하다.

그러나 이 경우 동편의 뜰막 배치에서 심각한 실용적 문제와 더불어 약간의 건축학적 문제가 발생한다. 뜰막은

[P 99] 봉쇄형 뜰막의 울타리 기둥 설치법

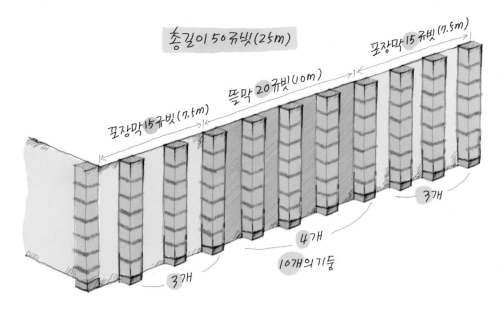

총길이 50규빗(25m)

포장막 15규빗 (7.5m)

뜰막 20규빗(10m)

포장막15규빗 (7.5m)

3개

4개

10개의기둥

3개

[P 100] **봉쇄형 뜰막 세우기**

네 개의 기둥을 따로 배치해 20규빗(10m) 길이의 휘장을 걸어 만든다. 그것을 가운데에 두고 좌우에, 즉 문 이쪽의 기둥 셋에 15규빗의 포장막을, 문 저쪽의 기둥 셋에 15규빗의 포장막을 쳐야 한다. 그런데 봉쇄형 울타리 축조법을 따른다면, 그림 100과 같은 방식의 배열과 휘장 걸기를 해야 한다. 이 경우 20규빗(10m)의 휘장을 걸기 위해서는 4개의 뜰막 기둥을 지나 그다음의 포장막 기둥에 뜰막을 붙여야 한다(그림 101). 즉 20규빗의 뜰막을 치려면 기둥 다섯 개가 필요하다. 이것은 기둥 넷에 20규빗의 포장막을 치라는 지시(16절)와 어울리지 않는다. 이 결과는 뜰문과 울타리 포장막이 일직선일 경우 어떤 식으로든 피할 수 없다.

더 심각한 것은 실용적 문제인데 만일 뜰막을 포장막과 일직선으로 세워 봉쇄형으로 만든다면, 뜰막을 매번 옆으로 젖혀서 열어야 한다. 이 경우 사람들의 빈번한 왕래가 어려울 것이다. 당장에 사람들이 한꺼번에 큰 희생 제물인 여러 마리의 소를 끌고 들어온다면, 뜰막을 젖혀 소를 입장시키기가 쉽지 않을뿐더러 북적거리는 사람들과 짐승들로 인해 자칫 뜰막이 찢기거나 기둥이 무너질 수 있다. 성막 사용 중에는 뜰막을 위에 걸어 놓았다는 견해가 있지

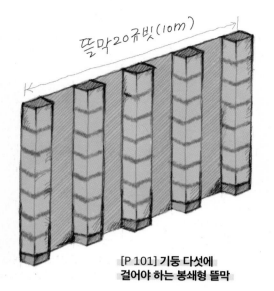
뜰막20규빗(10m)

**[P 101] 기둥 다섯에
걸어야 하는 봉쇄형 뜰막**

만, 여전히 기둥들은 북적거리는 사람과 짐승의 출입을 불편하게 만들고 기둥들이 쉽게 넘어지는 사태를 어떡하든 피할 수는 없다. 이 문제를 해결할 수 있는 대안 모델은 레빈의 재구성인 개방형 뜰막이다. 다만 레빈의 모델은 심각한 결함이 있기에 수정이 필요하다.

개방형 뜰막 모델

앞서 살핀 봉쇄형 뜰막 축조법의 실용적 문제를 해결하려면, 뜰막이 울타리 벽에서 떨어진 채 개방형으로 설치되어야 한다. 이 경우 성막의 입구는 넓게 개방된 공간이 되므로 사람들이 북적거리거나 큰 짐승이 반입되더라도 아무런 문제가 없을 것이다.

이 개방형 뜰막의 모델은 어떤 유대 문헌에서 처음 제안되었는데[4] 레빈이 그것을 훌륭하게 축소 모형과 그림으로 재현했다(그림 102). 그는 직접 자신의 저술에서 그림을 통해 그것을 이해할 수 있게 한다. 레빈은 남과 북에 울타리 20개씩, 그리고 동과 서에 울타리 10개씩 세우는 데 일단 성공을 거둔다. 이 설치법은 사실 매우 쉬운데, 네 곳의 모퉁이에 기둥을 세우지 않기 때문이다. 이 경우 사방 울타리에 지정된 개수의 기둥들은 아무 문제없이 세워진다. 이때 뜰문은 4개의 기둥에 별도로 떨어져 설치된다.

그러나 레빈의 모델은 실용적인 측면에서는 확실한 대안이지만, 건축학적 측면에서는 몇 가지 문제를 지닌다. 무엇보다 이 모델을 따른다면, 네 모퉁이에는 기둥을 세울 수 없다. 따라서 레빈은 모퉁이들에 기둥들이 없이 밧줄로만 고정했다고 말한다(Levine, 72). 그러나 만일 모퉁이에 튼튼한 기둥이 세워져 그것이 양방향의 축과 기준점 역할을 하지 못한다면, 울타리가 튼튼하게 설 수 있을지 의문이다. 레빈은 이 약점 때문인지 기둥들 상단에 울타리 전체를 아우르는 매우 긴 금속 막대의 상단 지지대를 만들어 기둥을 붙드는 모델

성막의 세계

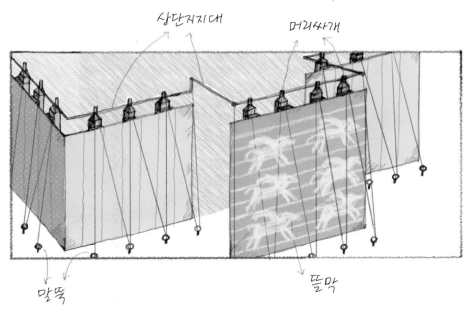

상단지지대　　머리싸개

말뚝　　　　　　뜰막

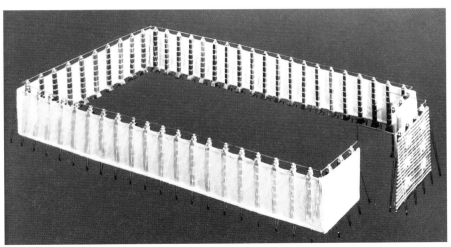

[P 102] 레빈의 개방형 뜰막 모델(Levin, 73)

을 만든다. 그러나 본문에 전혀 언급이 없는 그런 굉장한 장치와 시설이 사용
되었는지는 매우 의심스럽다.

　　결국 레빈의 모델은 축 역할을 해서 견고히 양 방향의 벽을 잡아주는 모퉁
이 기둥이 없으므로 건축학적 측면에서 사실상 부실공사다. 또한 뜰문 축조 역
시 네 기둥에 20규빗의 휘장을 거는데, 기둥 양쪽 끝에서 휘장이 2.5규빗씩 날
개처럼 삐져나오는 대안을 제시한다. 이 돌출된 날개는 뜰문 양쪽의 세 기둥의

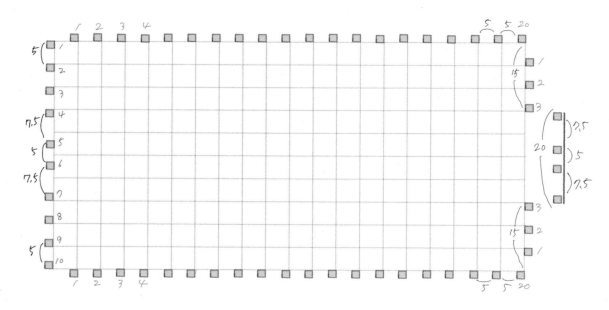

[P 103] 새로운 울타리 축조법

포장막들도 피할 수 없다. 결국 이것은 매우 허술하기 짝이 없는 재구성이 아닐 수 없다. 참고로 레빈은 포장막을 기둥 바깥으로 둘러치는 모델을 제안한다.

새로운 개방형 뜰막 모델

개방형 뜰문을 따르는 우리의 합리적인 대안은 그림 103과 104에 제시된 방식이다. 우선 가장 곤란한 뜰문 설치에서 기둥 넷에 20규빗의 휘장을 거는 방법은 다음과 같다. 먼저 가운데의 기둥 간격만 5규빗으로 하고 양쪽은 7.5규빗으로 간격을 벌린다. 이것은 양쪽 날개를 불필요하게 만들므로 매우 견고한 뜰막이 만들어진다. 본문에는 반드시 기둥 간격이 5규빗이어야 한다는 지시가 없으며 단지 기둥 넷과 전체 길이 20규빗만을 지시하므로 가능한 대안이다.

반대편인 서편 울타리도 기둥 10개에 50규빗의 포장막을 치기 위해 가운데 구역의 기둥 넷을 동편의 뜰막과 동일한 방식으로 간격을 만든다. 한가운데의 기둥 둘의 간격만 5규빗이고 양쪽 옆의 간격은 7.5규빗으로 벌린다. 그리고 나머지 위아래는 모두 5규빗 간격을 유지한다. 완벽하게 동편 울타리의 기둥 배치 및 간격과 일치한다. 이와 같이 일부 기둥 간격을 조정하는 것은 기둥 간격이 반드시 5규빗으로 적시되어 있지 않은 이유로 충분히 가능하다.

남벽과 북벽에 각 20개의 기둥을 세우는 것은 매우 쉽다. 기둥 간격 5규빗을 유지하여 좌로 1번부터 우로 20번까지 세우면 된다. 이때 각 모퉁이에서 서쪽 벽에서는 1번과 10번이 모퉁이의 축 역할을 하고, 남벽과 북벽에서는 각 20번이 모퉁이의 축 역할을 한다. 이로써 네 모퉁이에서 네 개의 기둥들이 축이 되어 각 방향의 포장막을 잡아 준다. 결국 네 모퉁이는 레빈처럼 비어 있지 않고 분명하게 축 역할을 하는 기둥들이 배치된다. 따라서 이 모델은 모퉁이 기둥들과 더불어 포장막이 견고히 축조되는 이유로 가장 합리적인 대안일 수 있다. 다만 이 모델에서는 그림 104에서 보듯이, 울타리 포장막을 기둥 안쪽으로 둘러쳐야만 한다. 그러나 분명 뜰문은 안쪽의 두 휘장막과 일치하게 휘장막을 들어오는 방향에서 보이도록 쳤을 것이다. 결국 세 휘장막 모두 들어가는 쪽에서 기둥은 가려지고 휘장막이 보이는 방식으로 설치된다.

우리는 이로써 물두멍을 제외하고 성막의 모든 시설물과 비품의 제작과 설치 방법을 살펴보았다. 우리의 완성된 성막 재구성은 물두멍에 대한 설명을 마친 뒤 (이 책 13장 "물두멍" 참고) 설치가 완료된 성막 전체의 그림으로 제시될 것이다. 건물과 비품들을 마무리한 뒤 남은 것은 제사장의 옷이다(이 책 14장 "제사장의 관복" 참고).

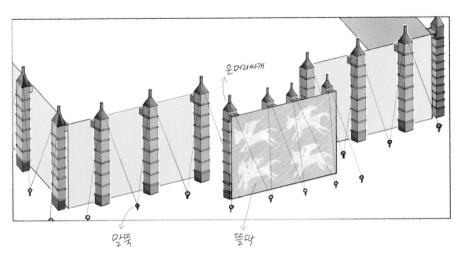

[P 104] 대안적 뜰막 모델

13 | 물두멍

출애굽기 30:17-21 / 38:8

손과 발을 씻어 부정한 모든 것을 정결케 한다.

본체

받침대

[P 105] 물두멍의 기본 구조

마당에 비치되는 물두멍은 출애굽기 27장에서 마당의 비품 및 시설물과 더불어 설명되지 않고 30장에 뒤늦게 등장한다. 27장을 잇는 28장은 제사장 의복 제조법, 29장은 제사장 위임식이다. 이어서 30장은 앞서 이미 설명한 향료 제조법, 향단 제작법과 더불어 여기서 설명될 물두멍 제작법을 알려 준다. 아마 매일 향단의 분향과 등잔대의 불을 밝히는 일과 더불어 제사장이 매일 씻는 일은 제사장의 주요 직무와 의무였으므로 물두멍이 제사장 위임식 이후에 30장에서 함께 언급되는 것으로 보인다. 그러나 우리는 편의상 물두멍에 관한 설명을 현재의 마당 시설물 부분에서 함께 살펴보기로 한다.

물두멍 제조법과 위치

17 여호와께서 모세에게 말씀하여 이르시되 18 너는 물두멍을 놋으로 만들고 그 받침도 놋으로 만들어 씻게 하되 그것을 회막과 제단 사이에 두고 그 속에 물을 담으라 19 아론과 그의 아들들이 그 두멍에서 수족을 씻되 20 그들이 회막에 들어갈 때에 물로 씻어 죽기를 면할 것이요 제단에 가까이 가서 그 직분을 행하여 여호와 앞에 화제를 사를 때에도 그리할지니라 21 이와 같이 그들이 그 수족을 씻어 죽기를 면할지니 이는 그와 그의 자손이 대대로 영원히 지킬 규례니라 출 30:17-21

물두멍은 성막의 모든 시설물과 비품 중에 가장 설명이 부족하다. 물두멍의 재료가 놋이라는 것과 놋받침대가 따로 있었다는 것 외에 크기나 무게, 모양 등 아무런 정보도 주어지지 않는다(18절). 이것은 솔로몬 성전의 매우 상세한 물두멍에 대한 묘사와 크게 대조된다. 다만 출애굽기 38:8에 물두멍 재료인 놋이 성전에서 수종드는 여인들의 놋거울을 녹여서 만들었다는 진술이 덧붙여진다. 물두멍 본체와 받침대의 재료인 놋은 성막 마당의 가장 낮은 거룩의 등급에 부합하는 금속이다.

물두멍의 형태나 크기에 대한 어떤 언급도 없는 이유는 재구성 모델들도 천차만별이고 랍비들의 의견도 별다른 것을 찾아보기 어렵기 때문이다. 어떤 사람들은 양쪽에 꼭지가 달린 대형 물주전자 형태를 제안하고, 때로 뚜껑이 있는 제품을 제안하는 등 다채로운 형태의 물두멍이 제시된다.[1] 그러나 물두멍의 모양을 매우 간략하게 묘사한 것으로 보아 물두멍이 지극히 단순한 형태였다고 추론할 수 있다. 이것은 솔로몬 성전의 초대형 물두멍의 크기와 용량이 구체적으로 제시되고 다양한 장식과 디자인이 매우 상세하게 묘사되고 있다는 점에서도 타당한 추론일 수 있다(왕상 7:23-47; 대하 4:2-18). 즉, 성막의 물두멍은 매우 단순한 디자인의 물건이었다는 것이다.

솔로몬 성전의 물두멍과 성막의 물두멍 차이는?

솔로몬 성전의 건축 본문에서는 각종 시설들과 비품들이 너무 간략히 묘사되어 정확한 정보를 얻기 어렵고 그러한 이유로 재구성이 대단히 힘들다. 그러나 유독 솔로몬 성전의 물두멍은 성막의 물두멍과 대조적으로 대단히 상세히 묘사된다(왕상 7:23-47; 대하 4:2-18). 워낙 큰 물두멍이라 '바다'로 불리는 물두멍은 직경이 무려 10규빗(5m)이며 모양이 둥글고 높이는 5규빗(2.5m)에 이르며 둘레는 30규빗(15m) 밧줄의 길이다. 물두멍 받침도 웅장한데, 소 12마리가 3마리씩 짝을 이루어 동서남북 방향에서 받치고 있는 형태다. 물두멍 놋의 두께는 한 손바닥 너비이며, 용량은 2,000밧(약 46,000L)에 이른다.

참고로 솔로몬 성전의 물두멍의 용량은 혼란을 주는데, 역대하 4:6에서는 용량이 '3,000밧'이므로 열왕기상 7:26의 2,000밧과 모순인 것처럼 보인다. 이것은 사본상의 오류로 보이지 않는데, 아마 3,000밧은 물두멍의 최대용량으로 추정되고 2,000밧은 적정용량으로 보인다. 역대기는 대체로 숫자를 최대한 늘리는 특징을 갖고 있다. 이 물두멍 외에 10개의 작은 물두멍이 만들어졌는데 이는 몇 배로 커진 성전에서 다양한 목적으로 물을 사용하기 위함이었을 것이다. 솔로몬 성전의 번제단도 매우 상세히 묘사되는데, 아마 번제단과 물두멍은 성전 규모에 맞게 전혀 새롭게 제작되었기 때문일 것이다.

성막의 세계

그외 솔로몬 성전에서는 등잔대도 10개로 늘어나고(왕상 7:50; 대하 4:7) 진설상도 10개로 늘어난다(대하 4:8). 둘 다 성전 내실의 좌에 5개, 우에 5개씩 비치했다. 그러나 진설상 개수에 있어서 열왕기상 7:48은 진설상은 하나만 제작되었다고 보고하므로 이 또한 모순되어 보인다. 흥미롭게 역대하 또한 다른 곳에서는 등잔대와 진설상, 둘 다 단수로 언급한다는 점에 주목해야 한다(대하 13:11; 29:18). 이것을 종합하면, 아마 마당의 비품들인 번제단과 물두멍은 초대형으로 새로 제작되었지만, 본당 비품들의 경우 성막에서 사용된 본당의 비품들인 법궤, 향단, 진설상, 등잔대는 그대로 성전에 승계되면서 다시 금을 입히는 등 새롭게 단장되어 사용된 것으로 보인다(예, 왕상 6:22).

거기에 본당이 매우 커진 이유로 진설상과 등잔대가 추가로 10개씩 더 제작되어 비치된 것으로 추정된다. 성막에서 승계된 등잔대와 진설상을 원래 성막에 비치된 위치에 놓은 뒤, 아마 각각 10개의 작은 등잔대와 진설상을 좌우에 10개씩 따로 배치했을 것이다. 어떤 사람들은 작은 진설상 10개가 큰 진설상을 중앙에 두고 좌우에 5개씩 놓였으며, 등잔대도 마찬가지 방식으로 큰 등잔대 좌우에 작은 등잔대 10개가 5개씩 놓였다고 설명한다(이 논쟁에 대해 Jerusalem Talmud *Shekalim* 6:3을 참고하라). 그러나 우리는 솔로몬 성전에 대한 극히 제한된 정보로 인해 구체적인 비품 배치를 알기 어렵다.

참고로 제2성전 시대에는 다시 등잔대와 진설상이 한 개로 줄어들어 그것이 중간기를 거쳐 신약 시대의 성전 전통으로 이어진 것 같다. 이는 티토 장군 개선문의 부조에는(사진 42) 단지 한 개의 등잔대와 더불어 한 개의 진설상(아마 진설상이 분명해 보인다)만이 함께 운반되기 때문이다.

뚜껑과 관련하여, 물두멍에 담은 성수가 곤충의 사체나 새똥 등에 의해 오염되지 않도록 뚜껑으로 덮어 두었다고 볼 수도 있다. 그러나 솔로몬 성전의 상세한 물두멍 묘사에서도 뚜껑이 언급되지 않은 것으로 보아 물두멍 제작 전통에서는 뚜껑이 없었다고 추론하는 것이 자연스럽다. 물두멍의 형태는 알 수 없으나, 높이는 적어도 제사장들이 서서 손발을 씻을 물을 용이하게 뜰 수 있을 정도였을 것이다. 아마 성막의 물두멍에는 물을 떠서 사용하기 위한 작은 바가지와 대야들이 구비되어 있었을 것이다.

물두멍은 회막과 번제단 사이의 공간에 위치했다(18절). 물두멍이 놓인 위치가 이스라엘 백성이 관찰하기 어려운 주 제단과 회막 문 사이였다는 사실은 이 공간이 제사장들이 주요 활동을 했던 장소임을 시사한다. 이곳은 번제단 주변의 마당으로부터 은닉된 장소로 제사장들이 옷을 갈아입거나 빨고, 손발을 씻거나 제물 중 자신들의 몫을 요리하고 삶아서 먹는 주된 활동 공간이었다. 물두멍 근처에 적어도 제사장들이 옷을 갈아입거나 필요에 따라 목욕을 했던 작은 칸막이 시설물이 있었다고 보는 것은 매우 합리적인 추론이다.[2] 회막 건물 내부는 그런 제의적 준비나 일상 활동이 전혀 허용될 수 없는 공간이기 때문이다.

물두멍 사용법

물두멍의 물은 구별된 성수로서(민 5:17) 꽤 많은 양이 담겼을 것이다. 탈무드는 물두멍 물의 양은 네 명의 제사장이 손발을 씻기에 충분했다고 말한다(Talmud *Zebachim* 19b). 근거는 모세와 아론 그리고 그의 살아남은 두 아들이 네 명이기 때문인데, 이 견해는 수용하기 어렵다. 왜냐하면 물의 용도는 그 외에도 다양하기 때문이다. 여기서는 제사장들이 그 물로 손발을 씻는 것만 언급되어 있는데, 특별한 경우 성막에서 목욕도 했다. 그 외에도 성막에서는 많은 용도의 물이 필요했다. 우선 제사를 드릴 때도 상당한 양의 물이 필요했는데 내장 청소나 물청소 또한 물두멍의 물이 사용되었을 것이다. 또한 제사장들은 매일 성막에서 제물의 일부를 요리해서 먹었는데 이때도 물두멍의 물이 사용되었을 것이다. 무엇보다 성경에는 언급되지 않았지만 정기적으로 성막을 청소했음이 분명하므로 물두멍의 물이 많이 필요했을 것이다.

19절에서 보듯이, 제사장들은 반드시 손발을 씻고 내성소로 들어가야 한다. 만일 그들이 손발을 씻지 않고 들어간다면 죽음을 면치 못할 것이라는 경고가 주어진다. 또한 제단에 접근할 때, 즉 제단에서 제사를 드릴 때에도 반드시 손발을 씻어야 한다. 손발을 씻는 이유는 제사장 복장을 입은 제사장의 몸 중에 얼굴을 제외하고 유일하게 신체가 노출된 부위였기 때문으로 보인다. 얼굴과 달리 손과 발은 어디에서든 무심코 부정한 것이 묻을 수 있다. 손발을 씻는 규정을 통해 제사장들은 맨발로 성막에서 직무를 수행했음을 알 수 있다. 이것은 모든 제사장 복장 규례에서 신발은 전혀 언급되지 않는다는 사실에서도 확인된다.

또한 하나님을 독대했던 사람들은 "네 신을 벗으라"는 명령을 받는다(출 3:5; 수 5:15). 학자들은 당시 문화에서 거룩한 대상, 높은 상전 앞에서는 낮아짐의 표시로 신발을 벗는 것이 예법이었던 것으로 본다(Sarna, 15; 참고. V. P. Hamilton, 《출애굽기》, 113). 종들은 주인을 독대할 때 신발을 신지 않았다. 마찬가지로 여호와의 종인 제사장들은 그분의 거처인 성막에서 맨발로 직무를 수행해야 했다.

평일에는 제사장들이 손발을 씻을 뿐이나, 제사장 위임식에서 임명받는 제사장은 자신의 몸을 씻어야 하고(출 29:4; 40:12; 레 8:6),[3] 또한 속죄일에는 대

[P 106] **물두멍의 물을 사용하는 제사장들**

제사장이 그 물두멍의 물로 목욕을 해야 한다(레 16:4, 24). 아마 제사장들은 평상시에는 성막에서 목욕을 한 것이 아니라, 자기 처소에서 수시로 목욕을 함으로써 자신을 정결하게 관리했을 것으로 추론된다.

물두멍 놋은 어디서 구했나?

> 그가 놋으로 물두멍을 만들고 그 받침도 놋으로 하였으니 곧 회막 문에서 수종드는 여인들의 거울로 만들었더라 출 38:8

물두멍을 제작한 놋은 어디에서 구했을까? 그 출처는 회막문, 즉 회막 입구에서(뜰을 일컬음) 수종드는 여인들의 거울이었다. 아마 이들은 성막 완성 후에 성막에서 봉사직을 수행하도록 미리 선발된 여인들이었을 것이다. 그 여인들은 자신의 아름다움을 위해 사용한 놋거울을 성막과 제사장들의 아름다움을 위해 헌납했다. 유리 거울이 없던 당시에 여인들에게는 놋거울이 상당히 소중한 물건이었을 것이다. 그러나 여인들은 자신의 영광과 아름다움보다 하나님의 영광과 아름다움을 우선시했다. 나를 멋지게 하고 내 영광을 드러내기

[P 107] 주전 800-100년으로 추정되는 이집트 놋 거울

위해 사용되는 나의 놋거울은 무엇인가? 과연 나는 그것을 하나님께 바쳤는지 각자 돌아볼 필요가 있다.

완성된 성막

우리는 물두멍과 더불어 성막의 모든 시설과 비품의 제작과 설치 그리고 배치에 대해 살펴보았다. 이로써 다음과 같은 완성된 성막 조감도가 만들어진다.

성막의 전체 조감도에서 참고할 것이 있다. 향단을 제외하고 다른 나무 틀로 만든 비품들은 모두 채를 끼운 상태지만 다음 그림들은 이해를 돕기 위한 것이다. 실제로는 법궤만 채를 끼운 채 안치해 두고, 그 외 비품들은 평상시에 끊임없이 사용되는 이유로 향단처럼 채를 빼놓았을 가능성이 크다. 채를 끼워 놓으면 제의 활동이 너무도 불편할 것이 분명하기 때문이다.

또한 이 그림들은 사진 실사가 아니라 이해를 돕기 위한 조감도와 입체도인 이유로 의도적으로 어떤 곳들은 일부 색감의 차이를 두었다.

지금까지 우리가 제작과정을 설명한 성막은 제2년 1월 1일에 완성되었다(출 40:2, 17). 아마 그날 모든 시설과 비품에 기름부음이 있었으며 또한 제사장들의 기름부음도 진행되었다(출 40:2-16). 그날 장엄한 하나님의 불-구름 기둥이 성막 위에 내려왔다(출 40:33-38). 이것은 시내산 꼭대기에 불과 구름으로 임한 하나님께서 출애굽 제2년 1월 1일에 성막 위, 백성의 진영 한가운데로 자신의 임재의 자리를 옮기셨음을 뜻한다. 이로써 이스라엘 백성은 성막과 더불어 하나님과 동행하는 진정한 '임마누엘'의 삶을 시작하게 되었다.

완성된 성막 조감도

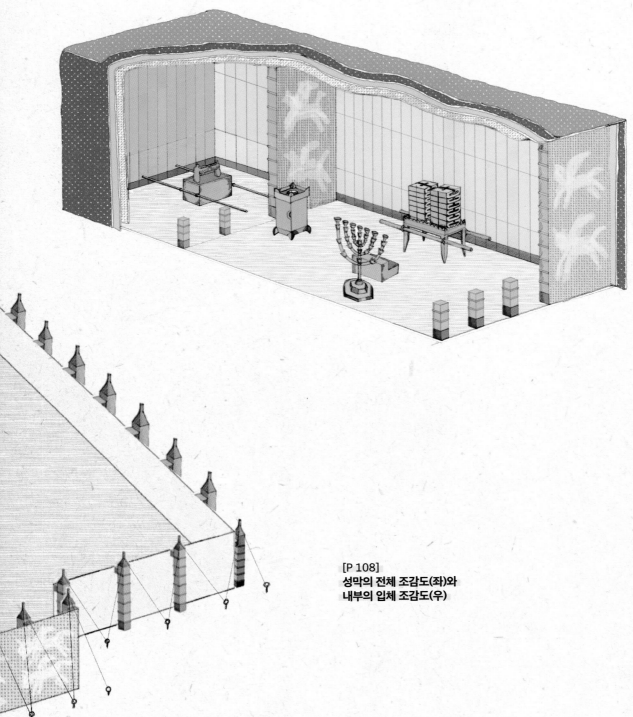

[P 108]
성막의 전체 조감도(좌)와
내부의 입체 조감도(우)

205

14 제사장의 관복
출애굽기 28:1-43 / 39:1-31

대제사장 옷과 일반 제사장 옷은 무엇이 다를까?

수려한 관복을
입은 대제사장

평이한 관복을
입은 일반제사장

[P 109] 대제사장 관복(좌)과 일반 제사장 관복(우)

성막의 세계

제사장의 관복은 두 종류로 나뉜다. 대제사장 복장과 일반 제사장 복장이다. 일반 제사장의 복장은 매우 단순했으나, 대제사장의 복장은 대단히 정교하고 화려했다.

대제사장의 옷에 대한 지침은 매우 복잡하고 난해하다. 또한 그 옷의 제작 방법뿐만 아니라 입는 방법도 분명하지 않고, 옷에 붙은 여러 장식품들을 어떻게 부착해서 사용했는지 확실하지 않다. 중요한 것은 대제사장 옷은 화려하고 장중했다는 사실이다. 반면에 일반 제사장의 옷은 출애굽기 28:40 단 한 구절의 묘사에 그친다(참고. 출 39:27-29). 일반 제사장을 위해서는 기본 예복(속옷)과 허리에 차는 복대(띠), 그리고 머리에 쓸 관을 만들라는 지침만 내려지고 더 이상의 묘사가 보이지 않는다. 우리는 제사장, 특히 화려하고 장엄한 대제사장의 복장이 전달하는 신학적 의미에 주목해야 한다.

제사장 관복의 기본 구성과 재료

4 그들이 지을 옷은 이러하니 곧 흉패와 에봇과 겉옷과 반포 속옷과 관과 띠라 그들이 네 형 아론과 그 아들들을 위하여 거룩한 옷을 지어 아론이 내게 제사장 직분을 행하게 하라 5 그들이 쓸 것은 금실과 청색 자색 홍색 실과 가늘게 꼰 베실이니라 출 28:4-5

너는 아론의 아들들을 위하여 속옷을 만들며 그들을 위하여 띠를 만들며 그들을 위하여 관을 만들어 영화롭고 아름답게 하되 출 28:40

일반 제사장의 관복은 단순히 기본 예복(속옷), 복대(띠) 그리고 머리에 쓰는 관으로 구성되었다(출 28:40). 이것들은 대제사장도 착용하는 가장 기본적인 복장 세트다. 대제사장은 여기에 두 겹을 더 껴입는다. 우리는 일반 제사장과 대제사장의 전체적인 복장 구성을 차례로 살펴보기로 한다. 비교를 위해 일반 제사장부터 다룬다.

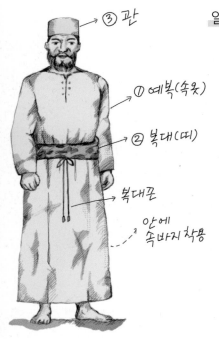

③ 관

① 예복(속옷)

② 복대(띠)

복대끈

안에
속바지 착용

[P 110] 일반 제사장 관복

일반 제사장 관복

1) 예복: "속옷"은 히브리어 쿠토넷(כְּתֹנֶת)에 대한 적절한 번역이
전혀 아니다. 제사장이 속옷을 입고 직무를 수행한다는 것은
이치에 맞지 않기 때문이다. 이것은 제사장이 입는 일종의
가운이므로 번역을 기본 "예복"(tunic)으로 바꾸어야 한다. 마
찬가지로 대제사장의 "반포 속옷"도 "반포 예복"이어야 한다.
'반포'(斑布)란 격자무늬(체크무늬)의 옷감으로 이해된다.[1] 이
후 살펴보겠지만, 일반 제사장의 예복에는 '반포'라는 수식
어가 없다. 이 문제는 뒤에서 별도로 거론하기로 한다.

2) 복대: 개역개정 성경의 "띠"(girdle, sash)는 허리에 두르는 일종
의 복대로 보인다. 띠는 통상 매우 가늘게 인식되므로 우리
는 띠 대신 '복대'라는 용어를 사용하기로 한다. 일반 제사장
의 기본 예복과 관(두건)은 베실로 짠 단색이었던 반면, 복대
는 출애굽기 39:29에 비추어 볼 때("가는 베실과 청색 자색 홍
색 실로 수놓아 띠를 만들었으니") 단색이 아닌 베실에 청색, 자
색, 홍색 실을 섞어서 짠 비싼 제품이었던 것으로 보인다. 앞
서 말한 대로, 이 복대는 일반 제사장뿐만 아니라 대제사장
이 갖추어야 하는 기본 예복의 품목이다.

3) 관: 이것은 머리에 쓰는 두건(turban)의 일종이다. 아마 일반 제사장의
관과 대제사장의 관은 비슷하나 다음에 설명하듯이 서로 히브리어가
다르므로 종류가 달랐던 것으로 보인다.

대제사장 관복

일반 제사장의 관복과 달리 대제사장의 관복은 세 겹을 껴입은 복잡한 삼
중 복장이었다(4절). 그것은 제작 순서를 따라 바깥 복장부터 나열되어 있는
데, 그것을 삼중 복장으로 분류하면 다음과 같다: 에봇 세트(흉패와 에봇), 겉

옷, 반포 예복 세트(예복, 관, 복대).

입는 순서는 속바지를 추가하면 다음과 같다.
속바지 → ① 반포 예복 → ② 복대 →
③ 두건(관) → ④ 겉옷 → ⑤ 에봇 → ⑥ 흉패

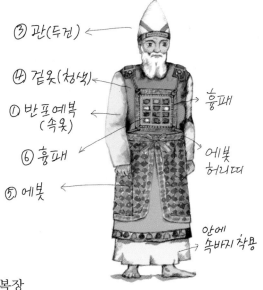

[P 111] 대제사장 관복

제단에 오를 때 입어야 하는 속바지가 출애굽
기 28:42-43에서 추가된다. 따라서 가장 먼저 속
바지를 입고, 이어서 반포 예복을 입는다. 속바지
는 대제사장과 일반 제사장 모두 입어야 하며 재료와
제작 방식도 동일하다. 그러나 통상적으로 사람의 기본 복장
품목에서(예. 양복) 속옷과 내의가 제외되듯이 여기서도 제사장의
기본 복장 품목에서는 제외되고 나중에 속바지 규정이 추가된다. 속
바지를 열외로 하고, ①번부터 ③번까지는 일반 제사장 예복 세트와 동일하다.
이어지는 ④번부터 ⑥번은 대제사장의 특수 복장들이다. 겉옷을 두 번째 복장
으로 입은 뒤 세 번째 에봇 세트(에봇과 흉패)를 껴입는다.

제사장 복장의 전체적인 형식과 옷의 재료들 그리고 특히 대제사장 옷의
고급스런 장식품들을 살펴보면 성막에 들어간 재료들이 동일하게 사용되고
있음을 알 수 있다. 대제사장의 에봇 세트(에봇과 흉패)는 베실을 기본으로 청
색, 자색, 홍색의 양털 실을 섞어 만든다. 여기에 성막의 모든 물건 중 유일하
게 금실이 섞인다. 일반 제사장의 경우 복대(띠)에만 삼색실이 사용된다. 참고
로 양털 실과 베실을 섞은 옷감은 오직 제사장들만 착용할 수 있다. 율법은 일
반 백성이 이 혼합 모직을 입지 못하도록 금지하기 때문이다: "양털과 베실로
섞어 짠 것을 입지 말지니라"(신 22:11).

앞서 말한 대로, 대제사장의 에봇 세트는 삼색실만 아니라 대단히 비싼 금
실도 섞어 제작된다(5절). 따라서 이후 자세히 살피겠지만, 일반 제사장과 대
제사장의 복장의 가치는 비교 불가할 만큼 큰 차이가 나는데 일단 기본 복장

세트인 예복, 관, 복대에서부터 일부 차이가 난다.

일반 제사장과 대제사장의 기본 예복 차이

앞서 말한 대로, 일반 제사장은 단출하게 예복, 복대(띠), 관으로 구성된 기본 복장 세트만 입는다. 대제사장도 역시 일차로 이 기본 복장 세트를 입는다. 그러나 양자의 기본 예복은 일부 차이를 보인다. 출애굽기 28:39-40에 이것이 잘 대조되어 있다.

[대제사장의 기본 예복 세트]

> 너는 가는 베실로 반포 속옷[예복: 원문은 속옷]을 짜고 가는 베실로 관[특별한 두건]을 만들고 띠[복대]를 수놓아 만들지니라 출 28:39

[일반 제사장의 기본 예복 세트]

> 너는 아론의 아들들을 위하여 속옷[예복]을 만들며 그들을 위하여 띠[복대]를 만들며 그들을 위하여 관[평이한 두건]을 만들어 영화롭고 아름답게 하되 출 28:40

39절은 대제사장의 기본 예복 세트이고, 40절은 일반 제사장의 기본 예복 세트다.[2] 기본 재료는 모두 가늘게 꼰 베실이고 복대에는 삼색실이 섞인다. 두 구절만 놓고 비교하자면 다음과 같은데 별 차이가 없어 보인다.

대제사장 : 예복(속옷) / 복대(띠) / 특별한 관(두건?)
일반 제사장 : 예복(속옷) / 복대(띠) / 평이한 관

상이한 예복 : 반포 예복과 일반 예복

먼저 대제사장의 기본 예복은 39절에서 개역개정이 "반포 속옷"으로 번역했는데, 히브리어 원문으로는 "반포" 없이 단순히 가는 베실로 짠 "예복(속옷)"이다. 그러나 앞서 히브리어 원문 28:4에서는 그것이 격자무늬의 "반포 예복"으로 언급되었기에 개역개정의 "반포 속옷(예복)"은 문제가 없는 번역이다. 대제사장의 기본 예복은 단순히 짜는 기술(39절, "짜고"), 즉 가장 기술 수준이 낮은 일반 직조술인 베짜기로 제작된다.

반면에 일반 제사장의 기본 예복은 "예복(속옷)"으로만 표현되고(40절) 어디서든 "반포"가 수식어로 붙지 않는다. 그로 인해 현대의 주요 주석가들은 한결같이 대제사장의 기본 예복인 반포 예복은 격자무늬가 들어간 옷으로 일반 제사장의 기본 예복보다 더 고급스러웠다고 해석한다.[3] 그러나 랍비들은 일치된 목소리로 둘 다 동일한 세마포 반포 예복으로 보면서 "예복"은 그것에 대한 간단한 명칭으로 간주한다.[4] 매우 난감한 문제다.

일단 백성의 세마포 옷(베옷)은 채색 옷과 같은 고귀하고 비싼 옷부터(창 37:3; 삼하 13:18-19) 평이한 옷까지 다양했던 것으로 보이나, 제사장의 세마포 관복은 특별한 세마포 옷이었음이 분명하다. 아마 특별했던 제사장의 세마포 기본 예복 중에서도 대제사장의 기본 예복은 더욱 특수하게 제작된 옷이었기에 "반포 예복"이란 명칭을 붙인 것 같다. 이것은 대제사장이 머리에 쓰는 "관"이 일반 제사장이 쓰는 "관"과 히브리어에서 차이가 나는 특수한 관이었다는 점에서 유추된다. 요세푸스는 대제사장이 입은 기본 예복(tunic)은 두 겹의 베옷으로 직조했으며, 발목까지 내려오고 팔에 단단히 끈으로 묶는 긴 소매를 가진 옷이었다고 설명한다(*Antiquities* 3.7.2). 히브리어 원문에서, 대제사장의 기본 예복을 4절에서는 "반포 예복", 39절에서는 단순히 "예복"이라 했는데 후자의 경우 반포 예복에 대한 약식 표현으로 보인다.

상이한 관 : 관과 두건

머리에 쓰는 관의 경우에도 두드러진 차이점이 나타난다. 대제사장의 관과 일반 제사장의 관을 모두 "관"(두건)으로 번역했지만, 히브리어로는 전혀 다른 단어다(미주 2를 보라). 그러나 미쉬나(*Yoma* 7:5)와 그것을 따르는 라쉬(Rashi, 출 28:40)는 이름만 다를 뿐 '모자'를 뜻하는 동일한 품목으로 간주한다.[5] 비더만 또한 그것을 따라 양자를 동일한 제품으로 복원한다(Biderman, 242, 287). 그러나 이것들이 분명 이름이 다른 품목이라는 사실은 출애굽기 39:28에서 재확인된다: "세마포로 두건[대제사장용]을 짓고 세마포로 빛난 관[일반 제사장용]을 만들고…."

아마 대제사장의 관은 일반 제사장의 관보다 훨씬 고급스러운 우아한 두건이었을 것이다. 요세푸스는 대제사장의 관은 일반 제사장의 관과 기본 형태는 동일하나 청색 띠와 세 줄로 제작된 황금관을 두른 특수한 관이었다고 말한다(*Antiquities* 3.7.3과 3.7.6). 우리는 구별을 위해 일반 제사장은 '관', 대제사장은 '두건'으로 칭하기로 한다. 아마 관과 두건도 '수놓기'에 대한 언급이 없으니 기본 예복처럼 하얀 베실로 '일반 베짜기' 기술을 가지고 제작한 것으로 보인다.

동일한 복대 : 띠

대제사장과 일반 제사장 복대의 히브리어 이름이 같으므로 동일 제품일 것이다. 복대는 최고급 삼색실로 짰으며, 또한 수놓기가 들어가는 복대의 제작 기술은 단순히 일반 베짜기 기술이 사용되는 기본 예복(속옷)보다 기술 등급이 높았다. 대제사장의 복대를 평이한 수놓기로 짰으므로(28:39, "띠를 수놓아") 일반 제사장의 것도 평이한 수놓기로 짜는 것이 당연하다(출 39:29). 어떤 문양이 수놓아졌는지는 알 수 없다. 일부 학자와 랍비들은 일반 제사장의 복대 또한 대제사장의 복대에 비해 재료의 가치가 떨어졌다고 추론하지만,[6] 우리는 이것을 따르지 않는다. 복대의 길이와 형태, 두께 등은 정확히 알 수 없다.[7] 결국 대제사장과 일반 제사장 예복은 복대만 동일하고 기본 예복과 관에서는 차이가 났다. 그러나 대제사장의 경우 청색 겉옷을 껴입으므로 이 복대는 겉에서 전혀 보이지 않는다.

한편 이 복대는 출애굽기 28:8(또한 출 39:5)의 제사장의 에봇에 달린, 그리하여 에봇의 일부로 제작된 "띠"(허리띠)와 다르다. 대제사장은 일차로 기본 예복과 복대, 두건을 착용한 뒤 그 위에 겉옷을 껴입고, 마지막에 에봇 세트를 두른 뒤 에봇의 '허리띠'로 묶는다.

정리하자면, 우선 대제사장의 삼중 복장은 3등급으로 가치가 나뉘는데 바깥으로 나올수록 더 비싸다. 사용된 재료뿐만 아니라 대제사장의 삼중 복장의 중요도에 따라 직조술의 차이가 난다. 앞서 이 책 10장 휘장막 설명의 직조술 도표에서 볼 수 있듯이(133쪽), 성막에서 3단계의 직조술이 사용된 것처럼 대체로 대제사장의 복장도 그렇다. '일반 베짜기'로 대제사장의 기본 예복과 겉옷이 제작되고, 더 고급 기술인 '평이한 수놓기'로 복대(띠)가 제작된다. 마지막의 최고급 기술인 '정교한 수놓기'로 에봇 세트(에봇과 에봇의 띠, 흉패)가 만들어진다. 출애굽기 28장은 이 대제사장 복장의 제작법과 착용법을 매우 상세히 설명한다.

직조술	히브리어	대제사장 복장 구성품
정교한 수놓기	마아세 호쉐브	에봇과 에봇 띠, 흉패
평이한 수놓기	마아세 로켐	복대(띠)
일반 베짜기	마아세 오렉	반포 예복과 겉옷

대제사장 관복의 제작법과 착용법

에봇과 어깨받이, 허리띠

6 그들이 금실과 청색 자색 홍색 실과 가늘게 꼰 베실로 정교하게 짜서 에봇을 짓되 7 그것에 어깨받이 둘을 달아 그 두 끝을 이어지게 하고 8 에봇 위

에 매는 띠는 에봇 짜는 법으로 금실과 청색 자색 홍색 실과 가늘게 꼰 베실로 에봇에 정교하게 붙여 짤지며 출28:6-8

1) 에봇 : 입는 순서와 반대로 가장 먼저 에봇 제작법과 착용법이 설명된다. 에봇은 가늘게 꼰 베실에 삼색실을 섞어 짜되 거기에 특별히 금실을 추가한다(6절). 반복되지만, 금실은 성막과 제사장 복장 통틀어 에봇 세트에만 사용되는데, 에봇 세트가 얼마나 특별하고 고귀한 복장이었는지 알 수 있다. 에봇 세트에도 '정교한 수놓기'의 최고급 기술이 사용된다("베실로 정교하게 짜서"). 이것은 금실과 삼색실로 제작된 기본 원단에 어떤 문양이 별도의 최고급 자수 작업으로 들어갔다는 뜻이다.

2) 어깨끈(어깨받이) : "어깨받이"는 흔히 어깨 위에 부착된 견대로 이해된다(7절). 그러나 이것은 "어깨끈"(strap), 즉 멜빵을 가리키는 것으로 보인다. 이는 라쉬와 마이모니데스를 비롯한 랍비들의 전통적인 견해로서[8] "그 두 끝을 이어지게 하고"라는 표현에서 확인된다.

3) 에봇의 두 끝에 어깨끈 연결하기 : 7절의 "그 두 끝을 이어지게 하고"의 히브리어는 '에봇의 두 끝을 연결하라'는 뜻이다. 이 모호한 표현을 풀어서 해석하면 다음과 같다: "두 어깨끈을 에봇에 달아 에봇의 두 끝에 연결하고." 이것은 두 개의 멜빵끈을 만들어 등 쪽에서 에봇 맨 위의 에봇 띠가 있는 두 지점(두 끝)에 연결하라는 뜻이다(그림 112의 오른쪽 그림을 보라). 이것은 이어지는 27절에서 확인된다(27절의 설명을 참고하라). 즉 에봇을 제작할 때 어깨끈을 등 쪽에서 에봇에 붙은 "허리띠"(에봇 띠)에 연결해서 제작한다.[9] 말하자면, 멜빵끈을 처음부터 에봇의 일부로 제작한다. 따라서 에봇의 착용은 멜빵바지를 입는 방식과 비슷하다. 에봇은 청색 겉옷에 이어 마지막에 껴입는 의복이기에 허리에 둘러서 멜빵으로 연결해 입는 행주치마처럼 생겼을 것이다(Rashi). 다만 행주치마와는 앞뒤가 바뀐 방식으로 허리에 두른다.

4) 에봇 띠 : 에봇은 행주치마와 같은 옷이므로 일종의 허리띠로 묶어야 했
   다. 8절의 "에봇 위에 매는 띠"(참고. 출 39:5), 즉 에봇의 허리띠는 기본
   예복의 허리에 감은 복대와 별개로서 두 어깨끈(멜빵끈)처럼 에봇의 일
   부로 제작된다. 따라서 에봇과 똑같은 재료와 직조술('정교한 수놓기')로
   베실에 삼색실 및 금실을 섞어서 제작했다. 반면에 앞서 설명한 바와
   같이 에봇의 허리띠와 별개인 대제사장과 일반 제사장의 복대는 '평이
   한 수놓기'로 제작된다(39절).[10]

5) 흉패 : 이후 자세히 설명되지만, 가슴 쪽에 흉패가 부착되는데 양쪽 어
   깨끈에 부착된 "금테"에 두 개의 금사슬을 매달아 흉패의 위쪽 모서리
   에 달린 금고리에 연결한다(출 28:25-26). 이어서 흉패 아래쪽 고리에
   청색 띠를 매달아 에봇의 허리띠에 달린 에봇의 금고리에 묶는다. 이로

② 어깨끈
(어깨받이)

⑤ 흉패

③ 에봇의
두 끝

④ 에봇띠
(허리띠)

① 에봇

[P 112] 대제사장의 에봇 착용

써 흉패가 가슴 쪽에 단단히 고정된다. 마지막에 허리띠를 단단히 묶었을 것이다. 어깨끈과 흉패의 제작법 그리고 흉패의 부착 방법은 뒤에서 추가로 설명할 것이다.

어깨끈의 부품들 : 호마노 보석, 금테, 금사슬

9 호마노 두 개를 가져다가 그 위에 이스라엘 아들들의 이름을 새기되 10 그들의 나이대로 여섯 이름을 한 보석에, 나머지 여섯 이름은 다른 보석에 새기라 11 보석을 새기는 자가 도장에 새김같이 너는 이스라엘 아들들의 이름을 그 두 보석에 새겨 금테에 물리고 12 그 두 보석을 에봇의 두 어깨받이에 붙여 이스라엘 아들들의 기념 보석을 삼되 아론이 여호와 앞에서 그들의 이름을 그 두 어깨에 메워서 기념이 되게 할지며 13 너는 금으로 테를 만들고 14 순금으로 노끈처럼 두 사슬을 땋고 그 땋은 사슬을 그 테에 달지니라 출 28:9-14

1) 호마노 보석 : 양쪽의 어깨끈에는 특별한 보석 장식물이 붙는데 그것은 금테에 박힌 큼직한 두 개의 호마노였다. 이 책 2장에서 언급한 대로, 이 보석의 정체가 분명하지는 않으나 대단히 귀한 보석이었음이 분명하다. 호마노는 흉패에 부착된 열두 개의 보석 목록에도 포함되어 있다. 두 호마노에는 이스라엘 열두 아들의 이름을 각각 여섯 개씩 기록해야 한다. 그것은 "나이대로"(10절), 즉 그들이 태어난 순서대로 새겨졌다. 임의로 좌우로 배정해 여섯 명씩 나누어 나열하면 다음과 같다. 좌측에는 르우벤, 시므온, 레위, 유다, 단, 납달리이고, 우측에는 갓, 아셀, 잇사갈, 스불론, 요셉, 베냐민이다.
"도장에 새김같이"(11절)라는 말에서 그 보석에 이름을 새기는 데도 정교한 기술이 요구되었음을 알 수 있다. 보석을 깎는 일에도 능통했던 브살렐이 이 일을 맡았다(출 31:5). 보석에 새겨진 열두 지파의 이름은 각 지파를 영화롭게 하신 하나님의 특별한 은혜를 상징할 것이다.

2) 금테 I : 호마노를 "금테에 물리고"(11절)라는 것은 그것을 금테(setting of gold)로 견고히 둘러싸 박았다는 뜻이다. 이것은 모든 이스라엘에게 "기념 보석"이 되었다(12절).

말하자면, 이것은 '기억의 돌', 즉 기억을 위한 특별한 보석 장식품이다. 열두 지파의 이름이 새겨진 대제사장의 어깨 위의 두 호마노는 이스라엘로 하여금 자신들의 뿌리와 역사 그리고 하나님의 특별한 인도하심과 복 주심을 기억나게 했을 것이다. 또한 이스라엘은 이 기념 보석을 볼 때 자신들이 특별한 보배와 같은 민족임을 상기했을 것이다. 두 금테는 13절에서 다시 언급된다.

3) 금테 II : 13절의 "너는 금으로 테를 만들고"에서 이 금테는 11절의 '호마노를 고정한 금테'와 동일한 것인가? 어떤 재구성은 호마노 보석이 박힌 두 금테와 동일시한다. 다소 모호하긴 하지만 많은 랍비가 호마노를

[P 113] **어깨끈의 부품들**

박은 금테와는 별도의 금테로 간주한다. 말하자면, 그것은 금사슬을 걸기 위한 별도의 장치다.[11] 다음에 설명되는 금사슬을 호마노가 박힌 가느다란 금테두리에 거는 것은 적절해 보이지 않으므로 우리는 후자의 견해를 따르기로 한다. 따라서 그림 113에서 금테를 I과 II의 두 종류로 구분해 놓았다.

4) 금사슬 : 다음 부품으로 금으로 된 사슬 두 개를 제작하라는 지시가 내려진다(14절). 이것을 어깨끈의 금테 II에 걸어 대제사장의 가슴 쪽으로 내려오게 한다. 자세한 것은 이후 설명되나 금사슬들의 아래쪽 두 끝은 흉패 위쪽의 두 모서리에 달린 금고리에 연결된다(23-27절).

5) 흉패 : 흉패 아래쪽 두 모서리의 금고리에 다시 청색 끈을 달아 에봇의 허리띠에 연결한다(28절). 이렇게 해서 흉패가 대제사장의 가슴에 부착된다. 에봇과 흉패는 하나의 세트로 구성된 복장, 즉 에봇 세트로 간주될 수 있다.

흉패 제작법과 부착된 보석들

15 너는 판결 흉패를 에봇 짜는 방법으로 금실과 청색 자색 홍색 실과 가늘게 꼰 베실로 정교하게 짜서 만들되 16 길이와 너비가 한 뼘씩 두 겹으로 네모 반듯하게 하고 17 그것에 네 줄로 보석을 물리되 첫 줄은 홍보석 황옥 녹주옥이요 18 둘째 줄은 석류석 남보석 홍마노요 19 셋째 줄은 호박 백마노 자수정이요 20 넷째 줄은 녹보석 호마노 벽옥으로 다 금테에 물릴지니 21 이 보석들은 이스라엘 아들들의 이름대로 열둘이라 보석마다 열두 지파의 한 이름씩 도장을 새기는 법으로 새기고 출 28:15-21

대제사장의 가슴 쪽에 부착하는 흉패는 에봇과 동일한 재질의 가장 귀한 실들로 짰다. 가늘게 꼰 베실을 기본으로 아름다운 청색, 자색, 홍색 실을 섞었으며 거기에 금실이 추가되었다. 가로세로 한 뼘 크기의 정사각형 모양이었으며 두 겹으로 제작되어 아마 봉투처럼 물건을 넣을 수 있었던 것으로 보인다 (16절). "한 뼘"(span)으로 번역된 히브리어 '제레트'(זֶרֶת)는 2분의 1규빗, 즉 약 23cm길이로 간주된다(참고. BDB). 언뜻 작아 보이나 실제로 가슴에 이 크기의 사각형을 부착하면 가슴이 거의 덮인다. 결국 흉패는 1규빗 길이로 제작해서 반을 접어 2분의 1규빗 크기로 완성된다.

그 위에 네 줄로 보석을 달았는데, 한 줄에 세 개씩 총 열두 개의 보석이 장식되었다(17-20절). 이 책 2장의 재료에서 살핀 대로, 보석의 이름들이 매우 드문 고대 히브리어이므로 다수가 어떤 종류인지 정확히 확인할 수 없으며 그로 인해 번역서들마다 천차만별의 보석류가 나열된다. 그것들이 어떤 보석류였든지 가장 비쌌음은 분명하다.

열두 개의 보석은 이스라엘 열두 지파를 나타냈으며, 한 보석에 한 지파의

[P 114] **12개의 보석이 박힌 흉패**

이름이 새겨졌다. 아마 어깨끈 위의 호마노 보석에 새겨진 이름들과 마찬가지로 여기에도 태어난 순서대로 열두 지파 조상들의 이름이 기록되었을 것으로 추론된다. 그러나 우리에게 중요한 것은 이름의 순서가 아니라 열두 지파의 이름이 거기에 새겨졌다는 것과 그것이 지닌 의미다.

흉패 착용법

> 22 순금으로 노끈처럼 땋은 사슬을 흉패 위에 붙이고 23 또 금고리 둘을 만들어 흉패 위 곧 흉패 두 끝에 그 두 고리를 달고 24 땋은 두 금사슬로 흉패 두 끝 두 고리에 꿰어 매고 25 두 땋은 사슬의 다른 두 끝을 에봇 앞 두 어깨받이의 금테에 매고 26 또 금고리 둘을 만들어 흉패 아래 양쪽 가 안쪽 곧 에봇에 닿은 곳에 달고 27 또 금고리 둘을 만들어 에봇 앞 두 어깨받이 아래 매는 자리 가까운 쪽 곧 정교하게 짠 띠 위쪽에 달고 28 청색 끈으로 흉패 고리와 에봇 고리에 꿰어 흉패로 정교하게 짠 에봇 띠 위에 붙여 떨어지지 않게 하라 출 28:22-28

금사슬 두 개를 땋아서 제작한 뒤 흉패에 연결한다. 흉패를 고정하기 위해 세 쌍의 금고리, 즉 6개의 금고리가 제작된다. 이 중 두 쌍은 흉패의 위와 아래에 부착되는 흉패의 금고리들이고, 나머지 한 쌍은 에봇의 허리띠에 부착되는 에봇의 금고리들이다.

1) 첫 번째 쌍의 금고리 : 흉패의 윗금고리들이다. 먼저 흉패 위 두 끝 모서리에 첫 번째 금고리를 부착한 뒤(23절), 거기에 두 금사슬을 꿰어 맨다(24절). 이어서 그 두 금사슬을 두 어깨 위쪽의 어깨끈("어깨받이")의 금테 II에 연결한다(25절).

2) 두 번째 쌍의 금고리 : 흉패의 아랫금고리들이다. 흉패 아래의 두 끝 모서리에 두 번째 쌍의 금고리를 만들어 단다(26절). 흉패는 에봇의 윗부분

(허리띠)과 거의 맞닿아 있다(26절).

3) 세 번째 쌍의 금고리 : 에봇의 허리띠 뒤쪽에 부착된 금고리들이다(그림
112의 오른쪽 그림을 참고하라). 마지막으로 이 세 번째 쌍의 금고리를 어
깨끈의 아래쪽에 연결하는데, "두 어깨받이[어깨끈] 아래 매는 자리"에
위치한 에봇의 허리띠 위에("띠 위쪽에") 단다(27절). 이것은 무슨 뜻인
가? 어깨끈(어깨받이)은 등 쪽에 맨다. 그렇다면, '어깨끈 아래의 띠 위'
는 등 쪽에서 에봇 허리띠에 어깨끈을 매는 자리 위를 말한다(위 7절의
설명을 참고하라). 바로 거기에 금고리 둘을 달아야 한다. 말하자면, 에
봇 허리띠에 달린 이 두 금고리의 위치는 등 쪽이다.[12] 청색 끈을 앞의
흉패 아래의 두 금고리에 묶은 뒤 뒤쪽으로 잡아당겨 허리띠의 뒤쪽에

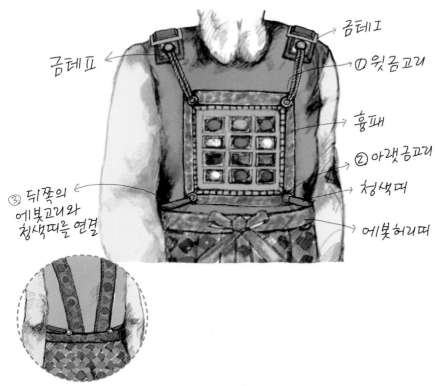

[P 115] 흉패 착용법

붙은 에봇의 두 금고리에 묶는다(28절). 이렇게 해서 흉패가 가슴에 단단히 고정된다.

정리하자면, 흉패는 위쪽으로 어깨끈의 금테에 금사슬로 연결되었고 아래쪽으로는 에봇의 허리띠에 청색 끈으로 연결되었다. 이렇게 해서 에봇과 흉패는 하나의 세트가 되어 대제사장의 세 번째 복장을 구성했다.

흉패의 기능

29 아론이 성소에 들어갈 때에는 이스라엘 아들들의 이름을 기록한 이 판결 흉패를 가슴에 붙여 여호와 앞에 영원한 기념을 삼을 것이니라 30 너는 우림과 둠밈을 판결 흉패 안에 넣어 아론이 여호와 앞에 들어갈 때에 그의 가슴에 붙이게 하라 아론은 여호와 앞에서 이스라엘 자손의 흉패를 항상 그의 가슴에 붙일지니라 출 28:29-30

흉패의 두 가지 기능이 나타난다. 먼저, 열두 지파의 이름이 새겨진 보석 흉패는 여호와 앞에 "영원한 기념"을 삼기 위해 가슴에 붙였다(29절). 이로써 기념에 대한 지시가 12절의 어깨끈에 달린 두 호마노 보석에 이어 반복된다. 어깨에 부착된 호마노 '기념 보석'처럼, 열두 개의 보석이 박힌 흉패의 주요 기능 중 하나는 '기념'이다. 이 보석들은 아마도 하나님의 위대한 구원과 그분과 맺은 언약을, 동시에 가장 비싼 보석들과 같은 그들의 보배로운 신분을 기억나게 했을 것이다(출 19:5-6). 뿐만 아니라 그 찬란한 보석들은 하나님의 거룩하심과 영광의 광채를 상징적으로 뿜어내는 기능을 했을 것이다. 따라서 이스라엘 백성은 대제사장 앞에 설 때마다 흉패의 열두 보석이 발산하는 하나님의 찬란한 영광을 느꼈을 것이며, 동시에 그들은 각 지파의 이름이 새겨진 그 보석들을 통해 자신들의 보배로운 신분을 '기억'했을 것이다.

두 번째로 흉패는 "판결 흉패"로 불리는데, 하나님의 뜻과 판결을 구할 때 사용되었다(민 27:21). 그 목적을 위해 '우림과 둠밈'이라 불리는 특별한 물건을 두 겹으로 제작된 흉패 안에 넣어 보관했다(30절; 참고. 레 8:8). 우림과 둠밈은 하나님의 말씀을 분별하는 신탁의 도구였다. 그러나 이것들의 정체나 사용법은 철저히 베일에 싸여 있다. 우림과 둠밈의 형태나 색깔도 모르며 어떻게 사용했는지, 또한 어떻게 하나님의 뜻을 분별하고 말씀을 전달받았는지는 구약이 분명하게 알려 주지 않는다.

흥미롭게도 학자들은 앗수르의 점술 의식에서 우림과 둠밈과 비슷하게 두 돌을 사용하는 관행을 찾아냈다. 하나는 흰색 돌(alabaster)이며, 다른 하나는 검은 돌(hematite)이다. 그런데 흰색 돌의 아카드어는 '위대한 빛'을 의미하는데 히브리어 '우림'('빛들')에 상응하는 반면, 검은 돌의 아카드어는 '진리의 돌'을 의미하는데 히브리어 '툼밈'('완전함, 의로움')에 상응하는 듯 보인다.[13] 이것은 우림과 둠밈의 재료의 종류와 물리적 특질 그리고 사용법에 대한 상당한 힌트를 준다. 물론 이것이 이방의 점술 의식에서 사용되었기에 주의를 기울여 비교해야 함은 당연하다. 우리는 이 문제를 [부록]에서 더 다룰 것이다. 어쨌든 대제사장은 자신의 정규 복장과 더불어 항상 중요한 말씀의 도구인 흉패를 달고 제의 사역에 임했다(30절).

겉옷 제작법과 기능

> **31** 너는 에봇 받침 겉옷을 전부 청색으로 하되 **32** 두 어깨 사이에 머리 들어갈 구멍을 내고 그 주위에 갑옷 깃같이 깃을 짜서 찢어지지 않게 하고 **33** 그 옷 가장자리로 돌아가며 청색 자색 홍색 실로 석류를 수놓고 금방울을 간격을 두어 달되 **34** 그 옷 가장자리로 돌아가며 한 금방울, 한 석류, 한 금방울, 한 석류가 있게 하라 출 28:31-34

"에봇 받침 겉옷"은 에봇을 받치는 옷, 즉 에봇 아래에 받쳐서 입는 옷이다. 새번역은 "에봇에 딸린 겉옷"으로 번역한다. 겉옷은 기본 예복 위에 껴입는다. 바로 그런 이유로 기본 예복이 "속옷"으로 번역되었는데, 앞서 말한 대로 이 번역은 "(반포) 예복"으로 시정되어야 한다.

1) 겉옷은 청색으로 된 단색의 옷으로 목 쪽이 뚫린 통으로 된 옷으로 추정된다(32절).[14]

2) 아래쪽에 삼색실로 석류를 수놓고(아마 석류 장식물) 여러 금방울을 달았다. 석류 장식과 금방울은 서로 교대로 달았는데(34절), 각각 몇 개인지는 알 수 없다.[15]

① 소매없는 청색겉옷

② 금방울과 석류장식

③ 기본 예복 (한 손바닥폭이 짧은 겉옷)

[P 116] 기본 예복 위의 겉옷

성막의 세계

3) 레빈은 겉옷이 기본 예복보다 한 뼘 정도 짧았을 것으로 추론하는데, 우리는 이것을 따른다.

방울 소리와 제사장의 죽음

> 아론이 입고 여호와를 섬기러 성소에 들어갈 때와 성소에서 나올 때에 그 소리가 들릴 것이라 그리하면 그가 죽지 아니하리라 출28:35

금방울이 달린 이유로 아론이 이 옷을 입고 걸어 다니면 방울 소리가 났다. 내성소에 들어가고 나올 때 '방울 소리가 나면, 그가 죽지 않을 것이다'라는 말은 무슨 의미인가(35절)? 표면적 의미는 분명 대제사장이 내성소나 지성소에서 죽지 않도록 방울 소리가 보호해 주는 기능을 했다는 것이다. 그 이유는 정확히 알기 어렵다.

추정컨대, 대제사장이 내성소뿐 아니라 지성소에 출입할 때 방울 소리가 하나님 앞에 들리도록 하여 극도로 위험한 공간에서 그분의 자비를 구하는 기능을 했을지 모른다. 아니면 방울 소리는 복장 점검의 의미가 있는지도 모른다. 대제사장이 복장을 제대로 갖추고 회막을 출입하는지를 방울 소리가 각성시키는 역할을 했다는 의미다. 혹은 왕실에 신하나 접견객이 왕을 알현하러 들어가고 나갈 때 미리 통보를 하듯이, 회막에 들어가고 나갈 때 왕이신 하나님께 상징적으로 입장과 퇴장을 알리는 기능을 했는지 모른다.

방울 소리의 기능이 무엇이었든지 광야에서 대제사장이 성막 여기저기를 거닐며 직무를 수행할 때는 청아한 금방울 소리가 멀리 퍼졌을 것이다. 따라서 사방 진영의 백성은 그 소리를 듣고 대제사장이 오늘도 열심히 자신을 위해 일하고 있음을 알았을 것이다. 오늘날 교회의 지도자들이 예배당에서 홀로 하나님께 드리는 간절한 기도가 이렇게 성도의 심금을 울리는 방울 소리이지 않을까.

한편, 이 금방울 소리의 기능에 대한 짧은 진술로 인해 대제사장이 지성소에 입장할 때 발목에 끈 혹은 밧줄을 매달고 들어갔다는 전혀 근거 없는 이야기가 오래도록 전해 내려왔다. 이에 대한 자세한 반론은 [부록]을 보라.

성패 제작법과 기능

36 너는 또 순금으로 패를 만들어 도장을 새기는 법으로 그 위에 새기되 '여호와께 성결'이라 하고 **37** 그 패를 청색 끈으로 관 위에 매되 곧 관 전면에 있게 하라 **38** 이 패를 아론의 이마에 두어 그가 이스라엘 자손이 거룩하게 드리는 성물과 관련된 죄책을 담당하게 하라 그 패가 아론의 이마에 늘 있으므로 그 성물을 여호와께서 받으시게 되리라 출 28:36-38

1) 대제사장 관복의 마지막 품목으로 성패가 묘사된다. 성패는 순금으로 제작되었으며, 그 위에 정교한 인장 기술로 "여호와께 성결"이라는 문구를 새겼다(36절).

2) 성패는 청색의 끈으로 머리에 쓴 관의 정면에 매달았다(37절).

3) "여호와께 성결"이라 새겨진 이 성패를 단 대제사장은 이스라엘 백성이 바치는 성물과 관련되어 발생할 수 있는 죄를 제거해 줄 수 있었다(38절).[16] 그것은 성패가 발생시키는 효력이었다.

헌제자와 그의 제물은 그가 알지 못한 가운데 부정결한 상태에 놓여 있거나 제물에 숨겨진 흠이 있을 수도 있다. 미쉬나를 비롯한 유대 문헌들에서 랍비들은 대제사장의 성패가 바로 그런 문제를 속죄했다고 설명한다.[17] 그래서 성패에 대한 효력을 설명하는 38절 하반절이 이어진다: "그 패가 아론의 이마에 늘 있으므로 그 성물을 여호와께서 받으시게 되리라." 밀그롬의 비유를 들자면, 마치 대제사장의 성패가 부정한 것과 부적절한 것을 향해 뿜어져 타격을 가하는 하나님의 거룩의 기

[P 117] **대제사장의 두건(관)과 성패**

운을 대신 흡수하는 피뢰침과 같은 역할을 함으로써 헌제자를 속죄한다.[18] 이러한 견지에서 이마에 성패를 단 대제사장이 성물과 관련된 죄(죄책)를 대신 진다는 표현이 이해되어야 한다.

이것은 대제사장이 이미 지은 백성의 죄를 대신 지고 고통당한다는 뜻이 절대 아니다. 그 일은 희생 짐승이 담당한다. 오히려 대제사장은 성패를 통해 제물과 관련된 인간의 실수를 사전에 해결해 준다. 따라서 여기서 대제사장이 "죄책을 담당한다"(히. נָשָׂא עָוֹן 나사 아본, 문자적으로 '죄를 들어올리다')는 말은 "죄를 제거한다"는 뜻으로 이해된다.

제사장의 기본 예복 세트와 속바지

39 너는 가는 베실로 반포 속옷[예복]을 짜고 가는 베실로 관[두건, 특별한 관]을 만들고 띠[복대]를 수놓아 만들지니라 40 너는 아론의 아들들을 위하여 [반포] 속옷[예복]을 만들며 그들을 위하여 띠[복대]를 만들며 그들을 위하여 관[평이한 관]을 만들어 영화롭고 아름답게 하되 41 너는 그것들로 네 형 아론과 그와 함께한 그의 아들들에게 입히고 그들에게 기름을 부어 위임하고 거룩하게 하여 그들이 제사장 직분을 내게 행하게 할지며 42 또 그들을 위하여 베로 속바지를 만들어 허리에서부터 두 넓적다리까지 이르게 하여 하체를 가리게 하라 43 아론과 그의 아들들이 회막에 들어갈 때에나 제단에 가까이하여 거룩한 곳에서 섬길 때에 그것들을 입어야 죄를 짊어진 채 죽지 아니하리니 그와 그의 후손이 영원히 지킬 규례니라 출 28:39-43

성패의 기능에 대한 설명과 더불어 대제사장 복장 규례가 마무리되는데, 39절은 대제사장의 기본 예복 세트를 다시 종합하여 요약한다. 39-40절에 대해서는 앞서 자세히 살펴보았다. 대제사장과 일반 제사장 모두 기본 품목으로 예복, 띠(복대), 관을 착용하는데, 복대는 공통이지만 대제사장은 반포 예복을 입고 특수한 관인 두건을 착용하는 차이점을 보인다. 이 대제사장의 기본 예복 세트(예복, 관[두건], 띠)가 비로소 여기서 등장하는 이유는 곧이어 40절에서 일반 제사장의 기본 예복 세트를 그것과 비교해서 나열하기 위함이다.

기본 복장에 추가로 모든 제사장은 '회막에 들어갈 때에나 제단에 올라갈 때' 하체(성기에 대한 완곡어법)가 노출되지 않도록 항상 속바지를 착용했다. 대제사장도 예외가 아니었다. 속바지 또한 기본 예복과 마찬가지로 베실로 짰다 (42절). 속바지 없이 제단에 오른다는 것은 하나님을 모독하는 일이었기에 만일 이 규정을 위반하면 그 제사장은 그 "죄를 짊어지게" 된다. 여기서 "죄를 짊어진다"(히. 나사 아본, 문자적으로 '죄를 들어올리다'는 뜻)는 뜻은 38절과 달리 제사장이 자신의 죄를 지는 것이므로, "죄를 제거하다"가 아닌 "죄를 (자신이) 담당하다"로 해석해야 한다. 하나님은 그 죄의 대가가 죽음이라고 경고하셨다.

성막의 축소판인 대제사장 옷

앞서 우리는 성막과 시내산의 대조를 통해 시내산은 하나님이 임재하신 일종의 성전이었음을 살펴보았다. 그런데 놀랍게도 대제사장의 옷 또한 성막과 병행을 이룬다. 다만 시내산이 성막의 확장판이라면, 대제사장의 옷은 성막의 축소판이다.[19]

대제사장의 옷 = 성막의 축소판 삼중 구조의 일치성	
지성소 : 법궤 - 두 돌판(십계명)	에봇 : 흉패 - 두 돌(우림과 둠밈)
내성소 : 금 비품들	겉옷 : 금방울, 석류 장식
마당 : 놋 비품들	예복 : 하얀 베옷

이것이 매우 타당한 이유는 속바지를 제외한 대제사장 복장의 삼중 구조가 성막의 삼중 구조에 정확히 부합하기 때문이다.

대제사장 옷 : 예복, 겉옷, 에봇(흉패, 흉패 안의 두 돌[우림과 둠밈])
성막의 구조 : 마당, 내성소, 지성소(법궤, 법궤 안의 두 돌판[십계명])

다만 성막의 공간적 요소와 달리 대제사장의 복장은 안에서 밖으로 나올수록 더욱 고급스럽고 화려하다.

1) 예복과 마당 : 세마포 실로만 제작된 반포 예복은 가장 저렴했는데, 그것은 가장 싼 놋으로 만든 비품들이 놓인 마당에 해당된다.

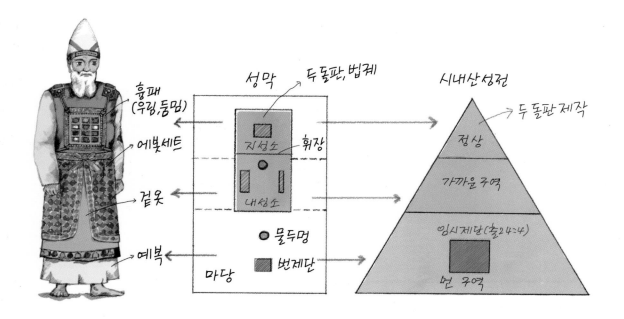

[P 118] **성막의 축소판인 대제사장 옷**

2) 겉옷과 내성소 : 겉옷은 가장 비싼 청색 염료로 염색을 한 비싼 옷이다. 아래쪽에는 매우 비싼 금방울들이 달려 있고 석류 장식들로 수놓아져 있다. 이것은 금으로 만든 비품들이 안치된 내성소에 해당된다.

3) 에봇과 지성소 : 마지막으로 에봇 세트는 지성소에 해당된다. 에봇에는 열두 개의 보석이 달린 흉패가 있는데, 그것은 가장 많은 금이 사용된 것으로 보이는 법궤에 해당한다. 더욱 흥미롭게, 흉패 안에는 두 개의 돌로 추정되는 우림과 둠밈이 감추어져 있다. 이것은 법궤 안의 두 십계명 돌판에 상응한다. 둘 다 하나님의 말씀을 위한 도구들이다. 이 두 돌판은 지성소 위치인 시내산 성전 꼭대기에서 제작되어 주어졌다. 두 개의 돌판에는 하나님 말씀, 곧 모든 율법의 핵심인 십계명이 새겨져 있으며, 우림과 둠밈은 하나님의 신탁을 전하는 도구다.[20]

대제사장의 옷이 성막의 축소판이요, 그가 걸어 다니는 성전이라는 것은 매우 중요한 신학적 의미를 지닌다. 이것은 당시 백성을 대표하는 대제사장의 위상과 영향력이 얼마나 컸는지 알 수 있게 한다. 그가 장엄한 대제사장 옷을 입고 성전에서 일할 때나 백성들 틈 속에서 거닐 때 사람들은 하나님의 임재를 느꼈을 것이다. 가슴에 달린 열두 개의 보석이 박힌 흉패에서, 어깨의 두 호마노 보석에서, 이마의 금빛 성패에서 그들은 하나님의 영광과 광채를 느꼈을 것이다.

신약에서는 성도의 모임인 교회를 하나님의 성령이 거하시는 '성전'이라 부른다(고전 3:16-17; 고후 6:16). 동시에 이것은 신자 개인이 성령이 내주하시는 거룩한 '성전'임을 시사한다. 또한 신약은 거룩한 백성인 성도를 '제사장'이라 칭하는데, 여러 측면에서 성도는 일반 제사장 수준이 아닌 대제사장급의 제사장임을 말해 준다.

첫째, 신자는 유일한 대제사장이신 그리스도로 옷을 입은 존재다(롬 13:14; 갈 3:27). 그리스도의 광채가 우리를 통해 세상에 비친다. 둘째, 그리스도인의 신분은 "거룩한 나라"요, "왕 같은 제사장"이다(벧전 2:9).[21] 그리스도인은 대제사장에 비교될 왕급 제사장의 신분을 지닌 거룩한 사람이다. 셋째, 예수님의 죽으심과 더불어 지성소 휘장이 찢겨 이제 그리스도를 믿는 모든 신자는 지성소에 제한 없이 입장할 수 있다. 원래 대제사장만이 입장 가능했던 지성소에 이제 그리스도와 더불어 모든 신자가 입장할 수 있게 되었는데, 이것은 곧 모든 그리스도인이 대제사장의 자격을 지녔음을 시사한다.

이 직·간접 증거들은 모두 그리스도인의 신분이 일반 제사장이 아닌 대제사장급임을 말해 준다. 그렇다면 모든 신자가 영적으로, 상징적으로 가장 비싼 대제사장의 옷을 입고 있는 가장 고귀한 존재다. 신자들은 대단히 몸값이 비싸다. 또한 우리를 통해 분출되는 영광은 대제사장이 뿜어낸 광채에 상응한다. 바로 이것이 그리스도인이 세상을 향해 빛을 발하고 그리스도의 향기를 발하라는 뜻일 것이다.

에필로그

성막이 주는 의미

성막과 하나님의 성령
- 브살렐과 오홀리압

성막 건설을 위해 하나님이 중요한 사람들을 선발해 임명하셨다. 모세는 성막 건축의 총감독이었으며, 하나님의 지시를 따라 그를 돕는 두 사람의 명장급 기술자가 선발되었다. 그중 브살렐은 법궤와 등잔대를 비롯해 가장 중요한 예배 비품들의 제작 책임자였다. 또한 그는 비품들만 아니라 기술자들의 대표로 성막 공사를 현장에서 총괄 지휘했던 것으로 보인다. 모세가 성막 건설의 총감독이라면, 브살렐은 일종의 현장 감독이라 할 수 있다. 중책을 맡은 또 한 사람은 천막과 옷감을 짜는 기술이 능통했던 오홀리압이다. 그는 브살렐의 참모이자 일종의 부감독의 지위였을 것이다(출 31:6). 그 외 각 분야의 많은 기술자가 선발되어 브살렐과 오홀리압을 도와 성막의 시설들과 비품들의

성막의 세계

제작에 동참했다.

브살렐의 지명과 그의 임무

> 1 여호와께서 모세에게 말씀하여 이르시되 2 내가 유다 지파 훌의 손자요 우리의 아들인 브살렐을 지명하여 부르고 3 하나님의 영을 그에게 충만하게 하여 지혜와 총명과 지식과 여러 가지 재주로 4 정교한 일을 연구하여 금과 은과 놋으로 만들게 하며 5 보석을 깎아 물리며 여러 가지 기술로 나무를 새겨 만들게 하리라 출 31:1-5; 참고 35:30-33

브살렐은 유다 지파 소속의 훌의 손자요, 우리의 아들이다. 훌은 출애굽기 17장 아말렉과의 전투에서 등장한 인물일 가능성이 크다. 그는 아론과 더불어 모세의 팔을 붙들며 활약한 사람이다(출 17:10). 훌이 브살렐의 할아버지라면 브살렐은 매우 젊은 기술자였을 것이다. 하나님은 브살렐을 직접 지명하여 성막 건설의 현장 감독으로 임명하시고, 그를 하나님의 영으로 충만케 하시어 신적 지혜와 총명, 지식과 여러 기술을 겸비하게 하셨다(3절).

그는 뛰어난 금속 세공 기술로 온갖 귀금속을 능숙하게 다루고 보석을 깎고 중요한 비품들의 나무를 조각할 줄 아는 사람이었다(출 31:1-5; 35:30-33; 37:1-38:22). 그는 목공술을 겸비했기에 조각목으로 제작되는 주요 비품들뿐 아니라 성막 벽을 짜는 널판들과 뜰막 기둥들도 제작했다. 이 물건들은 특별한 기술을 필요로 했기에 우리는 브살렐이 명장급 기술자였음을 알 수 있으며, 그는 모세의 총괄 지도 아래 성막 건설을 현장에서 주도한 인물이었을 것이다(출 38:22-23).

브살렐은 이미 이집트에서 이런 명장급 기술을 가지고 특수한 일을 했던 것으로 보인다. 그러나 아무리 뛰어난 기술이 있다 해도 그 자체로 성막 건설의 적임자가 되는 것은 아니었다. 먼저 하나님이 "지명하여" 그를 부르셨다

(2절). 즉 성막 건설을 위한 하나님의 부르심이 있어야 한다. 이어서 여호와께서는 "하나님의 영을 그에게 충만하게" 하셨다(3절). 즉 성막 공사를 위해서는 성령 충만이 필수다. 그의 명장급 기술만으로 충분하지 않았다. 사람의 눈에는 분명 건축학적으로 단순하기 짝이 없는 성막의 건물과 시설이며, 비품들 또한 작고 단출하기에 제작이 너무 쉬워 보일지 모르나 그것들은 하나님의 영이 임하시지 않고서는 만들 수 없는 작품들이었다.

오홀리압의 지명과 그의 임무

> 내가 또 단 지파 아히사막의 아들 오홀리압을 세워 그와 함께하게 하며 지혜로운 마음이 있는 모든 자에게 내가 지혜를 주어 그들이 내가 네게 명령한 것을 다 만들게 할지니 출 31:6

> 34 또 그와 단 지파 아히사막의 아들 오홀리압을 감동시키사 가르치게 하시며 35 지혜로운 마음을 그들에게 충만하게 하사 여러 가지 일을 하게 하시되 조각하는 일과 세공하는 일과 청색 자색 홍색 실과 가는 베실로 수놓는 일과 짜는 일과 그 외에 여러 가지 일을 하게 하시고 정교한 일을 고안하게 하셨느니라 출 35:34-35

이어서 오홀리압이 지명되어 세워졌다. 그는 브살렐과 "함께하도록", 즉 그를 돕는 자로 임명된다. 더불어 브살렐과 오홀리압의 지도 아래 모든 능숙한 기술자가 소집되고, 하나님은 그들에게 신적 지혜로 충만하게 하사 하나님이 설계하신 대로 성막이 지어지게 하셨다(출 31:6).

오홀리압의 재능은 출애굽기 35:34-35에 더 자세히 설명된다. 그의 기술은 조각, 세공("정교한 수놓기"), 수놓기, 짜기로 세분되어 있다. 35절 마지막의 "정교한 일"은 이런 기술들에 대한 종합적 표현으로 간주될 수 있다. 각 기술용어에서 "세공"은 오역이다. 이것의 히브리어는 가장 뛰어난 직조술인 "정교한 수놓기"(ㅁㅁㅎ, 호쉐브)이다(앞서 세 가지로 세분된 직조술 도표를 보라). 따라서 맨 앞의 "조각"을 제외하고 나머지는 우리가 앞서 배운 세 등급으로 나뉜 직조술, 즉 정교한 수놓기, 수놓기, 그리고 일반 베짜기를 가리킨다. 오홀리압은 직조술에 능통하여 성막의 모든 막과 휘장을 담당했음을 알 수 있다.

그런데 맨 앞의 "조각"은 무엇인가? 이것의 히브리어 '하라쉬'(ㅎㄱㅁ)는 구약의 모든 용례에서 항상 금속이나 목재를 깎는 조각술을 뜻한다(BDB; TWOT). 브살렐은 '보석을(문자적으로 '돌을') 깎고 나무를 새기는' 기술을 겸한 인물이었다. 조각가인 브살렐은 아마 나무를 깎는 목공에 능했을 뿐 아니라 대제사장의 옷에 달린 보석들을 깎아서 제조한 것으로 보인다. 그렇다면 오홀리압의 조각 기술은 무엇인가? 아마도 나무를 깎는 목공술인 것으로 보인다. 왜냐하면 보석을 깎는 일은 브살렐의 임무이기 때문이다.

오홀리압은 뛰어난 직조술을 지닌 인물인데, 앙장막과 포장막, 휘장은 기둥을 세워 설치하므로 아마 브살렐과 함께 그런 기둥들도 제작했던 것으로 보인다. 반면에 브살렐은 그 외 다양한 일을 모두 도맡아 감당했다. 그는 조각목으로 틀을 짜서 가장 중요한 비품들을 제작하고, 거기에 금을 입히고, 조각목으로 널판과 기둥들을 제작했다. 또한 금, 은, 동을 녹이고 세공하여 뛰어난 비품들을 만들고 보석을 깎았다. 브살렐과 오홀리압 둘 다 여러 남녀 기술자들과 일꾼들의 도움을 받았음은 물론이다(출 36:1-2). 브살렐의 도우미들은 아마 남성들이었던 반면, 오홀리압을 돕는 기술자들은 실뽑기와 바느질에 능한 여성들이 다수를 이룬 것으로 보인다(출 35:25-26).

성막과 제사장의 옷은 인간이 디자인한 것이 아니기 때문에 사람의 능력과 지혜로 지을 수 없다. 이 성물들은 하나님이 가르쳐 주시고 지도하셔야 만들 수 있다. 그래서 하나님이 하나님의 영으로 그들을 충만하게 하시고 그분의 지혜가 그들의 심장에 가득 채워지게 하신 것이다. 하나님은 문자적으로 제사장들의 '손을 가득 채우심'('위임하다'의 문자적 의미)[1]으로써 그들이 성막 봉사의 임무를 수행하게 하셨다. 그와 비슷하게 하나님은 기술자들의 '마음을 하나님의 영으로 가득 채우심'으로써(34와 35 상반절) 그들이 성막 건설의 임무를 감당하게 하신다.

이렇듯 성막은 사람이 짓는 것이 아니라 하나님이 지으신다. 오늘날 우리의 교회는 어떠한가? 교회는 신자들의 공동체로 형성된 하나님의 성전이다. 이 성전 또한 우리가 지어 가는 것이 아니라 그분의 성령이 임재하여 지어 가신다. 우리는 그분이 채워 주신 성령의 지혜로 성전인 교회를 섬기고 세워 간다. 우리는 그 위대한 직무를 수행하도록 위탁을 받은 자들일 뿐이다.

때가 되어 쓰임받은 준비된 기술자들

브살렐과 오홀리압과 더불어 기술자들이 함께 작업해서 성막의 모든 시설과 비품이 제작되었다. 하나님은 성막 건설을 위해 많은 기술자를 함께 부르셨다: "무릇 너희 중 마음이 지혜로운 자는 와서 여호와께서 명령하신 것을 다 만들지니"(출 35:10). 성경의 지혜(חכמה, 호크마)는 삶의 지혜뿐 아니라 기술의 지식을 포함하는데, 여기서 말하는 지혜는 기술의 지혜를 뜻한다(BDB; TWOT). 또한 하나님은 그 기술자들에게 "지혜와 총명을 부으사 성소에 쓸 모든 일을 할 줄 알게" 하셨다(출 36:1). 즉 기술을 가진 사람들이 성막 건설에 자원하여 참여했는데 하나님은 그들의 기술에 신적 능력을 덧붙여 부여하셨다(출 31:6; 36:1-2).

우리는 여기서 브살렐과 오홀리압이 성령을 받고 하늘의 신적 지혜와 기술의 은사를 받아 어느 날 갑자기 초자연적 능력이 발휘된 것으로 착각해선 안 된다. 브살렐과 오홀리압 그리고 모든 기술자가 아무런 지식과 경험도 없이 오직 하나님이 성령을 부어 주셔서 기적적인 방법으로 성막을 지었던 것이 아니다. 앞서 말한 대로, 분명 청년 브살렐은 이집트에서부터 명장급 기술로 활약을 했던 인물이었을 것으로 추론된다. 마찬가지로 오홀리압을 비롯한 모든 기술자는 분명 원래 기술과 재능을 겸비한 각 분야의 전문직 종사자들이었을 것이다. 그들은 이집트에서부터 건축과 직조, 연금술과 세공 기술자로 일했을 것이다. 하나님이 그들의 경험과 기술을 성막 건설에 사용하신 것이다. 다만, 인간의 지혜와 경험, 능력을 뛰어넘은 신적인 은사가 추가로 부어져야 그 임무를 제대로 수행해 낼 수 있었다. 앞서 말한 대로, 이 기술의 영은 브살렐뿐만 아니라 모든 기술자에게 공히 임하였다. 하나님은 평소 준비된 일꾼을 당신의 정확한 때에 사용하신다는 사실을 알 수 있다.

또한 브살렐과 오홀리압을 도왔던 많은 일꾼이 있었음을 기억해야 한다. 그들도 평소 기술을 겸비했던 사람들인데, 때가 되어 자신의 위치에서 역할을 했다. 그리스도인은 자신의 직업과 전문 분야에서 능숙한 일꾼이 되어야 할 것이다. 그 능력은 교회를 세워 나가는 데 필요하다. 교회와 하나님 나라는 담임목사나 뛰어난 지도자가 홀로 세워 나가는 것이 아니라 성령의 능력을 입은 모든 사람이 참여하는 역사다. 성막은 인간 기술자들을 매개로 한 하나님의 사역임이 드러났다. 흥미롭게도 기술자들에게 임하신 하나님의 영의 성막 건설은 천지창조 시에 수면 위에 운행하시던 하나님의 영(신)의 창조 사역과 병행을 이룬다(창 1:2).

성막과 창조 그리고 안식일

브살렐과 모든 기술자에게 임하신 하나님의 영(רוּחַ אֱלֹהִים, 루아흐 엘로힘)은 이미 창세기 1:2에서 창조 사역을 수행하셨다. 하나님의 신(영)이 "수면 위에 운행"하시며 물과 물을 나누시고 우주와 지구에 질서를 부여하는 일을 하셨다. 또한 이집트의 파라오는 요셉 안에 "하나님의 영"이 계셔서 그의 지혜가 인간의 수준을 넘어섰다고 실토했다(창 41:38). 요셉 안에 계신 하나님의 영은 이집트의 기근과 혼란의 무질서를 바로잡고 현명한 식량 관리와 세금과 토지법을 새롭게 반포하면서 이집트의 국가 체제와 질서를 바로잡았다.

이제 그 지혜와 창조의 영이 브살렐과 성막 기술자들에게 충만히 임했다. 이 지혜의 영은 잠언 8:22 이하의 천지창조에서 역할했던 인격화된 '하나님의 지혜'와 동일한 것으로 간주될 수 있다. 많은 학자의 말대로, 성막 건설은 새로운 에덴동산의 창설로 간주될 수 있다. 하나님의 영이 만물과 인간을 창조하신 것처럼 성막을 축조하시고 제사장들을 임명하여 특별한 옷을 입히셨다.

이렇듯 성막 건설은 일종의 새로운 창조 사역이었다. 이것은 성막 공사가 시작되기 직전에 출애굽기 35:1-3에서 안식일 규례가 등장하는 이유이기도 하다. 물론 이 안식일 준수 명령은 성막 공사 중에 반드시 안식일에 쉴 것을 강조하기 위한 명령일 수도 있지만, 성막 공사가 하나님의 안식과 깊은 관련이 있는 새로운 창조 사역임을 강하게 암시한다. 하나님이 엿새 동안 창조 사역을 하신 후 일곱째 날에 안식하신 것처럼, 엿새 동안 성막 공사를 한 뒤 일곱째 날에는 항상 안식해야 한다.

세상이 창조된 후 하나님이 안식하시며 에덴 성전에 거하신 것처럼, 성막이 완성된 후 하나님은 안식하시며 성막 성전에 임재하실 것이다. 이제 그 하나님의 영의 창조 사역은 교회라는 새로운 하나님의 성전에서 계속되고 있다. 거듭 말하지만, 이렇듯 하나님의 일은 하나님이 주도하시고 성취하시며, 인간은 하나님 사역의 조력자요 대행자일 뿐이다.

광야의 작은 예배당

여러 학자들이 말하는 대로, 출애굽기는 파라오의 궁전 도시를 짓는 이야기로 시작해서(출 1:11-14), 하나님의 왕궁을 완성하는 이야기로 끝을 맺는다(출 40:16-17). 파라오의 집을 위해 속박된 노예로 강제 노역에 동원되었던 이스라엘 백성이 이제 하나님의 집을 위해 해방된 자유인으로서 자발적 노역에 참여한다.

지상의 대제국의 왕 파라오의 궁전, 그리고 아마 그의 수도이자 국고성인 라암셋과 비돔은 그 규모가 엄청났을 것이다. 그러나 천상의 왕이시고 우주의 왕이신 하나님의 궁전인 성전의 규모는 어떠했는가?

우리는 여기서 성막의 규모와 특징에 주목해야 한다. 사실 성막의 형태와 구조 그리고 크기를 고려해 볼 때, 그것은 고대 근동 지역에서 아주 독특한 것은 아니었다. 그레고리 비일은 성막이 이집트 군대의 진영에 위치한 군용 막사, 즉 사령관의 막사와 크기와 설계가 비슷하다고 주장한다.[2] 그것은 마당/접견실/내실로 구분되었다. 특히 가장 안쪽의 내실은 신으로 추앙되어 총사령관 역할을 한 파라오가 모셔진 방이었다. 참고로 이집트의 왕 파라오는 거룩한 신의 현현이요, 살아 있는 신으로 추앙받았다.

만일 이것이 옳다면, 어쩌면 하나님은 의도적으로 이스라엘 백성에게 익숙한 이집트 군용 막사 모델을 그대로 성막에 차용하셨다고 볼 수 있다. 즉, 여호와께서 이집트의 사령관 막사를 자신의 성막으로 대체하신 것이다. 아마도 그 목적은 전쟁을 지휘하고 백성을 광야 여정에서 이끄는 총사령관은 파라오가 아닌 하나님 자신임을 알리시려는 데 있었을 것이다. 또한 성막의 기본 구도는 고대 근동의 신전들과 일치하게 삼중 구조를 지녔으며 여러 제의 제도도 비슷하기에 그 지역의 종교와 문화의 영향을 받았다고 주장된다.

그러나 우리는 성막과 성전은 하늘의 영원한 원형 성전이 지상에 일시적으로 머무르는 그림자임을 기억해야 한다(히 9장). 그 원형 성전의 희미한 계시가 이방의 비슷한 구조를 지닌 신전과 신성한 군용 막사에 드러난 것으로 볼 수 있다. 그러나 그 하늘 성전의 온전한 형태는 성막과 성전에서 구현되었다.

그런데 우리가 특히 주목해야 할 것은 성막의 규모다. 사실 가로 50m, 세로 25m 규모의 성막은 신전으로는 너무 초라하고 작았다. 고대 국가들은 그들 신의 위대함을 나타내기 위해 신전을 최대한 크고 웅장하게 지었다. 고대 도시 우르와 바벨론의 신전인 지구라트(Ziggurat)는 거대한 피라미드와 비슷한 고대의 건축물이었다. 아카드어 '지구라트'는 '높은 곳', 즉 산을 뜻한다. 학자들에 따르면, 메소포타미아 사람들에게는 신들이 산에 거한다는 개념이 있었다.[3] 그러나 유프라테스와 티그리스 강변을 중심으로 하는 사막에는 산이 없어서 그들은 일종의 거대한 인공 산을 신전으로 건축했다. 고대 메소포타미아의 지구라트뿐만 아니라 로마의 신전들도 거대하며, 특히 이집트의 룩소르

(Luxor)에 밀집된 고대 이집트 신전들의 규모는 상상을 뛰어넘는다.

그에 비해 성막은 너무나 초라하고 작았다. 가나안 땅에 입성하여 건축한 솔로몬 성전은 훨씬 규모가 커졌지만, 마찬가지로 고대 제국의 거대한 신전들에 비할 바는 안 되었다. 물론 약 천년 후의 헤롯 성전은 로마 전역에 소문이 날 만큼 규모가 컸지만, 그것은 헤롯의 정치적 야심에서 비롯된 토목공사의 결과였다. 역설적으로 예수님은 그 아름답고 웅장한 성전의 파멸을 선언하셨고, 결국 그 화려한 대규모 성전은 폐허가 되어 자취를 감췄다.

성막은 후대의 성전들에 비해 매우 작았으며 게다가 천막 예배당이었다. 그럼에도 하나님은 성막 안에 거하셨으며, 거기에 임재하신 하나님은 우주 만물을 창조하신 가장 크신 분이셨다. 비록 공간은 작았으나 하나님은 거기에 자신의 영광과 임재가 나타나도록 최대한 화려한 상징적 장식들과 금은보화로 꾸미도록 하셨다. 그 금은의 총량은 출애굽기 38:24-26에서 금이 약 1톤(약 30달란트), 은이 약 3.4톤(약 100달란트)으로 보고된다. 하지만 이것은 분명 제국의 신전들과 그 안의 화려한 비품들을 꾸민 것으로 추정되는 각종 금은보석과 비교할 만한 수준일 수 없다.

구체적으로 고대 제국의 신전 규모를 따져 보면, 이집트 카르낙 신전은 규모가 동서 600m, 남북 2km의 크기라고 한다. 그 중심부에는 좌우 양쪽에 높이 23m, 둘레가 무려 15m에 달하는 신전 기둥들이 각각 67개씩, 총 134개가 늘어서 있다. 그러나 성막의 울타리 기둥은 기껏 높이가 5규빗(2.5m), 회막의 기둥들과 널판벽의 높이는 10규빗(5m)에, 두께는 불과 1-1.5규빗(50-75cm) 아닌가?

이렇듯 우상을 섬기던 제국의 신전과 달리 하나님의 성막은 매우 작았다. 그럼에도 하나님은 자신의 영광을 드러내는 데 있어 자그마한 성막의 절제된 장식으로 충분히 만족하셨다. 그런 점에서 오늘날 성막을 원형대로 복원 전시해서 독자들의 신앙을 고취하는 것은 나름대로 의미가 있지만, 만일 그것이 구약 성막의 위대함과 화려함을 자랑하려는 목적이라면 원래 성막의 정신과는 너무나 거리가 먼 셈이다.

성막의 세계

성막은 왜 영광스러운가?

그럼에도 성막은 영광스럽고도 자랑할 만한 건물이다. 그 이유는 성막을 성막 되게 하는 것은 성전의 규모와 화려함이나 다른 무엇이 아닌 다음 세 가지 이유 때문이다. 첫째는 성령의 감동, 둘째는 백성의 열정적 참여, 셋째는 하나님의 임재다.

첫째, 성막은 성령의 감동에 의해 건축된 건물이다. 금송아지 사건이 터진 후 이스라엘 백성은 하나님의 무서운 징계를 받았다. 이때 주동자로 추정되는

[P 119] 세계 최대 규모의 이집트 카르낙 신전의 기둥들
본당을 향해 가는 길목에 높이 23m, 둘레 15m에 이르는 거대한 기둥이 좌우 67개씩 134개가 놓여 있다.

약 3천 명의 인원을 처단하는 데 앞장선 레위인의 활약과 백성을 구하려는 모세의 목숨을 건 중재적 탄원이 있었다(출 32:11-35). 특히 모세는 자신의 이름을 하늘의 생명책에서 차라리 지울지언정 백성을 살펴 달라고 하나님께 애원했다(출 32:30-32). 동시에 백성들 또한 즉시 하나님의 준엄한 심판의 말씀을 듣고 회개하여 "한 사람도 자기의 몸을 단장하지" 않았다(출 33:4). 그 후 모세는 다시 산에 올라 40일간 물과 음식을 끊는 금식을 하며 십계명이 새겨진 새로운 두 돌판을 받아 왔다. 단지 이번에는 하나님의 지시로 모세가 직접 돌판을 준비하여 올라가서 말씀을 받아 왔다는 점이 다르다. 아마 이 두 번째 40일 동안에는 백성도 금송아지 사건을 터뜨린 처음 40일과 달리 자숙하고 회개하며 영적인 준비를 하고 있었을 것이다.

하나님은 바로 그 백성에게 성령의 감동을 주셨다. 그리하여 백성의 성령 충만과 더불어 드디어 성막 공사가 시작되었다(출 35:21-22, 26, 29). 또한 앞서 말한 대로, 브살렐과 오홀리압을 비롯한 모든 기술자에게도 성령이 임하시어

인간의 기술과 지혜를 능가한 신적 능
력이 부여되었다. 놀라운 반
전이다. 앞서 금송아지 사건
때 악령 충만했던 그들이
이제 성령 충만을 입은 것이
다. 백성이 즉시 회개하여 겸
비해졌기 때문이나, 이것은 전적
으로 그들을 징계하시고 낮추신 하나님의 은혜다.

　　둘째, 백성의 열정적 참여다. 물론 이것은 앞선 성령의 감동과 성령 충만의
결과다. 그러나 그들이 얼마나 놀라운 헌신을 했는지 별도로 살펴볼 필요가 있
다. 제국의 거대한 신전들과 건물들은 대체로 값싼 임금을 지불하여 노동력을
착취하거나, 혹은 강력한 제왕들에 의한 강제 노동을 통해 축조된 것들이 많
았다. 그것이 아니라도 제국의 토목공사는 물론 신전 공사에도 백성이 자발적

[P 120] 주전 2천 년경 우르(Ur) 지구라트의 유적(하)과
상단이 무너져 있는 신전을 복원한 상상도(위)

으로 나서지는 않았다.

그러나 성막은 순전히 백성의 자발적인 헌신과 봉사를 통해 지어진 건물이었다. 이스라엘 백성은 그들이 할 수 있는 범위 내에서 최선을 다해 성막 건설에 필요한 귀금속과 재료를 모아 하나님의 예배당을 건설했다(출 25:2). 아무리 가난해도 모든 장정은 반 세겔의 은을 바쳤다(출 38:26).

이스라엘 백성은 이집트를 떠나기 직전 이집트인들에게서 각종 금은패물을 취하였다(출 3:21-22; 11:2-3; 12:35-36). 이것은 일종의 전리품을 챙긴 행위로서 파라오와 이집트를 굴복시키신 여호와의 승리로 인한 승전국의 당연한 권리였다. 그러나 덧붙여 필자는 이것을 '요셉을 알지 못하는 왕'이 등극한 이후 최소 100년간 체불된 임금을 이스라엘 백성이 한꺼번에 받아 간 일이라고 해석한다. 하지만 그때 그들이 받았던 금은패물은 전쟁터처럼 강제성이 없었기에 다소 제한적이었을 것이다.

이 금은패물 중 금귀고리의 일부가 나중에 금송아지 제작에 사용되었으며(출 32장), 그 사건이 수습된 후 성막 공사에서는 백성 전체가 대대적으로 각종 금은패물을 모두 내놓으면서 성막 건설에 사용되었다. 그렇게 최선을 다해 모은 금의 총중량이 1톤가량이었다. 일종의 피난민 신세인 이스라엘 백성이 광야의 넉넉지 않은 생활 속에서 성막을 짓기 위해 이 정도의 금은보화를 모았다는 것은 대단한 일이다. 그러나 다시 강조하지만, 고대 제국의 무려 수만 달란트에 이르는 금 사용량에 비추어 볼 때[4], 금 1톤은 미미한 양에 불과하다. 그럼에도 이스라엘 백성은 광야 유랑 중에 그들이 모을 수 있는 최대치의 금을 모았기에 1톤이라는 금의 가치는 비교할 수 없이 소중하다.

우리는 여기서 금송아지 제작과 예배를 위해서 그렇게 고성을 지르며 열심을 냈던 백성이 정작 금귀고리만 겨우 빼서 바쳤다는 사실에 주목해야 한다(출 32:3). 이렇게 모은 금은 미량일 수밖에 없는데, 금송아지는 일단 거푸집을 만들어 부은 뒤 정밀한 세공을 했다는 기록을 볼 때 통금으로 제작되었을 것이다(출 32:4). 그렇다면, 이 금송아지는 우리의 상상과 달리 매우 크기가 작았을 것이다. 실제로 가나안 일대의 몇 군데 신전 유적지들에서 발견된 여러 개의 청동 송아지 형상들은 한결같이 크기가 20cm 정도에 불과하다.

반면에 금송아지 사건을 회개하고 성령 충만함을 받은 백성의 열정과 헌신은 금송아지에 대한 열정과 비교할 수 없이 뜨거웠으며, 그 헌신은 또한 실제적이었다. 그들은 금장신구들을 모두 떼고 각종 금은패물을 모두 봉헌했기 때문이다(출 35:20-24).

[P 121] 가나안의 북쪽 사마리아의 도단(Dothan) 인근에서 발견된 주전 1200년 경의 청동 송아지상.

셋째, 건물 자체가 아니라 하나님의 임재가 성막을 영광스럽게 한다. 하나님은 다름 아닌 바로 그렇게 마음을 다한 그들의 헌신으로 세워진 성막을 크게 기뻐하셨다.

이렇게 지어진 성막은 정작 전혀 다른 방식으로 그 영광과 위대함을 표현했다. 다름 아닌 하나님의 임재다. 말하자면, 하나님의 성막(성전)에는 어떤 신전도 흉내 낼 수 없는 압도적으로 영광스런 장식물이 있었다. 바로 구름기둥과 불기둥이었다. 솔로몬의 성전 봉헌식에서도 그 신현의 구름은 다시 출현했다. 이렇게 성전 위와 안에 나타난 하나님의 충만한 영광을 유대 전승에서는 '쉐키나'(중간기의 히브리어로 영광의 '임재'를 뜻함)라고 불렀다.

이것이 오늘 우리에게 주는 의미와 교훈은 분명하다. 교회의 규모, 예배당의 크기가 본질이 아니다. 큰 교회든 작은 교회든 그곳에 하나님이 임재하지 않으신다면 헤롯 성전에 불과하다. 신약에서 신자들 모두는 함께 참된 성전으로 세워져 가는 교회인데, 구약에서 신자들 모두는 함께 성막을 세우는 공동체였다. 교회와 건물의 규모를 떠나 하나님의 성령이 계신 곳이 광야의 성막 건설 현장이다. 특히 성막은 신전치고는 매우 작고 보잘것없었음을 기억해야 한다. 그럼에도 하나님이 거기에 임재하셨다. 따라서 오늘의 교회 또한 규모가 작은 예배당과 교회라 해서 낙심할 이유는 없다. 거기에도 하나님은 기쁘게 임재하시기 때문이다.

성막과 성육신

성막에 하나님이 임재하신 것은 구약의 성육신 사건이다. 우선 최소 세 겹의 회막 덮개들이 회막 전체를 덮었는데 그중에서 바깥을 가장 싼 가죽 덮개로 덮었다는 것은 신학적 시사점이 있는 듯하다. 여러 겹의 막들은 하나님의 현현을 겹겹이 둘러싼 구름을 상징하는 것으로 보인다. 신현의 구름의 가장 바깥 부분에서는 가장 희미하게 그분의 영광이 드러날 뿐이다. 마찬가지로 지성소와 맞닿은 가장 안쪽의 화려한 최고급 앙장막에 비해 가장 바깥쪽의 가죽 덮개는 크게 가치가 떨어졌는데 거룩의 등급이 현저히 낮았다.

이것은 그리스도의 성육신에 잘 상응하는 듯하다. 겉으로 보기에 고운 풍채도, 아름다운 것도 없는 육체를 입고 오신 예수 그리스도, 가난한 목수의 아들로 태어나신 그분은 사실 하나님의 영광의 본체로 이 땅에 오셨다(사 53:2; 요 1:9-12, 14, 18, 46). 또한 그분은 자신의 영광을 스스로 비우고 내려오신 케노시스(kenosis)의 그리스도시다(빌 2:7). 외적으로 볼품없으셨던 그분은 하나님의 성전 자체로 오셨으며 내면의 영광의 광채를 발하며 세상을 변화시키셨다.

무엇보다 사도 요한은 성막에 내려와 거주하신 하나님의 임재가 구약의 성육신이라는 사실을 성막 사건에서 나타난 동일한 단어와 개념을 사용해서 분명하게 표현했다.

구약에서

1) 멀리 시내산 정상에서 하나님이 땅에(진영으로) 내려오셨다.
2) 그분은 백성의 진영 한복판에 있는 성막에 임재하셨다.
3) 즉, 하나님이 성막을 입고 백성 가운데 "거하셨다"(שָׁכַן, 샤칸).

신약에서

1) 멀리 하늘에서 하나님이시고 말씀(로고스) 되신 예수님이 "자기 땅"에

내려오셨다.

2) "말씀"이신 그분은 우리 가운데 임재하셨다.

3) 즉, "말씀이 육신을 입고" 우리 가운데 "거하셨다"(σκηνόω, 스께노오)(요 1:14).

여기서 "거하다"의 히브리어와 헬라어 단어는 동일하게 '(집에) 거주하다'(dwell)는 뜻이다. 따라서 하나님이 시내산에서 백성의 진영으로 내려와 성막에 거하신 사건은 구약의 성육신(incarnation) 사건이자 임마누엘('하나님이 우리와 함께하신다') 사건이다. 그리스도는 우리와 함께하는 성전(성막)이시다(고전 3:16-17; 고후 6:16). 신자들은 성전의 모퉁잇돌(주춧돌)이신 그리스도와 연합함으로써 그분과 연결되어 함께 지어져 가는 성전이다(엡 2:20-22).

고운 풍채도 없이 인간의 몸을 입고 오신 예수 그리스도의 성육신 사건의 의미는 오늘 우리의 교회에도 교훈으로 적용할 수 있다. 교회는 예배당 건물의 화려함을 추구하기보다 필요에 따른 건물들을 짓되 그 내부를 가장 고결하고 영광스러운 신자들로 이루어진 아름다운 장식들로 채우고 꾸며야 한다. 건물이 아름다운 교회보다는 신자가 아름다운 교회가 진정한 교회다. 광야에서 성막에 임재하시어 불-구름 기둥으로 백성을 인도하셨던 하나님은 이 새로운 성전 된 교회를 마지막 날까지 성령의 불-구름 기둥으로 인도하실 것이다.

단일 회막론과 두 회막론

진 밖에 세워진 회막(출 33:7-11)

진영 밖의 회막에 대한 증거 본문들

출애굽기 25-40장의 성막 본문을 읽다 보면 중간에 이해하기 어려운 장면이 나온다. 막대한 분량의 성막 본문은 중간에 32-34장의 황금 송아지 사건이 들어가 서사(narrative)의 흐름이 끊긴다. 이 사건을 중심으로 성막 본문은 대략 25-31장의 지시 본문(prescription)과 35-40장의 실행 본문(description)으로 나뉜다.[1]

두 본문 중간에 32-34장의 황금 송아지 이야기가 끼어들어 양쪽 본문의 중심축 역할을 한다.[2] 그런데 황금 송아지 이야기에서 백성이 회개하며 사태가 점차 수습되는 도중에 모세가 진영 밖에 "회막"을 설치하여 여호와를 앙모하는 모든 백성은 그곳으로 나아오는 장면이 나타난다. 출애굽기 33:7-11인데, 이 본문은 두 가지 심각한 문제를 발생시킨다.

첫째, 아직 '회막'이라 부르는 성막의 공사가 시작되기도 전에(35장에서 시작됨) 회막이 등장한다. 이 기이한 상황을 어떻게 이해해야 하는가?

둘째, 성막, 즉 회막은 언제나 진영 중앙에 놓여 있다. 그런데 이 회막은 진영 밖에 설치되어 거기서 하나님이 모세와 말씀하시고 백성이 그곳으로 소집된다. 이것이 만일 성막을 가리킨다면(아직 공사도 시작되지 않았지만) 어떻게 회막이 진영 밖에 설치되는가?

핵심 질문은 "이 회막은 역시 회막으로 지칭되는 성막과 어떤 관계의 건물인가?" 하는 것이다. 이 둘은 같은 건물인가, 다른 건물인가? 만일 같은 건물이라면 어떻게 성막 공사가 시작되기도 전에 뜬금없이 등장하는가? 이 논쟁은 "회막은 하나인가, 둘인가?" 하는 구약의 큰 난제 중 하나다. 즉, 단일 회막론과 두 회막론이다.[3] 극히 일부의 학자들은 단일 회막론을 주장한다. 그들은 진영 안의 회막이 특수한 상황으로 인해 진영 밖으로 이동한 것으로 이해한다. 그러나 대다수의 학자들은 몇 가지 이유로 두 회막론을 지지한다. 즉, 진영 밖의 회막은 성막과 별개의 독자적인 시설물이며 그것은 성막과는 두드러지게 다른 특징을 보여 준다.[4] 학자들이 찾아낸 진영 밖의 회막에 대한 증거 본문들은 다음과 같다.

1. 출애굽기 33:7-11 : 금송아지 사건
2. 민수기 11:16-17, 24-30 : 고기 불평 사건
3. 민수기 12:4-10 : 모세의 권위에 대항한 사건(미리암)
4. 신명기 31:14-15 : 모세 사망 전 여호수아를 준비시킴

네 개의 본문 중에 마지막인 신명기 31:14-15은 다소 모호하지만 이 본문들은 대체로 진영 밖 회막의 특징에 잘 들어맞는다고 주장된다.[5] 학자들이 찾아낸 두 회막 사이의 차이점들은 대체로 다음과 같다.

특징	진영 내 회막	진영 밖 회막
위치	진영 안	진영 밖
기능	제의	신탁
담당	모세와 제사장들	여호수아
임재	지성소	회막 입구(문)
동사	샤칸(머무심)	야라드(내려오심-떠나심)
크기	대형	소형

그러나 상세한 논의는 생략하지만, 이 차이점들은 나름대로 적절한 반론이 가능하다.[6] 모

세 개인에게 주어지는 신탁이지만 진영 내의 성막에서도 신탁이 주어진다(출 25:22; 29:42-43; 레 1:1; 민 7:89; 17:4). 진영 내의 회막에서는 하나님의 신현이 지성소에 나타난다는 표현만 있는 것이 아니라 신현의 구름이 회막 입구(문)를 포함하는 회막 위에 임한다는 표현도 다수 발견된다(출 40:34-38; 민 9:15-23; 10:11; 16:42 등). 또한 동사 '샤칸'과 '야라드'의 차이도 다음에 토론하듯이 충분히 설명 가능하다. 따라서 우리가 굳이 광야 시대에 진영 밖에 필요에 따라 설치된 제2의, 별개의 회막이 존재했다는 견해를 당연시할 필요는 없다.

문제는 회막이 "진영 밖"에 설치되었다고 명확히 진술되는 출애굽기 33:7-11이다. 이 본문을 제외하고는 진영 밖의 회막에 대한 명확한 증거 본문들이라 볼 수 없다. 오히려 그것들에 있는 회막을 모두 진영 안의 회막으로 간주하고 해석해도 본문 이해에 아무런 문제가 없다.

예를 들어, 민수기 11장에서 엘닷과 메닷 두 사람이 진영에 머물고 장막(회막)에 나아가지 않았다는 표현을 굳이 장막이 진영 밖에 있다는 의미로 이해할 필요는 없다(민 11:26). 또한 한 소년이 모세에게 달려와 엘닷과 메닷이 진중에서 예언하고 있다고 보고하는데(민 11:27), 이것 역시 그 장막이 진영 밖에 있는 상황으로 이해할 필연적인 이유는 없어 보인다. 마지막의 모세와 이스라엘 장로들이 장막에서 회집을 마치고 진중으로 돌아왔다는 표현 또한 마찬가지다(민 11:30). 여기서 "진영"이나 "진중"은 단순히 진영 중앙에 놓인 회막 밖의 영역을 가리킬 수 있다. 따라서 이 모든 활동은 그 장막(회막)이 진영 내에 있는 가운데 이루어졌다 해도 아무런 문제가 없다.

또한 민수기 12장의 미리암 이야기에서 하나님이 구름을 철수시키면서 장막(회막)을 떠나시는 장면이 나오는데(민 12:10), 이것 또한 장막이 진영 밖에 설치되어 있는 상황으로 볼 필요는 없다. 이 장면은 하나님이 진영 밖의 회막에 잠시 임재하셨다가 떠나신 것이 아니라 미리암의 범죄로 인해 진영 내의 회막 위에 강하게 출현하신 하나님이 그녀에게 나병의 재앙을 내리기 위해 그 회막에서 일시적으로 자리를 뜨신 것으로 이해될 수 있다.

진영 밖 회막이라고 주장되는 상황들에서는 특히 구름이 "내려왔다", 여호와께서 "강림하셨다"는 동사 '야라드'(ירד)가 사용되고, 앞서 말한 미리암의 사례에서는(민 12:4-10) 유일하게 구름과 여호와가 "떠났다"는 표현이 뒤따른다. 이는 그 상황들이 매우 특별하고 비상했기 때문인 것으로 볼 수 있다. 따라서 이 동사가 진영 밖 회막에 대한 분명한 증거가 되기는 어렵다. 이것은 이미 시내산에 강림하신 하나님이(출 19:11, 18, 20) 다시 그 산꼭대기에 "구름 가운데 강림하셨다"는 표현(출 34:5)에서도 확인된다. 이미 강림해 계신 분이 다시 강림하셨는가? 이런 이해는 불합리하다. 하나님은 모세를 시내산 정상에서 부르고 기다리시는 중이다. 따라서 이것은 하나님이 시내산을 떠났다가 다시 강림하셨다는 것이 아니라, 모세와 조우하는 특별한 상황 속에서 그분이 강력히 출현하셨다는 표현으로 이해된다. 마찬가지로 앞서의 상황들 속에서도 회막은 여전히 진영 내에 있고 하나님은 거기 강림해 계시는데, 특별한 상황으로 인해 동사 야라드가 사용되고 있다고 볼 수 있다.

말하자면, 동사 야라드는 백성의 비상한 상황 속에서 진영 내의 성막 위에 나타나신 하나님의 강력한 출현과 임재의 현상에 대한 표현으로 이해된다. 따라서 이것을 진영 밖 회막의 존재에 대한 증거로 삼을 이유는 없다.

금송아지 사건에 나타난 회막은 무엇인가?

그러나 출애굽기 33:7-11의 회막은 어떻게 이해할 것인가? 거기서 분명하게 진영 밖에 회막이 설치되는 장면이 등장한다.

> 7 모세가 항상 장막을 취하여 진 밖에 쳐서 진과 멀리 떠나게 하고 회막이라 이름하니 여호와를 앙모하는 자는 다 진 바깥 회막으로 나아가며 8 모세가 회막으로 나아갈 때에는 백성이 다 일어나 자기 장막 문에 서서 모세가 회막에 들어가기까지 바라보며 9 모세가 회막에 들어갈 때에

구름 기둥이 내려 회막 문에 서며 여호와께서 모세와 말씀하시니 10 모든 백성이 회막 문에 구름 기둥이 서 있는 것을 보고 다 일어나 각기 장막 문에 서서 예배하며 11 사람이 자기의 친구와 이야기함같이 여호와께서는 모세와 대면하여 말씀하시며 모세는 진으로 돌아오나 눈의 아들 젊은 수종자 여호수아는 회막을 떠나지 아니하니라 출 33:7-11

[P 122] 황금 송아지 사건에 분노한 모세

서두에서 언급한 대로, 이것은 두 가지 심각한 문제를 발생시킨다. "성막은 또한 회막으로 칭하는데 어떻게 성막 공사가 시작되기 전에 회막이 등장하는가? 왜 그 회막은 진영 밖에 설치되는가?" 하는 의문이다. 이 본문의 난해함은 여기에서 그치지 않는데, 오직 이 단락에서만 히브리어 동사가 갑자기 미완료로 바뀌기 때문이다.

두 회막론을 부인하는 강력한 단일 회막론자인 박철현은 이 본문을 상세히 토론하면서 이 본문은 시간적 기능을 하지 않고 문학적 기능을 하고 있다고 결론 내린다.[7] 말하자면, 이 느닷없이 등장한 회막은 곧 건축될 성막을 가리킨다. 따라서 시간의 순서를 이탈한 몰시간 기법(achrony)으로 현재의 자리에 위치해 있다. 박철현은 이 본문은 시간적 논리로 앞뒤 본문과 연결되어 있지 않고 주제적 논리로 연결되어 있을 뿐이라고 말한다. 출애굽기 저자는 독자들이 이미 성막의 존재를 알고 있다고 보면서, 모든 것을 알고 있는 전지적(全知的) 독자의 관점에서 이 본문을 의도적으로 삽입했다. 그 목적은 앞으로 지어질 성막은 백성이 심각한 배교와 반역을 저지를 때마다 진영에서 떠나 진영 밖에 설치될 것이라는 경고와 교훈을 주기 위함이다. 즉, 교훈의 주제는 이것이다: 앞으로 금송아지 사건과 같은 역겨운 배교가 발생하면 계속적으로 회막, 곧 성막은 밖으로 이동한다. 그러한 이유로 '회막'이라는 건물이 아직 세워지기 전에 현재의 본문에서 진영 밖에 세워지는 장면과 더불어 나타난다.

성막의 세계

이것에 대한 추가적 근거는 앞서 말한 동사의 갑작스런 변화다. 실제로 출애굽기 33:7-11의 앞뒤 단락들의 동사들은 완료인 반면, 그 단락의 동사들은 이상하게 모두 미완료이다. 따라서 이 본문이 문법적 측면에서도 주변 본문들과 명확히 구분되는 것은 사실이다. 이 미완료는 대다수 학자들이 말하는 대로 분명히 반복과 계속의 미완료로 이해된다. 즉, 이 미완료는 진영 밖의 회막 설치가 단회적이 아니라 반복적으로 계속되는 일임을 가리키고 있다. 따라서 이것은 이 본문을 시간의 순서로 읽을 필요가 없다는 추가적 증거다.

그러나 우리는 이 본문이 과연 금송아지 사건의 시간의 흐름 속에서 아무런 실제적 기능을 하지 않는지 살펴볼 필요가 있다. 결론부터 말한다면, 분명히 이 진영 밖 회막의 설치와 하나님을 앙모하는 백성의 회막에서의 회집과 예배(출 33:7, 10), 그리고 그 회막에서 하나님과 모세의 대화(출 33:9, 11)는 황금 송아지 사건의 최종적 해결과 마무리를 위해 '시간 속에서' 역할을 하는 것이 명백해 보인다. 우리는 무엇보다 전통적인 랍비들의 견해를 추적해 보면서 이 문제에 대한 해결의 실마리를 찾아보기로 한다.

랍비들의 견해와 대안적 해결책

랍비들도 이 동사들이 연속적, 반복적 의미를 갖는 미완료임을 알고 있었다(Rashi; Ibn Ezra; Bachya ben Asher). 랍비들은 오래전에 이미 이 본문의 문제를 인식하면서 해법을 제시해 왔다. 이것은 크게 두 가지로 나뉜다. 두 견해는 동일하게 이 특수한 회막이 성막 완공 전까지만 존재한 것으로 보는 점에서 일치하지만, 이 회막의 등장 시점과 사용된 기한에서 차이가 난다.

첫째, 중세의 라쉬와 이반 에스라는 이 본문은 성막이 지어지기 전까지 임시적인 별개의 시설물인 회막이, 이름은 같이 쓰지만 성막과는 다른 건물인 회막이 진영 밖에 세워진 일을 가리킨다고 말한다.[8] 오경(토라)은 자주 시간의 순서대로 기록되어 있지 않다(Ibn Ezra). 그들의 견해에 따르면, 이 본문에 언급된 진영 밖에 회막을 설치한 일은 현재의 금송아지 사건이 발생했을 때가 아니라 좀 더 나중인 출애굽 제1년 7월 10일(나중에 레위기 10장에서 속죄일로 제정되는 날)부터 성막이 세워지는 출애굽 제2년 1월 1일 전날까지 약 5개월 반 동안 한시적으로, 그러나 반복적으로 있었던 일이다. 그 나중의 일이 현재의 금송아지 사건에 들어와 미리 언급되고 있다. 그들은 성막 완공 후로는 이런 일이 발생하지 않았다고 말한다.

자세한 설명은 생략하나 그들의 날짜 계산과 주장에 따르면, 7월 10일은 모세가 두 번째 시내산에 올라가 두 번째 십계명 돌판을 받은 날이다. 그들은 이날부터 모세가 진영 밖에 임시적인 회막을 설치했다고 주장한다. 그 이유는 금송아지 사건의 후유증이 성막 완공 전까지는 계속되었기 때문이다. 하나님은 성막 완공 전까지 진영 내에 임재하시고 거기서 백성을 만나기를 원하지 않으셨다. 따라서 모세는 진영 밖에 회막(장막)을 쳤으며 하나님은 거기에 임재하셨고, 누구든지 여호와를 만나기 원하는 사람은 그곳에 회집했다.

둘째, 그러나 람반과 그를 따르는 제이콥 벤 아쉐르는 이반 에스라의 견해에 심각한 문제를 제기한다(Ramban; Jacob ben Asher). 우리가 제기하는 문제와 동일하다. 그렇다면 제1년 7월 10일 이후의 일이 왜 지금 여기에 기록되어 있는가(현재의 금송아지 사건의 시점은 3월 초에 모세가 산에 올라 40일 후 내려왔던 4월 중순 경이다)? 람반은 시간을 이탈해서 그 본문이 여기에 기록되어야 할 어떤 이유도 찾지 못했다. 물론 람반이 알지 못했던 몰시간적 기법이라는 문학적 이유가 답이 될 수도 있지만, 이것은 더 면밀한 검토를 요구한다.

람반의 결론은 나중의 시점인 7월 10일이 아니라 이때부터, 즉 현재의 금송아지 사건 때부터 성막이 완공되기 전까지 임시적인 '회막'이 진영 밖에 설치되었다는 것이다. 그 이유는 금송아지 사건을 저지른 백성의 죄 때문이다. 회개와 용서의 과정이 진행되었지만, 하나님은 이후부터 성막이 완공되기 전까지 진영 안이 아닌 진영 밖에 임시적인 회막을 설치해 거기서 백성을 만나셨다. 이 기간은 라쉬와 이반 에스라가 말한 약 5개월 반이 아니라, 약 8개월 반의 시간이다.

이 견해 또한 라쉬의 첫 번째 견해와 마찬가지로 그 시한은 제2년 1월 1일 성막의 완공일 전날까지다. 하나님은 성막의 완성과 더불어 진영 안의 성막으로 돌아오셨으며 그 성막이 이

성막의 세계

제 회막의 온전한 기능을 이어받았다. 이후에는 진영 밖에 다른 회막이 더 이상 필요하지 않다. 필자는 이 두 번째 견해에 동의한다. 한 가지 의문은 "왜 충분한 회개와 회복, 그리고 두 번째 돌판까지 주셔서 언약이 재확립되었는데, 이후에도 굳이 계속 진영 밖에서 백성을 만나시는가?" 하는 질문이다. 람반은 이에 대한 답을 주지 않지만, 이것은 회개 이후에도 백성이 성막이 완공되기 전까지 충분한 자숙의 시간을 갖는 의미가 있는 것으로 보인다.

진영 밖 회막 논쟁에 대한 답변

정리하자면, 우리는 성막 완공 이후 진영 밖 별도의 회막의 존재에 동의하지 않으며, 또한 진영 내의 회막이 백성의 죄로 인해 밖으로 이동하여 진영 밖에 회막이 나타난다는 견해에도 동의하지 않는다. 유일한 증거 본문인 출애굽기 33:7-11에 대해서는 다음과 같은 답변을 제시한다.

1) 금송아지 사건으로 성막이 완공되기 전에 하나님의 지시를 따라 일시적으로 모세에 의해 작은 규모의 특별한 회막이 마련되었다. 그것은 모세의 개인 장막(천막)보다는 별도의 장막으로 보인다. 왜냐하면 그 회막을 지키는 임무가 여호수아에게 부여되기 때문이다. 그 회막의 설치는 금송아지 사건을 저지른 백성이 회개한 후 여호와를 앙모하는 자는 누구든지 거기에 회집하기 위함이며, 하나님이 장기간의 성막 공사 기간에 모세와 지속적으로 만나 대화하시기 위함이다. 미완료 동사의 반복적 용법을 볼 때, 이 일은 반복적으로 계속되었다. 이것이 이 단락에서 갑자기 미완료 동사가 사용된 이유일 수 있다.

2) '만남의 천막'을 뜻하는 '회막'이라는 용어가 반드시 성막만 지칭한다고 볼 필요는 없다. 이것을 고유명사가 아닌 기능적 용어로 이해하면서 성막 건축 전에 백성과 모세가 하나님을 만나기 위한 임시 천막(장막)을 회막이라 불렀다고 볼 수 있다. 성막이 완공된 후로는 성막이 그 기능을 전적으로 넘겨받아 회막이라 불렸으며, 더 이상 별도의 회막은 불필요했다. 따라

서 같은 이름을 가진 임시 건물이 한시적으로 존재한 것으로 이해할 수 있다.

3) 이 진영 밖의 회막과 거기에 모인 백성의 회집과 예배, 모세와 하나님의 대화는 시간 속에서 금송아지 사건의 해결과 마무리에 분명한 역할을 하는 것으로 보인다. 따라서 이 본문을 몰시간 기법의 주제적 목적을 위한 문학적 배치로만 보는 것은 타당해 보이지 않는다. 이것은 다음과 같이 정리된 금송아지 사건이 수습되는 이야기의 흐름을 살펴볼 때 분명해진다.

금송아지 사건을 일으킨 백성은 더 이상 그들과 함께 가나안에 올라가지 않겠다는 하나님의 말씀을 듣고 모두 회개했다(출 33:1-4). 백성은 이 준엄한 말씀을 듣고 슬퍼하여 한 사람도 자기의 몸을 단장하지 않았다(출 33:4). 하나님이 백성에게 회개를 촉구하며 장신구를 떼어 내라고 명령하시자 백성은 모두 호렙산에서 장신구를 뗐다(출 33:5-6). 이어서 모세는 장막을 진영 밖에 세우고 그것을 '회막'이라 칭하였으며, 여호와를 앙모하는 모든 백성이 진영 밖의 회막으로 나갔다(출 33:7). 모세는 거기서 여호와와 대화를 나눴으며, 모든 백성은 하나님의 구름이 임재한 것을 바라보면서 그분께 예배를 드렸다(출 33:7, 10-11). 모세는 진으로 돌아왔고 여호수아가 그 회막을 지켰다(출 33:11). 이후 하나님은 모세를 통해 백성과 가나안 땅을 향해 동행하겠다고 다시 약속하셨다(출 33:14, 17).

이러한 이야기의 흐름 속에서 진영 밖 회막은 금송아지 사건의 최종적 해결을 위해 시간 속에서 실제적인 역할을 하는 것이 분명해 보인다. 앞서 말한 대로, 그들의 우상 숭배에 대한 질책과 더불어 동행의 약속이 파기되었다. 이어서 백성의 회개와 더불어 진영 밖의 회막에서 하나님의 임재와 소통이 이루어졌다. 그 후 하나님의 동행의 약속이 재확립된다.

4) 그 임시적인 회막은 여호수아가 담당했다. 이 본문의 회막 외에 진영 밖 회막의 증거라고 주장되는 다른 모든 본문에서는 여호수아가 그 회막의 담당자라는 언급은 전혀 없으며 그것에 대한 암시조차 없다. 따라서 여호수아의 역할은 오직 이 회막에만 국한된다. 이것 역시 이

회막은 성막 완공 전에 한시적으로 진영 밖에 설치된 별개의 시설물임을 강력히 시사한다. 이후 회막의 기능을 이어받은 성막은 제사장들이 그것의 사용과 관리를 책임졌다.

5) 금송아지 사건 문맥의 진영 밖 회막이 앞으로 백성이 이와 같은 반역과 패악질을 행할 때마다 회막을 진영 밖으로 옮길 것임을 문학적으로 예고한다는 견해는 신명기 31:14-15에는 적용되지 않는다. 이것은 반역의 문맥이 아니라 모세 사망 전 회막에서 여호수아를 준비시키라는 여호와의 명령이기 때문이다. 그러나 나머지 두 본문에서는 금송아지 사건처럼 사람들이 큰 죄를 지은 상황에서 장막(회막)이 등장하는 것은 사실이다.

6) 하지만 이 남은 사례들이 진영 밖 회막의 증거일 수는 없다. 오히려 이것들은 온 백성 또는 미리암과 아론과 같은 중요한 인물들이 대형 사고를 칠 때마다 하나님이 비상한 조치를 취하기 위해 성막에 특별하게 역사하신 현상으로 보아야 한다. 앞서 말한 대로, 이것이 이런 상황 속에서는 동사 '야라드'('내려오다, 임하다')가 사용된 이유로 이해된다. 구름이 회막 문(입구)에 강림했다는 표현 또한 백성은 회막에 입장하지 못하기 때문에 그들이 서 있는 회막 문(입구)에서 회막 전체에 임한 하나님 임재의 현상이 강하게 나타난 것으로 이해할 수 있다. 즉, 이것 역시 특별한 상황에 대한 특별한 표현이다.

이러한 이해는 신명기 31:14-15에서 모세와 여호수아가 회막에서 하나님을 만날 때 "여호와께서 구름 기둥 가운데에서 장막에 나타나시고 구름 기둥은 장막 문 위에 머물러 있더라"라는 현상에 대한 답이기도 하다. 여기서는 "임했다, 내려왔다"가 아닌 "나타났다"는 표현이 사용되는데[9], 이것 역시 후계자 여호수아를 위한 특별한 만남이기에 이러한 하나님의 특별한 출현이 발생했다고 볼 수 있다.

이것은 "나타났다"는 표현이 사용된 다른 본문들에서도 거듭 증거된다. 하나님은 이미 회막에 계시지만, 특별한 상황으로 인해 회막에서 "나타나신다." 온 회중이 여호수아와 갈렙을 돌로 치려 할 때(민 14:10), 또한 고라 일당이 모세와 아론을 대적할 때 구름이 회막을 덮으며 여호와의 영광이 회막에 나타났으며(민 16:19, 42), 식수난으로 백성이 모세와 아론에게 반역할 때도 회막에 여호와의 영광이 나타났다(민 20:6, 여기서는 회막 문에서 여호와의 영광이 나타났다는 강력한 암시가 보인다). 모두 반역을 저지른 비상한 상황이다. 왜 이때는 회막이 진영 밖으로 이동하거나 진영 밖에 별도의 회막이 설치되지 않았는가?

따라서 우리는 백성이 심각한 불순종을 행할 경우 하나님은 성막을 떠나시지 성막 자체를 진영 밖으로 옮겼다고 생각할 필요는 없다. 또한 진영 밖에 별도의 회막을 설치했다고 생각할 필요도 없다. 실제로 우리는 구약에서 하나님께서는 백성의 죄가 임계량을 넘을 경우 거듭 성막과 성전을 떠나시거나 떠나셨음을 암시하는 장면을 볼 수 있다(왕상 9:6-7; 대하 7:19-20; 시 78:60; 렘 26:6; 겔 8:6, 12; 10:1-22, 특히 10:18). 그 결과 성막과 성전은 처참하게 파괴되었다. 이렇듯 하나님의 성전 이탈은 그 자체로 패역한 백성을 향한 하나님의 준엄한 심판이었다.

7) 금송아지 사건에 나타난 진영 밖 회막 외에는 그 어떤 제안된 증거 본문들에서도 모세가 그것을 세웠다는 언급이 전혀 발견되지 않는다. 그것들은 모두 처음부터 존재하는 시설물인 것처럼 등장하는데 그것이 진영 내의 성막이라는 인상을 지울 수 없다. 따라서 여호수아가 그 회막을 담당했다는 언급이 전혀 발견되지 않는 점과 더불어 이것 또한 그 본문의 회막이 진영 밖의 회막인지를 의심하게 한다.

결론적으로, 오직 진영 밖 회막만이 금송아지 사건으로 인해 일시적으로 모세에 의해 세워진 임시 시설물이었다고 볼 수 있다. 그 유효 기간은 하나님이 구름을 동반해 임재하신 성막 완공 때까지였다. 성막 건축 전에 하나님은 진영 내에 임재하지 않으시고 임시로 진영 밖에 회막을 마련하셨다. 유일하게 이것만을 모세가 "진영 밖에" 세운 회막이었다고 이해할 수 있다. 그 외 성막이 건축된 후로는 진영 밖에 별도의 장막(회막)이나 진영 내에서 이동한 회막이 존재했다고 생각할 필요는 없는 듯하다.

법궤 안에 세 품목? 향단이 왜 지성소에?

히브리서 9:1-5은 성막과 관련하여 심각한 난제를 발생시킨다. "첫 장막", 즉 성막을 묘사하는 이 단락에서 히브리어 저자는 다음과 같이 진술한다.

> 1 첫 언약에도 섬기는 예법과 세상에 속한 성소가 있더라 2 예비한 첫 장막이 있고 그 안에 등잔대와 상과 진설병이 있으니 이는 성소라 일컫고 3 또 둘째 휘장 뒤에 있는 장막을 지성소라 일컫나니 4 금향로와 사면을 금으로 싼 언약궤가 있고 그 안에 만나를 담은 금 항아리와 아론의 싹 난 지팡이와 언약의 돌판들이 있고 5 그 위에 속죄소를 덮는 영광의 그룹들이 있으니 이것들에 관하여는 이제 낱낱이 말할 수 없노라 히 9:1-5

이 단락은 두 가지 쟁점을 제기한다. 첫째, 향단의 위치가 내성소가 아닌 지성소로 설명된다(4절). 둘째, 법궤 안에 놓인 물건이 세 가지로 나열된다(4절). 그것은 금으로 만든 만나 항아리, 아론의 싹 난 지팡이 그리고 언약의 두 돌판(십계명 두 돌판)이다.

왜 향단이 지성소 안에 들어가 있는가?

우리가 이미 아는 대로, 향단은 당연히 내성소에 배치되어 있으며 그 위치는 진설상과 등잔대의 중간 지점이다. 그러면 왜 히브리서 9장은 향단이 지성소에 들어가 있다고 진술하는가? 이에 대해 어떤 사람들은 헬라어 '뜌미아떼리온'(θυμιατήριον)이 "향단"이 아닌 "향로"라고 주장한다. 그러나 그것은 궁색한 답변일 뿐이다. 물론 이 단어가 "향로"와 "향단" 둘 다를 가리킬 수 있으나(*Thayer Lexicon*)[10], 여기서는 이것이 결코 "향로"일 수 없다. 왜냐하면 향로는 늘 손에 들고 예식을 진행하는 이동용(mobile) 비품이기에 결코 지성소에 배치될 수 없기 때문이다.

속죄일에 대제사장이 향로를 들고 지성소에 들어가지만(레 16:12-13), 나중에 반드시 그것을 다시 가지고 나와야 한다. 지성소에는 법궤 외에 아무것도 안치해 놓을 수 없기 때문이다. 더구나 그것은 "금향로"로 표현되는데(4절), 향로는 금으로 만들지 않는다.[11] 이것이 '향단'이 분명한 이상 확고한 유대교 배경의 히브리서 기자가 향단의 위치를 모르거나 혼동한다는 것은 상상하기 어렵다.[12]

그럼에도 왜 히브리서는 성막에서 향단이 지성소에 있었다고 묘사하는가? 이 난제에 대해 많은 주석가가 다양한 대안을 제시하지만 어느 것도 만족스럽지 못하다. 어떤 사람들은 히브리서 기자가 지성소와 향단의 밀접한 관련성 때문에 그렇게 표현했을 것으로 말한다(Schreiner, 395-396). 즉, 향단이 지성소의 법궤 바로 앞에 놓였으며, 그 법궤 앞에서 늘 분향을 했다는 점과 속죄일에는 법궤에 피를 뿌리고 또한 향단에 피를 뿌렸다는 점에서 향단은 지성소와 함께 묶일 수 있다. 그러나 이것은 향단의 위치를 지성소로 분명하게 단정하는 진술에 대한 적절한 답은 아닌 것으로 보인다. 우리는 두 번째 문제를 마저 살펴본 후, 결론에서 어떤 대안과 답변을 모색해 보기로 하자.

법궤 안에 놓인 물건은 몇 개인가?

두 번째 문제는 법궤 안에 들어간 물건들의 차이점이다. 우리는 법궤 안에는 당연히 앞서 언급한 세 가지 품목이 놓인 것으로 알고 있지만, 정작 오경의 증거는 그렇지 않다. 각각의 물건들의 위치는 다음과 같다.

1. 십계명 돌판 : 법궤 안(출 25:16)

2. 아론의 지팡이 : 법궤 앞(민 17:10)

3. 만나 항아리 : 법궤 앞(출 16:33-34)

4. 율법서(아마 신명기나 오경) : 법궤 곁(신 31:24-26)

[P 123] 법궤 안에 보관된 십계명 두 돌판

요지는 법궤 안에 들어가는 물건은 단지 '언약의 돌판'이라 불리는 십계명 두 돌판뿐이다. 이것은 역사서에서도 증거된다(왕상 8:9=대하 5:10, "궤 안에는 두 돌판 외에 아무것도 없으니"). 나머지 두 물건은 법궤 앞에 보관한다. 그 외 추가로 신명기에서 "율법책"을 "언약궤 곁에 두어" 증거로 삼으라는 명령이 주어진다(신 31:24-26). 그 율법서는 흔히 신명기로 간주되지만, 신명기를 포함한 오경의 여러 율법 모음집으로 보더라도 큰 문제는 없다. 따라서 총 네 가지 물건이 법궤 안에 그리고 주변에 보관되는데, 두 돌판만이 법궤 안에 놓인다.

그렇다면 왜 히브리서 9장은 법궤 안에 세 가지 물건이 들어 있었다고 말하는가? 이것은 신약과 구약의 모순이 아닌가? 주석가들은 이에 대한 별다른 답변을 제시하지 않거나 중요한 의미를 부여하지 않는다. 예컨대, 슈라이너는 히브리서 기자가 더 중요한 둘째 장막에 초점을 맞추기 때문에 이런 품목들의 정확한 자리가 어디인지에 대해 별로 관심을 두지 않았을 것이라는 해석을 내놓는다(Schreiner, 394). 하지만 이것 역시 적절한 답은 될 수 없는 것으로 보인다. 관심을 두지 않는다 해서 사실을 다르게 기록할 이유는 전혀 없기 때문이다.

가능한 답변들

법궤 안에 놓인 물건들에 대해 먼저 말한다면, 어떤 사람들은 법궤 안에 세 품목이 보관되었다는 개념은 일부 후기 유대교의 탈무드 전통인데 히브리서 기자가 그것을 따르는 것 같다고 말한다(참고. 양용의, 251). 휴즈도 랍비 문헌들에서는 법궤에 다양한 품목들을 포함하는 전통이 발견된다고 주해한다(Hughes, 315). 그러나 그들에 의해 예시된 탈무드의 본문들에서 세 품목이 법궤 안에 보관되었다는 정확한 근거는 찾아볼 수 없다. 오히려 유대 문헌들과 랍비들은 한결같이 두 돌판 외에 법궤 안에는 아무것도 없이 다른 품목들이 법궤 "앞에", 혹은 "곁에" 놓였다고 말한다.[13] 따라서 유대 전통에서도 세 품목이 법궤 안에 들어갔다는 분명한 증거가 있는지 의심스럽다. 마찬가지로 첫 번째 쟁점인 향단의 위치에 대해서도 지성소에 향단이 놓였다는 분명하고 확실한 증거와 전통을 확인하기는 어렵다. 이 난제에 대해 우리는 앞서 짧게 언급한 두 견해를 포함하여 세 가지 답변을 조심스럽게 제시해 본다.

첫째, 앞서 어떤 학자들이 말한 대로, 히브리서 기자는 9장에서 첫 번째 장막, 즉 성막에 대한 정확한 묘사에 관심을 두지 않았다는 견해다. 이것은 5절 후반부의 "이것들에 관하여는 이제 낱낱이 말할 수 없노라"라는 말씀에서 뒷받침된다. 즉, 성막의 구성과 비품들을 상세히 설명하는 것이 그 저자의 목적이 아니라는 뜻이다. 그러나 반복하지만, 이 답변은 설득력이 부족해 보인다. 대략 기록했다 하더라도 가장 기본적인 사실조차 부정확하게 기록하는 것은 이해하기 어렵기 때문이다.

둘째, 이 시설들과 비품들은 깊은 상관성 때문에 함께 묶였다는 견해다. 앞서 말한 대로, 향단은 지성소의 법궤 앞에 마주 보고 배치되어 뗄 수 없는 관계에 놓여 있다. 향단에서 피운 향은 그 법궤 위의 하나님께 즉시 상달된다. 바로 이러한 밀접한 관계로 인해 향단이 내성소에 놓여 있음에도 불구하고 금향단과 언약궤가 묶여 지성소에 소속된 것처럼 표현되어 있다는 것이다. 또 향단의 기능적인 측면에서뿐만 아니라 실제로 향단이 지성소 휘장 바로 앞에 놓여 있었다면, 그것은 진설상과 등잔대와 공간적으로도 꽤 떨어져 있었을 것이다. 이런 비품 배치의 묘사에서 히브리서 기자의 의도가 어느 정도 엿보이는 것은 사실로 보인다. 그럼에도 2절에서 내성소 물건으로 등잔대와 진설상(떡)만을 언급하고 4절에서는 향단이 그것들과 명백하게 다른 공간에 배치되었음을 명시하고 있기에 이것 역시 명쾌한 답은 될 수 없는 듯하다.

한편, 법궤와 세 가지 물건에 대해 그것들을 법궤 "안에" 놓았다는 전치사의 의미를 문자적이 아닌 공간적 밀착성으로 이해할 여지가 있다. 그러나 이것이 문법적으로 타당한지는 의문이다. 휴즈는 지팡이와 항아리는 원래 법궤 앞에 보관했던 것이 맞지만, 각 비품들이 한데 모인 특징으로 인해 자연스럽게, 예를 들어 법궤가 여행 중에는 편의상 그것들이 법궤 안에 들어갔다고 생각하는 것은 꽤 그럴듯하다고 말한다(Hughes, 315). 그러나 법궤는 누구도 안쪽을 들여다볼 수가 없을뿐더러(삼상 6:19), 법궤의 본체마저 만질 수 없고 심지어 볼 수도 없는데(민 4:15, 19-20), 비품들을 필요에 따라, 또한 단지 편의를 위해 법궤 뚜껑을 열고 안에 넣었다는 견해는 이해하기 어렵다. 더구나 히브리서 기자는 이런 일시적인 여행 중의 법궤 상태를 말하고 있는 것이 아니다.

셋째, 이것은 필자의 견해인데, 어쩌면 히브리서 기자는 9장 전반에서 역사적 사실에 근거한 의도적인 비교의 수사학을 펼치고 있는지 모른다. 그는 하늘에 속한 영원한 "둘째 장막"(7절)에 초점을 맞추면서 일시적인 "세상에 속한 성소", 즉 "첫 장막(성막)"을 묘사하고 있다. 필자가 보기에 히브리서 기자는 변치 않는 영원한 하늘 성전에 비해 늘 변하는 일시적인 지상 성전의 실태를 비교하기 위해 의도적으로 실제 역사 속에서 가장 심각히 무질서해진 성막을 수사학적으로 묘사하고 있다는 생각이 든다. 이것이 아니라면, 유대교의 전통과 토라에 정통한 히브리서 기자가 이렇게 성막을 제멋대로 묘사한 이유를 찾아보기는 쉽지 않은 듯하다.

하늘의 것이 원형(元型, archetype)이고 지상의 것들은 그것을 모사한 모형들(模型, types)이다(23절). 첫 장막은 "현재까지의 비유"로서 "더 크고 온전한 장막", 즉 둘째 장막의 그림자 역할을 한다(9절). 첫 장막의 예물과 제사는 사람을 온전케 할 수 없으며(9절) 구약의 음식법과 정결법과 더불어 일시적인 "육체의 예법"일 뿐이므로 개혁의 때를 기다려야 한다(10절). 이제 그리스도와 더불어 미래에 "손으로 짓지 아니한 것 곧 이 창조에 속하지 아니한 더 크고 온전한 장막"이 올 것인데, 그분이 이미 오셨다(11절). 오직 둘째 장막인 하늘 성전이 이 땅에 내려와 모든 것을 온전케 해야 한다. 마침내 그리스도로 말미암아 그 온전한 하늘 성전이 이 땅에 세워졌으며 그것이 바로 사람 성전인 교회다.

이렇듯 9장 전반에서 히브리서 기자는 영원한 하늘 성전과 일시적인 지상 성전을 비교한다. 하늘 성전은 영원히 변하지 않으나 그림자의 한계를 지닌 지상 성전은 인간의 죄와 한계로 인해 계속 변한다. 예컨대, 최악의 어둠의 시대였던 실로 성막 시대를 생각해 보자. 엘리의 두 아들은 최악의 깡패 제사장들이었다. 아버지 엘리도 이에 대한 책임을 면할 수 없었다. 그들은 하나님의 제사를 멸시하여 백성이 제단에서 짐승을 바칠 때(화목제가 분명하다) 제사법의 절차를 전혀 지키지 않았다. 그들은 제사장들에게 할당된 부위가 아닌[14] 자신들이 원하는 고기 부위를 원 없이 강탈해 갔다(삼상 2:12-17). 그리고 그들은 놀랍게도 성막 안에서 여인들과 성적 음행을 서슴지 않았다(삼상 2:22).

그렇다면 이런 패륜아들이 성막을 제대로 관리했을까? 아마 그들은 성막의 비품들을 멋대로 배치해 두고 관리도 제대로 하지 않았을 가능성이 매우 크다. 그렇다면 이런 상황에서는 얼마든지 향단이 지성소에 옮겨질 수 있고, 법궤 곁에 보관해야 할 여러 물품들은 관리가 귀찮은 이유로 언제든지 법궤 안으로 들어갈 수 있다. 엘리와 두 아들에게서 이런 일이 일어난들 전혀 이상해 보이지 않는다. 결국 당시 블레셋 군사들에게 성막은 파괴되고 법궤는 찬탈되었으며, 두 아들과 엘리는 하나님의 심판을 받고 사망한다. 그런데 여호수아 시대 이후 사사 시대부터 이스라엘 백성은 줄곧 이런 심각한 배교의 시대를 살아왔다. 따라서 그 어두운 시대 내내 성막이 정상적인 상태를 유지했다고 보기 어렵다. 어쩌면 히브리서 기자는 가장 흐트러진 성막의 상태를 묘사함으로써 지상 성전의 한계를 적나라하게 보여 주려 했는지 모른다. 그리하여 그는 하늘 성전의 절대적 필요성을 강조하고 있는지 모른다.

이런 관점에서 열왕기상 8:9(대하 5:10)의 "궤 안에는 두 돌판 외에 아무것도 없으니"라는 진술을 해석해 볼 수 있다. 도대체 누가(아마 대제사장일 것이다) 어떻게 그 위험한 지성소 안의 법궤 내부를 확인했는지 알 수 없으나(어쩌면 성전 건축이라는 특수한 상황이 그것을 가능하게 했는지 모른다), 그는 법궤 안에는 십계명 두 돌판 외에는 없다는 것을 확인했다. 그런데 열왕기 저자가 전해 주는 뉘앙스는 원래는 마치 거기에 무언가가 더 있었다는 암시를 강하게 주는 듯하다. 다시 말해, 어쩌면 두 돌판 외에 법궤와 함께 보관되어 있어야 할 다른 물건들이 모두 사라졌다는 사실을 알려 주는 것처럼 읽힌다. 실제로 열왕기(그리고 역대기)의 이 기록 이후, 구약 어디에서도 이 물건들에 대한 언급이 더 이상 발견되지 않는다.

[P 124] 내성소의 향단에서 분향하는 대제사장
성막시대든 성전 시대든 언제나 향단의 위치는 명백히 내성소였다.

다만 요시야왕 때 성전을 대대적으로 정비하고 수리하다 "언약책"이 성전에서 오래도록 방치되었다가 발견되었다는 기록이 나타난다. 비평학자들은 이에 대해 다양한 해석을 하지만, 우리는 무난하게 이 "언약책"은 다름 아닌 바로 신명기 31:24-26에서 "법궤 곁에" 보관되어야 했던 "율법책"으로 이해한다. 이것은 무엇을 의미하는가? 오랜 배교의 기간 동안 백성의 성막 관리가 엉망이었는데, 이후 성전 시대에도 상황은 마찬가지였다는 것이다. 그리하여 그들은 언약책(율법책)마저 분실하여 그것을 성전 한구석의 먼지 구덩이에 오래도록 방치해 놓은 것이다.

그렇다면 법궤와 함께 보관되어야 할 다른 품목들은 어땠을까? 자연스럽게 아마 마찬가지였다는 결론에 이른다. 어느 순간 만나 항아리와 아론의 지팡이가 법궤 안에 들어갔든, 나중에 어느 순간 다시 그것들이 밖으로 나와서 어딘가에 방치되었든, 오랜 기간 성막의 시설과 물품 관리는 전혀 안 되었다는 것이다. 바로 그런 이유로 법궤 안에 아마 오랫동안 함께 보관되어 있던 물건들이 더 이상 안 보였기에 열왕기 저자는 "두 돌판 외에 아무것도 없으니"라고 진술한 것으로 보인다.

여전히 답변이 어려운 히브리서의 성막

정리하자면, 유대교에 정통한 히브리서 기자가 성막의 구도와 그토록 중요한 법궤 안에 놓인 물품들에 무지하다는 것은 상상하기 어렵다. 그 저자가 잘못된 묘사로 뭉뚱그린 요약 설명을 하고 있다는 답변도 석연치 않으며, 지성소와 향단의 기능적 연관성 그리고 법궤와 그 곁의 보관 물품들의 공간적 밀접성으로 이것을 해석하는 것 또한 적절해 보이지 않는다.

오히려 히브리서 기자는 의도적으로 최대로 망가진 지상 성막의 상태를 묘사하고 있는 듯하다. 그는 비교의 수사학을 펼치고 있으며 그 효과는 분명해 보인다. 땅에 속한 첫 장막과 예배는 한계가 뚜렷하다. 그것은 끊임없이 질서를 이탈하고 인간의 실수를 수반하며 그리하여 사람을 온전케 할 수 없다. 그러나 하늘에 속한 둘째 장막과 예배는 더 크고 온전하며, 영원하고 변치 않는다. 그러므로 사람과 세상을 온전케 하는 진정한 이 둘째 장막, 즉 하늘 성막이 이 땅에 임해야 한다. 그분이 바로 이미 오신 그리스도시다. 이것은 필자의 해석이지만, 이 난제들에 대한 매끄럽고 합리적인 답변인지는 확신할 수 없다. 이 해석이 1-5절의 첫 장막에 대한 이상한 묘사에 대한 답으로는 여전히 만족스럽지는 못하나 가능한 답변의 하나로 제안해 보았다.

법궤는 얼마나 무거웠을까?

앞서 법궤의 무게에 대한 비현실적인 신비적 주장에 우리는 동의하지 않았다. 서론에서 말한 대로, 성막의 재구성에서 본문이 침묵하는 공백은 합리적인 유추를 통해 메우는 시도를 해야 한다. 적절한 측량을 위해 우선 철보다 2.5배나 무거운 금의 엄청난 비중과 성막에 사용된 금의 총량이 1톤, 부피는 불과 가로, 세로, 높이 각 37cm라는 사실을 고려해야 한다. 금은 성막의 여러 곳에 사용되므로 법궤에 사용된 금의 양은 제한적이었을 것이다.

앞서 법궤가 1톤이 넘었다는 신비적 주장을 하는 탈무드와 랍비들, 반대로 그런 과장된 견해를 배격하고 현실적인 대안을 제안한 현대의 랍비들과 학자들은 공히 법궤를 네 명의 가마꾼들이 운반했다는 전제에서 법궤 무게를 산출한다. 이렇듯 법궤를 네 사람이 운반했다는 것은 유대 전통부터 현대에 이르기까지 한결같지만 정작 그 근거는 성경 어디에서도 찾아보기 어렵다.

네 명을 전제로 현실적인 무게를 도출하다 보니 이 책 3장 "법궤"에서 말한 대로, 어떤 사람은 총중량 131kg을 제시하고(Derby), 다른 사람은 그 무게도 네 사람이 들기엔 여전히 무겁다며 무게를 대폭 낮춘 84kg을 제안한다(Schatz).[15] 그러나 만일 법궤를 앞뒤 4명씩 8명이 운반했다면, 법궤는 훨씬 무거워도, 예를 들어 150kg 정도 된다 해도 큰 문제가 없다.

특별히 채의 길이가 가마꾼들의 숫자를 추정하는 변수일 수 있다. 앞서 말한 대로, 채의 길이는 어떤 랍비들의 주장과 같이 지성소 길이와 비슷한 약 10규빗(5m) 안팎일 수 있다. 실제로 채가 매우 길다는 것은 열왕기상 8:7-8(대하 5:9)에 강하게 암시되어 있다(3장 "법궤" 미주 6을 보라). 이 정도의 길이라면, 4명보다 앞뒤 4명씩 총 8명이 더 적절해 보인다(이것에 대한 암시일 수 있는 역대상 15:11-12을 보라).[16] 우리는 가마꾼이 4명과 8명인 경우로 나누어 가능한 한 법궤 무게를 산출해 보기로 한다. 이 중 4명에 맞춘 총중량의 산출이 매우 어렵다.

4명이 운반하는 법궤의 무게라면?

만일 법궤를 4명이 운반했다면, 위에 덮인 휘장의 무게를 합산한 법궤의 총중량은 한 사람당 25kg 정도를 감당하는 경우 100kg 안팎이어야 할 것이다. 이 경우 샤츠가 제안하는 법궤 자체의 무게 84kg은 상당히 그럴듯하다.[17] 샤츠는 더비가 주장한 무게 131kg은 네 사람이 각각 33kg이나 감당해야 하므로 너무 과중한 무게라고 말하면서 총중량을 약 84kg으로 대폭 낮춘다. 샤츠는 총중량 84kg을 다음과 같이 세분해서 추정한다: 나무 궤 약 39kg(금박과 금테 포함), 속죄소 약 37kg, 두 돌판 약 5kg, 두 채 약 2.6kg.

그러나 샤츠의 계산법에는 몇 가지 약점과 문제점들이 있다. 우선 그가 제안한 채의 길이 125cm는 지나치게 짧아 보인다. 이 책 3장 "법궤"에서 살핀 대로 많은 랍비가 채의 길이를 지성소 길이인 10규빗(실측 길이 약 4.5m)과 동일하거나 약간 더 긴 것으로 계산하는데, 무엇보다 구약의 암시적 증거로 볼 때 이것이 타당해 보인다(3장 "법궤" 미주 6을 보라): "그룹들이 그 궤 처소 위에서 날개를 펴서 궤와 그 채를 덮었는데 채가 길므로 채 끝이 내소 앞 성소에서 보이나 밖에서는 보이지 아니하며 그 채는 오늘까지 그곳에 있으며"(왕상 8:7-8; 참고, 대하 5:9). 이 경우 채의 길이는 샤츠의 추정치보다 거의 4배나 긴데 8명이 운반하기에 충분한 길이다.

또한 속죄소 금판의 두께가 불과 1mm라면 위에 놓인 무거운 그룹 형상을 지탱하기에는 너무 얇다. 게다가 십계명 두 돌판이 개당 2.5kg, 합하여 5kg에 불과한데 이것은 과도하게 가벼

위 보인다. 무엇보다 속죄소 위 두 그룹 형상의 금의 무게가 25kg이라면, 하나는 12.5kg에 불과하다. 12.5kg의 금붙이는 국제 표준 규격의 금괴 한 개의 무게 정도이므로 통금으로 제작된 그룹 형상이라면 너무나 작은 크기일 수밖에 없다. 샤츠는 이에 대해 아무런 설명을 하지 않는다.

[P 125] **국제 표준 규격의 금괴(12.4kg)**

　　우리는 4명의 운반꾼들을 가정한다면, 샤츠의 무게를 합리적으로 받아들이되 다음과 같이 몇 군데 재조정된 수치를 제시한다.

측량	나무 궤		속죄소		채		고리	돌판	금테	총중량
	궤	금박	밑판	그룹(2)	2개	금박	4개	2개	테두리	
무게	17kg	17kg	17kg	17kg	5kg	1kg	1kg	8kg	2kg	약 85kg
	34kg(1달란트)		34kg(1달란트)		17kg(0.5달란트)					
두께	1cm	0.3mm	1.5mm	1.5mm	4cm	0.1mm	3mm	2cm	0.3mm	
길이	명시됨		1.5C(68cm)		10C(4.5m)		12.5cm		명시됨	

(C: 규빗)

1) 나무 궤 : 우리는 나무 궤는 17kg, 거기에 입힌 얇은 금박 상자는 0.3mm 두께의 17kg으로 조정하여 합산 1달란트(34kg) 무게인 것으로 추정한다. 금의 놀라운 연성의 성질로 인해 0.01mm도 안 되는 얇은 금박 상자 제조도 가능하다는 점을 고려해야 한다.

2) 속죄소 : 우리는 속죄소 전체 무게를 금등잔대와 동일한 1달란트(34kg)로 추정한다. 그런데 제한된 금의 양으로 두 그룹 형상이 크기를 확보하려면, 반드시 속이 빈 조형물이어

야만 한다. 샤츠는 이것을 전혀 언급하지 않는데, 만일 통금이라면 두 그룹 형상은 너무나 작을 수밖에 없다. 두 그룹 형상의 속이 비었다는 것은 현대 일부 랍비들의 견해이기도 하다.[18] 결과적으로 두 그룹 형상이 상당히 가볍기 때문에 밑판의 두께도 1.5mm면 충분할 것으로 보인다. 고대에는 순금에도 불순물이 섞여 금의 강도가 매우 높았을 것이다. 이 경우 밑판의 무게는 17kg으로 계산된다. 이것은 이 책 3장 "법궤"에서 살핀 대로 투탕카멘 가면의 두께가 2mm라는 점에 비추어 타당해 보인다. 이 경우 두 그룹이 놓인 부분은 위의 그룹 형상들의 무게를 지탱하도록 약간 더 두터웠을 수 있다.

남은 두 그룹의 무게는 17kg이므로 하나당 순금 9kg이다. 투탕카멘의 가면이 10.23kg이며 높이 54cm, 너비 39.3cm이므로, 금 9kg이라면 얇은 날개를 포함 70cm 이상의 속이 빈 높은 그룹 조형물을 충분히 만들 수 있다. 우리는 그룹 형상의 높이를 법궤의 높이와 동일한 1.5규빗(약 68cm)으로 간주한다. 이 경우 법궤 전체는 매우 균형감 있는 형태를 지니게 된다. 따라서 속죄소 금의 총중량은 1달란트면 넉넉하다. 이 무게는 등잔대와 같지만, 법궤에는 그 외에 나무 궤에 상당히 많은 금이 사용된 금박 상자들이 덧입혀지고 네 개의 고리들과 금테가 포함된다. 따라서 우리의 계산으로는 법궤 전체에는 등잔대보다 훨씬 많은 2.5배의 금이 사용된다. 그러나 반복하지만, 이 계산은 그룹 형상이 속이 빈 조형물일 때에만 성립될 수 있다.

3) 두 채 : 남은 구성 요소는 채, 고리, 돌판, 금테인데, 우리는 이것의 총무게가 0.5달란트(17kg)인 것으로 간주한다. 우리는 채의 길이가 지성소 길이와 일치한 약 10규빗(약 4.5m)이라는 견해를 따르는데, 이 경우 두 채의 나무 자체의 총 무게는 샤츠(1.6kg)보다 3배가 넘는 약 5kg 정도로 늘어난다(샤츠는 도금이 된 두 채는 2.6kg, 나무 자체는 약 1.6kg으로 계산한다). 거기에 입힌 금의 양은 채의 면적을 계산한 뒤 금을 약 0.1mm 두께로 입혔다고 본다면 약 1kg 정도로 계산된다. 두 채의 무게는 총 6kg이다. 물론 연성이 뛰어난 금은 종이보다 더 얇게 펴서 0.01mm나 그 이하의 두께로도 입힐 수 있지만, 성막 비품

들의 중요성을 고려할 때 상당히 두껍게 금을 입힌 것으로 판단한다.

4) 네 금고리 : 금고리는 4개인데, 샤츠는 불과 30g으로 보면
서 거의 의미를 두지 않는다. 그러나 고리 하나가 10g도
되지 않는다면, 어떻게 법궤의 무게를 버틸 수 있을까?
고리는 무거운 법궤를 지탱해야 하므로 충분히 두껍고
넓게 제조되었을 것이다.

적절한 크기를 고려해 무게를 계산해 보면 고리는 상
당히 무겁다. 고리의 직경은 채의 직경과 동일하게 4cm

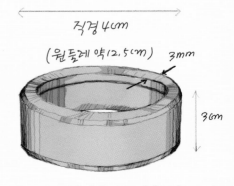

[P 126] **추정되는 금고리의 규격**

이며 우리는 두께를 3mm 정도로 잡는다. 너비는 최소 3cm
정도는 되어야 안정적일 것이다. 직경 4cm 원의 원둘레는 약 12.5cm다.
이 경우 고리 하나의 부피는 11.25cm³(12.5cm×3cm×0.3cm)인데 이것의 금의 무게는 약
200g으로 계산된다(11cm×5cm×1cm=55cm³의 금이 1kg이므로 그것의 5분의 1의 무게다). 우
리는 4개의 금고리의 총합을 넉넉하게 약 1kg으로 정한다.

5) 두 돌판 : 두 개의 돌판 각각에는 십계명이 양면에 새겨져 있었다(출 32:15). 따라서 한 면
에 쓰인 것보다 크기가 줄어든다. 물론 학자들에 따라 돌판 하나에 각각 십계명이 양면
에 기록되어 있었다는 견해가 있는가 하면, 다른 학자들은 두 돌판 중 하나에는 예컨대
제1-4계명이, 다른 하나에는 제6-10계명이 새겨져 있었다고 추론한다. 고대에 동일한
계약서 두 본을 만들어 양쪽 당사자가 각자 보관했던 관행에 따라 전자의 가능성이 큰
데, 어느 경우든 양면에 십계명이 새겨진다면 크기가 많이 축소된다.

이 돌판의 무게를 우리는 개당 4kg, 둘을 합하여 8kg으로 정한다. 샤츠는 모세가 '한 손'
에 두 돌판을 들고 다녔다고 해석하면서 두 돌판의 무게를 고작 5kg으로 정하나 이는
히브리어 단수 '손'이 총칭의 단수로 사용된다는 사실을 간과한 해석이다.[19] 반대로 두
돌판을 등에 진 것이 아니라 손에 들고 산을 오르내렸으므로 그것이 커다랗고 아주 무

거울 수는 없다. 모세가 두 손에 든 두 돌판의 무게로 8-10kg 정도는 무난해 보인다. 이는 산을 오르내릴 때에도 그리 과중한 무게는 아니다.

6) 금테 : 이 책 3장 "법궤"에서 설명한 대로 금테는 유대 전승이 한결같이 순금 '한 손바닥 폭'의 너비로 만들어졌다고 말한다. 그 근거는 진설상의 한 손바닥 폭의 턱이다. 게다가 랍비들은 거기에 같은 두께의 통금으로 된 밑판이, 따라서 1톤에 이르는 무게의 금판이 놓였다고 주장하는 지나친 논리로 비약한다. 그러나 정작 본문은 금테의 규격에 대해 전혀 언급하지 않으므로 우리는 단순히 금테는 바깥 금박 상자의 상단에 대략 2cm 너비의 장식물의 테두리로 만들어졌다고 추정한다. 이 경우 두께는 금박 상자와 마찬가지로 0.3mm이고 총길이는 나무 궤의 테두리 길이와 동일하다: (2.5+1.5)규빗×2=8규빗(3.6m). 이것의 금의 양을 계산해 보면 대략 2kg이 약간 넘는다.

이상 우리는 4명의 가마꾼들이 어깨에 멜 수 있는 무게로 약 85kg, 두 달란트 반의 총중량을 산정하여 각 구성 요소의 무게를 계산해 보았다. 앞에서 우리는 모세 시대에 만들어진 투탕카멘의 가면이 탁월한 금속 세공술에 의해 속이 텅 빈 황금 조형물로 제작 가능했다는 사실을 살펴보았다. 그룹 형상도 동일한 기법으로 제작되었을 것으로 추정된다. 뛰어난 기술자이자 성령을 받은 브살렐이 그 일을 하기에 적임자였다. 이 경우 우리가 도출해 낸 법궤 무게는 매우 합리적이다.

하지만 이것은 법궤 자체만의 무게 추정치일 뿐이다. 이 경우 네 사람이 넉넉히 들 수 있을 것이다. 그러나 민수기 4장 성막의 운반 수칙에 의하면, 법궤는 반드시 지성소 휘장을 먼저 덮은 후 그 위에 해달 가죽과 청색 보자기를 겹으로 덮고 운반하는 것이 원칙이다(민 4:4-6). 우리는 이미 광야 성막의 경우 잦은 운반을 해야 하는 이유로 법궤 위를 덮는 지성소 휘장이 그리 무겁지 않았을 것으로 추정했다. 그것을 고려하여 운반되는 법궤의 총중량은 아마 110kg을 상회할 수 있으며, 이 경우 휘장의 무게는 25kg으로 계산된다. 자칫 지성소 휘장이 너무 얇다는 생각이 들 수 있지만, 실제로는 가로, 세로 10규 빗(4.5m) 규격의 직물의 무게가 25kg이라면 상당히 두꺼운 편이다.[20] 운반되는 법궤의 총중량이 110kg이라면 네 명의 가마꾼들이 1인당 27kg 정도를 감당해야 한다는 계산이 다. 한 사람에게는 상당히 무거운 중량임이 분명하다.

8명이 운반하는 법궤의 무게라면?

앞서 미주에서 역대하 본문은 8명의 법궤 운반꾼에 대한 암시일 수 있음을 살펴보았다. 추 가로 앞서 살펴 본 티토 장군의 개선문에는 앞에 진설상으로 추정되는 물건을 8명이 운반하고, 그 뒤의 등잔대도 8명이 운반하는 장면이 묘사되어 있다(사진 42). 이것은 분명 과도한 인원 동 원으로 보인다. 왜냐하면 등잔대의 무게는 불과 1달란트(34kg) 정도이고 진설상은 목재로 제작 되었기에 그보다 더욱 가벼울 것이기 때문이다. 아마 그런 인원 동원은 물건이 무거워서가 아 니라 승전한 군대의 장엄한 개선 행진을 연출하기 위함이었을 것이다. 그럼에도 무겁지 않은 비품 운반에 8명씩 배치된 것에 비추어 볼 때, 등잔대보다 몇 배 무거웠을 법궤의 운반에 반드 시 4명이 동원되었다고 단정 지을 필요는 없는 듯하다.

만일 8명이 법궤를 운반했다면, 각 구성 요소의 무게는 크게 늘려 잡아도 되며, 특히 속죄 소 무게만 심지어 3배가량 늘려 3달란트(102kg)로 추정해도 큰 문제는 없다. 속죄소 밑판의 경 우, 랍비 이반 에스라는 유대 전통을 따라 밑판의 금 덩어리 무게를 금등잔대의 금과 마찬가지 로(출 25:39; 37:24) 1달란트로 간주한다(Ibn Ezra, 출 38:24). 우리의 도량형을 따라 이 경우 금판 의 두께는 약 3mm로 계산된다. 이것은 앞서 4명일 경우인 1.5mm보다 매우 안정적인 두께다. 그 외 두 그룹의 형상에 각각 1달란트를 할당해도 큰 문제가 없다. 따라서 속죄소의 각 구성 요 소에 1달란트씩을 할당한 값은 3달란트(102kg)이다(밑판, 그룹A, 그룹B).

이 경우 밑판의 두께는 3mm를 확보할 뿐 아니라, 그룹의 형상도 속이 빈 방식이 아닌 통금 제작이 충분히 가능하다. 앞서 가마꾼 4명의 중량에서는 그룹 하나당 순금 9kg만을 할당했으나, 그것보다 4배의 금이 사용된다.

통금으로 그룹 형상을 제작한다면, 적어도 1달란트(34kg)가 할당되어야 한다. 이것은 적절한 크기의 그룹을 만들기에 충분한 금의 양이다. 얇은 날개를 드리우기 때문에 무게 추정에 큰 문제가 없다. 이 금의 양이라면 위쪽으로 1.5규빗, 즉 나무 궤의 높이와 동일한 높이의 통금으로 제작된 그룹 형상을 양쪽에 만들어 세울 수 있을 것이다.

결국 속죄소의 밑판과 위의 두 그룹 형상의 무게는 그것들이 통금으로 제작되었다면 더 이상 줄이기 어려운 최소한의 무게로 이해된다. 앞서 살핀 대로, 이 경우 속죄소의 무게만 3달란트, 102kg에 이른다. 여기에 나무 궤와 돌판 등 다른 무게를 더하면, 전체 무게가 150kg이 넘는다. 추가로 지성소 휘장의 무게를 조금 더 늘리면 대략 180kg에 이른다. 운반시에는 한 사람당 약 23kg 정도를 감당해야 하는 무게다.

그러나 어떤 제안이든지 이 모든 것은 추론에 의한 재구성에 불과하며, 사실 우리는 법궤 위 속죄소의 모양, 높이, 무게에 대한 정확한 실체를 알기 어렵다. 다만 법궤는 가장 중요한 비품인 만큼 숨겨진 무게를 재구성해 보는 것은 나름 의미 있는 일이라 할 수 있다.

우림과 둠밈에 대하여

대제사장의 흉패 안에 넣어 둔 우림과 둠밈의 정체는 무엇인가? 이것은 레위기 8:8의 제사장 위임식에서 다시 언급되며, 구약 여러 곳에서 증거된다(신 33:8; 스 2:63; 느 7:65). 다만 "주의 둠밈과 우림"으로 순서가 바뀌거나(신 33:8), 우림만 언급되기도 한다(민 27:21; 삼상 28:6).

우림과 둠밈에 대한 무수한 논의가 있었지만, 우리는 이것들이 정확히 어떻게 생겼는지, 또한 하나님의 판결을 구하기 위해 어떤 방식으로 사용되었는지 알 수 없다.[21] 어떤 랍비는 우림과 둠밈이 금속으로 된 물건이었다고 말하나[22] 일반적으로 이것들은 두 개의 돌로 추정된다.

앞서 언급했듯이, 앗수르의 점술 의식에서 우림과 둠밈과 비슷한 관행이 발견되었다. 그 점술에 흰 돌과 검은 돌이 사용되었다(이 책 14장 "제사장 관복" 중 '흉패의 기능' 항목을 보라).[23] 구약의 여러 제도와 관행이 고대 근동의 것들과 상당 부분 공유된다는 점에서 아마 우림과 둠밈은 각각 흰색과 검은색의 돌이었을 가능성이 있는데 필자는 그것을 받아들인다.

그러나 구약은 동일한 문화권인 고대 근동의 유사한 종교적 형식을 취하더라도, 그것을 결코 미신적으로, 마술적으로, 혹은 우상을 위해 사용하지 않았음을 간과해선 안 된다. 구약은 그들의 제도와 관행을 철저히 비신화화하고 재해석하면서 거기에 전혀 새로운 신학적 의미의 옷을 입혀 사용한다. 우림과 둠밈도 마찬가지 사례로 이해될 수 있다.

민수기 27:21에서 "우림의 판결로써 여호와 앞에 물을 것이며"라는 표현은 우림과 둠밈이 민간과 주변 민족들 중에서 실행되고 있던 비슷한 방식의 점술과 신탁 관행으로 간주되지 않도록 하기 위한 조치로 이해될 수 있다(참고. Milgrom, *Numbers*, 508).[24] 이렇듯 우림과 둠밈은 다른 이방의 관행처럼 마술적으로 점술용으로 사용될 수 없었으며, 반드시 우주 만물을 홀로 통치하시는 여호와 앞에서 그분의 답을 구하기 위해 사용되어야 했다.

우림과 둠밈은 둘 다 복수인데, 왜 복수명사를 사용했는지 알 수 없다. 이 둘의 뜻을 살피면, 앞서 말한 대로 '우림'(אורים, 우림)은 가장 무난하게 '빛'을 뜻하는 '오르'(אור)의 복수로서 '빛들'을 의미하는 것으로 보인다. 반면에 '둠밈'(תמים, 툼밈)은 '완전'을 뜻하는 '톰'(תם)의 복수로서 '완전함'을 뜻하는 것으로 보인다.[25] 참고로 히브리어의 복수명사는 흔히 추상명사의 뜻을 지니곤 한다.

이 단어들의 조합이 무슨 뜻을 전하는지 알 수 없으나, 어쩌면 이것은 빛 되신 하나님과 온전하신 하나님, 온전한 진리를 알려 주시는 하나님을 가리키는지 모른다. 70인경은 우림을 "명료함"으로, 둠밈을 "진리"로 번역하는데, 이것은 분명하고 완전한 사실을 알려 주는 이것들의 신탁의 기능을 암시하는 듯하다.[26] 흥미롭게도 우림과 둠밈의 히브리어의 첫 번째 자음이 '알렙'(א)과 '타우'(ת)인데, 헬라어의 '알파'와 '오메가'에 해당된다. 이것은 우연으로 보이진 않는데 처음과 나중이신 하나님을 가리키는지도 모른다.

우림과 둠밈을 사용한 몇 가지 사례가 구약에서 확인된다. 앞서 말한 대로, 어떤 사례들에서는 우림만 언급되기도 하고, 많은 사례에서는 우림과 둠밈 둘 다 언급되지 않으나 분명히 암시된다.[27] 예를 들어, 민수기 27:21과 사무엘상 28:6에서 이것들이 어떤 중대한 판결을 위해 하나님의 뜻을 물을 때 사용된다(그 구절들에서는 "우림"만 언급된다). 그런데 어떤 방식으로 판결을 물었는지는 본문이 침묵한다.

다른 예로, 사무엘상 23:9-12에서 우림과 둠밈이 명시되지는 않으나 다윗이 제사장 아비아

달에게 하나님의 뜻을 묻기 위해 에봇을 가지고 오라고 명령한다. 그리고 다윗은 사울이 과연 내려오는지 하나님께 묻는다. 여기서 에봇에 보관된 우림과 둠밈의 사용이 분명하게 암시된다. 사무엘상 30:7-8에서는 에봇이 전쟁의 신탁에 사용되는 장면이 등장한다. 에봇이 동원되었기 때문에 마찬가지로 우림과 둠밈을 통해 판결이 내려졌을 것이다.

모든 사례에서 확인되는 것은 왕이나 국가 지도자가 어떤 중대한 결정을 할 때, 혹은 어떤 국가의 공적인 문제를 결정할 때 제사장을 통해 우림과 둠밈이 사용된다는 점이다. 또한 이 민족적 판결에서 하나님이 반드시 옳은 답을 주신다는 확신이 전제된다. 즉, 우림과 둠밈이 결코 사적인 목적으로, 혹은 민간에서 사사로운 점술용으로 사용되지 않았다는 뜻이다.

어떤 사람은 우림과 둠밈이 신탁의 주사위와 같은 것으로, 제사장이 흉패에서 둘 중 하나를 꺼낼 때 '빛'을 의미하는 우림이 뽑히면 '예'이고 둠밈이 뽑히면 '아니오'였다고 본다. 매우 개연성이 높으나 문제는 둠밈은 '빛'의 반대인 '어둠'을 의미하지 않기에 이것이 분명하지는 않다. 그리고 '예'와 '아니오' 방식의 판결만을 물었는지도 의문이다. 앞서의 사례들에서 단순히 '예'와 '아니오'를 넘어 어떤 서술형 답변을 구하기 위해서도 우림과 둠밈이 사용되었다는 것이 암시되기 때문이다(Hamilton, 763).[28]

예를 들어, 사사기 1:1-2에서 이스라엘이 가나안 족속과 싸우러 올라갈 때, "누가 먼저 올라가야 합니까?"라고 하나님께 묻는다. 이때 우림과 둠밈이 사용되었을 가능성이 큰데 하나님은 "유다가 올라가라"고 답을 해 주신다. 그렇다면 이 사례에서는 '예'와 '아니오'가 아닌 서술형 답변이 주어진 셈이다. 현재로선 우림과 둠밈이 어떻게 하나님의 뜻을 알려 주었는지에 대해 정확히 알 수는 없다.

대제사장의 발목에 밧줄이 묶였는가?

밧줄에 대한 오랜 통설의 추적

[P 127] **지성소에서 피를 뿌리는 대제사장**

오래도록 주로 미국과 한국 교회 강단에서 대제사장이 지성소에 들어갈 때, 발목에 끈이나 줄을 매달고 들어갔다는 이야기가 회자되어 왔다. 그 이야기에 따르면, 대제사장이 지성소에 홀로 들어갈 때 밖에서 방울 소리를 통해 그가 살아 있는지가 확인된다. 그런데 방울 소리가 나지 않으면, 그가 죽은 것으로 보고 끌어내야 한다. 그래서 대제사장이 지성소에 들어갈 때는 반드시 끈을 매달아야 했다. 지성소가 너무 위험한 곳이라 언제 대제사장이 심장 발작과 같은 돌연사로, 혹은 대제사장 자신의 제의적 실수로 자칫 하나님의 거룩한 영광을 훼손하여 지성소 안에서 즉사할지 알 수 없었기 때문이다. 이렇게 만일 대제사장이 지성소에서 죽으면 아무도 거기에 들어갈 수 없어 끈을 잡아당겨 시체를 끌어냈다는 이야기다.

그러나 이런 이야기는 구약 어디에도 없으며 성경의 증거와도 크게 어긋난다. 무엇보다 속죄일에는 대제사장이 장엄한 대제사장 관복을 벗고 아무런 장식이 없는 단순한 세마포 베옷으로 갈아입고 지성소에 입장한다(레 16:4). 따라서 일단 지성소에서는 결코 방울 소리가 날 수 없으므로 방울 소리 여부로 밖에서 대제사장의 사망과 생존을 확인했다는 이야기는 전혀 성립되지 않는다. 결국 방울 소리로 대제사장의 생사 여부가 확인되었다는 낭설은 일단 배제되어야 한다. 그렇다면 대제사장은 세마포 베옷을 입고 지성소에 입장할 때 발목에 밧줄을 맸는가?

누널리(W. E. Nunnally)가 추적한 바로는 중세 때 이러한 주장이 시작되었는데, 정작 구약뿐 아니라 유대 문헌 그 어디에도 근거가 없는 낭설에 불과했다.[29] 누널리의 주장이 정확한 것은 아니나 그 이야기의 출처에 대한 그의 의심은 타당하다. 누널리의 단정과 달리 후대인 중세의 어떤 유대 문헌에서 대제사장의 밧줄에 대한 언급이 유일하게 발견된다. 그것은 조하르(the Zohar)라는 책인데 '카발라'(Kabbalah)라 불리는 중세의 신비주의 유대 분파의 문헌으로, 주후 약 1100-1400년경에 스페인에서 작성된 것으로 알려졌다. 히브리어로 '빛, 광채'를 뜻하는 '조하르'라는 제목이 붙은 이 책은 카발라 후대의 문헌에 속한다. 조하르에는 두 군데에 대제사장의 발목에 끈을 묶는다는 관행이 짧게 기록되어 있다.

조하르는 대제사장이 속죄일에 방울 소리가 나는 옷을 벗고 세마포 옷으로 갈아입고 들어간다는 사실을 정확히 알고 있었다. 그런데 그날 대제사장은 지성소에서 돌발적으로 사망할 경우를 대비해서 그의 발목에 밧줄을 묶고 들어갔다. 이 책은 한 곳에서는 "황금 밧줄"(golden rope)로 대제사장의 발(leg)을 묶었다고 말하는가 하면(Zohar Parashat Achrei Mot 67a:6), 다른 곳에서는 랍비 이츠학의 설명이라고 소개하면서 그의 발에 "아름다운 밧줄"을 묶었다고 언급한다(Zohar Parashat Emor 102a:8).[30] 아마 둘은 모순이 아니라 금실을 섞은 특별한 밧줄을 뜻하는 것으로 보인다.

그러나 중세에 갑자기 나타난 유대 신비주의 문헌에 담긴 이 이야기는 거의 신뢰하기 어려우며, 조하르에 인용된 랍비 이츠학은 그들 분파의 랍비일 것이다. 누널리가 말한 대로, 이 이야기의 근거는 이 책을 제외하고 구약은 물론 미쉬나, 탈무드, 미드라쉬를 포함한 이전의 전통적인 어떠한 유대 문헌에도, 또한 중간기의 묵시 문헌이나 사해 문헌들을 포함해 여러 위경들과 초대교회 시대의 역사서인 요세푸스의 기록에도 나타나지 않는다. 다만 이런 통설이 중세에 갑자기 나타났을 뿐이다. 아마 누널리가 이것이 중세에 갑자기 회자되기 시작한 이야기라 말한 이유는 그가 출처를 밝히지는 못했지만, 바로 중세의 유대 신비주의 종파에서 이 이야기가 만들어졌기 때문일 것이다.[31]

우리는 신비적인 이야기로 가득 찬 카발라에 수록된 조하르의 기록을 신뢰하기 어렵다. 조하르는 이 밧줄에 관해 이어서 더욱 신비로운 이야기를 추가하는데 이것은 더욱 이 기록을 믿기 어렵게 만든다(*Zohar Parashat Emor* 102a:8). 일단 추가로 그 밧줄은 붉은색(crimson silk)이었다고 말한다. 종합하면, 아마 홍색 실에 금실을 섞은 아름다운 밧줄이라 주장하는 것으로 보인다. 그런데 만일 밧줄의 색깔이 하얀색으로 변하지 않으면, 지성소에 들어간 대제사장이 그 순간 죄 가운데 있다는 것을 의미한다. 그러나 만일 그 색깔이 하얀색으로 바뀌면 그가 무죄하다는 뜻이며, 대제사장은 거기서 무사하고 평안히 밖으로 나온다. 그때 사람들은 모두 기뻐하지만, 대제사장이 밖으로 나오지 못한 경우 모두 슬픔에 잠기고 모든 사람이 그들의 기도가 응답되지 않았음을 알게 된다. 우리는 후대의 유대 신비주의에서 가공된 것이 분명한 이런 이야기를 전혀 신뢰할 수 없다. 게다가 엄격한 대제사장의 복장 규례(출 28장)에 전혀 언급되지 않은 밧줄이 추가로 몸에 치장된다는 것은 가능한 일로 생각되지 않는다.

다만 이런 이야기가 만들어진 배경은 실제로 대제사장의 지성소 출입이 매우 위험했기 때문일 것이다. 지성소 공간이 얼마나 위험했는지는 레위기 16장의 속죄일 규정에서만 아니라 역사적 증거일 수 있는 탈무드의 흥미로운, 그러나 다소 과장되어 보이는 기록에도 잘 나타난다.

레위기 16장을 보면, 대제사장이 지성소에 입장할 때 앞서 말한 대로 대제사장의 정규 복장을 벗고 아무런 장식이 없는 하얀 세마포 옷으로 갈아입는다. 그는 먼저 목욕을 한 후 이 옷을 입어야 한다. 이 옷도 거룩한 옷으로 지칭되지만(레 16:4), 분명 그가 화려한 치장물과 계급장을 떼고 거룩하신 하나님 앞에 서야 하기 때문에 단순한 옷을 입어야 했을 것이다. 이렇듯 그는 지극히 겸손하게 몸을 낮춰 지성소에 들어가야 한다. 이때 덧붙여 그는 향로에 곱게 갈아 가루로 만든 향을 태우면서 입장해야 한다. 그가 지성소에 향연을 피우는 목적은 증거궤 위의 속죄소를 가리기 위함이다. 만일 속죄소를 향연을 피워 가리지 않으면, 그는 죽임을 당한다(레 16:13). 이것은 우리가 앞서 이 책 10장 "세 휘장막"에서 말한 대로, 법궤에서 나오는 하나님의 강력한 거룩의 기운 때문이다. 대제사장은 '구름'(히. 아난)을 뜻하는 '향연'을 피워 그 영광의 기운을 가려야 사망을 면한다. 이 구름은 시내산 정상에서도, 이후 성막 위에서도 출현했는데 하나님이 자신의 압도적인 영광과 거룩의 기운을 막으면서 백성 중에 임재하시기 위한 수단이었다.

지성소가 이토록 위험한 공간이었기에 대제사장은 목욕과 옷 갈아입기, 향연 피우기 등 여러 가지 준비와 안전 조치를 취하고 그곳에 입장해야만 했다. 그런데 탈무드에는 이 지성소에서 많은 사망 사고가 발생했음을 암시하는 기록들이 나온다. 예를 들어, 속죄일에 지성소에 들어갔다 나온 대제사장은 내성소에서 오래 기도해선 안 된다. 왜냐하면 그가 성소 내에 오래 머물면 밖에 있는 사람들에게 걱정을 끼치게 되고, 그들이 지성소에서 어떤 일이 발생해 그가 죽었다고 결론 내릴 수 있기 때문이다(Talmud Yoma 52b).

미쉬나는 이렇게 기록한다: "대제사장이 속죄일 규례대로 엄중히 모든 예식을 무사히 마치면 그는 대제사장복을 벗고 평상복으로 갈아입고 집으로 돌아갔다. 이때 사람들이 그를 호위하여 그의 집까지 모셨다. 그리고 대제사장은 성소에서 무사히 나온 날 집에서 사랑하는 사람들(아마 가족)과 친구들을 위해 잔치를 벌였다"(Mishnah Yoma 7:4). 이러한 기록들은 실제로 대제사장이 종종 지성소에서 사망하는 사고가 발생했음을 강하게 암시한다.

대제사장의 돌연사에 대한 유대 문헌의 기록?

그러나 필자가 아는 한, 유대 문헌들에는 대제사장이 지성소에서 사고로 사망한 분명한 사례가 전혀 발견되지 않는다. 참고로 어떤 사람들은 탈무드 요마가 고발하는 제2성전 시대인 중간기의 타락한 성전과 잦은 대제사장의 교체를 이런 사망 사고에 대한 암시로 해석한다. 당시 성전 사제들과 권력층의 부패로 사람들은 대제사장직을 쉽게 매매하고 뇌물로 그 자리를 차지했다. 그 결과 대제사장 가문(사독 계열)이 아닌 많은 부적격한 대제사장들이 임명되었으며, 그들의 사악함으로 인해 임기 1년을 넘기지 못하고 매년 새로운 대제사장이 임명되었다(Talmud *Yoma* 8b).

믿을 만한 타락의 역사적인 사례들이 언급된다. 예컨대 랍비 아시(Asi)는 비난하기를, 부유했던 바이토스의 딸 마르타가 얀나이왕에게 세 캅(three kab, 약 3.6L)[32] 크기의 그릇에 데나리온을 채워서 건네 가믈라의 아들 여호수아(아마 자신의 남편)를 대제사장으로 임명하게 만들었다(Talmud *Yoma* 18a; Talmud *Yevamot* 61a). 탈무드 요마는 이것은 뇌물과 선물로 대제사장을 임명한 한 가지 사례라고 말한다. 그로 인하여 전혀 자격 없는 무지한 대제사장이 임명되어 봉직했다.

탈무드는 제1성전이 존재했던 410년 동안에는 제사장 족보에서 18명의 대제사장이 봉직을 했지만,[33] 제2성전의 420년 동안에는 무려 300명이 넘는 대제사장이 임명되었다고 말한다. 그 기간에는 단지 네 명의 의로운 대제사장만이 존재했다(Talmud *Yoma* 9a).[34] 탈무드는 이 상황에 대해 다음과 같은 의미 있는 해석을 추가한다. 420년의 기간 중에 이름이 거명된 네 명의 의로운 대제사장의 총 직무 기간은 141년인데, 이것은 남은 279년 동안 300명 이상의 부적격한 대제사장들이 임명된 후 1년의 임기도 채우지 못했다는 뜻이다.

탈무드는 이 상황을 엘리의 두 아들로 인해 타락한 실로 성막 시대에 비교한다. 당시 두 가지 이유로 성막이 파괴되었다. 제사장들의 성적 타락과 제사의 훼손이다(삼상 2:22). 탈무드는 제1성전과 제2성전의 파괴 원인에 대해서도 언급한다(Talmud *Yoma* 9b). 제1성전 시대에는 세 가지 일이 성전 파괴를 초래했다고 말한다. 우상 숭배와 성적 타락 그리고 피 흘림이다. 반면에 제2성전 파괴의 원인은 잔혹한 증오심(wanton hatred) 때문이다. 탈무드는 말하길 이 죄는 앞선 세 가지의 심각한 죄와 동등하다. 탈무드는 여기서 제2성전 시대의 대제사장직을 둘러싼 추악한 암투와 유대인들의 심각한 정파적 분열을 가리키고 있는 것으로 보인다.

제2성전 시대에 수많은 대제사장이 교체되었는데, 이에 대해 윌리엄 데이비슨(William Davidson)의 탈무드 영역본은 대제사장들이 "사악함"으로 인해 1년 안에 죽었다는 듯이 번역하고 있다. 그러나 탈무드의 해당 원문을 살피면, 1년의 임기를 못 채운 것이 죽음을 의미하는지는 의심스럽다.[35] 상식적으로 판단할 때, 탈무드가 말하는 수많은 대제사장의 잦은 교체가 모두 사망 사고 때문이었다고 이해하기는 어렵다. 무엇보다 매년 지성소에 입장할 때마다 그렇게 대제사장이 반복적으로 죽었다면, 누가 뇌물까지 주면서 목숨이 위태한 그 대제사장직에 오르려 했겠는가. 또한 앞서 말한 대로, 유대 문헌들과 당시 역사 기록들 어디에도 대제사장이 지성소에서 사망한 분명한 사례를 찾아볼 수 없다. 따라서 탈무드의 기록, 즉 대제사장이 해마다 교체되었다는 고발을 잦은 사망 사고 때문으로 해석하는 것은 적절하지 않다.

중간기의 타락한 사제직

다소 탈무드의 기록이 과장된 것으로 보이나 중간기 유대의 종교적 상황이 최악이었음은 사실이다. 예를 들어, 외경 마카베오 1서는 주전 175년경 유대를 지배했던 셀류쿠스가 죽은 뒤 에피파네스라 불리는 안티오쿠스가 뒤이어 통치했을 때의 종교적 타락상을 고발한다. 당시 대제사장 오니아스(Onias)의 형제 제이슨(Jason)이 뇌물을 주고 대제사장직을 찬탈했다(Maccabees I 4:7-10). 그는 왕에게 300달란트의 은과 다른 수입을 통한 별도의 80달란트의 은을 약속한다. 덧붙여 그는 추가로 뇌물을 공여하여 정치적 요구사항을 얻어내는데, 왕은 이에 동의하여 오니아스를 해임한 뒤 제이슨을 대제사장직에 임명한다. 제이슨은 임명되자마자 즉시 자신의 추종자들이 그리스의 생활방식을 따르게 했다. 이후 주전 142년 마카비(마카베오) 전쟁을 통해 유대의 독립을 얻은 지도자 시몬의 하스몬 왕가는 유대 총독과 대제사장직을 겸하기 시작하여 아론과 사독 계열의 대제사장 전통을 깨트린다. 정치적으로는 국력을 회복했으나, 종교적으로는 오히려 상황이 악화된 셈이다. 이것은 결국 유대의 심각한 내부 분열로 이어진다.

나중에 헤롯 가문이 통치하던 시기와 그 이후에도 대제사장직은 더 이상 세습직이나 평생직이 아니었다. 사제들은 전적으로 정치권력에 종속되어 언제든 정치적 목적으로 대제사장이 교체될 수 있었으며 사제들간의 권력 다툼과 대제사장직을 둘러싼 경쟁이 치열했다(참고. 예레미야스,《예수 시대의 예루살렘》, 210-211). 탈무드에도 이런 상황들이 기록되어 있다(Talmud *Yoma* 12b; Jerusalem Talmud *Yoma* 1:1, 38d). 대제사장 마티아스(Mathias)가 부정을 입어 속죄일에 직무를 수행할 수 없게 되자 제사장들은 그를 대신하여 엘렘의 아들 요셉, 즉 요셉 벤 엘렘(Joseph ben Elem)을 임명했다. 탈무드는 이것은 피치 못한 상황에 적용되는 합법적인 절차였으며, 만일 대제사장이 부정한 상태에서 회복되면 다시 자신의 신분으로 돌아간다고 말한다. 이 경우 대타 대제사장직을 수행했던 사람은 일반 제사장직도 더 이상 수행하지 못한다.

예루살렘 탈무드 요마(*Yoma* 1:1, 38c와 d)는 이 상황을 더 상세히 설명한다. 속죄일에 발생한 대제사장 마티아스의 문제는 설정(泄精), 즉 정액 유출이었다. 그로 인해 성전에 들어올 수 없는 그를 대신해 벤 엘렘이 임명되었다. 그런데 벤 엘렘은 왕(헤롯)을 찾아가 자문을 구했다: "오늘 바치는 수소와 염소는 저의 비용으로 바치는 겁니까, 대제사장의 비용으로 바치는 겁니까?"(엄밀히 레위기 16:3-5을 보면, 대제사장은 자신을 위해 속죄제로 수소 한 마리 번제로 숫양 한 마리를 준비하고, 백성은 속죄제로 숫염소 두 마리, 번제로 숫양 한 마리를 준비한다. 그러나 당시에는 대제사장들이 속죄일의 제물의 비용을 모두 감당했던 것으로 보인다[예레미야스, 138]). 헤롯은 그의 의도와 요구가 무엇인지를 간파하고 대답했다: "세상을 말씀으로 창조하신 그분 앞에서 당신이 한번 섬긴 것으로 충분하지 않습니까?" 헤롯은 술수에 말리지 않고 그의 요청을 거부한 것이다. 그러나 헤롯 가문의 왕들도 정치적 목적에 따라 많은 대제사장들을 갈아 치운 것은 마찬가지였다.

요컨대, 탈무드의 기록은 그 모든 불의한 대제사장이 속죄일에 지성소에 입장하여 사망했다는 의미일 수는 없다. 다른 사고로 조기 사망했을 수도 있으며, 또한 무엇보다 사망 외에 뇌물과 정치적 다툼으로 직위에서 밀려난 뒤 다른 신임 대제사장이 그 자리를 찬탈한 일이 반복되었을 것이다. 덧붙여 제2성전 시대에 대제사장의 매관매직이 성행하고 정치적 상황에 따라 잦은 대제사장의 교체가 있었던 것은 사실이나, 무려 300명 이상의 대제사장이 불과 1년의 임기도 채우지 못한 채 교체되었다는 탈무드의 보고 역시 그대로 믿기는 쉽지 않다. 이것은 중간기의 역사적 사실에 부합하지 않는다.

그럼에도 역사적 사실과는 무관하게 한편으로 탈무드의 고발은 타락한 시대에 지성소에서 경건하지 못한 대제사장들의 죽음의 심판을 암시하는 듯하다. 왜냐하면 탈무드는 잠언

10:27에서 비교되는 의인의 수명과 악인의 수명을 예시하면서 임기 1년을 못 채운 대제사장들을 죽을 때까지 임무를 다한 의로운 대제사장들과 비교하기 때문이다(Talmud *Yoma* 9a). 이것이 임기를 말하는지, 수명을 말하는지 역시 모호하나 탈무드는 대제사장의 죄에 대한 하나님의 심판을 강조하고 있음이 분명하다.

만일 대제사장이 지성소에서 사망했다면?

그렇다면 대제사장이 실제로 지성소에서 사망하는 경우, 그 송장은 어떻게 꺼냈을까? 앞서 말한 대로, 대제사장은 지성소에는 1년에 속죄일 하루만 들어가는데(그날 네 차례 들어감)[36] 그날은 오히려 하얀 세마포 옷으로 바꿔 입고 들어간다(레 16:3-4). 금방울은 물론 아무런 장식이 없는 순백색의 소박한 옷이다. 그러므로 앞서 밝힌 대로, 지성소에서 방울 소리가 나는지의 여부로 대제사장의 사망 여부를 판단했다는 것은 전혀 엉뚱한 이야기다. 대제사장은 매일 성소의 직무 중에 대제사장 옷

[P 128] 제임스 티소(James Tissot, 1896-1902년)의 "두 제사장의 죽음"(Mort de deux prêtres)

을 입었다. 따라서 방울 소리는 지성소를 제외하고 내성소와 뜰 어디서나 대제사장이 움직일 때면 언제나 울렸다.

그런데 만일 대제사장이 지성소가 아닌 마당이나 뜰에서 사망했다면 어떻게 조치했을까? 대제사장은 다른 일반 제사장들과 함께 직무를 수행하기 때문에, 거기서 사망할 때는 즉시 확인할 수 있었기에 줄을 사용할 필요가 없었다. 이것은 레위기 10장에서 확인된다. 대제사장이

아닌 일반 제사장의 사망 사례이긴 하지만, (대)제사장이 성소 내에서 사망하면 송장을 치우도록 레위인의 입장이 허용되었다.

나답과 아비후가 내성소에서 다른 불로 분향하다 죽었을 때(성소의 모든 불은 제단에서 취해야 한다[레 16:12; 민 14:46]), 레위인이자 아론의 사촌인 미사엘과 엘사반이 모세의 명령을 받고 들어와 그들의 송장을 치웠다(레 10:4). 밀그롬을 비롯한 어떤 사람들은 나답과 아비후가 성막 뜰에서 불을 맞아 죽었다고 생각하지만(Milgrom, *Leviticus 1-16*, 597, 605-606),[37] 그들의 사망 직후 이어지는 진술에는 그들이 술 취한 채 분향을 하기 위해 회막에 진입했음이 암시된다(레 10:9, 이것은 라쉬의 해석이기도 하다[Rashi, 레 10:2]).[38] 즉 이 사고는 내성소에서 발생한 것이다. 그들은 "여호와 앞에서", 즉 지성소에서 뿜어 나온 하나님의 번갯불 같은 불을 맞고 즉시 사망했을 것이다("불이 여호와 앞에서 나와 그들을 삼키매", 레 10:2). 아마 시체 처리반으로 미사엘과 엘사반이 달려왔지만, 무거운 두 송장을 치우기 위해서는 더 많은 고핫 자손들이 동원되었을 것으로 추정된다. 두 사람은 이 작업의 책임자였을 것이다.

제사장은 자신의 직계 가족 외에는 다른 사람의 송장을, 대제사장의 경우는 부모의 송장도 만지면 안 된다(레 21:1-3, 11). 따라서 사실 이론적으로는 나답과 아비후의 송장을 살아 있는 직계 가족인 두 형제 엘르아살과 이다말이 치울 수 있었다. 그러나 왜 이때 모세는 미사엘과 엘사반을 불렀을까? 어떤 사람은 이날의 특수한 상황으로 인한 것이라 설명하는데,[39] 그보다는 아마도 성막(성전) 밖의 진영(마을)이 아닌 거룩한 성막(성전) 내에서는 제사장들이 직계인 형제 제사장의 송장도 만져선 안 되었을 것으로 추론된다. 그들은 성막(성전)에서 거룩한 직무를 수행해야 하기 때문이다. 따라서 제사장은 단지 자신의 집에서만 직계 가족의 송장을 만지고 장례를 치를 수 있었을 것이다.

한편, 내성소에는 제사장만이 입장 가능하고 지성소에는 대제사장만이 들어가야 하는 엄연한 규정 때문에, 어떤 사람들은 실제로 레위인 미사엘과 엘사반이 회막 내부로 들어갔는지 의심한다. 실제로 율법은 평상시에는 레위인이라도 회막 내부를 들여다보기만 해도 죽게 된다고 경고하며 성막 내의 모든 비품과 마당의 제단에도 접근하여 접촉할 수 없다고 주의를 준다(민 4:20; 18:3). 즉, 레위인의 내성소 입장은 불가능하다. 이 규정으로 랍비들은 큰 혼란 속에서 다양한 견해를 제시해 왔다.

앞서 밀그롬은 나답과 아비후는 내성소가 아닌 마당에서 분향 의식을 행하다가 사망했다고 해석했다. 따라서 이 경우 시체 처리반인 미사엘과 엘사반은 내성소에 들어올 필요가 없었으며 쉽게 송장이 진영 밖으로 옮겨졌다. 그러나 이미 밝힌 대로 우리는 이 견해를 지지하지 않는다. 그들은 내성소에서 사망했음이 분명하다. 혹시 밀그롬의 견해가 옳다 하더라도 마당이 아닌 회막 내에서 사망 사고가 발생할 때 어떤 방법으로 시체를 처리했느냐의 문제는 여전히 남는다.

미드라쉬 시프라(*Sifra*)에서 랍비들은 이 상황에 대해 논쟁을 하는데 크게 세 가지 견해로 나뉜다. 이것은 랍비들의 주석에 잘 소개되어 있다(Ibn Ezra와 Ramban, 레 10:4; 참고. Milgrom, *Leviticus 1-16*, 605-606).[40]

첫째, 랍비 엘리에젤(Eliezer)은 지성소에 있던 천사가 내성소에서 불법 분향을 시도한 그 두 제사장을 친 뒤 회막 밖으로 밀어냈다고 설명한다(Midrash *Sifra* Shemini, Mechilta de Milluim 35). 밀그롬은 이것을 그 두 사람이 내성소에서 죽은 뒤 초자연적 기적으로 송장이 저절로 굴러 나온 것으로 이해한다(Milgrom, *Leviticus 1-16*, 605). 즉, 내성소에서 사망한 시체들이 마당으로 배출되었다.

그러나 중세의 랍비 이반 에스라와 람반은 레위기 10:4 주석에서 이것을 천사들이 회막 안에서 두 사람을 타격해서 밖으로 튕겨 나와 사망했다는 의미로 설명한다. 즉, 그들은 마당이 아니라 내성소에서 불법적인 불로 분향을 하다 타격을 입고 굴러 나온 뒤 마당에서 죽었다(내성소에 진입하지 않고 마당에서 분향을 하다 죽었다는 밀그롬의 견해와 달리). 어떤 견해든 이것은 과도한 신비주의적 해석이 아닐 수 없다. 또한 밖으로 굴러 나와 두 사람이 사망했다면, 여전히 내성소와 지성소의 사망 사건에 대한 해결책은 될 수 없다.

둘째, 동일한 시프라 본문의 논쟁에서 랍비 아키바(Akiba)는 내성소에서 사망한 그들의 송장을 창으로 찔러서 밖으로 끌어냈다고 설명한다. 그러나 이것은 지나친 추론으로 보이며 긴 창을 사용할 때 내성소를 들여다보지 않고 송장을 끌어낼 수 있었을지 의문이다. 더구나 후대의 성전처럼 돌로 지어진 큰 건물에서는 전혀 불가능한 방법이므로 역시 궁극적인 해결책은 아니다.

셋째, 미드라쉬 시프라 에모르(*Sifra* Emor 3:11)에 있는 견해로서 제사장들은 내부 수리를 위해 내성소 건물 내에 들어갈 수 있으나, 만일 제사장들이 신체에 흠이 있거나 부정을 입었거나 적절한 상황이 아닌 경우 레위인들의 입장이 허용되었다. 랍비 람반은 이 미드라쉬의 견해에 대해 다음과 같은 해석을 내놓는다(Ramban, 레 10:4): 제사장들은 성막과 성전 안에는 내실의 예식을 위해서만 입장할 수 있었고 그 외 불필요한 입장은 허용되지 않았다; 하지만 예식 시간 외에 청소나 수리와 같이 반드시 들어갈 필요가 발생할 때는 제사장들이 들어가 작업했다; 그러나 이때 만일 피치 못하게 제사장들이 들어갈 수 없는 경우 레위인의 입장이 가능했다.

람반은 나답과 아비후의 사망 사건이 이런 사례에 해당된다고 주석한다. 나답과 아비후는 회막 건물 내에서 사망했다. 그러나 제사장들이 회막에 들어갈 수 없는 상황이었다. 왜냐하면 남은 제사장들인 아론과 두 아들은 송장 접촉으로 자신들을 더럽힐 수 없었기 때문이다. 여기서 람반은 일반 제사장은 형제들의 송장 접촉이 허용되었는데(레 21:1-3) 성막에서는 그것이 금지된 이유를 설명하지 않고 있다. 하지만 앞서 우리가 주장한 대로, 성막에서는 제사장들이 거룩한 직무를 수행 중이므로 어떤 경우라도 자신을 더럽히는 것은 일체 허용되지 않았을 것이다.

우리는 랍비들의 세 번째 견해에 동의할 수 있다. 요컨대, 제사장들이 부정하게 되었거나 내실에 들어갈 수 없는 곤란한 경우나 예외적 상황에서는 레위인들의 입장이 허용되었다는 설명이다. 특히 성막(성전)의 내부에서 발생한 사망 사고 같은 특수한 경우에는 당연했을 것이다.

아마 지성소에서 대제사장이 사망한 경우에도 이러한 규칙이 적용되었을 것으로 추론된다.

율법이 언제나 예외적 상황에서 유기적으로 적용되었다는 사실은 여러 차례 확인된다. 우리는 구약 율법을 반드시 율법 엄수주의로 이해할 필요는 없다. 예를 들어, 레위기 10장에서 아론과 남은 두 아들 제사장들이 먹어야 할 속죄제 고기를 먹지 않고 불태운 것은 두 아들이 사망한 특별한 상황으로 인해 '용인된' 규정 위반이었다고 할 수 있다(레 10:17-19). 또한 앞서 말한 대로, 다윗의 굶주린 병사들은 제사장의 특별한 허락으로 반출이 금지된 진설병을 공여받아 허기를 채운 바 있다(삼상 21:5-6, 4장 미주 8을 보라). 아론의 경우는 사망한 가족에 대한 인간의 도리가 우선이었고, 다윗의 경우는 동포의 생명이 우선이었다고 볼 수 있다. 그러나 우리가 이어서 논의하듯이, 현실적인 성막 관리에서는 실제적으로 미드라쉬와 람반의 소극적이고 제한적인 견해를 넘어 레위인들은 회막(성막) 건물의 전반적 관리를 위해 적극적으로 거기에 출입했을 것으로 추론한다.

현실적인 성막 관리

비상한 상황에서의 지성소 출입의 가능성은 사실 구약에서도 암시된다. 민수기 4:5-20은 성막 운반 수칙이다. 구름의 이동과 더불어 이스라엘이 떠날 때 성막을 운반해야 했는데 거기서 성막 운반법이 자세히 설명된다. 이것은 [부록]의 다음 주제에서 별도로 다룬다. 요약하면, 레위의 세 아들들의 후손 중 므라리와 게르손은 성막의 시설물들인 하드웨어, 즉 무거운 골조와 직물류를 맡았고, 고핫은 성막의 주요 비품들을 맡았다. 이 중 법궤를 포함 주요 비품들의 운반이 가장 중요했는데, 간략히 말하면, 반드시 먼저 제사장들이 그 비품들을 철저하게 두세 겹의 보자기와 가죽으로 덮어야 했다. 그렇게 여러 겹으로 덮으면 비품에서 뿜어져 나오는 거룩의 기운이 사람을 타격하지 않았을 것이다. 그 후에야 레위인들이 회막 내부로 들어가 그 비품들을 들고 운반할 수 있었다.

특히 민수기 4:4-6은 성막 이동 시에 법궤를 어떻게 운반해야 하는지를 알려 준다. 여기서 가장 먼저 아론과 그의 아들들이 "들어가서 칸 막는 휘장을 걷어 증거궤를 덮고"(민 4:5)라는 지시를 받는다. 즉 지성소 휘장막을 걷어서 법궤 위에 먼저 덮는다. 이어서 다시 해달 가죽으로 덮고 마지막에 청색 보자기로 덮은 뒤 운반한다. 여기서 주목해야 할 것은 아론과 더불어 아들 제사장들이 "들어가서" 지성소 휘장막을 함께 걷었다는 점이다. 이때 제사장들은 나답과 아비후가 사망한 상태이므로 세 명이다.

물론 "들어가서"를 이 세 사람이 내성소에 들어갔다는 의미로 이해해서, 그들이 지성소에 입장하지 않고 내성소에서 휘장을 조심스럽게 붙잡은 뒤 위험한 비품인 법궤를 보지 않고 덮었다고 볼 수 있다. 이것은 밀그롬의 견해인데,[41] 법궤의 치명적인 위험성을 고려할 때, 필자의 견해도 이 가능성이 가장 큰 것으로 보인다. 그러나 또한 그들이 이 특수한 상황에서 지성소 휘장을 걷을 때 그들이 법궤에 노출된 채 지성소에 입장했을 수도 있다. 어쨌든 중요한 것은 법궤 운반을 위해 제사장들이 지성소 공간으로 입장했다는 것이다.

이러한 성막의 비품 운반 규칙과 관련하여, 내성소와 지성소에서 사망 사고가 발생했을 경우 사체 처리 방식에 대한 추가적인 가능성도 존재한다. 이런 방식을 사용하여 회막 건물로부터 제사장 송장의 합법적인 치우기가 가능했다는 견해다. 다시 말해, 만일 이 규정을 적용한다면 먼저 제사장들이 회막 내부의 기물들을 모두 보자기로 덮은 뒤에 레위인들이 들어와 송장을 치워 갔을 가능성이 존재한다. 이것은 지성소에서 대제사장이 사망했을 경우에도 적용 가능하다. 운반을 위해 법궤를 삼중으로 덮은 것처럼, 송장을 치우기 위해 동일한 조치를 취했다는 것이다. 매우 그럴듯하지만, 이 견해는 민수기 19장의 장례 규정에 비추어 볼 때 가능할 것 같지 않다.

> **14** 장막에서 사람이 죽을 때의 법은 이러하니 누구든지 그 장막에 들어가는 자와 그 장막에 있는 자가 이레 동안 부정할 것이며 **15** 뚜껑을 열어 놓고 덮지 아니한 그릇은 모두 부정하니라 민 19:14-15

성막의 세계

이것은 송장과 직접 접촉하지 않더라도 안치된 공간에 들어가면 누구든지 그 순간 부정하게 된다는 뜻이다. 그 송장의 기운이 그 공간에 들어차 있으며 그것이 공기를 통해 전염되기 때문이다. 그로 인해 그릇들도 모두 뚜껑을 닫아 덮어야 한다. 마찬가지로 만일 회막 내부에서 (대)제사장이 사망했다면, 그 공간은 사체 부정결의 기운이 들어찼을 것이다. 따라서 누구든지 그곳에 입장한 순간 사체 부정결로 더럽

[P 129] **사망한 두 제사장의 사체를 옮기는 고핫 가문의 레위인들(레 10장)**

혀진다. 결국 남은 두 제사장이 비품들을 덮기 위해 사망한 두 형제 제사장들의 사체가 누워 있는 내성소로 들어갈 수 없다. 결론적으로 제사장들이 먼저 비품을 덮은 후 레위인들이 사체를 끌어냈다는 견해는 가능했을 것 같지 않다.

필요에 의한 지성소 출입의 가능성은 실제로 앞서 우리가 확인한 탈무드의 기록에서도 암시된다. 탈무드는 제사장들이 성전의 지성소 휘장이 부정한 것에 접촉해 더럽혀지면 세탁을 했으며, 또한 매년 두 개의 지성소 휘장을 새로 제작했다고 말한다(Mishnah *Shekalim* 8). 만일 지성소 휘장을 세탁하거나 수선 혹은 새로 제작해야 한다면, 필연적으로 엄격히 출입이 금지된 지성소라도 개방될 수밖에 없었을 것이다.

그 외에도 성막과 성전은 건물인 이유로 늘 관리와 청소, 수리가 필요했을 것이며, 필연적으로 내성소뿐만 아니라 종종 지성소에도 입장해야만 했을 것이다. 예컨대, 쥐 한 마리가 지성

소에서 죽었거나 그 시체가 지성소 휘장 아래에 놓여 있다면, 즉시 그 부정결을 제거하기 위해 휘장의 세탁과 지성소 청소는 필연적이었을 것이다. 모든 건물은 관리와 청소가 필연적이다. 따라서 우리는 내성소뿐만 아니라 지성소에 들어가야 할 필연적 상황에서는 제사장뿐 아니라 레위인의 입장도 가능했다고 결론 내릴 수 있다. 그런 상황에서는 하나님도 법궤와 비품들에서 나오는 거룩의 기운을 잠시 제어하시어 사람들이 무사했다고 볼 수 있다.

만일 내성소나 지성소에 부득이하게 들어가야 할 경우 레위 후손 중 고핫 가문이 들어갔을 것이다. 왜냐하면 고핫 가문이 성막의 주요 제의 비품을 "맡았으며"(민 3:31) 성막 이동 시에는 그것들을 운반하는 일을 책임졌기 때문이다(민 4:4-16). 그러한 이유로 나답과 아비후의 사체를 처리하기 위해 고핫 자손의 미사엘과 엘사반이 내성소에 들어갔다. 고핫 자손은 운반 외에 그들이 그런 비품들을 "맡았다"는 표현에 비추어 볼 때, 비품들의 수리가 필요한 경우에도 그들이 제사장의 통솔 아래에 들어갈 수 있었던 것으로 보인다. 이 문제는 이어지는 "성막 운반법"에 대한 논의에서 고핫 자손의 역할을 설명할 때 더 살펴보기로 하자.

정리하자면, 우리는 이런 사망 사고와 같은 특별한 상황에서는 레위인의 내성소 입장이, 심지어 대제사장이 지성소에서 사망했을 때는 지성소 입장도 가능했을 것으로 추정한다. 성막에서는 제사장이 더럽혀져선 안 되기 때문이다. 그러나 지성소와 내성소 공간이 다른 오염으로 부정하게 되거나 휘장들이 더럽혀진 경우, 또한 때로 수리나 청소가 필요한 경우 제사장들이 들어가 조치를 취했을 것으로 본다. 만일 이때 제사장들의 상황이 여의치 않거나 전문적인 작업인 경우 레위인들(고핫 자손들)의 입장도 가능했을 것이다. 따라서 구약뿐만 아니라 전통적인 유대 문헌 어디에서도 발견되지 않는 대제사장 발목의 밧줄 이야기는 폐기되어야 한다.

성막 운반법과 시설 관리

레위 지파 사람들이 각자 역할을 분담해서 성막의 시설 관리와 운반을 책임졌다. 레위인은 아마 25세부터 성막 봉사를 위한 일을 시작했는데(민 8:24), 5년의 수습 기간을 거쳐 30세에 정식으로 임명받고 사역에 임한 것으로 보인다(민 4:3, 23). 레위 지파는 세 족속으로 구성되었는데 태어난 순서대로는 게르손, 고핫, 므라리다. 이 중 둘째인 고핫이 장남을 제치고 가장 중요한 레위 족속으로 활약한다. 이는 고핫 족속의 아론이 제사장 가문으로 선택되기 때문이다.

이들 세 레위 족속은 성막의 각 시설물과 비품들을 관리하고 운반하는 책무를 부여받았다. 게르손과 므라리는 성막의 골조와 다양한 휘장 종류를 맡았고, 고핫은 가장 중요한 성막의 비품들을 맡았다(민 4장). 특히 앞서 언급했지만, 가장 중요하게도 법궤를 비롯한 회막의 주요 비품들은 이동할 때 반드시 먼저 몇 겹의 덮개로 덮어야 했다. 이는 사람들이, 심지어 운송의 책임을 맡은 고핫 자손마저 그것들을 만지지도, 볼 수도 없도록 하기 위함이었다(민 4:15, 19-20).

성막 운반을 위해 성막 봉헌식 당일 열두 지파는 각 지파별로 막대한 봉헌 예물을 바쳤다(민 7장). 이것은 하나님이 지시하신 의무적인 봉헌물이 아니라 백성 편에서 자원한 자발적인 봉헌물이었다. 먼저 열두 지파는 공동의 봉헌물로 수레 6대와 소 12마리를 바쳤다(민 7:2-9). 이는 성막의 하드웨어, 즉 거대한 골조와 육중한 휘장들을 운반하기 위함이었다. 이것은 하드웨어를 담당한 게르손 자손과 므라리 자손에게 할당되었으며, 아론의 넷째 아들인 제사장 이다말이 이 일을 감독했다(민 4:28, 33). 고핫 자손은 주요 비품들을 직접 어깨에 메고 운반했기에 수레와 소가 필요하지 않았다. 고핫 자손을 감독하면서 회막 내의 비품 관리 책임을 맡은 제사장은 아론의 셋째 아들인 엘르아살이었다(민 4:16).

레위 세 가문의 역할은 다음과 같이 구분되는데 민수기 3장에 간략히, 4장에는 매우 상세히 지시되어 있다.

가문		맡은 시설물과 비품	운반 장비	감독	해당 구절
고핫	비품	법궤, 진설상, 등잔대, 향단, 번제단, 물두멍	없음	엘르아살	민 3:29-32; 4:4-20
게르손	직물	앙장막(둘), 가죽 덮개(둘), 휘장막(셋), 뜰의 포장막, 밧줄들	수레 2대, 소 4마리	이다말	민 3:25-26; 4:21-28
므라리	골조	널판들, 띠(봉)들, 기둥들, 받침들, 말뚝들과 밧줄들	수레 4대, 소 8마리	이다말	민 3:36-37;4:29-33

3장에서 각 족속에게 부여된 임무는 태어난 순서인 므라리, 고핫, 게르손의 순서를 따르지만, 4장은 우리의 도표대로 고핫, 게르손, 므라리 순서다. 4장은 아마 비품들의 가치의 순서를 따른 것으로 보인다. 따라서 가장 중요한 비품을 고핫이 맡았는데 그것이 먼저 언급된다. 그다음 비싼 물품인 직물류를 맡은 게르손, 마지막에 골조를 맡은 므라리 순서로 나열된다. 우리는 편의상 먼저 게르손과 므라리의 직무를 간단히 설명한 뒤 고핫 자손이 담당한 비품 운반법에 집중하기로 한다. 고핫의 임무가 가장 중요한 이유로 매우 상세한 긴 설명이 펼쳐지고 강력한 죽음의 경고가 함께 주어진다.

게르손 : 직물류

게르손 자손은 성막의 모든 직물류를 맡았다. 이것은 회막을 덮는 네 종류의 덮개들, 즉 매우 비싼 두 종류의 앙장막들과 그 위를 덮은 두 개의 가죽 덮개를 포함한다. 여기에 세 공간을 나누는 세 휘장막들, 즉 뜰막과 내성소막 그리고 지성소 휘장막이 추가된다.

뜰의 울타리를 경계 짓는 포장막 또한 게르손이 운반하며, 이런 각종 직물류를 설치할 때 사용된 "그 모든 것에 쓰는 줄들"(민 3:26)이 여기에 포함된다. 이 밧줄들은 아마 다음에 설명할 기둥을 말뚝에 붙드는 밧줄과 달리 다양한 휘장들이 바람에 날리지 않도록 땅에 튼튼히 고정할 때 사용된 여러 가지 밧줄일 것이다. 다만 휘장용 밧줄을 제외한 휘장용 말뚝은 므라리가 운반한 것으로 보인다. 그 외 아마 운반 시에는 휘장들을 개켜서 포장하기 위해 다량의 밧줄들이 사용되었을 것이다. 직물류를 맡은 게르손에게 우마차 2대와 소 4마리가 봉헌되었다(민 7:7). 게르손의 이러한 직무는 제사장 이다말이 감독했다(민 4:28).

므라리 : 골조들

므라리 자손은 가장 무거운 성막의 골조들을 맡았다. 회막벽을 짠 48장의 널판들, 그것을 세울 때 벽에 빗장처럼 끼운 긴 봉(띠)들 그리고 내성소 입구의 기둥 5개와 지성소의 경계를 짓는 기둥 4개를 포함한다. 그리고 여기에 성막 울타리 설치를 위해 세운 60개의 뜰막 기둥들이 추가된다. 모든 널판과 기둥에는 대단히 무거운 묵직한 금속 받침이 끼워져 있는데 이것도 므라리가 담당한다.

또한 말뚝들과 밧줄들이 포함되는데, 이것들은 울타리 기둥들을 세우고 포장막을 칠 때 사용된 기둥과 포장막의 고정 장치들이다. 울타리 기둥들은 널판벽과 달리 5규빗(2.5m) 간격으로 세워지므로 반드시 말뚝과 밧줄로 기둥들을 견고히 붙들어야 한다. 포장막 또한 바람에 날리지 않도록 아래에 줄을 달아 말뚝으로 고정해야 한다. 따라서 기둥들과 포장막을 세우는 데 사용된 이 밧줄들은 앞의 각종 휘장들을 땅에 고정하기 위해 사용된 밧줄들과 다르다. 이 울타리 기둥과 포장막을 위한 말뚝과 밧줄들 역시 므라리가 담당한다. 앞서 언급한 대로, 므라리는 휘장용 밧줄을 제외하고 휘장용 말뚝도 운반한 것으로 보인다. 므라리의 직무 역시 제사장 이다말이 감독했다(민 4:33).

이 골조들의 무게는 엄청났을 것이다. 우리는 앞서(9장 미주 1) 조각목(싯딤나무)의 비중을 고려할 때, 널판 하나의 무게가 최소 600kg이 훌쩍 넘을 수 있다는 사실을 살펴보았다. 직물류의 무게는 2대의 수레로 충분했을 수 있으나, 널판들뿐 아니라 마당의 기둥들과 금속 받침대까지 포함된 골조들의 무게는 엄청났을 것이므로 4대의 수레로는 턱없이 부족했을 것이다. 우리는 성막 봉헌식 날에 6대의 수레와 12마리의 소를 단지 행사용 헌물로 바쳤고, 실제로 성막 운반을 위해서는 훨씬 많은 수레와 소가 동원되었을 것으로 추정한다.

고핫 : 비품들

고핫 자손은 가장 중요한 성막의 여섯 가지 비품들을 맡았다. 그것은 지성소의 법궤, 내성소의 진설상, 등잔대, 향단 그리고 마당의 번제단과 물두멍이다. 상세히 설명된 이 비품들의 포장법은 매우 중요하므로 우리는 하나씩 살펴보기로 한다. 이들에게는 수레가 할당되지 않았으므로 직접 이 비품들을 어깨에 멨다. 이 비품들의 운반을 감독하는 제사장은 엘르아살이었다 (민 4:16).

법궤의 운반(민 4:5-6)

놀랍게도 법궤를 운반할 때 지성소 휘장으로 가장 먼저 덮는다. 이때 아론과 생존한 두 아들이, 즉 세 사람이 들어가서 그 휘장을 걷은 뒤 덮었다. 모든 직물류는 게르손이 맡았지만, 유일하게 지성소 휘장만큼은 법궤를 덮어 고핫 자손이 운반했다. 치명적으로 위험한 법궤가 제사장들에게 노출되면 안 되기 때문에, 아마 그들은 그 휘장을 높이 들고 법궤를 계속 가린 채 전진한 뒤 법궤를 덮어야 했을 것이다(Milgrom, *Numbers*, 26). 다른 비품들은 제사장들에게 위험하지 않았다.

앞서 설명한 대로, 불과 세 사람이 그 휘장을 걷어서 덮었다는 것은, 그리고 그 법궤를 가마

[P 130] 흔히 생각하는 법궤 운반 장면
그러나 법궤가 노출되면 주변 사람들은 모두
타격을 입고 쓰러지므로 삼중 덮개로 덮어야 했으며
채의 방향도 잘못되어 있다.

**[P 131] 마지막 덮개인 청색 보자기로
덮인 법궤의 운반 장면**

꾼들이(4명이든 8명이든) 어깨에 메고 다녔다는 것은 성막 시대의 지성소 휘장은 후대의 솔로몬 성전과 그 이후 시대와 달리 상당히 얇아 그리 무겁지 않았음을 시사한다. 이어서 그 위에 해달 가죽을 덮고[42] 마지막으로 그 위에 다시 순청색 보자기를 덮는다. '순청색 보자기'의 히브리어 는 별다른 청색을 말하는 것이 아닌 청색인 보자기를 뜻하는 것으로 보인다(참고. 출 39:22). 이 렇게 법궤는 삼중으로 덮인다: 휘장, 해달 가죽, 청색 보자기.

결국 운반되는 법궤는 (만일 4명이 운반했다면) 흔히 사람들이 생각하는 장면인 그림 130이 아닌 그림 131과 같은 풍경일 것이다. 모든 비품 중에 법궤만이 유일하게 청색 보자기로 덮인 채 운반되어 가장 눈에 띈다. 다른 비품들은 모두 마지막에 해달 가죽으로 덮었다.

진설상의 운반(민 4:7-8)

진설상 운반 지침은 짧게 서술되지만, 다소 복잡한 문제를 안고 있다. 먼저 제사장들이 진 설상 위에 청색 보자기를 펼친 뒤 그 위에 부속 비품들인 대접들(떡받침들)과 숟가락들(유향을 놓는 종지 그릇)을 놓고 병과 잔들을 그 뒤에 놓는다. 매우 흥미롭게도 진설해 둔 떡을 치우지 않고 함께 운반한다. 상 위에 놓인 떡을 그대로 두고 청색 보자기를 덮기 때문이다. 이것은 "항상 진설하는 떡을 그 위에 두고"(민 4:7)라는 본문의 표현에서 확인된다. 이 표현은 약간 모호한데 뒤에서 논하기로 한다.

결국 상 위에 12개의 떡을 놓은 상태로 청색 보자기를 두르며 그 위에 다른 부속 비품들을 놓는다. 그 비품들을 모두 홍색 보자기로 덮고 마지막으로 해달 가죽을 그 위에 덮은 뒤 채를 끼워 운반한다. 즉 진설상도 법궤처럼 삼중으로 덮는다: 청색 보자기, 홍색 보자기, 해달 가죽.

그러나 마지막 덮개가 청색 보자기였던 법궤와 달리 진설상은 해달 가죽이 마지막 덮개다. 밀그롬에 의하면(Milgrom, *Numbers*, 26), 법궤에 이어 진설상만 삼중으로 덮고 다른 것은 이중으로 덮는데, 이것은 진설상이 법궤 다음으로 나열되는 이유와 더불어 진설상이 법궤와 더불어 두 번째로 중요했음을 뜻한다. 그러나 우리는 지성소의 법궤와 더불어 마당의 대표 기물은 마당 중앙에 놓인 번제단, 내성소의 대표 기물은 법궤를 마주한 지성소 휘장 앞의 가운데에 놓인 향단으로 간주하므로 이에 동의하지 않는다.

법궤가 삼중으로 덮인 이유는 가장 중요하면서도 지성소 휘장으로 먼저 덮어야 했기 때문일 것이다. 법궤의 경우 지성소 휘장을 제외하면 해달 가죽과 청색 보자기가 덮이는데, 향단과 등잔대에는 이 두 덮개만 사용된다. 만일 법궤와 지성소 휘장을 함께 성막의 물품으로 취급하여 그것들에 해달 가죽을 덮고 그 위에 청색 보자기를 덮었다면, 법궤도 다른 비품들처럼 이중으로 덮인 셈이다.

그러나 진설상에는 유독 홍색 보자기가 두 번째 덮개로 추가되어 삼중 덮개가 사용된다. 진설상은 떡칸을 세우는 시설 부품과 진열 부품들이 매우 많은데 그것들을 따로 구분해야 하기에 홍색 보자기로 별도로 덮은 것으로 보인다. 모든 비품 중에 진설상에만 유일하게 홍색 보자기가 추가로 덮이는데, 왜 홍색인가? 람반은 진설상은 공의를 시행하는 왕의 면류관의 상징이기 때문에 홍색 보자기가 덮였다고 해석하나 아무런 근거가 없는 자의적인 견해로 보인다 (Ramban, 민 4:7).

우리가 이 책 2장의 재료에서 살핀 대로, 색깔의 가치가 청색, 자색, 홍색 순인데 아마 그것이 힌트를 줄 것이다. 가장 가치 있는 청색 보자기로 덮인 진설상 본체와 그 위에 놓인 12개의 떡에 비해 상 위에 별도로 설치된 떡받침과 떡칸 지지대 그리고 병과 잔은 진설상의 본질적 요소가 아닌 부수적 요소이기 때문에 가치가 크게 떨어지는 홍색 보자기로 별도로 덮었을 것이다. 뒤에서 설명할 번제단의 경우도, 번제단을 한 단계 가치가 낮은 자색 보자기로 덮은 뒤에 그 위에 해달 가죽으로 덮는데, 그 이유는 마찬가지로 회막 본당의 비품들보다 거룩의 등급이 낮기 때문으로 보아야 한다(Milgrom, *Numbers*, 27).

앞서 언급한 다소 모호한 표현인 "항상 진설하는 떡을 그 위에 두고"(민 4:7)에서 '그 위'는 무엇의 위를 뜻하는가? 이것은 '상 위에' 떡들을 두라는 표현으로 이해된다. 그러나 이 경우 다소 복잡한 문제가 생긴다. 다름 아닌 높은 떡칸 때문이다.

우리가 살핀 대로, 떡들은 떡받침에 올려놓고 떡칸에 끼워 넣는다. 부속 비품으로 나열된 "대접(들)"이 바로 그 떡받침들을 가리키는 것으로 이해되었다. 그런데 현재의 본문은 "대접들[받침들]과 숟가락들[유향 종지들]과 주발들[잔들]과 붓는 잔들[병들]"을[43] 청색 보자기 위에 놓으라고 지시한다. 그렇다면 떡칸에 끼워진 받침들도 모두 제거한 뒤 청색 보자기 위에 놓는다는 뜻이다. 말하자면, 이 경우 떡칸에서 떡받침을 꺼낸 뒤 떡들을 모두 떡받침에서 분리해 떡들만 다시 상 위에 펼쳐 놓고서 그 위에 청색 보자기로 덮었다는 결론이다.

이어서 그 떡받침들(대접들)을 따로 유향 종지 그리고 병과 잔과 더불어 홍색 보자기로 덮었으며, 마지막으로 그 위에 해달 가죽 덮개로 전체를 둘러쌌다. 이것은 랍비 람반의 견해이기도 하다(Ramban, 민 4:7).[44] 람반은 청색 보자기로 덮인 진설상과 진설병은 그 후 청색 보자기 위에 놓고서 다시 홍색 보자기로 덮은 다른 비품들과 분명하게 구별되었다고 말한다. 법궤와 지성소 휘장을 청색 보자기로 덮은 것처럼, 가장 중요한 진설상과 진설병을 청색 보자기로 덮었다는 것이다.

이런 작업은 다소 번거로웠을 법한데, 그럼에도 이 견해가 타당한 이유는 떡을 떡칸에 끼운 채로 운반하는 경우 필연적으로 운반에 큰 문제가 생기기 때문이다. 운반 중에 가느다란 받침대와 받침살이 조립된 높은 떡칸의 형태를 유지하기가 매우 어려웠을 것이다. 이러한 이유로 어떤 랍비는 "어떻게 이 떡들이 이동 중에 떨어지지 않고 층층이 쌓은 그대로 유지될 수 있는가?"라고 물으면서 그것이 하나님의 능력에 의해 보장되었다고 설명한다(Chizkuni, 민 4:7).

그러나 운반을 위해 제사장들이 떡칸을 재빨리 분해하고 떡받침들에서 모두 떡을 제거한 뒤, 그것들은 다른 부속 비품들과 함께 별도로 포장했다고 결론 내려야 한다. 결국 12개의 떡만 떡상에 안전하게 둔 채 청색 보자기로 덮은 뒤, 떡칸은 분해하고 떡받침은 떡에서 분리해서 별도로 그 위에 올려 홍색 보자기로 포장했으며 마지막에 해달 가죽으로 덮어서 운반했다고 볼 수 있다. 그럼에도 떡칸에서 분리된 12개의 대형떡이 어떻게 떡상 위에 놓인 채 안전하게 운반이 되었는지는 여전히 의문이다.

등잔대의 운반(민 4:9-10)

등잔대의 운반 지침도 간략히 묘사된다. 그러나 등잔대는 나무틀로 짠 사각형 비품이 아닌 이유로 특수한 방식으로 포장한다. 등잔대 본체와 7개의 등잔들, 불집게들, 불똥 그릇들 및 기름 그릇들(기름병)을 청색 보자기로 덮는다(등잔대 사용을 위한 추가 비품들에 대해서는 이 책 78-79쪽을 보라). 이어서 그것들을 모두 해달 가죽 덮개 안에 넣는다. 아마 이 해달 가죽은 여러 물건을 담는 커다란 가방처럼 생겼을 것이다(Rashi). 어쨌든 등잔대는 이중으로 덮인다: 청색 보자기, 해달 가죽.

그런데 등잔대는 사각형 비품이 아니므로 들어올리기 위해 끼우는 채가 없다. 따라서 이것은 특수한 운반 장치인 "메는 틀"을 사용한다. 밀그롬은 이 메는 틀을 여러 가지 물건들을 잔뜩 올릴 수 있는 평평한 면을 가진 특별한 운반 장치로 보는 반면(Milgrom, *Numbers*, 27), 다른 사람

성막의 세계

들은 해달 가죽 포장을 들어올리는, 사각형 비품에 달린 두 채와 다른 종류의 메는 채(pole)로 간주한다(Iban Ezra; Rashibam; Ashley, *The Book of Numvers*, 104). 랍비 라쉬밤은 "메는 틀"이 단수지만, 그것이 집합적 단수로서 두 개의 채를 뜻한다고 말하면서 그 두 채 위에 등잔대와 모든 비품을 포장한 해달 가죽 부대를 얹어서 운반했다고 설명한다.[45] 그러나 이것은 기술적으로 가능했을 것 같지 않다.

우리는 티토의 개선문의 부조에 로마군들이 등잔대를 두 채에 올려놓고 운반하는 장면을 살펴본 바 있다(사진 42). 4명의 군인이 두 채로 등잔대를 아래에서 받쳐 어깨에 짊어지고 행진한다. 그러나 실제로는 두 채만으로 거기에 그 육중한 물건을 올려놓고 운반하기란 기술적으로 매우 곤란할 것이다. 따라서 밀그롬의 방안과 두 개의 채라는 견해를 절충한 운반 방식이 타당해 보인다. 즉 일단 평평한 면의 나무판 위에 등잔대와 모든 비품을 포장한 해달 가죽 부대를 올려놓고 그것을 두 채로 받쳐서 운반했을 것이다. 그것을 단순히 "메는 틀"로 표현했을 듯하다.

향단과 기타 비품들의 운반(민 4:11-12)

"금제단"이라 불리는 향단의 운반법은 한 절만 할당되어 가장 간략하다(11절). 일단 청색 보자기를 펴서 덮는다. 이어서 해달 가죽을 그 위에 덮어 채를 끼운 다음 운반한다. 향단 자체가 작은 비품이기에 포장도 쉬웠을 것이다. 향단은 높이가 낮고(2규빗, 실제 높이 약 90cm) 매우 가벼웠을 것인데, 네 사람이 어깨에 멨을지 의문이다. 아마 두 사람이 앞뒤에서 두 채를 양손에 들고 운반했을 듯하다. 요컨대, 향단 또한 이중으로 포장한다: 청색 보자기, 해달 가죽.

그런데 12절은 약간 난해하다: "성소에서 봉사하는 데에 쓰는 모든 기구를 취하여 청색 보자기에 싸서 해달의 가죽 덮개로 덮어 메는 틀 위에 두고"(민 4:12). 여기서 성소에서 쓰는 "모든 기구"는 내성소에서 사용되는 각종 부속 비품들일 것이며, 특히 향단의 부속 비품들이 포함되는 것으로 보인다.

향단의 부속 비품은 전혀 언급되지 않지만, 아마 향단의 실제 사용을 위해 타고 남은 향의 재를 담아 처리하는 그릇과 같은 청소 도구나 일정량의 향 가루를 보관하는 그릇 따위가 있었을 것이다(출 30:36과 이 책 98쪽을 보라). 왜 부속 비품을 함께 포장하는 진설상과 등잔대와 달리 향단의 부속 비품은 별도로 포장하는지 정확히 알 수 없다. 하지만 뒤에서 설명하듯이 일단 향은 등잔대 기름 및 관유와 더불어 엘르아살이 담당하므로 향 보관용 그릇이 있었다면 향단과 분리되었을 것이다.

그러나 나머지 향단 관리를 위한 부속 비품들이 존재했다면, 그것은 동시에 내성소의 관리를 위한 공동 비품이기에 별도로 포장된 것으로 보인다. 내성소에는 시설의 관리와 제의 비품을 사용하기 위한 여러 가지 추가 용품들이 있었을 것이다. 예를 들어, 앞서 우리가 논의한 대로, 등잔대의 등잔불은 상당히 높기에 계단형 발판이 있어야 한다. 이것은 무게가 상당히 나가므로 등잔대와 함께 포장하기 어려웠을 듯하다. 그 외 여러 가지 용품들을 함께 청색 보자기에 싸고 이어서 해달의 가죽 덮개로 덮어서 역시 "메는 틀" 위에 놓은 뒤 운반했던 것으로 보인다(12절).

번제단과 물두멍의 운반(민 4:13-14)

마지막으로 마당 비품들의 운반법이 설명된다. 다만 물두멍은 생략된 채 번제단만 언급되어 있다. 먼저 제단의 재를 깨끗이 제거한다(13절). 이것은 일단 제단 불을 정리했음을 뜻한다. 그러나 우리는 앞서 11장 "번제단"에서 일부 숯불을 별도의 용기에 담아 보관해서 제단의 텅 빈 바닥에 놓고 운반했을 것으로 추정했다. 재들을 치운 제단 위에 자색 보자기를 펼쳐서 제단 전체를 덮는다. 청색이 아닌 자색 보자기를 덮는 이유는 앞서 설명한 대로, 번제단의 거룩의 등급이 내성소의 비품에 비해 떨어졌기 때문이다.

다시 자색 보자기 위에 제단의 모든 부속 비품들을 놓는다. 불 옮기는 그릇들(불똥 그릇들, 고기 갈고리들, 부삽들, 대야들(피를 담는 양푼)을 비롯한 제단 사용에 필요한 모든 비품들이다. 여기서 '재를 담는 통(들)'이 빠져 있는데(출 27:3; 165쪽을 보라), 앞서 우리가 추론한 대로, 아마 바로 이 통들이 이동 중에는 잔불을 담는 용기로 사용되었기 때문일 수 있다(Midrash Bamidbar

Rabbah 4:7).[46] 물론 별개의 잔불 보관용 용기를 사용했을 수 있으나, 매우 그럴듯하게는 재를 담는 통들에 제단의 재를 담아 제거한 뒤, 재를 모두 폐기하고 남은 잔불 숯덩이들을 다시 그 통들에 담아 제단 밑면에 놓았을 것이다. 그 후 제단 윗면에 큰 나무 판을 놓은 뒤 제단 전체를 자색 보자기로 덮고 그 위에 남은 부속 비품들을 놓은 것으로 보인다. 마지막으로, 해달 가죽을 덮어 채를 끼운 다음 운반한다. 요컨대, 번제단 또한 이중으로 덮었다: 자색 보자기, 해달 가죽.

제단의 운반을 고려할 때, 우리는 다시 한 번 제단 아래 놓였다고 주장되는 기단의 존재를 거부한다. 기단까지 포함한 제단의 높이가 10규빗(약 5m)으로 주장되는데, 그 거대하고 높은 제단을 운반했다는 견해는 상식적으로 수용하기 어렵다. 번제단 높이가 3규빗(약 1.5m)인 이유는 운반이라는 실제 목적에 부합한 설계이기 때문이다.

물두멍 운반법이 누락되어 있는데 그 이유는 알 수 없다. 아마 앞서 등잔대가 나무틀이 아닌 비품인 이유로 특별한 운반 장치인 "메는 틀"을 사용한 것처럼, 물두멍도 마찬가지 방식으로 운반한 이유로 생략했을 수 있다. 다만 물두멍은 분명히 번제단과 마찬가지로 자색 보자기로 덮은 뒤 그 위에 해달 가죽으로 덮었을 것이다. 70인경(LXX)과 사마리아 오경은 14절 끝에 물두멍과 그 받침을 자색 보자기로 덮은 뒤 그 위에 해달 가죽을 덮어 "메는 틀"로 운반하라는 지침을 추가한다.

기타 제의 재료들의 운반(민 4:16)

성막 내에서는 제의를 위해 사용된 다양한 재료들이 있었다. 등유, 즉 등잔대의 등잔불을 켜기 위한 감람유, 향단에 태우는 향(가루로 제조됨), 그리고 매일 바친 소제물(밀가루), 그리고 관유다. 이것의 운반은 별도로 제사장 엘르아살이 맡은 것으로 보인다. 그러나 이들의 전체 양은 엄청나므로 엘르아살이 직접 어깨에 메고 운반할 수는 없다. 예를 들어, 관유 하나만도 25kg이 넘을 것으로 추정된다(이 책 92-93쪽 관유의 양을 참고하라). 따라서 고핫 자손의 레위인들이 이것들의 실제 운반을 맡았으며 그는 그 일을 감독했을 것이다. 덧붙여 아마 엘르아살은 이런 재료들의 제조와 관리도 책임진 것으로 보인다.

그 외에도 엘르아살은 레위인의 직무 전체를 통솔하면서, 특히 "성소를 맡을 자", 즉 내성소를 책임진 고핫 자손을 통솔했는데(민 3:32) 여기서도 그가 성막 전체의 비품 관리와 운반을 총괄적으로 책임진 인물로 소개된다. 요약하자면, 레위인 전체의 직무를 총괄 지도한 엘르아살은 특히 성막의 주요 비품을 운반한 고핫 자손의 직무를 감독했다.

[P 132] 성막 운반을 책임진 제사장들
아론과 두 아들 이다말과 엘르아살은
각기 역할 분담을 통해 성막 운반을 지휘했다.

한편, 제사장들은 분명 역할 분담을 통해 레위인의 세 가문을 감독했는데 어떤 곳에서는 아론과 그의 아들들(제사장들)이 공동으로 레위인 전체를 감독한 것으로 언급된다(민 4:19, 27). 고핫 자손은 내성소의 비품을 맡았음에도 아론과 그의 아들들의 지도를 받는가 하면(민 4:19), 게르손 자손은 직물류를 포개서 운반하는 일을 맡았는데, 이 일이 아론과 그의 아들들의 감독을 받는 것처럼 언급된다(민 4:27). 아마 이것은 예를 들어, 내성소를 덮은 앙장막과 휘장들의 운반은 게르손 자손의 책무지만, 내성소의 비품들은 고핫 자손이 맡았으므로 제사장들의 공동 지휘를 받아야만 했기 때문일 것이다.

왜 성물들을 겹겹이 덮었는가?

성물들은 이중, 삼중으로 덮은 뒤 운반했다. 이것은 장례 규정에서 사체가 있는 공간의 모든 그릇의 뚜껑을 덮어서 부정결의 기운이 스며들지 못하게 한 것처럼(민 19:14-15) 성물들이

성막의 세계

부정한 것에 접촉되지 않도록 하기 위한 조치일 수 있다. 그러나 이 조치는 여러 차례 언급했지만, 오히려 성물로부터 뿜어져 나오는 거룩의 기운이 사람을 타격하지 않도록 하기 위한 안전조치라 할 수 있다. 즉 사람들이 성물을 보거나 만짐으로써 타격을 입지 못하도록 성물들을 겹겹이 덮었다. 이것은 거룩한 비품들에 대한 접촉과 관찰을 금지하는 반복적인 경고에서 분명히 드러난다.

법궤는 물론이고 모든 다른 거룩한 비품의 접촉은 엄격히 금지되었다. 고핫 자손일지라도 내성소의 성물들을 만지면 죽게 되고, 심지어 보기만 해도 죽는다(민 4:15, 19, 20). 이것은 사람이 성물에서 나온 거룩의 기운에 타격을 입은 결과다. 거룩의 기운이 상대적으로 약하게 뿜어져 나오는 마당의 번제단과 물두멍은 백성들이 관찰해도 문제가 없었지만, 그것들 역시 접촉 자체는 레위인이라도 엄격히 금지되었다. 제단의 무단 접촉은 죽음으로 이어질 수 있었다(민 18:3). 제사장이라 할지라도 손발을 깨끗이 씻고, 속바지를 입은 후 정결한 상태로 제단에 올라갈 수 있었으며 그렇지 않은 경우 죽음의 경고가 주어졌다(출 28:43; 30:20; 40:32).

이렇게 성막의 성물들은 위험했기 때문에 일반 백성은 물론 운반 책임을 맡은 고핫 자손일지라도 결코 만지거나 보지 못하도록 두 겹, 세 겹으로 철저히 포장해야만 했다.

구약에서 이런 위험한 거룩의 힘의 작동은 신약의 은혜의 복음에 익숙한 신자들에게 다소 이해하기 어려운 현상일 수 있다. 그러나 구약에서는 하나님과 인간, 창조주와 피조물 사이에 커다란 간격이 있음을 교훈하고 강조하기 위해 이런 장치와 수단을 사용한 것으로 이해할 수 있다. 신약에서도 "하나님을 가까이하라"(약 4:8)는 교훈이 강조되지만, 동시에 여전히 하나님은 인간과 피조물이 가까이하지 못할 분으로 묘사된다.

> "오직 그에게만 죽지 아니함이 있고 가까이 가지 못할 빛에 거하시고 어떤 사람도 보지 못하였고 또 볼 수 없는 이시니 그에게 존귀와 영원한 권능을 돌릴지어다 아멘" 딤전 6:16.

사도 바울은 다메섹을 향해 그리스도인들을 핍박하러 가는 도중에 감당하지 못할 광채가 갑자기 나타나자 즉시 거꾸러질 수밖에 없었다. 우리는 신약에서도 여전히 작동되는 위험한 하나님의 영광의 힘, 거룩의 광채에 대해 이미 이 책 10장 "세 휘장막" 중 '세 휘장막의 기능과 의미'에서, 특히 미주 16에서 살펴보았다. 구약에서는 더욱 하나님과 인간의 커다란 간격이 강조되고 있지만, 여전히 우리는 하나님은 임마누엘로 백성과 가까이하시고 백성 중에 임재하시는 분임을 발견한다. 하나님의 초월성과 내재성이다.

정리하자면, 구약도 하나님과 가까이함의 은혜를(내재성) 교훈하지만, 그것보다는 하나님과 인간의 메울 수 없는 간격과 그분의 존전에서의 위험을(초월성) 더 크게 강조한다. 이것을 통해 구약의 하나님은 저 너머에 계신 초월적인 분이심을 교훈한다. 신약에서는 하나님은 가까이할 수 없는 분이심을(초월성) 여전히 교훈하지만, 그것보다는 예수 그리스도를 통한 하나님과의 동행과 그분의 존전에서의 축복을(내재성) 더 크게 강조한다. 이것을 통해 신약의 하나님은 우리 안에 계신 내재적인 존재이심을 더 크게 교훈한다.

결국 하나님께서 자신을 드러내시는 방식(계시)은 구약과 신약에서 모두 타당하고, 이 두 성경은 각각 하나님이 어떤 분이신지에 대해 적절히 교훈한다. 정도와 강조의 차이가 있을 뿐 구약과 신약에 공히 그분의 두 가지 속성, 즉 하나님의 초월성과 내재성이 나란히 나타난다. 이렇듯 하나님은 가까이해야 할 분이시면서 역설적으로 가까이할 수 없는 분이시다. 두려워해야 할 분이시면서 역설적으로 두려워할 필요가 없는 분이시다. 신자들은 예수 그리스도의 속죄의 은혜로 하나님과 가까이하여 동행의 감격을 충만히 누리면서도, 여전히 거룩하신 하나님 앞에 우리는 감히 설 수 없는 죄인임을 인식해야 한다.

고핫 자손의 내성소 직무

여기서 우리가 물을 것은 레위인 중 고핫 자손은 내성소 비품들의 운반을 맡았는데, "그들은 평상시에는 내성소에 전혀 들어갈 수 없었는가?" 하는 질문이다. 앞서 우리는 이미 현실적인 성막 관리를 위해 레위인들이 내성소를, 심지어 필요한 경우 지성소에 들어갔을 것으로 결론 내렸다. 거기서 우리는 이 문제를 고핫 자손의 직무와 관련해서 더 살펴보기로 했다. 이미 살펴본 대로, 미드라쉬의 어떤 견해와 그것을 해석한 람반은 레위인은 관리와 보수를 위한 내성소 입장이 원칙적으로 제한되었으며, 제사장들이 흠이 있거나 부정을 타 적합한 제사장이 없을 때만 제한적으로 입장이 허용되었다고 말한다. 그렇다면 고핫 자손은 성막 관리는 맡지 않은 채 오직 성막을 운반할 때만 제사장들이 비품들을 모두 덮은 뒤 들어갔다는 결론이다.

하지만 앞서 우리는 극히 비상시의 제한적인 출입만이 가능했다는 미드라쉬의 견해를 반대하여 레위인들은 적극적으로 회막(성전) 내실에 출입했을 것으로 추론했었다. 여기서 우리는 고핫 자손의 역할과 관련하여 추가로 이 문제를 검토해 보기로 한다.

우선 성막의 모든 시설물은 레위인 중 므라리와 게르손 가문이 맡았는데, 그들이 과연 그것들의 운반 책임만 졌을까? 민수기는 게르손 자손이 앙장막들과 덮개들, 휘장들과 같은 모든 직물류를 운반했지만(민 4:24-28), 앞서 그것들을 "맡았다"고 말한다(민 3:25-26). 또한 므라리 자손은 널판, 띠, 기둥, 받침과 모든 기구, 즉 모든 골조를 운반했지만(민 4:29-33), 앞서 그것들을 "맡았다"고 말한다(민 3:36-37). 여기서 "맡을 일"로 번역된 히브리어 '미쉬메레트'(מִשְׁמֶרֶת)는 동사 '샤마르'(שָׁמַר)의 파생 명사인데 이것은 '지키다, 보호하다, 관리하다'는 뜻이다. 이 단어의 의미는 결코 그들이 단지 그런 시설물들을 운반만 했다는 뜻일 수 없다. 그것은 시설물의 관리와 수리의 의미를 포함한다.

그런데 만일 고핫 자손이 내성소의 성물들을 단지 운반만 했다면, 평소의 그런 내성소 관리는 제사장들이 맡았다는 뜻이 된다. 말하자면, 제사장들이 내성소의 성물들과 육중한 시설물을 보수하고 수리하고 혹은 필요한 경우 새로 제작했다는 뜻이다. 그러나 제사장의 전문적 직무를 고려할 때 이것은 상식에 어긋나 보인다. 분명 그런 일은 바로 고핫 자손인 레위인들이 맡았을 것이며, 필요한 경우 해당 분야의 전문 기술자들이 동원되었을 것이다.

이것은 마찬가지로 민수기에 암시되어 있다. 회막 건물의 시설물의 각종 제의 비품들은 앞서 말한 대로 고핫 자손이 운반을 책임졌지만(민 4:4-20), 그들이 그것들을 "맡았다"고 언급된다(민 3:31). 그렇다면 고핫 자손 또한 내성소 비품들의 운반만 맡았다고 볼 수는 없다. 만일 내성소나 심지어 지성소에 문제가 생기거나 수리가 필요하거나 어떤 비상한 기술적 조치나 막대한 노동력이 필요한 상황이 발생할 경우에는 고핫 자손이 들어가서 작업을 했다고 보아야 할 것이다. 필요한 경우 심지어 비품을 밖으로 빼낸 뒤 작업을 해야 했을 것이다. 바로 그러한 이유로 나답과 아비후 두 제사장이 내성소에서 사망했을 때 고핫 자손인 미사엘과 엘사반이 그곳에 사체를 옮기러 들어갔다고 볼 수 있다. 이는 내성소의 비상한 청소 작업 중 하나다.

성전에서 비품의 수리와 관리를 맡은 레위인의 활동은 후대의 역대기에서도 암시된다: "그중에 어떤 자는 섬기는 데 쓰는 기구를 맡아서 그 수효대로 들여가고 수효대로 내오며"(대상 9:28).

결론적으로, 우리는 레위인들 중 므라리와 게르손 자손이 성막의 하드웨어인 여러 시설물들의 보수와 관리, 청소를 담당했듯이 고핫 자손이 내성소의 시설물들과 비품들의 보수와 관리, 특별한 상황의 청소를 담당했다고 볼 수 있다.

진설상의 떡이 일주일 동안 따뜻했다?

유대 문헌의 증거들

많은 사람이 진설상의 떡은 일주일이 지난 후에도 하나님의 기적으로 뜨끈함을 유지했다고 믿는다. 이것 역시 널리 설교와 성경 공부에서 유통되는 견해다. 그러나 이 이야기도 대제사장 발목의 밧줄 이야기처럼 검증이 필요하기에 여기서 그 기원을 추적해 보기로 한다.

앞서 우리는 진설상에는 12개의 거대한 진설병이 진열되었음을 살펴보았다. 탈무드가 소개하는 미쉬나의 견해에 의하면, 진설병의 재료인 고운 가루, 즉 밀가루는 일반 소제의 밀가루보다 훨씬 더 정밀한 고급 밀가루인데 열한 번을 체로 걸러 냈다(Talmud *Menachot* 76b).[47] 그 떡들은 구약에 전혀 언급되어 있지 않지만 유교병이 제단에 허락되지 않은 것을 볼 때(레 2:5, 11; 6:16-17; 10:12) 무교병이 분명하다.[48] 무교병은 누룩이 들어가지 않은 떡인데 시간이 지나면 딱딱해진다. 반면에 유교병은 모두 누룩을 넣어 발효시킨 빵인데 맛도 좋으며 오래 두어도 딱딱해지지 않는다. 현대의 말랑한 빵들은 모두 누룩을 넣은 일종의 유교병이다. 오늘날 이스라엘의 무교병은 비스킷처럼 얇지만 고대의 무교병은 현대와 달리 매우 두꺼웠다는 것이 정설이다. 랍비들은 성전의 진설병의 경우 한 손바닥 두께(약 8cm)였다고 말한다.

미쉬나에 따르면, 매 안식일마다 이 진설상의 대형 떡과 향을 교체하기 위해 8명의 제사장들이 동원되었다. 4명이 한 조가 되어 새로운 떡과 향을 운반해 오고, 다른 4명의 한 조는 오래된 떡과 향을 들고 나갔다. 이 중 떡과 향을 물려 낸 4명의 제사장들에게 그 대형 떡들이 분배되었다. 매우 곱게 빻아 제작된 이 대형 떡들은 제사장들의 특권이었는데 그들은 이 떡을 성막(성전)에서만 먹을 수 있었다.

누룩을 넣지 않은 무교병은 수 시간 후에 굳기 시작해 하루만 지나도 매우 딱딱해진다. 따라서 며칠 지나 단단히 굳어진 두꺼운 고대의 무교병은 그대로 먹기 힘들었기에 작은 조각으로 쪼개거나 다시 데워서 먹는 것이 관행이었을 것이다. 참고로 다음 미쉬나와 탈무드의 관련 본문에서도 볼 수 있듯이 진설병이 딱딱해지는 것은 아무런 문제가 아니었고 곰팡이가 피는 것이 문제였다.

그런데 그 떡들은 일주일이 지났어도 따뜻함을 유지했는가? 대제사장 발목의 밧줄 이야기와 달리 이것은 전통적인 탈무드에 근거한 이야기인 것은 사실이다. 탈무드에 의하면, 안식일마다 진설상에서 떡을 치우고 새 떡을 올릴 때 기적이 발생했는데, 일주일이 지난 그 떡들은 처음처럼 여전히 뜨거운 상태를 유지했다.[49]

이런 주장의 유일한 근거는 다윗과 그의 군사들이 굶주린 채 성막을 찾아와 먹을 것을 구할 때 제사장이 내 준 진설병에 있다: "제사장이 그 거룩한 떡을 주었으니 거기는 진설병 곧 여호와 앞에서 물려 낸 떡밖에 없었음이라 이 떡은 더운 떡을 드리는 날에 물려 낸 것이더라"(삼상 21:6). 탈무드의 랍비들은 이 구절을 안식일에 일주일이 지나 진설병을 치우는 날 그 떡들은 여전히 뜨끈했다고 해석한다. 아마 문자적으로 그 구절의 뒷부분은 "더운 떡을 드리는 날에 그것을 물려 냈다"인데, 여기서 "그것"을 앞의 "더운 떡"을 받는 대명사로 간주하여 해석하기 때문인 것으로 보인다. 즉 풀어서 해석하자면 다음과 같다: "(새로운) 더운 떡을 드리는 날에 (올려놓았던) 그 더운 떡(그것)은 물려냈다." 따라서 진설상의 떡은 다음 안식일까지 일주일 동안 따뜻함을 유지했기 때문에 다윗과 그의 군사들에게 준 그 떡은 온전했다.

그러나 이런 이야기는 전형적인 탈무드의 신비적 해석으로 간주되어야 한다. 물론 미쉬나와 미쉬나를 해석해서 발전된 탈무드는 중세의 유대 신비주의 분파인 카발라의 미드라쉬처럼 온통 지나친 신비적 해석으로 가득한 책은 아니다. 하지만 미쉬나와 탈무드 또한 그에 못지않게 성막과 성전의 제의 현장을 신비적으로 묘사하곤 한다. 우리가 이 책 11장 "번제단"의 미주 11에서 소개한 성전에서 제사를 바칠 때 발생한 10가지 기적이 단적인 사례들이다. 예컨대, 성전의 도축장에서 파리 한 마리도 발견되지 않았다거나 비가 와도 장작불이 꺼지지 않았다는 기적, 또는 바람이 불어도 제단의 연기 기둥이 전혀 흩어지지 않았다는 기적은 액면 그대로 믿기 어렵다. 바로 그 10가지 기적의 항목에 진설병에서 김이 여전히 났다는 언급은 없으나 그것이 다른 소제의 밀가루 및 떡들과 더불어 신비하게도 전혀 상하지 않았다는 기적도 포함되어 있다.

이런 점에 비추어 볼 때, 일단 진설병이 안식일에서 다음 안식일까지 일주일 동안 뜨거운 상태를 유지했다는 이야기 또한 전형적인 과도한 신비주의적 해석으로 간주되어야 한다. 게다가 그 근거는 유일하게 사무엘상 21:6인데, 앞서 말한 떡의 기적의 근거로 삼는 유일한 표현인 "그것을 물려 냈다"에서 대명사 "그것"이 굳이 "더운 떡"을 받는다고 보는 것은 다소 억지스럽다. 오히려 "그것"의 선행사를 단순히 "떡"으로 보는 것이 더 자연스러운 해석이다. 우리는 성경의 기적들을 모두 믿을 수 있지만, 갖가지 기적들이 예루살렘 성전의 일상에서 매일 반복되었다는 주장은 지나쳐 보인다. 때로 거기서 기적도 발생했겠지만, 성막과 성전이 건물이기 때문에 일반적인 관리와 보수, 수리 및 청소가 필요했듯이 그곳에서의 제의적 활동은 일상적으로는 자연 법칙에 따라 이루어졌다고 보아야 한다.

대형 진설병을 어떻게 교체했을까?

우리는 진설상에는 거대한 12개의 떡이 놓이며 뜨끈한 새 떡들을 겹겹이 올리기 위해서는 떡칸이 필수로 필요하다는 것을 배웠다. 이 떡칸에 12개의 대형 떡들을 끼워 넣었는데, 앞서 말한 대로, 미쉬나를 비롯한 유대 문헌은 매 안식일마다 진설상의 떡과 유향의 교체를 위해 8명의 제사장이 한 조를 이루어 작업을 했다고 말한다. 새로운 떡과 유향을 가지고 들어오는 제사장이 4명, 물려 내는 떡과 유향을 가지고 나가는 제사장이 4명이다.

각 떡들은 한 손바닥 두께의 커다란 떡이었는데(부피는 앞서 말한 대로 10분의 2에바, 즉 4.4L), 두 명의 제사장이 12개의 새로운 떡을 가지고 들어왔다. 한 명이 한 줄 6개의 떡들을 운반한 것이다. 나머지 두 제사장은 각각 새로운 유향을 담은 유향 종지를 가지고 들어왔다. 다른 4명 중 두 명의 제사장이 12개의 떡을 빼내서 밖으로 운반했다. 역시 한 명이 한 줄 6개의 떡을 맡았다. 남은 두 명은 각각 유향을 담은 유향 종지를 들고 나갔다. 그 유향은 그날, 안식일에 제단에 태워졌고 물려 낸 떡들은 그 오래된 떡들과 유향들을 밖으로 운반해 나온 4명의 제사장들에게 분배되었다. 한 명이 3개의 대형 떡을 받았다는 뜻이다.

그러나 당장 8명이 한 조가 되어 작업을 하는데, 모세 시대에는 제사장이 아론과 두 아들, 즉 3명뿐이었기에 이 규정이 적용될 수 없다. 무엇보다 과연 대단히 크고 또한 무거웠을 대형 떡 12개를 두 명의 제사장이 6개씩 운반했을지 의문이 아닐 수 없다. 떡의 크기와 추론된 무게를 고려해 볼 때, 한 명이 두 개의 떡을 드는 것이 적절해 보인다. 또한 한 명당 3개의 떡들이 할당되었는데 아론의 두 아들에게, 또한 직후의 아론 가문의 제한된 숫자의 제사장들에게는 한 사람에게 돌아가는 분량이 너무 많다. 만일 진설병을 다 먹지 못하고 다음 안식일까지 남는다면, 유통 기한을 넘긴 제물은 태우는 규정에 따라(예, 레 7:15-18의 화목제 고기 섭취 규정) 떡을 교체하기까지 남은 진설병들은 분명히 태웠을 것이다.

물론 제사장 숫자가 충분해진 시기 이후 그리고 성전 시대에 12반차의 제사장들로 돌아가며 근무한 경우에는 큰 문제가 없었을 것이다. 그럼에도 제사장 한 명당 3개의 대형 떡의 분배는 너무 많아 보인다. 또한 8명이 한 조가 되어 떡과 유향을 교체하는데, 만일 우리의 주장대로 잔과 병이 묶여 두 세트가 올라갔다면, 이것을 맡는 제사장들도 필요할 것이다. 결론적으로 우리는 진설상의 운용에 대한 미쉬나와 탈무드의 견해를 참고하지만, 액면 그대로 믿기는 어렵다.

성막의 세계

탈무드의 대안적 해석

그러나 탈무드가 진설병에 대해 신비한 해석만을 내놓는 것은 아니다. 일단 그 떡들이 일주일이 넘어도 김이 나는 기적이 매주 발생했다는 해석은 받아들이기 어렵지만, 그럼에도 그것들이 일주일을 넘어서도 좋은 상태를 유지했다는 것은 당시 유대인들과 랍비들에게 놀라운 현상이었던 것 같다. 다시 말해 그 진설상에 올라온 무교병들을 제사장들이 다음 안식일까지 일주일 동안 먹을 수 있었는데, 이는 그 떡들이 총 2주 동안 멀쩡했음을 뜻한다. 현대에는 식품의 방부 처리가 잘되어 유통 기한이 매우 길지만, 고대의 무교병은 장기 보관이 쉽지 않았던 것으로 보인다. 당시 무교병이 한 주간을 넘어 두 주간 동안 곰팡이가 슬지 않은 것을 탈무드는 특별하게 보았는데, 이는 그들의 전통 속에서 무교병이 그리 오래 보관되지 못했다는 뜻일 것이다.

하지만 무교병은 하루만 지나도 딱딱해지는데, 일주일 동안 수분이 다 말라 굳은 무교병이 그렇게 쉽게 상하거나 곰팡이가 생겼을지 의구심이 드는 것은 사실이다. 그러나 적어도 우기의 비가 오는 날씨에서는 습한 회막 내부도 곰팡이에 상당히 취약했을 가능성이 크다. 어쨌든 탈무드는 그것을 과도한 신비적 현상의 기적으로 설명하는가 하면, 다른 한편으로는 그것이 특수한 제빵 기술로 만들어진 빵이었기에 멀쩡했다는 설명을 내놓는다. 이것은 진설상의 무교병들은 다른 무교병들과 달리 특별해서 쉽게 곰팡이가 슬지 않았음을 뜻한다.

탈무드 요마(*Yoma* 38a)는 진설병에 대해 다음과 같은 흥미로운 이야기를 전해 준다. 다음은 그 이야기를 간추려 정리한 내용이다.

가르무(Garmu) 집안의 장인들은 진설병 제조의 전문가들이었다. 그러나 그들은 그들의 제빵 비법을 다른 사람들에게 가르쳐 주지 않았다. 그래서 제사장들은 그들을 해고한 뒤, 이집트의 알렉산드리아에 사람을 보내 제빵 기술자를 불러왔다. 그 도시엔 많은 제빵 기술자가 있었기 때문이다.

알렉산드리아에서 온 제빵사들은 가르무 집안사람들과 마찬가지로 빵을 굽는 방법을 잘 알고 있었다. 하지만 그들은 가르무 제빵사들이 오븐에서 빵을 꺼내는 방법은 알 수 없었다. 진설병은 복잡한 모양을 지녔는데 그것을 오븐에 그대로 놓기는 어려웠고, 그것을 익힌 후 부스러트리지 않고 오븐에서 빼내는 것도 어려웠다. 또 하나의 차이가 있었는데, 알렉산드리아의 제빵사들은 오븐 밖에서 불을 피워 빵을 오븐 밖에서 구웠다. 그러나 가르무 제빵사들은 오븐 안에서 불을 피워 오븐 안에서 빵을 구웠다. 알렉산드리아 제빵사들의 빵은 일주일 사이에 곰팡이가 슬었으나, 가르무 사람들의 빵은 곰팡이가 슬지 않았다.

제사장들은 새로 고용한 제빵사들의 빵의 품질이 현저히 떨어진다는 사실을 알았다. 그제야 그들은 여호와께서 자신의 영광을 위해 가르무 사람들을 만드셨음을 깨달은 뒤 그분을 찬양했다. 제사장들은 여호와 하나님의 영광 앞에서 스스로 겸비히 여기며 다시 가르무 사람들에게 고귀한 업무로 복귀해 달라고 요청했다. 그러나 가르무 사람들은 오지 않았다. 그래서 제사장들은 그들의 임금을 두 배로 올렸고 그제야 가르무 사람들이 초청에 응하여 복귀했다. 원래 일당 12므나를 받던 가르무 제빵사들은 24므나를 받게 되었다. 랍비 예후다는 후대에 그들이 다시 두 배의 임금인 48므나를 받았다고 말한다.

제사장들은 그들에게 물었다. "왜 당신들은 이 비법을 다른 사람에게 가르쳐 주지 않습니까?" 그들은 대답했다. "우리 조상들은 하나님의 집, 이 성전이 파괴될 운명이라는 것을 알고 있었습니다. 그분들은 자격 없는 사람들이 우리의 제빵 기술을 배워 그 비법을 우상을 숭배하는 데 사용할까 염려하셨습니다."

탈무드의 게마라(Gemara, 미쉬나에 대한 해설)는 이렇게 설명을 달았다(*Yoma* 38a).

가르무 사람들은 이로 인해 칭송을 받는다. 그들의 자손은 고운 밀가루로 만든 고급진

[P 133] 제사장들 못지않게 중요했던 레위인들
가르무 가문과 같은 신실한 레위인들 때문에 하나님의 쉐키나, 그분의 임재와 영광은 성전을 떠나지 않았다.

빵을 손에 든 적이 없었다. 사람들은 그들이 진설병 제빵 비법을 사용하여 자신들의 빵을 만들지 않는다고 말했다. 가르무 사람들은 단지 왕겨가 섞인 조잡한 빵만을 만들어 먹었다. 그것은 "너는 여호와와 이스라엘 앞에서 무고하리라"(민 32:22)라는 말씀을 성취하기 위함이었다."

이 이야기는 진설병 제작에 특수한 기술이 사용되었음을 뜻한다. 필자가 보기에는 이 이야기에서도 가르무 사람들의 기술을 신비적 재능으로 여기고 그들의 진설병을 초자연적 제품으로 찬사하기 위한 탈무드 특유의 과장이 엿보인다. 그러나 다른 신비적인 이야기와 달리 이것은 충분히 가능한 특수한 제빵 비법에 대해 말하므로 상당히 믿을 만한 것으로 보인다.

어떤 사람은 가르무 가문을 제사장 집안으로 설명하지만,[50] 제사장들은 대체로 특수한 전문 기술직을 겸하지 않았기 때문에 그들은 성전의 각 전문 분야를 담당했던 레위 가문이었던 것으로 보인다. 이는 "그핫[고핫] 자손 중에 어떤 자는 진설하는 떡을 맡아 안식일마다 준비하였더라"라고 말하는 역대상 9:32을 통해서 확인된다.

그러나 여기서 우리는 이런 의문을 품을 수 있다. 그렇다면 가르무 사람들 이전에, 더 거슬러 올라가 아론과 그 아들들의 시대와 성막 시대에는 누가 어떻게 떡을 제작했을까? 우리는 처음부터 이 특수한 제빵 기술은 고핫(그핫) 자손이 하나님으로부터 받았으며 이 기술의 전수가 대를 이어 후대로 이어졌던 것으로 추론해 볼 수 있다.

결론적으로 필자는 12개의 진설병은 습한 우기 때에도 곰팡이가 피지 않도록 특별하게(신비적 비법보다는) 제작되었다고 본다. 추가적인 가능성을 덧붙인다면, 내성소에 피운 강한 기운의 향연이 떡의 상태를 오래 유지한 원인이었는지도 모른다. 향은 여러 특수한 향품들을 가루로 만들어 제작한다. 그것을 피운 향연의 강한 살균력으로 내성소 내부의 곰팡이의 번식이 억제되었을 수도 있다.

마지막으로 가르무 사람들의 하나님을 향한 헌신은 인상 깊다. 특별히 가르무 사람들이 특수한 제빵 기술이 우상 숭배에 사용되지 않도록 그 비법을 팔지 않았다는 것과 무엇보다 최고급 제빵 기술을 자신의 빵을 만들기 위해 사용하지 않고 오직 하나님을 위해서만 사용했다는 사실은 큰 감동을 준다.

미주

프롤로그

1) 독자들은 라쉬(Rashi)를 포함하여, 이반 에스라(Ibn Ezra)나 람반(Ramban; Nachmanides로도 알려진 랍비)과 같은 저명한 중세 랍비들의 성막 본문을 포함한 출애굽기 주해 전문을 다음 사이트에서 모두 읽을 수 있다: www.sefaria.org/texts. 거기서 또한 미쉬나와 탈무드, 미드라쉬와 같은 방대한 유대 문헌들을 영문으로 읽을 수 있다.

2) 미쉬나(Mishnah)는 문전(文傳) 토라(오경)와 별개의 구전(口傳) 토라를 칭한다. 흔히 토라는 기록된 토라, 즉 '문전 토라'(Written Torah)인 모세 오경을 말하는데, 유대인들은 하나님이 시내산에서 모세에게 기록되지 않은 토라도 주셨다고 믿는다. 그것은 구전되어 왔기에 '구전 토라'(Oral Torah)로 분류되는데, 미쉬나는 이것을 집대성한 책이다. 미쉬나는 주전 200년경부터 주후 500년 사이에 편찬되어 기록되었다. 그 후 200-300년 동안 이 미쉬나의 어떤 본문들을 택하여 그것을 해석하고 토론한 랍비들의 주석 모음집을 게마라(Gemara)라 칭한다. 그 미쉬나 본문과 그것을 해석한 게마라를 합한 합본이 바로 탈무드(Talmud)다. 따라서 엄밀히 탈무드는 미쉬나와 게마라 부분으로 나뉘는데, 통상 합하여 탈무드라 부른다.
탈무드는 작성된 장소에 따라 바빌로니아 탈무드와 예루살렘 탈무드로 나뉘는데, 그 가치와 양에 있어서 전자가 압도적이다. 흔히 탈무드 하면 전자를 가리킨다. 미드라쉬(Midrash)는 탈무드 시대 이후 더 풍성해진 히브리 성경에 대한 주석들의 총합본이라 할 수 있다. 미드라쉬 자체가 '해석, 설명, 주석'이란 뜻이다. 주후 5세기경부터 중세 때까지 장기간 집성된 책으로 심지어 에스라 시대까지 거슬러 올라가는 것으로 보는 오경 해석뿐만 아니라 구약 성경 전반에 대한 오랜 세월의 방대한 해석과 주석을 모은 책이다.

1. 성막의 전체 구도

1) 그러나 많은 랍비와 다른 학자들은 1달란트를 약 42kg으로 간주한다.

2) 소의 도살 장소가 명시되어 있지 않은 이유로 밀그롬은 소가 통제되기 어려웠기 때문으로 추정한다(Jacob Milgrom, *Leviticus 1-16*, 164). 그러나 힘이 엄청나게 센 소의 경우, 발목을 묶은 뒤 도살하지 않으면 심각한 문제가 발생했을 것이다. 발목을 묶은 소는 도살 시에 통제가 어렵지 않았을 것으로 보인다. 그렇다면 소의 경우, 아마 매우 크기 때문에 제단 북쪽 공간에 제한하기 어려워 뜰 어느 곳에서든 잡을 수 있도록 허용된 것으로 추정된다.

3) 상세한 내용은 필자의 《레위기의 신학과 해석》, 44-45, 53-55를 보라. 참고. Gregory K. Beale, 《성전신학》, 67-68, 72 이하.

4) 원래 유다는 야곱의 형편없는 아들로서 요셉을 팔아넘기는 일을 주도했던 인물이었다(창 37장). 그가 형제들에게 "그는 우리의 동생이요 우리의 혈육이니라"(창 37:27)라고 말하면서 죽이지 말고 팔자고 제안한 것은 결코 요셉을 살리기 위한 제안으로 볼 수 없다. 그는 이왕 죽은 녀석이니 돈이라도 벌자는 심보였다. 그는 나중에 파라오와 협상을 하는 장면에서도 나타나듯이 사람을 설득하는 수완과 능력이 뛰어났다. 르우벤만이 요셉을 살리려고 애썼다. 만일 유다가 처음부터 살의가 없었다면, 르우벤의 만류에

적극 동참했을 것이다. 유다는 훗날 길거리 창녀에게서(물론 변장한 그의 며느리 다말에게 속았지만) 성욕을 푸는 저급한 인물이었다(창 38장).

하지만 나중에 유다는 형제들과 막내 베냐민을 살리기 위해 자신의 목숨을 기꺼이 희생하는 결단을 내린다. 여기에는 분명 하나님의 예정과 섭리가 있었지만, 이 일로 유다의 인생이 역전되어 이후 하나님은 유다를 형제들의 지도자로 세워 사용하신다. 우리는 형제들을 살리기 위한 유다의 자발적 희생에서 예수 그리스도의 모습을 발견하는데, 자신을 인류의 대속물로 바치신 그분이 바로 유다의 혈통에서 탄생하신다. 구약 역사에 국한해 살피면 이 유다의 주도권은 오경 이후의 역사서에서 줄곧 이어진다(예. 삿 1:1-2). 그 뒤 결국 유다 지파에서 다윗이 출현한다. 메시아 예수님이 다윗의 후손으로 탄생하셨음은 물론이다. 그러한 이유로 유다는 하나님의 예정과 섭리 속에서 가장 중요한 방향인 동쪽의 중앙에 위치하며, 지파들이 행진할 때는 지파들의 선두에 서서 그들을 이끌고(민 10:14), 빈번한 전투에서도 가장 앞선 선봉대 역할을 한다(삿 1:1-2; 20:18).

2. 성막의 원자재들

1) "가름대"는 이 책 10장 "세 휘장막" 중 '내성소 휘장막' 설명에서 살펴보겠지만, 오역이다. 이것은 "띠 장식"이 더 타당하다.

2) 금 1g을 무려 1m²의 넓이로 펼 수 있고(전성), 심지어 첨단 기술을 사용하여 무려 3km까지 가는 실로 늘일 수 있다고 알려져 있다(연성).

3) 구약에서 베옷의 재료인 삼베를 가리키는 히브리어는 두 가지로 나타난다. '세쉬'(שֵׁשׁ)와 '바드'(בַּד)인데 대부분 세쉬로 표현되며 일부 몇 군데에서 바드

가 사용된다. 카수토는 베실은 세쉬(שֵׁשׁ)이며, 베실로 만든 원단인 세마포는 바드(בַּד)로 불린다고 설명한다(Umberto Cassuto, *A Commentary on th Book of Exodus*, 386).

4) Cassuto, 326; Nahum Sarna, *Exodus*, 156.

5) 라쉬는 타하쉬의 정확한 정체는 말하지 않으나 그것은 정결한 육상 동물로서 그 당시에만 존재했다고 말한다(Rashi, 출 25:5). 레빈은 그 동물의 가죽은 매우 다채로운 아름다운 색깔을 지녔을 것으로 본다(Levine, 64). 랍비 이반 에스라는 그것을 물개 가죽(seal skin)으로 간주한다(Ibn Ezra, 출 25:5). 우리는 이것을 듀공으로 간주하는데, 레위기 11장의 기준을 따라 지느러미와 비늘이 없는 해양 동물인 듀공은 부정한 짐승으로 분류된다. 그러나 부정한 짐승은 음식으로서 배제되었을 뿐이다.

6) 그러나 탈무드의 어떤 견해에서 히브리어 '싯팀'은 사막 아카시아 나무가 아닌 백향목과 같은 삼목(cedar)의 일종으로 주장된다(Talmud *Rosh Hashanah* 23a). 그러나 우리는 가장 보편적인 견해를 따라 그것을 사막 아카시아 나무로 간주한다. 사막 아카시아 중 어떤 것이 정확히 성경의 싯딤나무인지에 대해서는 시내반도와 팔레스타인 일대에 서식하는 서너 종류의 후보가 있는데 그것들은 외관상 거의 차이가 없다.

7) Ariel Golan, *Prehistoric Religion: Mythology, Symbolism*, 375; Diego Alonso Kurilo, *The Sacred Tree: In the Indo-European World*, 170. 특히 이집트 신 이시스와 오시리스, 그리고 그들의 아들인 호루스가 신성한 아카시아 나무에서 탄생했다는 이집트 신화에 대해 다음을 참고하라: Farrin Chwalkowski, *Symbols in Arts, Religion and Culture: The Soul of Nature*, 133-135. 또한 파라오의 관을 이 나무로 짠 것으로 알려져 있

는데 예를 들어, 유명한 투탕카멘의 관이 이 나무로 제작되었다.

8) Sarna, 158. 일부는 "청금석"(lapis lazuli)으로 번역한다(Sarna; TNK).

9) 고대 지중해 일대 염료의 종류들에 대한 광범한 토론과 티리안(두로) 자색에 대한 상세한 논의는 다음의 연구물을 보라: Irving Ziderman, "First Identification of Authentic *Tekelet*", 25-31; David E. Graves, "What is the Madder with Lydia's Purple? A Reexamination of the *Purpurarii* in Thyatira and Philippi", 3-28.

10) Ziderman, 5. 지더만은 홍색 염료의 원료가 연지벌레라는 것은 오래전부터 여러 연구자들의 주장임을 밝힌다. 그의 논문은 성막 본문의 세 가지 염료에 대한 매우 전문적인 연구물인데, 특히 청색 염료(트켈레트)의 정체를 상세히 추적한다.

11) 세 종류의 바다 고등의 학명은 다음과 같다: ① *Truncvlariopsis* (Murex) *trunculus*; ② *Bolinus* (Murex) *brandaris*; ③ *Thais* (Purpura) *haemastoma*. 사진 21에서 보듯이 이 전문적 학명은 약간 다르게 사용되기도 한다. 청자색은 ①에서 그리고 약간 색감의 차이가 난 자색은 ②와 ③의 고등에서 채취되었다.

12) 참고. Graves, 15. 더럼(John I. Durham, *Exodus*, 354)을 비롯하여 여러 학자들이 이 견해를 수용한다. 이 것은 1909년 티리안 자색의 실체를 최초로 규명하여 그것의 화학 성분을 찾아낸 독일 화학자 프리드랜더(Friedlander)의 구체적인 실험과 측정의 결과이며 이후 이 견해는 널리 수용되었다. 이것이 사실이라면, 아마 채취액이 1.4g의 작은 양이더라도 매우 진한 원액이었기에 옷 한 벌의 염색이 가능했을 수 있다(참고. Stefano Goffredo and Zvy Dubinsky (editors), *The*

Mediterranean Sea: Its history and present challenges, 564).

13) 그레이브스(Graves)가 소개하는 반대 의견에 의하면, 불과 수백 마리의 바다 고등의 채취액으로 한 벌의 옷을 염색할 수 있었다(Graves, 12). 그러나 코렌(Koren)이라는 학자는 프리드랜더의 실험 결과를 검증하여 외투든 망토든 옷 1kg을 염색하기 위해 약 1만 마리의 바다 고등이 필요하며, 구체적으로 양모의 경우 1g당 중간 크기의 바다 고등 7마리가 필요하다고 주장한다(Graves, 15와 Goffredo, 564에서 재인용).

14) 그레이브스는 주전 90년경에 로마 제국에서 자색 옷감 1파운드(로마 파운드인 1리브라로 보인다. 이 경우 약 325g이다)의 가격이 약 100데나리온이었다는 플리니(Pliny)의 글을 인용한다(Graves, 14). 플리니는 그러나 후대에 개발된 특수한 티리안 자색 옷감은 무려 1,000데나리온을 호가했다고 전한다. 예수 당시에 기술에 따라 노동자의 일당은 달랐겠지만, 복음서에 의하면 일상의 노동자의 평균 일당이 1데나리온이었다(마 20:1-13). 이 기준을 따르면, 당시에 자색 옷이 매우 비쌌음을 알 수 있다.

15) 브레너는 당시에 청색과 자색은 각각 청자색(blue-purple)과 홍자색(red-purple)으로서 자색의 범주에 들어갔다고 말한다(Athalya Brenner, *Colour terms in the old testament*, 145-148; 참고. Timothy R. Ashelehy, *The Book of Numbers*, 103). 그러나 로마 시대의 자색은 더욱 넓은 범위의 색상을 포함하고 있었는데, 분홍색, 빨강색, 주홍색, 검붉은색 등을 포괄한 것으로 알려진다(Graves, 4). 그레이브스는 로마 제국에서 시대가 흐르면서 왕실의 색상이자 부와 권력의 상징이었던 자색의 수요가 갈수록 늘자 여러 계급과 직위의 색상을 유지하기 위한 방편으로 점점 다양한 새로운 자색 염료가 개발되었다고 말한다(Graves, 13). 그리하여 자색의 스펙트럼은 더욱 넓어져 훨씬 다양한 자색들이 유통되었다.

16) 그레이브스는 당시 짝퉁 자색(fake purple) 염료로 제작한 옷감이 널리 유통되고 있었던 실상을 상세히 알려 준다(Graves, 14). 예수께 입힌 가짜 자색 망토는 자주색 옷이 당시 왕들에게 사실상 거의 독점되고 있음을 암시한다. 헤롯왕 또한 자주색 옷을 입었다고 알려진다. 그러나 사도행전을 보면 루디아는 자색 옷감 장사를 하는 여인이었다. 또한 누가복음의 부자와 나사로 비유에 등장하는 부자는 자색 옷을 입고 호화롭게 살았다(눅 16:19).
이 자색 옷감은 왕들과 권력자들이 입은 자색 옷감과 어떻게 다른가? 왕들에게는 위엄 있는 자주색 망토만 독점되었고, 대중에게는 다른 종류의 자주색 옷이 허용되었던 것인가? 당시 왕은 특별한 자색 염료로 제작한 옷을 입었지만, 자색 옷이 왕실에만 독점되었던 것은 아니다. 또한 당시 자주색 염료는 바다 고둥으로만 제조된 것이 아니라 식물인 꼭두서니(madder) 뿌리에서도 매우 좋은, 그러나 보다 저렴한 원료가 축출되어 광범위하게 유통되었으며, 앞서 말한 대로 대중의 수요를 따라 짝퉁 자색 옷감도 많이 제작되었다고 한다(Graves, 8, 14). 당연히 이런 자색은 티리안 자색보다 훨씬 저렴했다. 그레이브스는 루디아가 부자들을 위한 비싼 자색 옷부터 저렴한 자색 옷까지 다양한 자색 옷들을 팔았을 것으로 추론한다(Graves, 16-18).

17) 원래 색깔의 스펙트럼은 문화권마다 차이가 난다. 예컨대, 동양에서는 무지개를 전통적으로 '오색찬란한 무지개', 즉 오색으로 구분했으나 서양에서는 칠색으로 세분했다. 동양에서는 일반 대중이 빨간색과 자주색은 모두 빨간색이고, 남색과 파란색은 모두 파란색이라고 인식하므로 무지개는 오색이다. 그러나 《조선왕조실록》의 기록에 의하면, 전문 기술 분야에서는 청색 계열은 남, 청, 벽, 옥, 아청, 심청, 청옥생 등 32색, 홍색 계열은 홍, 강, 비, 적, 훈, 주, 목홍, 연다홍, 진분 등 무려 40색으로 세분된다.

18) 이 트켈레트의 혼란에 대한 자세한 내용은 Ziderman, 25를 보라.

19) 이미 오래전부터 청색을 제외한 자색을 지닌 여러 유물들이 발견되어 색깔의 실체가 확인되었고 자색 염료의 제조법은 오래전에 어렵지 않게 복원될 수 있었다(Ziderman, 25).

20) 지더만은 이 고급 염료의 사용이 모세 시대보다 훨씬 이전의 매우 오랜 고대로 거슬러 올라간다는 것을 찾아냈다(Ziderman, 25).

21) 그레이브스는 바다 고둥의 염료 제조법은 주전 3600년경부터 알려졌으나 최고급의 티리안 자색은 주전 1570년경에 페니키아인들에 의해 최초로 사용된 것으로 추정한다(Graves, 9). 이것이 옳다면, 이는 모세 시대에 이 고급 염료가 이미 유통되었음을 뜻한다.

22) 참고. Sarna, 137; Levine, 38.

23) 지더만은 바다 고둥 ①의 채취액은 연구 결과 다른 두 종류와 달리 청색이 강하게 섞인 자색이었다고 말한다(Ziderman, 27, 29). 또한 실제로 두로 해안에서 다른 두 종류의 고둥들과 별도로 바다 고둥 ①의 껍질 무더기가 발견되었는데(Ziderman, 27), 이것은 청자색 염료의 재료로 바다 고둥 ①이 사용되었음을 의미한다. 한편, 어떤 연구자는 염료 제조 과정에서 햇빛 노출 시간을 비롯한 공정의 차이로 인해 색깔이 달라지는 것을 발견했다(참고. Goffredo, 564). 처음에 진한 자색을 띠다가 햇빛의 자외선을 오래 받을수록 점점 푸른 청색에 가까워지는 현상이 나타난 것이다. 이것은 제조 과정에서 때로 짙은 자색과 보라색, 청색의 경계선이 모호해졌음을 뜻할 수 있다.

3. 법궤

1) 라쉬의 견해인데 후대의 많은 랍비와 학자들이 수용한다(Levine; *Kehot*; Biderman).

2) *Kehot*, 183. 레빈과 비더만의 모델도 마찬가지다.

3) 히브리어 '레겔'(רֶגֶל)은 구약의 약 250회의 용례에서 일부 "다리"(leg)를 뜻하지만(출 25:26; 레 11:21, 23, 42; 신 28:57; 삼상 17:6 등) 흔하게 "발"(foot)을 가리킨다. 이때 발과 다리를 구별하지 않을 뿐이다. 반면에 '파암'(פַּעַם)이 몇 군데에서 보폭의 뜻에서 비롯된 "발"의 의미로 사용되긴 하나(왕하 19:24; 시 58:10; 사 37:25) 대부분 '보폭'과 '일정한 간격', 혹은 '두 번', '일곱 번'과 같은 횟수를 가리킨다. 따라서 법궤의 파암을 "발"로 볼 수 있는지 의심스럽다. 여기서 법궤의 파암을 "발"로 번역한 어떤 영어성경들은 열왕기상 7:30에 나온 솔로몬 성전의 거대한 물두멍의 파암을 "(네) 모퉁이"로 번역하고 있기 때문에 일관성이 없다.

그러나 랍비 이반 에스라(Iban Ezra, 출 25:12)은 "발"(foot)을 뜻할 수는 있어도 "모퉁이"를 의미하는 경우는 없다면서 그것을 "발"이라고 주장한다. 무엇보다 그는 법궤가 땅바닥에 닿았을 리 없다고 말한다. 람반은 추가로 채를 위에 끼우면 무거운 법궤를 들기에 효율적이지 못하고 법궤 전체가 운반꾼들의 어깨 위에 올라가는 것이 법궤에 대한 예우에 맞으므로 채는 바닥에 아래 발 근처에 끼우는 것이 맞다고 말한다(Ramban, 출 25:12). 그러나 우리는 오히려 어깨 위에 대단히 무거운 법궤를 바닥에서 채를 끼운 뒤 들면 무게 중심을 잡기가 훨씬 어렵다고 보며, 또한 여러 전통적 랍비들의 견해를 정당하게 여기면서 '파암'을 "모퉁이"로 간주하기로 한다(Rashi; Rashibam; Sforno; 그리고 현대의 *Kehot*, 184; Levine, 86; Biderman, 50-51). 참고로 라쉬와 그를 따르는 사람들은 무엇보다 탈굼의 번역 "모퉁이"를 수용하고 있다

(Targum *Onkelos*와 *Jonathan*, 출 25:12). 그러나 이것을 반대하는 여러 랍비들의 견해를 따라 파암이 "발"을 가리키면서 채는 "네 발"이 부착된 법궤의 바닥 쪽에 끼워졌을 가능성도 배제하기는 어렵다.

4) Ibn Ezra, 출 25:19; Levine, *Kehot*, Biderman 등 랍비들의 일치된 견해다.

5) *Kehot*는 별다른 설명 없이 그림을 통해 채의 길이를 10규빗으로 적시한다(*Kehot*, 185).

6) 탈무드는 두 개의 채의 맨 앞부분이 지성소 휘장막을 약간 밀어내 "여성의 가슴처럼" 약간 튀어나오도록 법궤를 거기 안치해 놓았다고 말한다(Talmud *Yoma* 54a와 *Menachot* 98b; Jerusalem Talmud *Shekalim* 6:1:3 등). 랍비 말빔(Malbim)은 말하길, 이것은 두 채가 지성소의 길이 10규빗보다 더 길었음을 뜻한다(Levine, 86에서 재인용). 그로 인해 내성소에 들어간 제사장들은 채가 닿아 살짝 튀어나온 끝을 내성소에서 인식할 수 있었다는 것이다. 바로 이것이 열왕기상 8:7-8(대하 5:9)이 말하는 뜻이라는 설명이다. "7그룹들이 그 궤 처소 위에서 날개를 펴서 궤와 그 채를 덮었는데 8채가 길므로 채 끝이 내소 앞 성소에서 보이나 밖에서는 보이지 아니하며 그 채는 오늘까지 그곳에 있으며"(왕상 8:7-8).

반면에 비더만은 토사포트(Tosafot)를 비롯한 다른 유대 전통을 따르면서(토사포트는 랍비 라쉬의 탈무드 해석과 논평을 발전시킨 문헌이다), 길이는 명시하지 않으나 두 채는 10규빗보다 짧다고 말한다(Biderman, 52-53). 그런데 궤가 지성소 중앙에 안치될 때마다 저절로 채가 길어져 휘장을 전방으로 조금 밀어내는 기적이 발생했다(Tosafot *Menachot* 98b; *Baraita D'Meleches HaMishkan* 7:5, Biderman, 53에서 재인용). 이와 달리 엘리후 샤츠는 매우 짧은, 불과 125cm를 제안한다(Elihu A. Schatz, "The Weight of the Ark of the Covenant", 118). 하지만 오경의 율법은 채의 길이에 대해 침묵

하고 있기에 우리는 그것을 확인할 길이 없다.

7) Talmud *Hagigah* 13b; Ibn Ezra, 출 25:18. 이반 에스라는 아람어 어원을 근거로 제시한다. 그는 히브리어 '케루빔'(cherubim)은 아람어 '케-라비아'(ke-ravia)와 같은 의미를 지닌다고 주장하는데, 그것은 '소년처럼'이라는 뜻이다. 그룹 사이에 좌정하시는 하나님의 이미지에 대해서는 폴라 구더의 책을 참고하라: Paula Gooder, 《마침내 드러난 하늘나라》, 54-61.

8) 탈무드(Talmud *Sukkah* 5a)는 속죄소 밑판의 두께가 무려 한 손바닥 너비(hand breadth, 약 8cm)라 말하는데, 이것을 라쉬와 비더만을 비롯하여 많은 랍비가 따른다(Rashi, 출 25:17; Biderman, 57). 이는 진설상의 상단을 둘러친 "턱"이 한 손바닥 너비인 것에 근거한 추론이다(출 25:25). 법궤에도 동일한 턱이 있었다는 주장이다. 그것이 옳다면, 밑판이 그 금테의 턱에 정확히 쏙 들어가야 하기에 밑판의 두께가 그와 같았다는 주장은 나름 일리가 있다.
그러나 법궤에는 한 손바닥 너비의 턱에 대한 언급이 없다. 또한 여러 랍비들은 그것을 터무니없는 주장으로 치부한다. 왜냐하면 금의 비중과 법궤 상단 표면의 면적을 고려하여(랍비들의 1규빗 44cm 기준) 계산한 결과, 밑판의 금의 무게만 해도 무려 1톤이 넘고 아래 나무 상자와 두 돌판, 채 등을 합한 법궤의 총중량은 엄청날 것이기 때문이다. 이 무게는 지나치게 무거워 사람들이 어깨에 메고 운반하는 것은 불가능하다. 하지만 탈무드는 신비주의적 해석으로 이 문제를 해결한다. 법궤는 하나님의 능력으로 스스로 이동했으며 운반자들은 들러리에 불과했다는 것이다(Talmud *Sotah* 35a). 그러나 이것은 수용하기 어려운 과장된 신비적 해석에 불과하다.

9) 랍비들의 반대 견해는 코헨의 논문에서 구체적으로 확인된다: Uri Cohen, "The Weight of the Ark Cover", 2011: 1-2, 이스라엘 Bar Ilan 대학 세미나의 미출판물. 코헨은 속죄소 밑판의 한 손바닥 너비를 7.3cm로 정한 뒤 컴퓨터를 동원한 계산법을 통해 그 금덩이의 무게를 1,030kg이라 결론 내린다. 법궤 상단 면적과 금의 비중, 그리고 한 손바닥 너비의 금의 무게를 측정해 보면, 이것은 거의 정확한 계산이다. 코헨은 이 같은 속죄소 밑판의 무게는 비현실적이라고 여긴다. 그 외 속죄소 밑판의 무게에 대해 비슷한 결과 값을 산출하는 그로스만을 참고하라: Yitzhak Grossman, "The Scholar Rabbi Levi"—A Study in Rationalistic Exegesis, 205-206.

10) 법궤 운반자는 랍비 전통에서 한결같이 네 사람으로 주장된다(Rashi, 출 25:12; Talmud *Menachot* 98b; Midrash *Tanchuma Vayakhel* 7).

11) Josiah Derby, "The Gold of the Ark", 253-256; E. A. Schatz, 115-118.

12) 금의 막대한 비중을 고려해 본 그룹 형상의 무게와 크기에 대한 상세한 토론은 [부록]의 "법궤는 얼마나 무거웠을까?"를 참고하라.

13) 한 손바닥 너비의 수치에 대해 현대의 랍비들과 학자들은 7cm부터 10cm에 이르기까지 견해가 다양하다. 우리는 8cm 정도로 간주한다.

14) 이런 비현실적인 속죄소 밑판을 레빈과 비더만이 수용하면서 그림을 동원해 상세히 묘사한다(Levine, 88-89; Biderman, 58-61).

4. 진설상

1) 라쉬는 진설상의 "턱"과 거기에 둘린 "금테"의 정체 및 그것들의 부착 위치나 방법에 대한 랍비들의

두 가지 견해를 소개한다(Rashi, 출 25:25). 하나는 조각목으로 일차로 네 다리와 함께 윗부분에 사각형 틀(frame)을 만든 뒤, 그 윗부분을 별도의 나무 판으로 덮는 모델이다(Talmud *Menachot* 96b). 상단 나무 틀의 폭은 한 손바닥 너비인데, 바로 그것이 진설상의 "턱"에 해당된다. 그 나무틀(턱) 위에 나무판을 놓은 뒤, 그 틀에 멋진 금띠 장식(금테)을 두른다. 이것은 레빈과 *Kehot*의 재구성에서 구체적으로 확인된다(Levine, 95-97; *Kehot*, 187).

다른 하나는 일단 나무로 상단의 나무 판까지 포함한 상을 완성한다. 이어서 추가로 그 평평한 나무 판 위의 사방 둘레에 한 손바닥 너비의 얇은 나무틀(턱)을 두른다. 말하자면, 이 턱은 상단의 나무 판보다 한 손바닥 높이로 둘러쳐진다(참고. Biderman, 70-71). 금을 입힌 그 틀의 윗부분을 금테로 장식한다. 우리는 이 두 번째 방안을 따르기로 한다.

2) 현대의 랍비 비더만은 법궤 외에 다른 비품들은 이동할 때만 채를 끼웠다고 설명한다(Biderman, 54). 그러나 이상하리만치 탈무드를 비롯한 유대 문헌들 그리고 중세의 랍비들은 법궤 외의 다른 비품들에 채가 끼워져 있었는지, 빼놓았는지에 대해 침묵한다. 다만 진설상은 아니지만, 탈무드 요마는 번제단의 채가 영구적으로 끼워져 있는지, 아니면 사용 중에만 끼웠는지를 논한다(*Yoma* 72a:10-11). 거기서 랍비 요세(Yosei)는 법궤의 경우 채가 결코 제거될 수 없는데(출 25:15), 번제단의 채는 "그 채를 꿰어 제단을 메게 할지며"(출 27:7)라고 말하는 점에서 모순이라고 설명한다. 이것에 대해 요세는 재미있는 절충안을 제시한다. 번제단의 두 채도 제거될 수 없다. 다만 번제단 사용 중에는 두 채를 밀어서 빼긴 하되, 완전히 빼진 않고 고리보다 두껍게 만들어진 채의 뭉툭한 끝부분을 걸어놓았다. 이런 논쟁과 고민은 결국 비품들의 실제적인 사용에서 두 채가 가져오는 현실적인 불편함 때문이 분명하다. 요세의 견해는 법궤와 채와 번제단의 채를 묶어서 설명하면서 그것을 모순

으로 이해하는데, 필자는 둘을 섞는 것은 오류이며 성막 본문은 채의 사용법에 대해 따로 설명하고 있다고 본다. 법궤의 채는 끼워놓아야 하지만, 번제단의 채는 운반할 때 끼운다는 견해다. 특히 필자는 비더만의 견해를 따라 사용을 위한 비품들의 채는 빼놓아야만 했다고 본다. 다음에 설명할 향단은 물론 특히 제단 사방을 돌아다니며 가장 활발한 활동이 이루어지는 번제단의 경우는 더욱 그러하다.

3) 히브리어 '이쉐'(אִשֶּׁה)가 가장 흔하게 '태우는 제사' 본문에서 나타나는 이유로, 또한 그 단어가 '불'을 뜻하는 비슷한 단어 '에쉬'(אֵשׁ)에서 왔을 것이라는 생각으로 전통적으로 '태우는 제물'을 뜻하는 '화제'(火祭, fire offering)로 번역되어 왔다: "이는 화제라 여호와께 향기로운 냄새니라"(레 1:9, 13, 17; 2:2, 9; 3:5 등). 그러나 최근의 학자들은 그것이 두 가지 이유로 잘못되었음을 밝혀냈다(Milgrom, *Leviticus 1-16*, 162). 첫째, 이 어근과 비슷한 고대 근동어는 '불'과 무관하며 오히려 '음식 봉헌물'일 가능성이 크다. 둘째, 이 단어가 나타나는 문맥을 보면 태우지 않은 봉헌물들에도, 특별히 전혀 태우지 않는 진설병뿐만 아니라(레 24:8-9) 심지어 전제(奠祭)로 부어 바치는 술에도 사용되기 때문이다(민 15:10).

4) 그러나 다음 미주 5에서 보듯이, 라쉬와 어떤 유대 전승은 "병과 잔"으로 해석된 히브리어들이 바로 떡칸에 대한 묘사로서 각각 떡칸의 받침살과 받침대(지지대)라고 설명한다. "병과 잔"은 오역이라는 뜻이다.

5) 개역개정 성경의 번역 "유향을 각 줄 위에"(레 24:7)에서 "위에"의 히브리어 '알'(עַל)은 "곁에"도 가능하다. 다수의 랍비들과 어떤 사람들은 우리의 견해대로 유향 종지가 두 떡줄의 맨 위에 놓였다고 본다(참고. Jerusalem Talmud *Pesachim* 7:16에 소개된 견해; "위에"로 간주하는 Josephus, *Antiquities* 3.6.6; 3.10.7; Philo, *Laws* 1.175). 그러나 바빌로니아 탈무드 전통은 그

것을 떡상 표면의 떡줄 "옆에"(next to)로 이해한다(Talmud *Menachot* 62a, 96a). 랍비 메이르(Meir)와 샤울(Shaul), 그리고 그들을 따르는 라쉬(Rashi, 출 25:29)는 떡줄 사이에는 간격이 있었고 떡줄의 맨 위가 아니라 그 사이의 떡상 위에 두 유향 종지가 놓였다고 말하는데 이것은 원활한 통풍으로 곰팡이가 생기지 않게 하기 위함이다(Mishnah *Menachot* 11).

*Kehot*와 레빈은 "곁에"를 따른다. 비더만은 "위에"와 "곁"으로 나뉘는 이 두 가지 모델에 대한 설명과 더불어 그것들을 그림으로 잘 재구성해 놓았다(Biderman, 84-86). 그러나 다수의 다른 랍비들은 두 유향 종지는 떡 위가 아닌 상 위에 놓였으되 두 떡줄 사이가 아니라 진설상의 좌우 양쪽에 놓여 있었다고 설명한다(참고. Milgrom, *Leviticus 23-27*, 2098).

6) 그 외 여러 영역본과 주요 주석가들도 "병"과 "잔"으로 해석한다(Milgrom, *Numbers*, 26; Durham, 36). 특히 현대의 유대교 구약 영역본인 TNK와 JPS도 그것을 붓는 용도의 "병"(jars)과 "사발"(jugs)로 번역한다. 그러나 "병"과 "잔"으로 번역된 고대 히브리어 '카스바'(קְשָׂו)와 '므나키트'(מְנַקִּיֹת)는 전통적으로 랍비들도 그 정확한 뜻과 용도를 알 수 없어 논쟁이 되어 왔다. 중세의 라쉬는 탈무드(*Menachot* 97a)를 따라 여러 개였던 "병들과 잔들"을 12개의 떡받침을 올려놓는 장치인 여러 개의 "받침살"(tubes)과 "받침대(지지대)"(supports)로 이해한다. 이후의 현대의 랍비들도 대부분 그것을 지지한다(그것을 재구성한 모델들은 다음을 보라: *Kehot*, 188-189; Levine, 98-102; Biderman, 78-81). 즉, 그것들은 병과 잔의 세트가 아니었다(*Kehot*의 재구성을 다시 그린 그림 129번 참고.). 그래서 라쉬는 유향을 놓는 종지 그릇을 맨 위가 아니라 두 줄의 떡들 사이에 배치한다. 그 사이에 놓을 병과 잔은 존재하지 않기 때문이다.

반면에 어떤 랍비는 "병"은 밀가루 반죽을 위한 물을 담은 항아리 종류로, "잔"은 술잔이 아니라 떡상의 떡 부스러기나 불순물을 청소하여 담는 용기(用

器)였다고 말하는 등(Bekhor Shor, 출 25:29; 참고. Sarna, 163), 이러한 비품들의 종류와 용도는 추정하기가 쉽지 않다. 그러나 우리는 여러 영역본과 주석가들의 견해를 따라, 그리고 고대의 밥상에는 음식과 포도주(음료)가 놓였다는 점에 근거하여 "병"과 "잔"으로 간주한다.

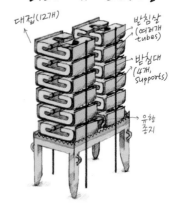

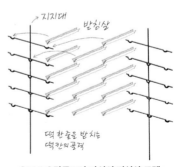

[P 134] 탈무드와 라쉬의 진설상 모델

7) 신명기 4:37의 개역개정 "친히 인도하여 나오게 하시며"의 원문의 뜻은 "그분의 얼굴과 더불어 나오게 하시고"인데, 이것은 "그분의 임재와 더불어 나오게 하시고"라는 뜻이다. 이사야 63:9의 "자기 앞의 사자"의 원문 또한 "자기 얼굴 앞의 사자"인데, 이것은 "자신의 임재의 사자"를 뜻한다.

8) 그러나 사무엘상 21:5-6은 이 규정에 일부 예외

가 허용되었다는 증거다. 훗날 다윗은 전쟁 중 식량이 떨어지자 제사장의 특별한 허락으로 정결한 상태가 확인된 자신의 군사들과 함께 제사장 몫으로 주어진 진설병을 먹었다. 다시 말해 전쟁을 비롯한 특수 상황에서는 정결한 평민이 성소에서 제사장의 음식을 제공받을 수 있었다. 이것은 구약 율법이 때로 매우 특수한 상황, 생명이 우선시되는 상황에서는 융통성과 유연성을 발휘했음을 시사한다.

9) 예를 들어, Midrash *Ein Yaakov*(Glick Edition) *Menachot* 3에서 랍비 조슈아 벤 레비(Joshua ben Levi)는 사무엘상 21:7을 해석하면서 진설상의 떡이 일주일이 지나도 따뜻했다고 말한다. 그러나 이것은 지나친 신비주의적 해석이다. 자세한 것은 [부록]에서 논의할 것이다.

5. 등잔대

1) 일부 영어성경들은 모호하게 번역되어 있으나, 다수는 "각각 꽃받침과 꽃잎들[꽃봉우리들]을 가진 아몬드처럼 만들어진 세 개의 잔(three cups made like almonds, each with calyx and petals)"과 같은 번역을 따른다(RSV; NIV; ESV; TNK 등). 라쉬를 비롯한 전통 랍비들 그리고 그것을 따르는 비더만의 이 문구에 대한 해석과 그에 따른 재구성은 뒤에서 설명하듯이 수용하기 어렵다. 특히 유대인의 구약 번역인 TNK가 우리의 견해와 일치된 번역을 취하고 있음을 주목해야 한다.

2) 라쉬와 마이모니데스를 비롯한 다수의 중세 랍비들은 등잔대의 줄기가 직선으로 뻗어 나왔다고 묘사한다(P 130). 특히 라쉬와 그를 따르는 레빈과 비더만은 꽃잔과 꽃받침과 꽃을 전혀 다른 장식물로 이해하면서 그 장식들은 모두 각 줄기들의 끝에만 만들어져 있는 것으로 설명한다(P 131). 그러나 이러한

견해는 후대에 발견된 메노라의 양식에 비추어 볼 때, 전혀 받아들이기 어렵다. 특히 티토 장군의 개선문에 새겨진 메노라 부조는 줄기들이 직선이 아닌 곡선으로 뻗어 나오고 있으며, 각 줄기마다 꽃이 아래 부분에서부터 장식되어 있음이 명백히 드러난다. 따라서 직선형 줄기를 제안한 중세 랍비들의 견해나 꽃 장식들이 상단에만 있다는 현대적 견해는 모두 수용될 수 없다. 물론 티토 장군 개선문에 새겨진 메노라 부조(사진 42)는 가운데 줄기에서 꽃장식이 모호하다는 점이 문제다. 그러나 그것은 부조를 새긴 당시의 조각가가 지나가는 개선군의 메노라 운반 장면을 목격한 뒤, 나중에 기억을 더듬어 벽에 새겼기 때문일 수 있다.

[P 135] 12세기의 마이모니데스가 그린 성전의 메노라

[P 136] 라쉬에 근거한 레빈의 등잔대 재구성(Levine, 107)

6. 향단

1) 특히 역대하 26:18은 이렇게 진술한다: "오직 분향하기 위하여 구별함을 받은 아론의 자손 제사장들이 할 바니." 누가복음 1:8-9은 후대의 전통이긴 하지만, 제사장들이 반차의 순서에 따라 제사장을 선발해 분향을 담당했음을 보여 준다. 이것은 본래부터 분향의 지도권은 대제사장에게, 실질적 책무는 일반 제사장들에게 있었음을 말해 준다. 레위기 10:1-2에서 나답과 아비후가 분향을 한 장소에 대해 학자들의 의견이 나뉜다. 예를 들어, 밀그롬은 마당

으로 주장한다(Milgrom, *Leviticus 1-16*, 599-600). 그러나 레위기 10:9의 "회막에 들어갈 때에는 포도주나 독주를 마시지 말라"는 경고는 그들이 회막 내부로 들어가 분향을 하다 사고를 당했음을 암시한다. 즉, 일반 제사장이 내성소의 분향을 담당했다는 뜻이다.

2) Milgrom, *Leviticus 1-16*, 181. 소제의 밀가루에 올린 유향은 제조하거나 가루로 만들라는 특별한 지시가 없으므로 그것은 엄지손가락 한 마디 크기의 유향 덩어리일 것이다.

3) 속죄제를 제외한 다른 모든 동물 제사에서는 피를 양푼에 담아 양푼째 '제단 사방'에 뿌린다. 이때 "뿌린다"는 히브리어 '자라크'(זָרַק)의 뜻은 "뿌린다"(sprinkle)보다는 "부어서 끼얹는다"(dash, splash)는 뜻이다. 유대 문헌들에 의하면, 이 사방은 제단의 사면 벽을 뜻한다(Midrash *Sifra* Vayikra Dibbura d'Nedavah 4:9; Talmud *Zebahim* 10b, 38a, 53a, 64a; Talmud *Yoma* 15a). 그런데 흥미롭게도 속죄제 짐승의 피만은 "끼얹는" 동작이 아니라 손가락에 양푼의 피를 찍어서 손가락으로 "뿌리거나"(sprinkle), 역시 손가락에 묻혀 네 뿔에 "바르는"(put) 동작을 취한다(레 4:6-7, 17-18; 16:14-15, 19). 손가락에 묻혀서 피를 사용할 뿐이므로 대부분 피가 남는데 남은 피는 제단 밑에 "쏟아" 절차를 마무리한다(레 4:7, 18).

손가락을 사용하는 이 동작들은 속죄제를 제외한 번제, 속건제 그리고 화목제의 공통적인 동작인 "끼얹는 동작", 즉 제단 사면 벽에 피를 양푼을 들고 끼얹는 동작과 전혀 다르다. 게다가 피를 제단 사면 벽이 아닌 뿔에 "바른다"는 점에서 근본적으로 차이가 난다. 오직 속죄제에서만 사용되는 손가락으로 피를 뿌리고 바르는 동작이 무엇을 의미하고 어떤 효과를 냈는지, 왜 금향단에 그런 방식으로 피를 뿌렸는지는 필자의 졸저를 참고하라: 김경열, 186-193, 203-211. 결론만 말하자면, 오직 속죄제에서 손가락에 피를 찍어 비품들에 흩뿌리고 제단 네 뿔에 바르는 행

동은 그것들을 깨끗이 청소하기 위함이다.

4) 밀그롬은 속죄제 문맥에서 '키페르'를 '씻어 내다'라는 뜻으로만 해석한다(Milgrom, *Leviticus 1-16*, 1991: 255-256). 그러나 이것은 심각한 문제를 지닌다. 이에 반대하여, 스클라는 이 동사가 이중적 의미가 있음을 증명한다(J. Sklar, "Sin and Impurity: Atoned or Purified? Yes!", 18-31). 이에 대한 자세한 토론 또한 필자의 책을 참고하라: 김경열, 213-221.

7. 관유와 향

1) 이것은 카수토(Cassuto, 397-398)의 그럴 듯한 추론적 설명인데, 관유의 정확한 제조법은 알기 어렵다.

2) 어떤 사람은 세 개의 "휘장막"들은 기름 붓는 대상에서 누락되어 있으므로 거기엔 바르지 않았을 것으로 추론하지만 우리는 그것들이 생략된 것으로 간주한다.

3) '끊어짐'의 형벌에 대해 몇 가지 견해가 있다. 즉 각적인 죽음, 이른 죽음, 자녀와 후손의 죽음으로 대가 끊김, 공동체로부터의 추방, 즉 파문 등이다. 즉각적인 죽음이 아니더라도 어느 것이든 고대 사회에서는 죽음과 동급인 무서운 형벌이었다.

4) '소합향'을 뜻하는 히브리어 '나타프'(נָטָף)는 '송골송골 맺히는 방울'을 뜻하는데, 분명히 끈적끈적한 나무 진액, 즉 방향성 수지(balsam)를 가리킨다(Sarna, 199). 그러나 이것이 정확히 어떤 나무에서 나오는 수지인지는 알 수 없다(Durham, 408).

5) Milgrom, *Leviticus 1-16*, 1025-1026; Mishnah *Yoma* 4:4.

6) 각각의 히브리어는 다음과 같다: "유향 덩어리의 향"은 '크토레트'(קְטֹרֶת); "향기로운 향(가루)"은 '사밈'(סַמִּים), 혹은 '크토레트 사밈'(קְטֹרֶת סַמִּים); "곱게 빻은 향(가루)"은 '사밈 다카'(סַמִּים דַּקָּה).

8. 회막의 덮개들

1) 요세푸스는 가죽 덮개들이 뜨거운 날씨와 비가 올 때 실로 짠 앙장막들을 보호하는 역할을 했다고 말한다(*Antiquities* 8.6.4).

2) 각각의 막들을 히브리어로 살피면, '앙장'(개역개정 "휘장")은 '예리아'(יְרִיעָה), 그 위를 덮은 두 장의 가죽 '덮개'는 '미크세'(מִכְסֶה)다. 가림막들의 히브리어는 이와 다르다. 지성소 입구를 막는 가림막인 '휘장'은 '파로케트'(פָּרֹכֶת)로, 오직 이 휘장에만 이 용어가 사용된다. 그 외의 가림막들은 용어가 다르다. 내성소를 가리는 휘장과 뜰의 휘장, 즉 뜰막은 둘 다 '마삭'(מָסָךְ)이다.

3) Talmud *Yoma* 72b; Jerusalem Talmud *Shekalim* 8:2; Rashi, 출 26:31; Biderman, 114-115. 예루살렘 탈무드(*Shekalim* 8:2)와 그것을 따르는 라쉬의 견해에 의하면(Rashi, 출 26:1, 31), 그룹들은 앙장막의 양쪽 면에 정교하게 수놓아져 있었는데 양쪽 면의 그룹들 모양은 달랐다. 한쪽은 사자 형상이, 다른 쪽은 독수리 형상이 수놓아졌다는 설명이다. 물론 이런 견해들이 확인된 사실은 아니므로 우리는 어떤 그룹 형상이었는지, 몇 개가 수놓아졌는지 알 수 없다.

4) 본당의 총길이 30규빗(15m)에 뒷벽의 높이 10규빗(5m)을 합하면 40규빗(20m)인데, 뒷벽의 널판 두께(1규빗)와 입구 쪽의 기둥 두께(1규빗)를 더하면 총 42규빗(21m)이다. 앙장막 길이가 40규빗(20m)이므로 이것을 덮으면 결과적으로 뒷벽에서 2규빗(1m)

가량이 뜬다. 앙장막의 폭(세로)은 28규빗(14m)인데, 이것으로 본당을 덮으면 역시 앙장막이 바닥에서 상당히 뜬다. 남쪽과 북쪽 벽의 높이가 10규빗(5m)이고, 벽의 넓이가 또한 10규빗(5m)이므로 총 30규빗(15m)이며, 거기에 역시 양쪽 널판 두께 1규빗씩 총 2규빗(1m)이 추가된다. 따라서 덮여야 하는 길이가 총 32규빗(16m)인데, 28규빗(14m) 폭의 앙장막을 덮으면 총 4규빗(2m)이 부족하므로 남벽과 북벽 양쪽에서 2규빗(1m)씩 바닥에서 뜬다. 결국 첫 번째 앙장막이 뒷벽 남북 양쪽 벽 모두 2규빗(1m)씩 바닥에서 뜬다는 결과다.

5) 두 번째 앙장막은 결국 뒷벽에서 바닥에 정확히 맞닿는다. 앞서 계산한 대로, 입구의 기둥 두께가 1규빗, 뒤쪽 벽의 널판 두께 1규빗(50cm)을 추가하면 총 42규빗(21m)이다. 그런데 두 번째 앙장막의 총길이는 44규빗(22m)이다. 입구에서 처마로 반폭의 2규빗(1m)이 사용되고, 그 결과 회막 뒷벽에서 한 폭의 앙장이 다시 남은 절반(2규빗)이 꺾여 아래로 접힌다. 결국 뒷벽에서 늘어진 앙장막은 바닥에 정확히 맞닿는다. 그러나 양쪽 면에서는 양쪽이 1규빗(50m)씩 바닥에서 뜬다(Rashi). 왜냐하면 두 번째 앙장막의 폭(세로)이 30규빗(15m)인데, 앞서 계산한 대로 양쪽 벽의 높이와 지붕의 폭이 각각 10규빗(5m)이므로 마찬가지로 총 30규빗(15m)이기 때문이다. 그러나 이 앙장막을 덮으면 양쪽 벽의 널판 두께 1규빗씩이 더 추가되므로 결국 앙장막은 양쪽 벽 아래에서 1규빗(50cm)씩 바닥에서 뜬다. 이것은 2규빗이 뜬 첫 번째 앙장막을 두 번째 앙장막이 완전히 덮는다는 것을 의미한다.

6) *Kehot*, 207; Rashi, 출 27:19. 라쉬는 이사야 33:20을 추가적인 근거로 삼는다.

7) Levine, 66-68; Biderman, 134-135.

8) Shelomo Ephraim ben Aaron Luntschitz, *Kli Yakar on Exodus* 25:22 (2009). 이 견해는 다소 신비주의 유대교의 영향이 엿보인다. 이 책은 1602년에 최초 출판되었으며, www.sefaria.org에서 이용 가능하다. 책 제목인 "kli yakar"는 히브리어로서 '소중한 비품'이란 뜻이다. 한편, 예루살렘 탈무드는 법궤가 사라지기 전에는 '법궤의 빛'의 도움을 받아 대제사장이 지성소에 출입을 했으나 법궤가 사라진 후에는 그가 더 듬어서 지성소에 출입해야 했다고 말한다. 그 외에 예루살렘 탈무드는 별다른 추가적인 설명은 하지 않는다(Jerusalem Talmud *Yoma* 5:3).

9) 김경열, 55-60. 레위기 16:13의 "여호와 앞에서 분향하여 향연으로 증거궤 위 속죄소를 가리게 할지니 그리하면 그가 죽지 아니할 것이며"에서 "향연"의 히브리어 '아난'(עָנָן)이 "구름"을 뜻한다는 점에 주목하라. 이것은 시내산 정상에 나타난 "구름"과 동일한 히브리어인데, 시내산에 출현한 구름과 아론이 향로에 피운 구름은 동일한 기능을 가졌다고 보아야 한다. 둘 다 사람이 죽지 않도록 하나님의 영광의 광채와 거룩의 기운을 차단하는 기능을 했다는 점에서 그렇다.

10) *Sefer HaMa'amarim 5708*, 138 이하, *Kehot*, 191에서 재인용.

11) 요세푸스는 회막 입구를 가리는 삼색의 휘장막에 대해 구체적으로 묘사한다(*Wars* 5.5.4). 삼색의 혼합은 일종의 우주의 이미지를 지닌다. 홍색은 신비적인 불, 청색은 공중/하늘(air), 자색은 바다를 가리킨다. 그러나 적어도 홍색과 자색만큼은 요세푸스의 자의적 해석일 뿐이다. 특히 그는 자색을 왕권이 아닌 바다에 연결하고 있는데 기독교의 풍유적인 그리스도 예표론적 해석과 전혀 거리가 멀고 자색의 의미를 '동정'으로 간주하는 어떤 랍비의 해석과도 다르다. 그러나 이 모든 해석은 자의적이며 성막 색깔들의 가장 중요한 미적 목적을 간과하고 있다.

12) Beale, 51. 그레고리 비일의 이 책은 성막(성전)이 갖는 신학적 의미를 구약과 신약을 관통하며 놀라울 정도로 탁월하게 풀어낸다. 그러나 그의 색깔에 대한 해석은 다소 자의적이라는 생각이 든다. 비일은 청색, 자색, 홍색을 모두 하늘에 대한 색깔의 묘사로 해석한다(Beale, 51). 청색과 자색은 하늘의 청색과 어두운 구름의 짙은 청색(자색)을 가리킨다. 홍색은 불타는 듯한 번개와 태양 빛이다. 그러나 청색은 분명 유대 전통을 따라 하늘을 가리키는 색으로 볼 수 있으나 자색과 홍색이 동일하게 하늘에 대한 묘사라는 주장은 동의하기 어렵다. 단순히 그 색깔들은 당시 가장 아름답기 때문에 성막에 사용되었을 뿐이다. 필자는 단순히 당시 가장 고귀했던 옷감 색깔을 통한 최상의 아름다움의 구현이 이 삼색 실 조합의 의도였다고 본다.

13) 참고. Josephus, *Antiquities* 3.6.4. 요세푸스는 거기서 이렇게 말한다: "멀리서 그 성막 덮개들(curtains)을 본 사람들은 크게 놀랐다. 왜냐하면 그것들이 전혀 하늘색과 다르지 않아 보였기 때문이다."
그러나 사실 그의 진술은 다소 모호하고 혼란을 일으킨다. 그가 말한 커튼들이 그의 발언의 문맥에서 가죽 덮개인지, 앙장 덮개인지 분명하지 않기 때문이다. 그럼에도 이 진술은 하늘색이 당시 사람들에게 특별한 의미를 지녔음을 말해 준다.

9. 회막의 널판벽

1) 널판의 두께를 1규빗(45cm)으로 보는 것은 탈무드와 어떤 랍비들의 일관된 제안이다(Rashi, 출 26:17; 참고. 랍비 Nehemiah와 Rashi를 따른 재구성 모델, Levine, 22). 그러나 샤츠는 그 경우 널판 하나의 무게만도 적어도 600kg에 이르므로, 30여 개의 널판과 그 밖에

마당 기둥들을 포함한 금속 받침대와 같은 다양한 시설물을 이것들의 운반에 할당된 네 대의 우마차에 (민 4:29-32; 7:8) 다 실을 수 없다고 주장한다(Schatz, 115). 따라서 그는 널판 두께는 불과 1cm 정도였을 것으로 추론한다. 그러나 그것이 옳다면, 당장 그렇게 얇은 나무 벽을 어떻게 견고히 세울 수 있는지 의문이다. 무엇보다 그런 얇은 벽은 광야의 강풍을 견딜 방법이 없다. 또한 회막 벽이 대단히 무거운 네 겹의 덮개를 감당하기 위해서는 매우 두꺼워야 할 것이다. 결정적으로 이러한 견해는 널판 하나에 무려 1달란트(34kg) 무게의 은받침 두 개씩을 끼웠다는 점에서 즉시 기각되어야 한다. 1cm의 얇은 두께의 널판에 어떻게 그렇게 무거운 은받침 두 개를 끼울 수 있는가? 따라서 우리는 라쉬와 대다수 랍비들의 견해를 따르기로 한다.

사르나는 사막 아카시아 나무는 매우 단단하면서도 가볍다고 하는데(Sarna, 158) 이것 역시 사실이 아니며 그것의 비중은 다른 목재들의 평균치와 큰 차이가 나지 않는다. 실제로 싯딤나무로 추정되는 수종들 중 하나인 Vachellia seyal의 비중이 약 660kg/m³이므로(www.wood-database.com/shittim) 널판 하나의 무게를 600kg으로 추정한 샤츠의 주장이 과한 것은 아니며 오히려 그것보다 훨씬 무겁다. 민수기 7장의 성막 봉헌식에서 바친 막대한 양의 여러 가지 지파별 봉헌물은 그날 예식을 위한 봉헌물들인데, 이때 성막 운반을 위해 6대의 우마차와 12마리의 소가 봉헌되었다. 이 중 4대(소 8마리)가 기둥과 널판 운반에 사용되므로 불과 4대의 우마차가 모든 기둥과 널판들, 그리고 금속 받침들을 감당하기에는 크게 부족해 보인다. 그러나 이것은 율법으로 명시되거나 하나님이 명령하신 봉헌물이 아닌 그날 행사를 위해 지파별로 자발적으로 바친 봉헌물들이다(민 7:1-3). 따라서 봉헌식 날에 봉헌된 행사용 우마차와 소들 외에 필요에 따라 얼마든지 추가적인 우마차와 소들이 마련되었을 수 있다.

2) 이것은 17절의 "두 축"에 대한 라쉬의 견해를 반대한 랍비 람반의 견해이며 우리는 이것을 따른다(Ramban, 출 26:17). 람반은 매우 길고 상세한 설명과 더불어 이 "두 축"을 19절의 널판 아래쪽의 "두 축"과는 별도인 측면의 "두 축"으로 해석한다. 반면에 라쉬는 17절의 "두 축"과 19절의 널판 아래의 "두 축"을 동일시한다. 라쉬의 제안을 Kehot와 비더만이 따르면서 그림으로 재구성한다. 그러나 레빈은 람반을 따라 재구성된 널판벽 모델을 제시한다(Levine, 26).

3) 라쉬와 탈무드가 제안하는 설명에 따라 현대의 랍비들과 저자들은 그들이 언급하지 않은 사소한 부품들의 구체적인 치수까지 정하여 성막을 재구성하는데, 대체로 그 치수들이 일치해 있다. 실례로 그들은 널판 아래에 끼운 은받침과 그것을 끼우는 축의 규격까지도 정확히 묘사한다(Kehot, 196; Biderman, 14). 그것은 현대의 건축학적 관점에서 합리적인 재구성이긴 하나 정확한 실체는 알 수 없다.

4) 히브리어 문장에는 '하나' 혹은 '첫 번째'를 뜻하는 '에하드'(אֶחָד)가 뒤에 붙어 있다. 따라서 이것은 널판 위에 있는 "한 개의 고리"(KJV; NIV; 새번역), 또는 "첫 번째 고리"(NASB; ESV; RSV; 공동번역)를 뜻한다. 우리는 "첫 번째 고리"를 따르는데, 왜냐하면 고리는 그림 69에서 보듯이 하나가 아닌 여러 개이기 때문이다.

5) Rashi, 출 26:24; Kehot, 197; Biderman, 148-150.

6) "두 겹 두께"로 번역된 명사 '토아밈'(תוֹאֲמִים)이 다른 곳에서는 "쌍둥이"로 번역되고 있는데(창 25:24; 38:27; 아 4:5; 7:4) 라쉬는 여기서는 그 단어의 의미가 아래쪽에서 널판이 양옆의 널판들과 나란히 맞닿은 상태를 가리키는 것으로 이해한다.

7) 윗고리가 금으로 제작되었다는 유대 문헌 바라

이타(Baraita)를 소개하는 랍비 람반의 주석을 보라 (Ramban, 출 26:24). 그러나 람반은 성경이 침묵하므로 그 윗고리의 정체가 무엇인지, 그것이 금인지 은인지 정확히 알 수 없으며, 또한 왜 이 윗고리에 대한 묘사가 다른 벽에서 언급되지 않는지, 왜 고리는 하나만 언급되어 있는지 잘 알 수 없다고 말한다. 그는 덧붙이길, 아마도 당시 그것은 건축학적 상식이었기 때문에 자세한 설명이 생략된 것으로 간주한다 (Ramban, 출 26:24).

8) 사각형 비품들에 채를 끼우는 둥근 금고리와 널판 위의 꺾쇠 형태로 추정되는 윗고리의 히브리어는 '타바아트'(מַבַּעַת)로 동일하다.

9) 레빈과 *Kehot*, 그리고 비더만 모두 이것을 둥근 봉으로 재구성한다.

10. 세 휘장막

1) Menahem Haran, "The Priestly Image of the Tabernacle", 202-203; *Temples and Temple Service*, 160-163; P.P Jenson, *Graded Holiness*, 104-105. 이것을 잘 정리한 박철현의 유용한 도표를 보라:《출애굽기 산책》, 214-215. 무엇보다 젠슨은 이러한 거룩의 삼등급의 신학이 제의의 다양한 분야에서 나타난다는 것을 포괄적으로 체계화했는데, 이 탁월한 책은 현재 국내에 번역되어 있다.

2) 각각의 히브리어는 다음과 같다: 마아세 호쉐브 (מַעֲשֵׂה חֹשֵׁב); 마아세 로켐(מַעֲשֵׂה רֹקֵם); 마아세 오렉(מַעֲשֵׂה אֹרֵג). 라쉬는 마아세 뒤에 붙은 단어들은 기술자들의 직업적 명칭이라 해석한다(Rashi, 출 26:1). 각각의 문자적 뜻은 이렇다: 장인의 작업(work of an artist); 자수가의 작업(work of embroiderer); 직조공의 작업(work of an weaver). 라쉬는 첫 번째 장인의

작업은 수놓기 기술이 아닌 명장급 직조공의 최고급 직조술이라고 말한다. 즉, 이것은 세 번째와 같은 짜기(weaving)이지만 이것은 단순한 짜기(마아세 오렉)가 아니라, 베실과 삼색 실을 사용하여 짜기(직조)를 할 때 처음부터 거기에 특별한 문양을 넣는 특별한 짜기, 즉 최고급 직조술이다.

반면에 수놓기는 일단 세 번째의 단순한 짜기(마아세 오렉)로 만든 원단에 별도의 바느질로 문양을 떠서 넣는 자수 기술로 두 번째의 마아세 로켐에 해당된다. 그러나 우리는 많은 사람의 견해를 따라 첫 번째 기술도 수놓기로 간주하되, 한 면이 아닌 양면에 수를 놓는 훨씬 더 고급 기술의 수놓기로 이해한다. 호쉐브와 로켐이 어떤 기술적 차이를 말하는지 정확히 알 길이 없다(Hamilton,《출애굽기》, 735). 그럼에도 이것들이 등급화된 기술이었음은 분명하다.

3) 다만 지성소 휘장을 가리키는 파로케트 뒤에 마삭이 붙은 '파로케트 마삭'도 나타나는데, 어떤 경우라도 파로케트는 지성소 휘장을 가리키는 명칭으로만 사용된다.

4) Sarna, 171; Durham, 373. 사르나와 더럼은 내성소 휘장과 뜰막에는 본문이 그룹 문양을 언급하지 않으므로 그룹 문양 없이 삼색 실로 수놓아 제작될 뿐이라고 말하는데, 그렇다면 수놓기로 어떤 무늬가 들어갔는지는 언급하지 않는다. 그러나 수놓기로 들어간 문양은 그룹일 가능성이 가장 큰 듯하다.

5) Jerusalem Talmud *Shekalim* 8:2; Rashi, 출 26:36; Biderman, 175, 212. 이것을 잘 재구성한 레빈의 모델을 참고하라(Levine, 48-49).

6) 앞서 말한 대로, 라쉬는 그룹으로 정교한 수놓기(마아세 호쉐브)는 엄밀히 일차로 단순한 짜기(weaving)로 완성된 원단 위에 바느질로 별도 작업을 하는 수놓기(embroider)가 아닌 장인의 작업(work of

an artist)에 의한 최고급 짜기(weaving) 기술을 의미한다고 주장한다(Rashi, 출 26:1). 즉 원단을 짤 때 동시에 그룹 문양을 넣는 고난도의 기술이다. 반면에 다른 랍비들은 정교한 수놓기와 단순한 수놓기의 차이를 그룹 문양을 양면에 수놓아 넣는 최고급 수놓기와 한쪽 면에만 넣는 평이한 수놓기로 구분한다(Jerusalem Talmud *Shekalim* 8:2).

7) 다양한 견해에 대해 다음을 보라: Talmud *Yoma* 72b; Jerusalem Talmud *Shekalim* 8:2; Rashi, 출 26:31; Levine, 48-49; *Kehot* 199, 201; Biderman, 114-115. 예를 들어, 예루살렘 탈무드(*Shekalim* 8:2)에서 랍비들은 각 휘장들에 그룹들이 수놓아졌다고 말하는데 크게 두 가지 견해로 나뉜다. 한 가지 견해는 지성소 휘장에는 양쪽 면에 사자 형상의 그룹이 수놓아졌고 나머지 휘장들에는 한쪽 면에만 그것이 수놓아져 있다는 것이다. 다른 견해에 따르면, 지성소 휘장에는 양쪽 면에 각기 다른 형상, 즉 한쪽은 독수리, 다른 한쪽은 사자 형상의 그룹이 수놓아져 있고, 다른 휘장들에는 한쪽에만 사자 형상 그룹이 수놓아졌다. 우리는 두 번째 견해를 따른다.

8) 이 갈고리(וָו, 바브, hook)는 무언가를 거는 용도의 부품으로서 앙장막을 물어서 결합시킨 갈고리(clasp)와 구분해야 하며, 또한 채를 끼우거나 널판에 끼웠던 고리(ring)와도 구분해야 한다.

9) Levine, 40-41; Biderman, 166-168.

10) *Kehot*, 201; Biderman, 168.

11) 레빈은 지성소에서 기둥들이 드러난 모델을 제시하나, 비더만의 모델은 내성소를 향해 기둥들이 드러나 있다. 우리가 따르는 레빈의 모델에서는 내성소에서 바라보는 지성소 휘장은 기둥이 모두 가려진 채 깔끔하게 펼쳐져 있다.

12) Mishnah *Shekalim* 8; Talmud *Tamid* 29b; Jerusalem Talmud *Shekalim* 8:2; Midrash *Tanchuma Vayakhel* 7. 특히 바빌로니아 탈무드와 예루살렘 탈무드 모두 이 거대한 지성소 휘장의 제작 비용이 82만 금(金) 데나리온이었으며 두 개의 휘장(아마 지성소 휘장과 내성소 휘장)이 매년 새로 제작되었다고 말한다.

13) 자세한 설명은 생략하나 라쉬는 향단을 내성소의 중앙에 배치하는 특이한 재구성을 제안한다. 이 경우 진설상과 금등잔대가 오히려 지성소를 향해 향단보다 더 앞에 놓인다. 이것을 *Kehot*와 레빈, 그리고 비더만 모두 자신들의 재구성 모델에서 차용한다. 우리는 이러한 배치에 동의하지 않는다. 이들과 달리 밀그롬을 비롯한 다수의 현대 랍비 학자들은 가장 일반적인 견해를 따른다(Milgrom, *Leviticus 1-16*, 135). 즉, 향단은 지성소 휘장 가까이에 놓여 있으며, 진설상과 금등잔대는 그 뒤에 배치된다.

14) 요세푸스는 내성소 휘장도 지성소 휘장처럼 웅장하고 다채로운 색깔로 화려했다고 말한다(*Antiquities* 3.6.4). 이것은 두 휘장이 동급의 가치를 지닌 물건인 것처럼 읽힌다. 그러나 그는 지성소 휘장에 대한 묘사에서 여러 색실을 사용하여 동물을 제외한 다채로운 꽃들과 다양한 아름다운 문양들이 수놓아졌다고 말하나 이상하게 가장 중요한 그룹들에 대한 언급은 하지 않는다. 앞서 말한 대로, 이것은 그의 기록이 정밀하지 않다는 것을 시사한다. 요세푸스의 말과 달리 분명히 지성소 휘장은 내성소 휘장보다 훨씬 아름다운 고가의 물건이었을 것이다.

15) 아마 기둥들의 금띠 장식과 은띠 장식은 그 자체로 금속 덩어리가 아니라 나무로 띠 모양을 만든 뒤 거기에 금과 은을 입혔을 가능성이 크다. 그렇지 않으면 막대한 금과 은이 사용될 것이기 때문이다.

16) 신적 구름의 차단 기능은 성경 여러 곳에 암시되

어 있다. 하나님의 영광의 빛에 직접 대면하는 자는 죽게 되므로 하나님은 광채와 화염을 가리셔야 하며 인간과의 사이에 큰 거리를 두셔야 한다(출 19:9, 21; 20:18; 24:17; 신 5:26). 그리하여 출애굽 직후부터 그분의 영광은 구름 속에 나타났다(출 16:10; 24:16). 구름으로 자신의 영광의 광채와 거룩한 기운을 차단하여 백성을 보호하기 위함이다. 회막의 각 공간을 가리는 휘장막들도 그런 차단막 기능을 했다. 이 하나님의 구름은 솔로몬 성전 봉헌식 때에도 나타났으며(왕상 8:10-11), 신약에서도 동일한 신적 구름이 자주 나타나거나 언급된다(마 17:5; 24:30; 막 9:7; 행 1:9; 계 14:14-16).

참고로 인간이 감당할 수 없는 하나님의 압도적인 광채와 관련하여 성경에서 몇 가지 사례들이 발견된다. 우리는 바울이 그리스도인을 핍박하기 위해 다메섹을 향해 급히 달려갈 때, 홀연히 광채가 나타나 그가 즉시 엎드렸음을 기억해야 한다. 그 광채가 감당하기 어려울 정도로 강했기에 그는 즉시 거꾸러진 것이다. 그럼에도 이미 늦어 그는 3일 동안 눈이 멀고 말았다. 한편, 시내산에 40일을 머물다 내려온 모세의 얼굴에 광채가 났는데, 이 광채는 분명 그에게 충만했던 성령의 광채였을 것이나 하나님이 모세를 보호하시기 위해 자신의 앞에서 철저히 가리셨던 영화로운 광채의 잔상으로 볼 수도 있다. 그런데 모세가 하산했을 때, 백성은 그 얼굴에서 뿜어 나오는 하나님의 광채의 잔상마저 감당할 수 없었다.

17) 자세한 것은 김경열, 55-60을 보라.

18) 헤이즈는 동산의 동쪽에서 생명나무를 지키는 그룹들과 법궤 위의 두 그룹 사이에 중대한 연관성이 있음을 강조한다(J. D. Hays, 《하나님의 임재와 구원》, 52-60, 특히 54를 보라). 그러나 그는 휘장에 수놓아진 그룹들에 대해서는 언급하지 않는다. 하지만 에덴을 지킨 그룹들은 오히려 차단막 역할을 했던 휘장들에 수놓아진 그룹들과 더욱 깊은 기능적 연관이 있는

것으로 보인다.

19) 이것에 대한 상세하고 탁월한 논의는 Beale, 88-106을 보라.

20) 어떤 학자들은 에덴의 생명나무와 내성소의 금등잔대를 연결시킨다(Beale, 《성전신학》, 94-95; Hays, 32, 46). 7개의 분지가 뻗은 금등잔대는 나무와 같은 모습을 갖고 있기 때문이다. 그러나 생명나무 열매를 따 먹지 못하게 막았다는 점에서 생명나무는 금등잔대보다는 오히려 대제사장마저 접근과 접촉이 제한된 지성소의 법궤와 관련되어 있어 보인다. 반면에 불을 밝히는 등잔대의 나무 형상은 오히려 하나님이 모세를 불러 만나셨던 신령한 불이 붙은 떨기나무와 깊은 관련이 있는지 모른다.

21) 이것에 대해서는 하나님의 창조와 종말의 관계에 대한 게할더스 보스의 뛰어난 통찰을 참고하라(Geerhardus Johannes Vos, 《성경신학》, 49-50; 《구약의 종말론》, 122-130). 보스는 《성경신학》에서 말하길, 생명나무는 특별한 용도로 만들어졌는데 그것은 미래를 위한 것이다. 따라서 그것은 구체적인 금지가 명시되어 있지 않지만, 분명히 현재의 섭취가 허용되지 않았다. 필자는 그것은 "금지"가 아닌 섭취의 잠정적 "유보"로 표현하길 제안한다. 그 점에서 절대적 금지를 명령한 선악의 열매와 전혀 다르다. 보스는 이 생명과는 종말론적 목적을 위해 만들어졌는데, 이 열매는 시험을 통해 순종함으로써 선물로 얻게 되는 "더 높고 변하지 않는 영원한 생명"과 연관된다. 따라서 이 생명과를 현재 미리 맛봄으로써 그 종말론적 결과를 앞당겨 체험하는 것은 생명과의 목표에 부합하지 않는다. 보스의 말은 아담이 믿음의 순종을 거친 후 하나님께 그 생명과를 '선물'로 부여받아 영생의 존재로 승격되는 종말론적 완성이 하나님의 계획이었다는 의미다. 이것이 유한한 피조세계에서 창조된 아담이 결코 불완전한 존재로 창조

되었다는 뜻은 아니다. 무한한 종말론적 세계를 위한 "더 나은 생명, 영생"의 선물이 준비되어 있을 뿐이다. 그러나 아담은 실패함으로써 죄가 세상에 개입되었고, 그로 인해 죄를 해결하면서 그 궁극의 종말론적 목표를 달성하기 위해 구속사가 필연적으로 시작되었다.

보스의 견해는 생명과와 선악과 둘 다 생명을 주기 위해 마련된 특수나무라는 것이다. 필자는 두 나무가 모두 단회적 섭취를 위해 마련되었다는 점에서 특수한 기능을 한다고 보며, 보스의 견해에 동의한다. 하지만, 많은 주석가와 해석가들은 하나님께서 선악과를 제외한 동산의 모든 나무 열매를 먹도록 허용했기에 아담과 하와는 생명과도 마음껏 누리고 있었다고 말한다. 그러나 선악과를 먹는 불순종과 더불어 생명과의 섭취도 금지되었다는 설명이다. 이것도 매우 타당한 해석인 것은 사실이다. 그러나 이 견해는 창세기 3:22에서 생명과는 단 한 번의 섭취로 영생을 얻게 되는 이유로 그 길을 봉쇄했다는 진술에 비추어 볼 때 잘 들어맞지 않는다. 한 번의 섭취로 영생을 얻는다면, 이미 아담이 생명과를 누렸다면, 영생을 얻지 않았을까? 하지만 아담은 생명을 잃고 영생의 길이 봉쇄되었다. 반면에 보스의 견해는 모든 나무 열매를 먹으라는 명령에 생명과가 제외된다는 모순이 잘 설명되지 않는다.

그러나 선악과와 달리 생명과는 섭취가 금지되지 않았으나 믿음의 순종을 거친 후 더 나은 미래에, 즉 종말론적 완성을 위해 그것의 섭취가 단지 잠정적으로 '유보'되었다는 해석은 충분히 가능하다(이것은 선악과처럼 절대적 금지가 아니다). 그 목적을 위해 앞서 말한 대로, 생명과와 선악과는 단회적 기능을 하는 특수 나무로 중앙에 배치되었다는 것이다. 고대 근동의 길가메시 서사시에서는 영생을 얻을 수 있는 불로초 이야기가 등장하는데, 생명나무 열매의 성격을 간접적으로 암시한다(ANET, 72 이하). 길가메시는 '한번 만' 먹으면 영생에 이르는 불로초를 찾아 나서지만 결국 실패해 죽음을 피하지 못한다(ANET, 96).

이런 측면에서도 동산 중앙의 생명나무 열매는 한 번의 섭취로 영생을 부여하는 단회적 기능을 가진 열매였다는 생각이 더 적절해 보인다. 그러나 그 무엇보다도 성경 전체의 구속사와 종말론적 조망을 통해 볼 때, 필자는 보스의 견해가 옳아 보인다.

22) 대부분의 영어성경은 그것을 사방으로 방향을 돌리는 "불타는 칼"(flaming sword)로 번역한다. 라쉬는 자체적으로 불이 뿜어져 나오는 "회전하는 칼"(revolving sword)로 해석한다(Rashi, 창 3:24). TNK는 비슷하게 "불타는 항상 회전하는 칼"(fiery ever-turing sword)로 옮긴다. 이런 번역들은 이것을 자체적으로 회전하며 불이 붙은 칼로 묘사한다. 그러나 필자의 견해로 "두루 도는 불칼"은 칼에서 온 방향으로 뿜어 나오는 "불"에 강조점이 있으며, 따라서 오히려 그것은 칼처럼 생긴 화염의 모습이다. 그 불칼은 온 방향으로 불줄기를 내뿜는다.

11. 번제단

1) "대야"(양푼)의 원어 '미즈라크'(מִזְרָק)는 '(들고) 끼얹다'를 뜻하는 '자라크'(זָרַק)에서 파생된 명사다. 이 피를 담는 양푼을 Kehot과 비더만은 깔때기 모양으로 재현하는데(Kehot, 203; Biderman, 187) 이것은 납득하기 어렵다. 왜냐하면 그런 형태의 양푼은 바닥에 놓을 수 없으며 또한 쉽게 넘어져 피가 쏟아질 것이기 때문이다.

2) 예를 들어, 제사장은 번제단에서 숯불을 향로(마흐타)에 담은 뒤 손에 유향을 들고 들어가 향단에 피운다(레 10:1). 사실 이 경우 이것은 향로(香爐)라기보다는 화로(火爐)다. 불씨를 담아 향단으로 옮기기 때문이다. 반면에 속죄일에는 대제사장이 향로(마흐타)에 특수한 향을 얹어 지성소에 들어가 거기에 향을 피우고(레 16:12), 고라 반역 사건에서 250명의 고라

일당은 각자 자신의 향로(마흐타)를 가지고 모인다 (민 16:1-7). 이때는 이것이 "향로"로 쓰인다. 또한 이 것은 등잔대의 타고 남은 재와 심지를 담는 "불똥 그 릇"이기도 하다.

3) Targum *Jonathan* Exod. 출 38:7; Talmud *Zebahim* 61b; Rash 출 20:21; 7:5(라쉬는 출 20:21에서 24절의 제 단법을 주석한다).

4) 번제단의 높은 기단의 존재를 주장하는 랍비들 은 제단과 기단의 경계선을 이루는 턱진 가두리("가 장자리"로 번역된 부분)가 제단 본체의 맨 아래에 빙 둘러 만들어졌다고 설명한다(그림 91을 보라). 철망 은 그 가두리 바로 아래의 기단 상단부에 부착되었 다. 그것은 "제단 절반(중앙)까지" 덮어서 부착되는 데, 이 제단 절반 지점은 본체와 기단을 합한 전체 높 이 10규빗의 절반 지점을 뜻한다. 결론적으로 철망 은 전혀 제단 본체에 부착되지 않고 기단의 상단부 에 부착된다. 그러나 이것은 기단의 존재 자체가 의 심되므로 전혀 수긍하기 어렵다.

5) 탈무드의 어떤 랍비들과 그것을 따르는 라쉬는 5규빗 크기의 번제단에서 네 뿔의 크기는 가로 세로 높이가 각각 1규빗이며 따라서 1규빗만큼 뿔들이 제 단 안쪽으로 들어오며, 추가로 제사장이 뿔 안쪽에 걸어 다닐 수 있는 공간이 사방 1규빗 존재하여 장 작불을 놓는 공간은 정중앙의 사방 1규빗(50cm)에 불과했다고 주장한다(Tamlud *Zebahim* 62a; *Kehot*, 202, 204; 더 자세한 내용은 Paul Heger, *The Three Biblical Altar Laws*, 173을 보라). 이것은 그림 91의 라쉬의 제단에서 확인할 수 있다. 결국 제물은 제단 윗면 정중앙의 불 과 사방 1규빗(50cm)의 제한된 공간 내에서만 태워 졌다. 이 경우 장작불은 제단 본체 자체와 접촉이 발 생하지 않아 화력에 의한 제단의 손상은 피할 수 있 다. 그러나 이런 제한된 공간의 장작불 위에는 소 한 마리도 올리기 어렵다. 또한 제단 사면 벽에 피를 뿌

리는 것도 어려운 일이다.

6) 탈무드에서 랍비들은 제단의 높이뿐 아니라 크기 에 대해서도 논쟁한다(Talmud *Zebahim* 59b). 랍비 예 후다(Jehuda)의 주장에 의하면, 출애굽기의 번제단 규 격은 정중앙을 기준으로 설정된 수치를 뜻하므로, 제단은 중앙에서 사방 5규빗이다. 말하자면, 제단은 가로세로 10규빗(5m)의 폭에 높이는 3규빗(1.5m)이 다. 그러나 거기서 그것을 반대하는 랍비 요세(Yosei) 는 앞서 우리가 소개한 가로세로 5규빗(2.5m)에 높 이 10규빗(5m)의 제단을 제안하는데, 향단의 비율 (가로세로 1규빗, 높이 2규빗)에 근거하고 있으며 바로 이것을 중세의 라쉬와 현대의 비더만과 레빈이 따르 고 있다. 그것은 다음에 설명하는 바와 같이 제단을 받치는 기단을 포함하는 높이다.

7) 현대 랍비들의 재구성 모델(그림 91)은 한결같이 그런 괴이한 미끄럼틀 경사로를 지닌 모델을 제시한 다(Levine, 119; *Kehot*, 202; Biderman, 197). 그러나 이런 지나친 높이와 급격한 경사는 실제적인 번제단 운용 을 불가능하게 만들었을 것이다. 또한 어쩔 수 없는 긴 경사로로 인해 번제단은 중앙에 놓이지 못하고 북편으로 밀려나야 하는데, 성막 북편은 도살 장소 로 늘 사람들이 북적거린다(레 1:11). 따라서 이것은 수용하기 어려운 재구성이다.

8) Midrash *Sifra* Vayikra Dibbura d'Nedavah 4:9; Talmud *Zebahim* 10b, 38a, 53a, 64a; Talmud *Yoma* 15a; 이 전통을 잘 설명하는 Rashi, 레 1:5. 이 문헌들 은 한결같이 피를 양푼째 사면 벽에 뿌리되 모퉁이에 서 두 번의 동작만으로 사면 벽에 피가 묻도록 뿌렸 으며, 제단 벽 높이의 절반 아래에 뿌렸다고 말한다.

9) 탈무드를 비롯한 유대 문헌들은 이 표현을 제단 이 계속 가동 중일 때에 결코 불이 꺼져선 안 된다 는 의미로 이해한다(Talmud *Bava Kamma* 111a; Talmud

Yoma 21b, 46a; Talmud *Tamid* 28b; Maimonides, *Sefer HaMitzot* Negative Commandments 81:1; Milgrom, *Leviticus 1-16*, 389).

10) Maimonides, *Sefer HaMitzot* Negative Commandments 81:1.

11) 미쉬나는 성전 시대에 성전에서 제사를 드릴 때 발생된 열 가지 기적을 나열한다(Mishnah *Pirkei Avot* 5:5; 참고. Talmud *Yoma* 21a:4): (1) 거룩한 고기 냄새를 맡은 여인은 유산이 되지 않았다; (2) 거룩한 고기는 결코 부패하지 않았다; (3) 도축장에서는 파리 한 마리도 발견되지 않았다; (4) 속죄일에는 대제사장에게서 전혀 정액 유출(emission)이 발생하지 않았다(아마 몽정이나 자연스런 설정도 일어나지 않았다는 뜻으로 이해됨); (5) 비가 와도 장작불이 꺼지지 않았다; (6) 바람이 불어도 연기 기둥이 흐트러지지 않았다; (7) 소제의 밀가루와 떡들과 진설병에는 어떤 문제도 발생하지 않았다; (8) 사람들이 밀집했음에도 절을 할 수 있었고 충분한 공간이 있었다; (9) 결코 뱀이나 전갈이 예루살렘에서 사람을 해치지 않았다; (10) 어떤 사람도 이웃에게 "예루살렘에서 밤을 지새우기에는 이 장소가 너무 협소합니다"라고 말하지 않았다.

12) Jerusalem Talmud *Yoma* 4:6; Midrash *Sifra Tzav* 2:10과 *Bamidbar Rabbah* 4:17. 랍비들의 추가적인 토론에 대해서는 Heger, 180-181을 보라.

13) 그 외 성전 밖에서는 특별히 엘리야가 갈멜산에서 거짓된 바알 선지자 무리와 제단을 쌓고 참된 신을 증명하는 경쟁을 벌였다. 그때 엘리야가 쌓은 제단에 하나님의 불이 떨어진 적이 있는데(왕상 18:21-40), 이 불은 성막과 성전에 떨어진 불과는 다른 의미를 지닐 것이다.

14) 이 책의 저술 목적상 자세한 토론은 삼가지만,

신명기와 레위기를 후대의 책이라고 믿는 비평학자들은 우리가 제시한 증거 본문들이 신명기와 레위기 이전 시대의 역사적 상황에 대한 증거일 뿐이라고 말한다. 그러나 다른 증거 본문에 대한 토론을 생략하더라도 우리는 이미 신명기 자체에서 지방에서 활동하는 제사장들이 여기저기 발견된다는 사실에 주목해야 한다(신 19:17; 20:2; 21:5). 제사장들이 지방에서 가장 먼저 무슨 일을 했겠는가? 이것은 그 지방들에도 성소들이 존재했다는 뜻으로 이해되어야 한다. 즉, 중앙성소법을 말하는(신 12장) 신명기 자체가 지방 성소의 존재를 암시하고 있다. 따라서 신명기의 중앙성소법이란 모든 합법적인 지방의 여호와의 성소들이 중앙 본부 성전의 통제를 받는 중앙화라는 의미로 이해되어야 한다.

12. 울타리 축조

1) 레빈의 재구성은 다음에 근거한다: *Baraita of Melechet HaMishkan* 5:5, Biderman, 213에서 재인용; 상세한 설명은 생략하나 레빈과 비더만이 그림으로 묘사한 개방형 입구의 뜰막의 재구성 모델은 많이 다르다. 우리는 레빈의 재구성을 따른다.

2) 앞서 출애굽기 36:38(145쪽)에서 내성소 휘장을 거는 기둥들의 머리(ראש, 로쉬), 즉 윗부분은 단지 '윗면'(top)으로 이해했다. 그러나 현재의 출애굽기 38:17에서 울타리 기둥들의 머리에 대해서 우리는 그것을 단순한 '윗면'이 아닌 은으로 만든 '머리 장식'(chapter), 즉 머리싸개로 간주한다. 이것에 대한 묘사인 출애굽기 38:17(또한 19절) 히브리어 표현의 문자적 의미는 "[기둥들의] 머리의 금속 입히기(צפוי, 치푸이)"인데 히브리어 '치푸이'는 표면을 도금하는 작업뿐 아니라 두꺼운 금속 덩어리를 붙이는 작업을 가리킬 수 있다(민 16:38-39). 이 경우 뭔가 은으로 장식 작업을 했다는 뜻으로 이해될 수 있다. 따라서 우

리는 울타리 기둥의 머리에는 은 머리장식을 만든 것으로 이해한다. 레빈에 따르면(Levine, 74, 78), 그 머리싸개의 기능은 기둥 상단의 거기에 밧줄을 묶어 기둥을 땅에 말뚝으로 연결하기 위함이다(참고. 그림 97과 98)

3) 이것은 탈무드에서 제안되는 랍비 요세(Yesei)의 견해다(Talmud *Zebahim* 59b, 60a). 그는 울타리의 높이 5규빗은 제단 높이 10규빗보다 5규빗이 더 높다는 의미로 해석한다. 이 견해를 어떤 현대의 랍비들과 유대인 저자들이 받아들인다(Levine, 78; Biderman, 217). 그러나 이것은 높이 5규빗으로 명백히 명시된 울타리의 높이와 상반되는 과도한 해석으로 보인다.

4) 앞의 미주 1에 언급된 *Baraita of Melechet HaMishkan* 5:5.

13. 물두멍

1) 어떤 유대 문헌은 물두멍에 물꼭지들이 달려 있었다고 주장한다(*Maashe Hoshev* 6:8, Biderman, 233에서 재인용). 그 견해에 의하면, 물꼭지가 양쪽에 달려 두 제사장이 동시에 손발을 씻을 수 있었다. 그러나 비더만은 만일 물꼭지가 달려 있었다면, 어떻게 그 물꼭지로 물을 조절하고 열고 닫을 수 있었는지 알 수 없다고 말한다. 레빈 또한 라쉬의 견해를 따르는데, 그는 심지어 현대의 수도꼭지처럼 위에 돌리는 손잡이가 있어 물 조절이 가능한 물꼭지가 달린 물두멍을 재구성 모델로 제시한다(Levine, 120-121). 그러나 모세 시대에 기술적으로 이런 장치가 가능했을지 의문이다.

2) 참고. Milgrom, *Leviticus 1-16*, 392-393, 1048-1049. 밀그롬은 제사장들이 목욕, 제물의 요리, 옷 갈아입기 등의 활동을 하는 공간이 내성소 휘장, 즉 회막 입구와 번제단 사이로 간주되는 것은 매우 그럴

듯하다고 말한다. 그러나 그는 제사장들이 음식을 먹는 공간은 유대교과 쿰란의 전통 등에서 두 가지로 나뉜다는 사실을 다양한 자료들과 더불어 알려준다. 하나는 성소 마당 어디든 가능했다는 전통이며, 다른 하나는 더 안쪽의 마당, 즉 회막 입구와 번제단 사이로 제한되는 전통이다. 하지만 식사는 그런다 해도 목욕과 탈의를 일반 백성의 활동 공간들에서 실행했다는 것은 상상하기 어렵다.

3) 해당 본문들은 모두 모세가 아론과 그의 아들들을 씻겨야 한다고 말한다: "너(모세)는 아론과 그의 아들들을 회막 문으로 데려다가 물로 씻기고"(출 29:4; 40:12). 그러나 밀그롬은 실제로는 모세가 목욕을 직접 시킨 것이 아니라고 주장한다. 그는 아마 제사장들이 스스로 목욕을 했거나, 평민의 도움을 받아 목욕했을 것으로 본다. 아마 정황상 제사장들은 스스로 목욕을 했으며, 모세에게 물로 씻기라는 명령은 그들의 목욕 의례의 진행을 책임지라는 뜻일 것이다.

밀그롬은 이 물은 물두멍의 성수가 아닌 단순한 물이었다고 주장한다. 물두멍을 포함한 성막 시설들은 제사장들이 '목욕을 한 후에' 제사장들과 함께 기름을 부어 봉헌되므로 아직 물두멍의 물은 사용되지 않는 상황이라는 설명이다(Milgrom, *Leviticus 1-16*, 500-501). 그러나 물론 아직 봉헌이 안 된 물두멍의 물은 단순한 물이지만, 성막 밖의 진영의 물도 단순한 물이다. 둘 다 단순한 물이라면, 물두멍의 물을 사용하지 않고 군이 밖에서 물을 떠올 필요가 있을까? 아마 최초의 임직식은 앞으로의 모든 임직식의 모본이기 때문에 이 특별한 단회적 상황에서는 물두멍의 물이 선취적인(proleptic) 성수 기능을 했을 것이다.

14. 제사장의 관복

1) "반포"(斑布)의 사전적 의미는 짙은 색의 실과 옅

은 색의 실로 짠 격자무늬 옷감을 뜻한다. "반포 속옷 (예복)"의 히브리어 '크토네트 타쉬베츠'(כְּתֹנֶת תַּשְׁבֵּץ) 에서 "반포"에 해당되는 '타쉬베츠'는 오직 여기에서 만 사용되는 히브리어로(출 28:39의 "반포 속옷"은 히 브리어 원문에서 단지 "속옷"임) 그 뜻을 파악하는 것은 쉽지 않다. 이에 대해 BDB 사전과 다수의 영어 번역 들은 "격자무늬"(checker)를 제시하지만(NASB; ESV; JPS), 일부 번역들은 "술이 달린"(fringed) 예복(Rashi; TNK; 70인경), "수를 놓은" 예복(KJV; NJB) 혹은 단순 히 "실로 짠"(woven) 예복을 제안한다(NIV). 이것이 정확히 무슨 뜻인지는 분명하지 않으나 우리는 격자 무늬를 따르기로 한다.

2) 히브리어로 볼 때 대제사장과 일반 제사장의 기 본 복장의 품목들은 다음과 같이 일부 이름에서 차 이가 나타난다(출 28:39-40).

대제사장 기본 복장		종류	일반 제사장 기본 복장	
반포 예복	כְּתֹנֶת תַּשְׁבֵּץ (크토네트 타쉬베츠)	기본 예복	כְּתֹנֶת (쿠토네트)	예복
관 (두건)	מִצְנֶפֶת (미츠네페트)	모자	מִגְבָּעָה (미그바아)	관
띠	אַבְנֵט (아브네트)	복대	אַבְנֵט (아브네트)	띠

3) Sarna, 178, 184; Durham, 389; Hamilton, 769.

4) 현대의 여러 주석가들의 주장과 달리 랍비들 은 히브리어가 차이 나는 '반포 예복'과 '예복'을 같은 종류의 옷으로 간주한다(Levine, 124, 126, 216; Biderman, 242, 286, 290). 비더만에 따르면, 랍비들의 "모든 견해"가 일치하게 일반 제사장의 예복(tunic)과 속바지(breeches)는 제작법과 형태에 있어서 대제사장 의 것과 동일하다(Biderman, 290).

5) "관"은 양자의 이름이 명백히 다르므로 종류가 다 른 제품이 분명하다. 하지만 이 둘이 전혀 다른 종류

의 관이라는 사실은 출애굽기 39:28에서 재차 확인 되며, 요세푸스의 기록 또한 두 종류의 차별화된 관 으로 보고한다(Antiquities 3.7.3).

6) 의견이 일치된 대제사장의 복대와 달리 어떤 사 람은 일반 제사장의 복대의 재료와 가치가 떨어졌다 고 말한다(Durham, 389). 이에 대한 랍비들의 견해도 둘로 나뉜다. 절대 다수의 랍비의 견해에 의하면, 그 것은 대제사장 복대와 마찬가지로 베실에 삼색 실을 섞어서 만든다(Levine, 126; Biderman, 290). 그러나 일 부 랍비(예, Rabbi Elazar)는 단색의 세마포로만 제작했 다고 주장한다(Biderman, 290에서 재인용). 하지만 이 견해는 복대에 삼색 실을 사용했다는 본문의 명증한 진술에 부합하지 않는다.

7) 어떤 랍비들은 일반 제사장의 복대의 너비는 세 손가락을 합한 길이로(약 6-7cm), 전체 길이는 무려 32규빗(약 16m; 비더만의 수치로는 19.2m)으로 추정한 다(Levine, 126; Biderman, 288). 이 복대는 일반 제사장 과 대제사장이 모두 기본 예복과 더불어 공동으로 착용한다. 그들은 이 긴 복대를 여러 겹으로 허리에 감아서 착용했다고 말한다. 그러나 이런 재구성은 물론 아무런 성경적 근거를 갖지 않는다. 필자는 복 대가 그토록 길었는지에 대해 의구심이 든다.

8) 대부분의 영어성경들은 "어깨 부품"(shoulder pieces)으로 번역하는데, 이것의 히브리어 '크테포 트'(כְּתֵפֹת)는 단순히 "어깨들"이라는 뜻이다. 그러 나 라쉬를 비롯한 랍비들의 견해대로 이것은 "어깨 받이"(견대)보다는 "어깨끈"(strap)을 뜻하는 것으로 보인다(Rashi, 출 28:4, 7; Maimonides; Malbim). 일부 현 대의 번역들과 재구성 모델들은 그 전통을 따른다 (Levine, 132-133; Biderman, 249; NJB; 공동번역). 그러나 그것을 "견대"로 이해한다 해도, 에봇은 마치 멜빵바 지처럼 뒤에서 끈을 매달아 어깨에 걸어서 착용했던 것이 분명하다.

9) Levine, 134; Biderman, 249, 251.

10) 8절의 "에봇 위에 매는 띠"는 "에봇의 허리 띠"(belt)로 번역되어야 한다. 이 "띠"는 히브리어로 '헤세브'(חֵשֶׁב)로서 기본 복장을 입을 때 허리에 감는 복대(sash)와는 히브리어가 다르므로 별개의 품목이 분명하다. 이 허리띠는 에봇 맨 위에 동일한 재료와 동일한 '정교한 수놓기' 기술로 이어 붙여 제작한다. 반면에 대제사장의 복대는 39절에서 보듯이 평이한 수놓기(מַעֲשֵׂה רֹקֵם, 마아세 로켐)로 제작된다. 따라서 복대와 달리 에봇 허리띠는 에봇과 동일하게 가장 뛰어난 직조술로 제작된다.

11) Levine, 133, 135; Biderman, 256, 267.

12) 레빈과 비더만은 이것을 재구성한 그림과 더불 어 잘 설명한다(Levine, 135-136; Biderman, 270-271). 특히 비더만의 그림과 설명은 대단히 구체적이고 정 확하다.

13) W. Hurowitz and V. A. Hurowitz, "Urim and Thummim in Light of a Psephomancy Ritual from Assur (LKA 137)", *JANES 21* (1992): 95-115; Adele Berlin 편집, *The Oxford Dictionary of the Jewish Religion*, 545; *NIV Cultural Backgrounds Study Bible*, the article "Urim and Thummim." 드물지만, 고대 근동의 신화 에서도 가슴에 보석이나 흉패를 착용하는 관행이 발 견된다(ANET, 53, 55). 이러한 가슴의 장식이나 흉 패는 대제사장 관복과 비슷하게 수려한 복장의 아 름다운 장식을 위한 것이지만, 우림과 둠밈처럼 신 탁을 위한 돌이나 보석류를 흉패에 달거나 넣는 관 행은 발견되지 않는다(Cornelis van Dam, *The Urim and Thummim: A Means of Revelation in Ancient Israel*, 56-62).

14) 겉옷에 대한 동일한 라쉬의 묘사를 두고 레빈 은 그것을 소매 없는 통옷으로 재구성하고(Levine,

139), 비더만은 소매가 있는 겉옷으로 재구성한다 (Biderman, 276-277). 우리는 레빈의 견해를 따른다. 소매가 달린 옷은 곁에 껴입는 옷으로 적절하지 않 기 때문이다.

15) 랍비들은 금방울과 석류 장식의 개수를 추론하 여 정확히 적시하지만 자의적인 추론이며 이것은 법 궤 중량과 같은 중요한 본질의 공백은 아니다.

16) 히브리어 '나사 아본'(נָשָׂא עָוֹן)의 문자적 뜻은 '죄 (죄책)를 들어 올리다'이다. 이것은 문맥에 따라 '죄 (죄책)를 담당하다' 혹은 '죄(죄책)를 제거하다'를 뜻 할 수 있다. 대체로 인간이나 짐승이 주어면 전자의 의미고('~가 죄의 책임을 지다'), 하나님이나 제사장이 (그가 자신의 죄를 '나사 아본' 하는 것이 아니라 다른 사 람의 죄를 '나사 아본' 하는 경우) 주어면 후자의 의미다 ('~가 죄를 없애다'). 여기서도 나사 아본은 제사장이 죄를 없애는 뜻으로 사용된다.

17) Mishnah *Pesachim* 7:7, 77a:11; Tosefta *Pesachim* 6:5.

18) 밀그롬은 비슷하지만 사례가 다른 민수기 8장 의 레위인 임직에 대한 설명에서 이 '피뢰침'이란 말 을 사용한다(Milgrom, *Numbers*, 371; *Studies in Levitical Terminology I*, 31). 민수기 8:19에서는 죄를 "들어올린 다"는 뜻의 숙어 '나사 아본'(נָשָׂא עָוֹן)이 아니라 레 위인들이 백성을 대신해서 성막 봉사를 하여 그들을 "속죄한다"(כָּפַר, 키페르)는 표현이 등장한다. 속된 백 성은 하나님께 가까이, 혹은 성소에 나올 자격이 없 으므로 그가 성물을 바치러 그분께 가까이 온다면 그것은 성스런 영역을 침범하는 죄를 짓는 일이다. 그 경우 하나님의 진노가(강한 거룩의 기운이나 불, 광 채) 그를 타격하는 재앙이 임할 수 있다. 그러나 레위 인이 백성을 위해 대신 성소에 바쳐져 그 위험을 감 수함으로써 백성이 성물을 바치러 가까이 올 수 있

게 한다. 그리하여 레위인들은 이스라엘 백성이 성소에 접근할 때마다 범하게 될 '잠재적인' 죄를 선재적(proleptic) 조치로 백성을 대신하여 제거해 줄 수 있었다. 이것은 마치 피뢰침의 역할과 같다. 그런데 대제사장의 성패 또한 이와 비슷한 역할을 한다.

19) 더 상세한 논의는 비일을 보라: Beale, 51-60; 62-63. 비일은 (대)제사장 옷이 "우주 전체의 작은 모형인 성전 자체의 축소판"이라고 말한다(Beale, 63).

20) 비일은 지성소의 법궤와 흉패의 상응성, 나아가 법궤 안의 두 돌판과 흉패 안의 두 돌(우림과 둠밈)의 상응성은 놓치고 있다. 놀랍게도 이것들도 완벽한 상응성을 이룬다. 이것은 대제사장의 옷이 작은 성전이라는 사실을 더욱 확고하게 만든다.

21) 여러 사람들의 주장대로 베드로전서 2:9에서 "왕 같은 제사장"(royal priesthood)의 헬라어 '바실레이온 히에라튜마'(βασίλειον ἱεράτευμα)를 하나님 왕국의 "왕실 제사장", 즉 "왕의 제사장"으로 이해할 수도 있다(이민규,《신앙 그 오해와 진실》, 57-58). 이것은 제사장들의 더욱 특별한 신분이 아닌, 제사장 신자들이 하나님 왕국에 속해 있다는 '소속'에 대한 표현으로 간주된다. 따라서 'royal guard'가 '왕(실)의 근위대'를 뜻하는 것처럼 'royal priesthood'는 '왕(실)의 제사장직'이다. 모든 그리스도인들이 왕이신 하나님의 제사장이라는 뜻이다. 그러나 현대의 영어에서 'royal family'는 고귀한 신분의 사람을 말한다. 따라서 여기에서도 바실레이온(βασίλειον)은 그와 같은 의미로 사용되었을 수 있다. 이 경우 제사장의 특별한 신분을 강조하는 표현이다. 테이어(Thayer) 헬라어 사전도 이 문구를 그렇게 해석한다: "priests of kingly rank, i. e. exalted to a moral rank"(왕급의 제사장들, 즉 도덕적으로 고양된 제사장들). 따라서 두 해석 모두 설득력이 있는데, 어떤 해석이든 이 문구는 그리스도인의 제사장직은 매우 특별하다는 것을 뜻한다.

1) "위임하다"의 히브리어의 문자적 의미는 흥미롭게도 "손을 채우다"이다. 이것은 제사장들의 손에 그들의 직무와 사명을 가득 채워 임명했다는 뜻일 것이다.

2) Beale, 85. 비일은 나아가 이집트 사령관의 군용 막사가 네 부대로 나누어진 군대에 둘러싸여 있었음을 보여 주는 증거도 있다고 말한다. 비일은 이렇게 말한다: "따라서 당연히 이스라엘의 성막은 주께서 모든 대적을 물리칠 때까지 자신의 군대를 지휘하시는 이동용 전쟁 사령부로 인식되었다"(Beale, 85).

3) 수메르의 국가 신은 엔릴(Enlil)인데 대기의 신, 곧 바람과 홍수를 통제하는 신이었다. 수메르인들은 바람과 홍수가 티그리스강 상류의 자그로스산맥에서 기원한다고 보았으며 자신의 신인 엔릴을 '태산'이라는 뜻의 '쿠르갈'(Kurgal)로 칭했다(조철수,《메소포타미아와 히브리 신화》, 25).

4) 이에 대한 사례들은 김경열, 47의 각주 25에서 그대로 옮긴다: "이집트 룩소(Luxor) 서편의 사막에서 발견된 투탕카멘의 무덤은 제국의 화려함을 잘 보여준다. 무덤 안에 금은보화로 장식된 소장품은 무려 3천 4백 점이나 되었다. 투탕카멘의 몸을 덮은 관이 네 개였는데, 마지막 관이 몸을 덮은 순금의 관만 보더라도 무게가 무려 110kg이었고, 그의 얼굴을 덮은 순금 마스크는 11kg이었다. 그 외 무덤 속의 금의 총량은 엄청났다. 그런데 투탕카멘은 불과 18세에 요절했던 왕이었기에 다른 바로왕들의 무덤에 비해 아주 작았다. 치세 기간이 긴 위대한 왕일수록 무덤이 크고 더 화려했기에, 위세를 떨쳤던 애굽 왕들의 무덤에는 도대체 얼마나 많은 금이 묻혔을지 상상하기도 어렵다. 참고로, 고대 제국의 경제 규모를 가늠해 볼 수 있는 사례들이 있다. 예컨대, 페르시아 왕 다리

우스가 헬라 제국에게 결정적 전투에서 패한 후 알렉산더 대왕에게 휴전을 제의하는데 영토의 반을 바치고 추가로 무려 금 3만 달란트의 전쟁 배상금 지불을 약속한다(금 3만 달란트는 약 1천 톤으로서 현 시세로 약 45조 원). 알렉산더는 이 제의를 거부하고 페르시아를 무너뜨리는데 그 배상금 규모는 당시 제국들의 부의 정도를 엿보게 한다."

참고로 당시 다리우스가 제안한 3만 달란트가 금이 아닌 은이라는 견해도 있으나 대체로 금이었던 것으로 간주된다. 이것이 아니더라도 고대 제국의 막대한 금 사용의 증거는 풍부하다.

부록

단일 회막론과 두 회막론

1) '지시 본문'은 설계도를 제공하면서 성막의 건축과 비품들의 제작을 지시하는(prescribe) 본문을 뜻하며, '실행 본문'은 그 설계와 지시대로 실제로 공사를 어떻게 진행했는지를 상세히 묘사하고 서술하는(describe) 본문을 뜻한다. 이런 방식의 서사의 문학적 전개를 각각 '명령'(commandment)과 '실행'(fulfillment)이라고도 칭한다.

2) 황금 송아지 이야기가 성막 본문의 중심에 위치하면서 중대한 문학적 기능을 하고 있다는 탁월한 설명에 대해서는 박철현, 241-316을 참고하라.

3) 이 논쟁을 매우 잘 정리하고 상세히 설명한 박철현, 366-394를 보라.

4) Tigay, *Deuteronomy*, 293; Sarna, 211-212; 박철현, 369-370.

5) 신명기 31:14-15의 경우 그것이 진영 밖의 회막으로 분류된 근거는 너무 빈약하다. 구름 기둥이 지

성소 위가 아닌 "장막 문(입구)" 위에 나타났다는 언급 외에는 이것을 진영 밖의 회막으로 볼 다른 이유를 딱히 찾아보기 어렵기 때문이다. 티게이 또한 진영 밖 회막에서는 "회막(장막) 문"에 구름이 출현하는 특징을 지닌 반면, 진영 안의 회막(성막)은 항상 지성소 위에 구름이 출현한다고 말하면서 이 신명기 본문을 진영 밖 회막의 증거로 함께 묶는다(Tigay, *Deuteronomy*, 293). 그러나 이 신명기 본문은 오직 이 기준만 나타날 뿐 남은 5-6가지 기준에 전혀 해당되지 않는다. 또한 박철현의 말대로, 이 기준이 진영 밖의 회막의 결정적 증거일 수 있는지는 의심스럽다. 왜냐하면 진영 안의 회막에서도 구름 기둥은 지성소만이 아니라 빈번하게 회막 위를 덮으며 회막 위에 나타난 것으로 표현되는 곳들이 많기 때문이다(출 40:34-38과 민 9:15-23; 10:11; 16:42 등). 이런 구름의 출현이 "장막 문(입구)"을 포함하는 것은 물론이다.

6) 박철현, 370-376.

7) 박철현, 281-282, 380.

8) 라쉬는 이 장막은 모세 개인의 장막이라고 말하나 그것은 분명하지 않다. 오히려 진영 밖의 회막을 여호수아가 지켰다는 진술을 볼 때(출 33:11), 그것은 별도의 천막 시설물이었을 가능성이 다분하다.

9) 신명기 31:15에서는 여호와께서 구름 기둥 가운데서 장막에 "나타나셨다"고 말한다. 이 동사는 '라아'(רָאָה, '보다')의 수동태인데, 흔하게 하나님의 출현에 사용된다(창 12:7; 17:1; 출 3:2; 16:10).

법궤 안에 세 품목? 향단이 왜 지성소에?

10) 이것이 "향로"를 가리키는 몇 가지 용례들은 다음을 보라: 70인경 대하 26:19; 겔 8:11; Maccabees IV 7:11; Josephus, *Antiquities* 4.2.4; 8.3.8. 등. 그러나 모세 오경에서는 이 단어가 "향로"의 의미로든 "향단"의

의미로든 사용된 적이 없다. 향단은 "분향할 단"으로 표현되며, 향로(화로)는 "불똥 그릇"과 "향로"로 사용되는 비품인데 70인경에서 '쀠레이온'(πυρεῖον)으로 번역된다.

11) 속죄일에 대제사장이 지성소에 향연을 피우기 위해 가지고 들어간 향로는 지성소라는 공간에 걸맞게 특별히 금으로 제작되었을 수 있다(레 16:12-13).

12) 토마스 슈라이너(Thomas R. Schreiner), 《히브리서 주석》, 395. 이에 대한 상세한 논의는 Philip E. Hughes, *A Commentary on the Epistle to the Hebrews*, 309-314를 보라. 어떤 사람들은 유대 전통의 일부에서 향단이 지성소에 놓였다는 증거를 몇 군데에서 찾아내고(Maccabees II 2:4-8; Baruch II 6:7), 요한계시록 8:3을 추가적인 증거로 제시한다(참고. 양용의, 《히브리서를 어떻게 읽을 것인가》, 250.

그러나 그 진술들은 법궤와 향단이 중요한 비품으로 함께 묶일지언정 향단의 위치가 지성소라고 분명히 말하는 것 같지 않다. 다만 열왕기상 6:22의 언급은 다소 혼란을 일으킨다: "내소에 속한 제단의 전부를 금으로 입혔더라." 이 제단은 향단을 가리키는 것이 분명한데, 여기서 그것이 "내소에 속했다"고 명시된다. 분명 솔로몬 성전에서 "내소"는 곧 "지성소"를 가리키기 때문에(왕상 6:16) 이 표현은 우리에게 난감한 문제를 던진다. 그러나 열왕기 저자가 향단이 내성소(열왕기에서 "외소")에 속해 있다는 사실을 모를 리가 없을 것이다.

아마 19절에서 저자는 "여호와의 언약궤를 두기 위하여 성전 안에 내소를 마련하였는데"라고 진술하는 것으로 보아 그는 지성소에서 향단을 제외하고 있는 것이 분명하다. 그렇다면 아마 22절의 "내소에 속한 제단"은 향단이 지성소를 '위한' 제단임을 뜻할 것이다. 히브리어 원문 '라데비르'(לִדְבִיר, "그 내소에 속한/위한")는 그 뜻에 잘 부합한다. 실제로 지성소(내소) 옆방인 내성소(외소)에서의 분향은 내성소 공간을 위한 것이 아니라 지성소의 법궤를 향한 예식, 즉 법궤 위에 좌정하신 여호와를 향한 예식이다.

13) 근거로 제시된 탈무드 중의 두 본문은 다음과 같다: Talmud *Avot D'Rabbi Natan* 41:1; Talmud *Bava Batra* 14a. 그러나 둘 중 앞의 것은 유대 전통에서 대중에게 공개되지 않고 회막 안에 감추어진 품목들을 나열하는 내용이다. 그것들은 다음과 같다: 법궤, 부러진 두 돌판(유대 전승에서는 이 깨트려진 두 돌판도 법궤 안에, 혹은 모세의 개인 나무 궤에 보관되었다고 말한다), 만나 항아리, 모세의 지팡이, 관유 기름병, 아론의 지팡이와 피어난 꽃과 아몬드(개역개정 "살구 열매"), 제사장과 대제사장의 관복.

이 목록에서 아마 두 번째 돌판은 법궤 안에 있기 때문에 언급되지 않은 것으로 보인다. 어쨌든 이 본문은 법궤 안에 놓인 세 품목을 전혀 말하지 않는다. 나중 것인 바바 바트라(*Bava Batra* 14a:10)는 신명기 31:26에서 언급된 법궤 곁에 놓인 "율법서", 즉 모세가 쓴 토라(Torah)가 법궤 안에 놓였는지에 대한 논쟁이다. 논쟁의 마무리 부분에서 이 탈무드는 법궤 안에 두 돌판 외에 아무것도 없었다는 열왕기상 8:9을 따라 그 모세의 율법서는 법궤 옆에 놓여 법궤가 "포함하고" 있을지언정 그 안에 들어가지는 않았다고 결론 내린다.

휴즈가 법궤 안에는 율법서, 깨트려진 두 돌판, 만나 항아리와 아론의 지팡이 등 다양한 품목들이 들어갔다고 말하는 유대 전승은 앞의 탈무드 본문들로 보이는데, 이 본문들은 그것들이 "법궤 안에 있었다"고 전혀 말하지 않는다. 대신 탈무드와 유대 전통 그리고 탈무드보다 훨씬 후대의 랍비들은 오경의 분명한 진술을 따라 한목소리로 그 비품들이 법궤 앞이나 곁에 놓여 법궤와 함께 보관되었다고 말한다: Ibn Ezra, 출 16:33-34; 25:16; Rashbam, 출 16:34; Ramban, 출 17:10; Talmud *Keritot* 5b:18-19; Rabbi Louis Ginzberg, *Legends of the Jews* 3:1, 101-102 (1909), www.sefaria.org에서 인용.

14) 오경은 제사장의 고기 몫에 언뜻 모순된 진술을 하는데, 레위기에 따르면 오른쪽 뒷다리와 가슴인 반면(레 7:32-34), 신명기를 따르면 "앞다리와 두 볼과 위"다(신 18:3). 비평학자들은 이것을 제사장 전통(P)과 신명기 전통(D)으로 나누어 서로 상이한 전통의 충돌로 간주한다. 그러나 레위기는 광야 상황에 맞는 법으로 주어진 반면, 신명기는 가나안 땅에 들어가서 지켜야 할 법으로 상황의 변화에 따른 개정된 법으로 볼 수 있다. 대체로 뒷다리 대퇴부에 비해 앞다리는 훨씬 작기 때문에 신명기 법에서 제사장 몫이 더 줄어드는 것으로 추정된다. 이는 목축이 불가능했던 광야와 달리 가나안 땅에서는 광활한 목초지에서 대량의 목축이 가능했기 때문일 것이다.

법궤는 얼마나 무거웠을까?

15) J. Derby, 253-256; E. A. Schatz, 115-118.

16) 역대상 15:11-12은 이것을 암시하는지도 모른다: "11 다윗이 제사장 사독과 아비아달을 부르고 또 레위 사람 우리엘과 아사야와 요엘과 스마야와 엘리엘과 암미나답을 불러 12 그들에게 이르되 너희는 레위 사람의 지도자이니 너희와 너희 형제는 몸을 성결하게 하고 내가 마련한 곳으로 이스라엘의 하나님 여호와의 궤를 메어 올리라." 본문은 법궤 수송 책임자들로 대제사장 사독과 제사장 아비아달 그리고 레위인 지도자 6명을 언급한다. 만일 민수기 4장의 규정을 따라 법궤 운반에 제사장이 제외된다면 레위인은 6명이다. 그러나 전쟁이나 요단강 도하 등 비상시에, 또는 특별한 상황에서는 제사장도 직접 법궤를 멨다는 추정이 적용된다면, 두 제사장 포함 총 8명이 현재의 법궤 운반꾼일 수도 있다. 설사 제사장 두 명이 빠진 레위인 6명이 멨다 해도 나머지 두 명은 생략되었을 수 있다. 그러나 물론 이것을 확정할 수는 없다.

17) Schatz, 115-118.

18) 예를 들어, 랍비 비르카트 아쉐르(Birkat Asher on Torah, 출 25:18)는 두 그룹 형상은 속이 비어 있었다고 말한다(www.sefaria.org). 넬리 알텐버거(Nelly Altenburger) 또한 황금 송아지는 부어서 만든 통금 조형물이었으나, 그룹 형상은 속이 빈 쳐서 만든 조형물이었다고 설명한다(www.sefaria.org/sheets/383904?lang=bi).

19) 돌판의 두께는 최소 2cm(샤츠의 1cm에 반대하여)가 적절해 보이며, 우리는 크기도 샤츠의 것보다 더 큰 것으로 간주한다. 이 두 돌판에 우리는 8kg의 무게를 부여한다. 이것은 성인 남자 한 명이 들고서 산을 오르내리기에 그리 무거운 무게는 아니다.

20) 이것을 현대의 양모 카펫과 비교해 볼 만하다. 바닥에 까는 카펫은 휘장과 달리 통상적으로 매우 두껍다. 2cm 두께의 어떤 양모 카펫은 2m×3m의 크기인데 24kg으로 소개된다. 그것을 가로세로 10규빗의 크기로 환산하면 3배가 넘어 무게가 80kg에 육박한다. 터키나 페르시아산 최고급 카펫일수록 무게가 더 나간다. 반면에 30%의 베실이 섞인 다른 양모 카펫은 손가락 두께로서 1평방미터당 2.6kg으로 소개되는데 10규빗의 크기로 환산하면(4.5m×4.5m) 약 53kg의 무게다. 관심 있는 독자들은 인터넷 구매 사이트에서 쉽게 확인해 볼 수 있다. 현대의 양모 재질의 카펫의 무게는 이렇듯 제품마다 천차만별인데, 성막의 휘장처럼 베실이 섞일 경우 훨씬 가벼워지는 것은 사실이다. 그러나 성막 휘장이 어떻게 제작되었든, 그것은 사람이 직접 법궤 위에 놓은 뒤 운반했기에 현대의 카펫처럼 두껍고 무거웠을 리는 없다. 분명 후대의 고정용 성전 휘장이 아닌 광야의 이동용 성막 휘장은 그보다 훨씬 얇았다고 보아야 한다.

우림과 둠밈에 대하여

21) 우림과 둠밈에 대한 상세하고 유익한 토론과 설명은 카수토(Cassuto, 378-380)와 해밀턴(Hamilton,

761-764)을 보라.

22) 이반 에스라는 우림이 기술자에 의해 금과 은으로 제조되었다고 말한다(Ibn Ezra, 출 28:6; 그러나 그는 둠밈의 재료는 언급하지 않는다).

23) Adele Berlin, 545; *NIV Cultural Backgrounds Study Bible*, the article "Urim and Thummim." 앗수르의 일곱 신의 뜻은 이 돌들을 통해 판명된다. 제사장은 자신의 옷에 두 돌을 놓은 다음 하나를 집어 든다. 추정컨대, 흰 돌은 '예', 검은 돌은 '아니오'를 가리켰던 것으로 보인다. 만약에 '예'라는 돌이 나오면 제사장은 자신이 추가로 해석을 덧붙여 점괘를 말해 준다. 그러나 '아니오'에 해당되는 돌이 나오면 아무런 신탁이 주어지지 않은 것으로 간주된다.

24) 밀그롬은 우림과 둠밈이 후대의 제사장 문서 편집자(P)가 제사장 문서를 편집할 당시 그 시대에 민간에서 유행한 비슷한 점술과 신탁 관행과 비슷한 이유로 우림과 둠밈이 잘못 사용될 것을 염려하여 "여호와 앞에서"라는 문구를 넣었다고 말한다. 물론 보수적 견해에서는 P에 의한 민수기 후대 편집을 믿지 않지만, 그 문구가 우림과 둠밈의 미신적-마술적 사용을 금지하기 위한 경고라는 의미는 타당해 보인다.

25) 우림과 둠밈을 "빛들"과 "완전함"으로 보는 것은 중세 랍비 이반 에스라를 비롯한 랍비들의 견해이기도 하다(Ibn Ezra, 출 28:6). '둠밈'의 의미를 '완전함'으로 보는 것은 거의 의견 일치가 있다. 그러나 '우림'에 대해 어떤 사람들은 '빛'이 아닌 '저주하다'를 의미하는 동사 '아라르'(אָרַר)에서 기원한 것으로 보기도 한다(참고. Hamilton, 763).

26) 앗수르의 신탁용 두 돌의 이름과 70인경에 비추어 볼 때, 우림은 '저주'보다는 '빛들'이라는 의미가 더 타당해 보인다. 우림과 둠밈을 70인경은 각각 "명료함"과 "옳음(진리)"을 뜻하는 '델로시스'(δήλωσις)와 '알레테이아'(ἀλήθεια)로 번역한다. "명료함"은 아무래도 빛의 기능과 관련되어 있는 것으로 보이며, "완전함"을 뜻하는 둠밈을 "옳음(진리)"으로 번역한 것은 오류가 없는 신탁과 관련된 것으로 보인다. 즉, 70인경의 번역은 우림과 둠밈을 통해 명료하고 옳은 진리의 말씀이 주어진다는 뜻으로 이해된다.

27) 구약에서 우림과 둠밈의 사용 사례에 대해서는 카수토가 매우 체계적으로 잘 소개하고 설명하고 있다(Cassuto, 370-380). 다만 카수토가 목록화한 사례들은 모두 우림과 둠밈(혹은 우림)이 명시되거나 혹은 그것들이 언급되지 않았으나 에봇이 사용된 사례들에 국한된다. 그러나 이것은 매우 제한적인 것으로 보이며 미주 14에서 보듯이 우림과 둠밈의 사용에 대한 더 많은 암시적 증거들이 발견된다.

28) 이와 달리 카수토는 모든 사례에서 우림과 둠밈은 서술형 답을 주지 않고 언제나 둘 중 하나, 즉 '예'와 '아니오', 혹은 '이것이냐, 저것이냐'를 결정하는 답을 준다고 말한다(Cassuto, 379-380). 물론 대부분의 사례가 둘 중 하나에 대한 답을 주는 것은 사실이나 해밀턴의 말대로 모든 사례가 다 그런 것은 아닌 것으로 보인다. 해밀턴은 우림과 둠밈의 사용 가능성을 생각해 볼 수 있는 본문이 사사기 이후에서만 17곳에 이르는데, 이 사례들에서 항상 '예'와 '아니오'의 답변만이 주어진 것이 아님을 지적한다(Hamilton, 763). 밀그롬은 서술형 답변의 사례로 삼상 10:11, 삼하 2:1, 그리고 삼하 5:23-24 등을 제시한다(Milgrom, *Leviticus* 1-16, 509-510). 예를 들어, 사울이 숨은 장소를 백성이 여호와께 묻는 데 우림과 둠밈이 사용된 것이 강하게 암시된다. 이때 답변은 "그가 짐보따리들 사이에 숨었느니라"라는 서술형 답이 주어진다(삼상 10:22). 한편, 우림과 둠밈은 왕이나 민족의 지도자가 중대한 결정을 할 때나 민족적으로 매우 중요한 문의를 할 때 사용되는데, 그런 사례들

에서는 설사 우림과 둠밈이 언급되지 않더라도 사용되었을 개연성이 높다.

대제사장의 발목에 밧줄이 묶였는가?

29) W. E. Nunnally, "All in the Family: The Visions and Vanities of Sam Hinn", *The Quarterly Journal*, Vol. 16, No. 4. 다음 사이트에서 재인용: https://christiananswers.net/q-eden/anklerope.html?fbclid=IwAR0prxIvH3DoSf-BxV7EGvf-oq69cvVSCM4qA5uamP9Y_8kmeNRAXcaxHzg#nunnally

30) "아름다운 밧줄"로 번역될 수 있는 표현에서 "밧줄"의 아람어 '키프트라'(אָרְטְפִק)는 다소 모호한 표현이다. 왜냐하면 "밧줄"로 번역된 단어 '키프트라'(אָרְטְפִק)가 원래 "밧줄"을 뜻하는 '키트라'(אָרְטִק)의 변형된 형태로 보이기 때문이다. 실제로 '키프트라'는 다른 곳에서 발견되지 않는 희귀 단어다. 일단 조하르의 앞선 본문은 황금의 '키트라'(밧줄)로 표현하고 있다. 이러한 이유로 혹자는 '키프트라'가 아마 이 특수한 밧줄 이야기를 위해 새로 만들어진 신조어인 것으로 추정한다. 어떤 사람은 첫 번째 출처의 "황금 밧줄"을 "황금 사슬"로 번역하면서 이 책이 '사슬'과 '밧줄'의 모순된 진술을 한다고 말하지만, 아람어 '키트라'는 '밧줄'로 보아야 한다. 또한 묶인 곳도 '발'(feet)과 '다리'(leg)로 서로 모순되어 있다고 주장하나 아람어 단어로 둘 다 '레겔'(רֶגֶל)로 차이가 없다. 레겔은 '다리'(leg)도 가능하고 '발'(foot)도 가능하다(레겔의 뜻에 대해서는 이 책 3장 "법궤"의 미주 3을 보라). 여기서는 '발목'에 묶은 것으로 보아야 한다.

31) 누널리는 또한 지성소의 휘장이 여러 겹으로 된 무려 3피트(약 90cm)가 넘는 두꺼운 휘장이었다는 것을 반박의 근거로 제시한다. 다시 말해, 그는 대제사장이 그 휘장 사이를 미로처럼 통과해야만 했다는 메시아닉 쥬(Messianic Jews)의 주장을 인용하면서 발

목의 밧줄 이야기를 반대한다(미주 13의 그의 글). 말하자면, 그의 반대의 추가적 이유는 그런 두텁고 복잡한 여러 겹의 휘장을 통과해서 대제사장의 시체를 지성소로부터 꺼내기는 실제적으로 어려웠다는 사실에 근거한다. 그러나 지성소 휘장이 여러 겹의 무려 90cm 두께라는 메시아닉 쥬의 주장은 우리가 앞서 면밀히 살핀 대로 그 어떤 근거도 없는 지나친 과장에 불과하다. 따라서 누널리가 제시한 이 근거는 전혀 신빙성이 없다.

32) "갑"(קַב, 카브)은 구약에서 유일하게 열왕기하 6:25에서만 나타나는 도량형인데, 1갑은 1.2L로 추정된다. 이것은 6분의 1세아(seah)와 18분의 1에바(ephah)에 해당된다. 탈무드의 영어 번역은 이것을 "반 세아"(half seah)로 번역했는데, 세 갑은 6분의 3세아, 즉 반 세아에 해당되기 때문이다.

33) 탈무드는 제1성전 시대가 410년이며 그 기간에 18명의 대제사장이 봉직했다고 말하지만 이는 언뜻 성경의 기록과 들어맞지 않는다. 솔로몬 성전(제1성전)의 건축은 주전 959년에 완공되어 주전 586년에 파괴되었다. 따라서 제1성전의 시대는 건축부터 파괴까지 373년이다. 또한 역대상 6:1-15에는 유다 멸망 때까지의 대제사장 족보가 나열되는데, 솔로몬 성전 이전의 성막 시대에는 10명의 대제사장이 봉직했다. 초대 대제사장은 아론, 성막 시대의 마지막 제10대 대제사장은 아히둡이다. 성막 시대를 끝낸 솔로몬 성전의 초대 대제사장은 사독이며 제11대 대제사장이다. 이후 성전이 파괴될 때 마지막 대제사장은 제22대 대제사장인 스라야인데 그는 성전이 파괴된 주전 586년에 포로로 잡혀가 죽는다. 그렇다면 제1성전 시대의 대제사장은 사독부터 스라야까지 373년 동안 12대에 불과하다.
그럼에도 탈무드는 제1성전 시대가 410년이었으며 18명의 대제사장이 대를 이었다고 말한다. 따라서 구약에서 계산된 12대와 탈무드가 말하는 18대

는 6대가 차이가 나기에 모순으로 보인다. 그러나 아마 탈무드는 요세푸스의 유대 역사와 중세에 기록된 유대 연대기인 세데르 올람 주타(Seder Olam Zutta)의 기록을 토대로 18명의 대제사장을 말하는 것으로 보인다. 그 책들은 중간에 누락된 여러 대제사장들의 이름을 집어넣어 제1성전 시대의 대제사장의 족보를 18대로 기록한다. 성경의 족보는 흔히 중간에 여러 세대가 대거 누락되어 신학적 족보로 편성하므로 18대가 더 정확할 수 있다.

그렇다면 왜 솔로몬 성전 건축(주전 959년)부터 파괴까지(주전 586년)의 기간을 373년이 아닌 410년이라 하는가? 410년은 373년보다 37년이 더 많은데 이는 아마도 제1성전의 초대 대제사장 사독이 성전 건축 이전인 다윗왕 때부터 대제사장으로 봉직했기 때문일 것이다. 그는 다윗의 통치 40년을 넘어 솔로몬 때까지 오랜 기간 대제사장으로 활동한 인물이다. 따라서 그의 전체 직무 연한을 계산에 넣는다면, 대제사장의 직무를 기준한 제1성전 시대는 410년일 수 있다. 410년간 18명의 대제사장이 계승되었다면, 한 사람의 평균 직무 기간은 23년이다.

34) 네 명의 대제사장과 봉직 기간이 명시된다. 시몬 하짜디크(Shimonn HaTzaddik)가 40년, 요하난(Yohanan)이 80년, 이스마엘 벤 파비(Yishmael ben Pavi)가 10년 그리고 랍비 엘르아자르 벤 하르숨(Elazar ben Harsum)이 11년을 봉직했다.

35) 그는 이 부분을 대제사장들이 사악한 죄로 인해 그 해를 생존하지 못하고 매년 뇌물을 주고 그 자리에 새로운 대제사장이 취임했다는 의미로 풀어서 해석한다("Due to their wickedness, they did not survive the year, they were replaced every twelve months")(www.sefaria. org에서 인용). 그러나 탈무드 원문에는 "사악함으로 인해"란 표현이 없으며, 이것은 해석자의 의도에 따라 삽입된 것이 분명하다. 데이비슨은 "사악함으로 인해" 대제사장이 그 해를 살아남지 못했다는 번역

은 명백히 죄로 인한 조기 사망을 뜻하는 것으로 이해한다. 그러나 탈무드 원문은 사람들이 단순히 뇌물을 주고 대제사장이 되었기 때문에 12개월마다 대제사장이 교체되었다고 말할 뿐이다. 이것을 대제사장의 조기 사망으로 인한 교체로 보아야 하는지는 의문이다.

36) 첫 번째 입장은 대제사장이 목욕을 하고 세마포 베옷으로 갈아입은 뒤 향로에 향연을 피워 놓기 위함이다(레 16:12-13). 두 번째로 그는 수소의 피를 가지고 들어간다(레 16:14). 세 번째로 그는 다시 숫염소 피를 가지고 입장한다(레 16:15). 이후 그가 다시 지성소에 들어가는 순서가 나오지 않고 남은 모든 예식을 마당에서 진행한다. 따라서 그날 대제사장은 언뜻 세 차례 지성소에 들어간 것으로 보인다. 그러나 본문은 언급하지 않지만, 이후에 마당에서 모든 속죄일 예식을 마친 후 대제사장은 다시 한 번 지성소에 들어가야만 한다. 그것은 지성소에 두고 온 향로를 다시 꺼내고 거기서 어떤 뒷정리를 해야 하기 때문이다.

37) 밀그롬은 나답과 아비후의 분향은 내성소 향단의 분향이 아닌 뜰에서 진행된 분향 예식이었다고 설명한다(Milgrom, *Leviticus 1-16*, 597). 그러나 다른 사람들은 그들이 마당에서 죽었는데, 마당에서 진행되어야 하는 분향을 회막 안에 들어가서 진행하려다 마당에서 변을 당했다고 본다(예, 김의원, 《레위기 주석》, 328). 반면에 혹자는 두 사람이 애초에 회막에서 분향을 진행하려고 진입했는데, 그 분향 자체가 잘못되었다고 주석한다(필자의 입장이며, 또한 기동연, 《레위기》, 335-347). 밀그롬의 말대로 나답과 아비후는 마당에서 분향을 시도하다 사망했는가? 물론 그의 주장대로 마당이나 다른 장소에서의 제사장들과 심지어 제사장이 아닌 사람들에 의한 여러 분향 활동이 증거되는 것은 사실이다(민 16:17-18, 46-47; 겔 8:11; 참고. 삼상 2:28; 대하 26:18-19; 사 1:13). 향단이

있는 내성소가 아닌 다른 곳에서의 이런 분향은 제의법 어디에도 법으로 규정되어 있지 않으나 이것이 여러 제의에서 보조적으로 실행된 활동이거나, 또는 백성이 재앙으로 쓰러질 때 백성의 속죄를 위해 향을 피운 사례에서 보듯이(민 16:46-47) 어떤 특별한 상황에서는 심지어 성소 밖의 진중에서도 제사장들이 향로에 향을 피운 것으로 추정된다.

그럼에도 우리는 나답과 아비후는 내성소의 분향단에서 분향을 시도하다 규정을 위반해 죽임을 당한 것으로 이해할 수 있다. 레위기 10:9은 그들이 술을 마시고 정신이 혼미한 채 규정을 위반하여 "다른 불"을 담아 분향을 시도했다는 것을 강력히 암시한다. 라쉬는 랍비 이스마엘을 따라 이 견해를 지지한다(Rashi, 레 10:2). 이미 앞서 살핀 대로(80과 166쪽), 이때 나답과 아비후가 사용한 '향로'(censer)는 등잔대에 비치된 재를 담는 '불똥 그릇'(fire fan) 및 번제단의 숯불을 담아 내성소로 가져가는 '불 옮기는 그릇'(fire fan, '불똥 그릇'과 같은 뜻임)과 히브리어가 동일하다. 이것은 보통 '화로'로 사용하는데, 여기에 불을 담아 내성소의 향단의 향을 피우고 등잔대의 등잔 심지에 불을 켠다. 여기에 향을 담아 피우면 '향로'가 된다(이 책 11장 "번제단" 미주 2와 본문 내용을 참고하라). 따라서 그들은 '각자의 화로'(레 10:1, "각기 향로를")에 제단의 불이 아닌 "다른 불"을 담은 뒤 거기에 향을 넣어 내성소에 들어가 분향을 시도했다고 볼 수 있다(Rashbam, 레 10:1). 그러나 그들의 화로를 이들의 개인 화로로 볼 필요는 없다. 단지 그들은 번제단 옆에 비치된 화로들을 '각자' 취해 거기에 향을 담았다고 볼 수 있다.

38) 어떤 학자들은 이 두 제사장이 내성소가 아니라 심지어 지성소에 진입하려는 시도를 했을 가능성을 제시한다(참고. Hartley, 《레위기》, 327-328). 그러나 그들이 지성소 진입을 시도했다는 것은 술을 마신 후(즉, 정신이 혼미한 상태로) 회막에 들어가지 말라는 레위기 10:9의 주장에 비추어 볼 때 과도한 주장으로

보인다. 만일 그들이 회막에서 분향을 시도했다면, 과연 금향단에 분향을 하려 했는가? 그렇다면 왜 그들은 각자의 향로에 이미 향을 피우고 입장했는가? 그 분향의 성격이 무엇이었든 문제의 핵심은 그들이 "다른 불"로 분명히 '회막 안에서' 분향을 시도했다는 것이다. 나답과 아비후는 성막의 마당 제사가 성대히 끝난 후(레 9장), 본당 제사인 분향을 하기 위해 향로를 들고 회막에 진입한 것으로 보인다.

이것은 두 가지 문제를 지닌다. 첫째, 내성소의 분향 제사는 향로(화로)에 향을 피우는 것이 아니라 반드시 분향단에 향을 피워야 한다. 그러나 그들은 각자 자신의 향로에 향을 피운 뒤 회막에 들어갔다. 둘째, 아마 그들은 대제사장 아론의 지시를 받지 않고 자의적으로 분향을 시도한 것으로 보인다. 성막 규정에서는 내성소 분향을 대제사장이 매일 태우도록 되어 있는데(출 30:7), 우리는 앞서(이 책 6장 "향단" 미주 1) 그것을 대제사장의 지휘 책임으로 해석했다. 따라서 두 아들은 아버지의 지시를 받고 합법적 절차를 점검받으며 회막에서 분향을 해야 했지만, 그들은 자의대로 분향을 시도했던 것 같다. 게다가 한 사람이 아닌 두 사람이 각자 향로를 들고 입장한 상태도 이상하다.

요컨대, 나답과 아비후는 "다른 불"로 분향을 시도했으며, 게다가 아마 분향단이 아닌 자신의 향로에 향을 태우며 들어갔다. 원칙대로는 (대)제사장은 번제단의 "불 옮기는 그릇"('향로'와 동일한 히브리어)에 제단에서 취한 불만 담아 와 분향단에 향을 놓고 향을 피워야 했다. 그러나 그들은 자신의 향로에 "다른 불"을 취한 뒤 거기에 향을 담아 향연을 피우면서 회막에 입장했다. 이어서 아마 그들은 분향단에도 향을 태우려 했던 것으로 보인다. 결국 "다른 불"이 문제의 핵심이지만, 이렇듯 그들은 총체적으로 제멋대로인 분향을 시도했던 것이다. 그 원인은 앞서 말한 대로, 레위기 10:9이 암시하고 있는 음주였던 것으로 추론된다.

39) 김의원, 331. 김의원은 하나님의 직접적인 심판으로 나답과 아비후가 죽은 특수한 상황 때문에 다른 형제 제사장들이 시체에 접근하지 못하게 했을 가능성을 제기한다.

40) Midrash *Sifra* Shemini, Mechilta de Milluim 35; Midrash *Sifra* Emor 3:11.

41) Milgrom, *Numbers*, 26.

성막 운반법과 시설 관리

42) 이 책 1장에서 말한 대로, 학자들은 '타하쉬'(תַּחַשׁ)를 돌고래나 듀공으로 해석한다. 참고로 애슐리는 그것을 지중해에 서식하는 참돌고래(porpoise)로 본다(Ashley, 103). 이렇듯 각자 가리키는 동물의 종류가 다양하더라도 우리는 타하쉬를 '해달'로 칭하기로 했으며 그것의 가죽을 '해달 가죽'으로 부르고 있다. 하지만 밀그롬은 타하쉬의 어원을 추적해 볼 때, 그것은 '듀공'이나 '돌고래'가 아닌 '노란 오렌지색'(yellow-orange)을 뜻한다고 주장한다(Milgrom, *Numbers*, 26, 301.). 즉, 이것은 가죽 덮개가 아니라 직물로 노란 오렌지색을 입힌 보자기다. 성막에 덮은 해달 가죽 덮개 또한 마찬가지다. 그러나 우리는 이 견해에 동의하지 않는다.

43) "주발들과 붓는 잔들"의 히브리어는 앞서 우리가 번역한 "잔들과 병들"이다. 일관성이 없는 번역으로 혼란을 주고 있다. 출애굽기 25장에서는 순서가 "병들과 잔들"이었는데, 여기서는 순서가 바뀌었을 뿐이다. 무엇보다 혼동을 피하기 위해 명칭은 통일되어야 한다.

44) 람반은 이것을 명확히 주석한다(Ramban, 민 4:7). 제사장들은 먼저 열두 덩이의 떡과 함께 진설상 위에 청색 보자기를 덮는다. 이 구절에서 "그 위에"는 진설상 위를 말한다. 즉, 떡을 상 위에 놓은 뒤 함께 덮는다. 이어서 그 청색 보자기 위에다 언급한 부속 비품들을 놓는다. 아마 이때 운반을 위해 떡들 아래 놓았던 두 세트의 병과 잔도 청색 보자기가 덮인 떡들 위에 옮겨 놓았을 것이다. 그다음 제사장들은 그 위에 홍색 보자기를 덮었으며, 마지막으로 해달 가죽으로 덮은 뒤 채를 끼웠다. 추정컨대, 이스라엘 백성은 이동 중에 안식일이 되면 전날 이동을 멈추고 그 장소에서 안식일을 지키기 위해 성막을 조립한 뒤, 매일의 상번제와 안식일의 번제를 바쳤을 것이다(민 28:9). 이때 그들은 진설상의 12개의 떡도 새 떡으로 교체했을 것이다.

45) "메는 틀"의 히브리어 '모트'(מוֹט)는 단수인데, 민수기 13:23에서 정탐꾼들이 포도송이와 과일들을 매달았던 "막대기"를 뜻한다. 그러나 여기서는 단수인 "메는 틀 위에" 등잔대와 모든 비품을 놓았다. 랍비 라쉬밤은 여기서 그것은 총칭의 단수라고 말하면서 그것을 두 개의 막대기로 해석해야 한다고 주장한다(Rashbam, 민 4:7). 즉, 정탐꾼들은 하나의 "막대기에"(בַּמּוֹט, 바모트) 과일들을 거기에 매달았다는 뜻이지만(전치사 '베'[בְּ, '~ 안에']), 여기서는 "막대기 위에"(עַל־הַמּוֹט, 알하모트) 물건들을 그 위에 모두 놓았다는 뜻이다(전치사 '알'[עַל, '~ 위에']). 그러므로 이것은 하나가 아닌 두 개의 막대기여야 한다.

46) 앞서 우리는 이 책 11장 "번제단"에서 여행 중의 제단 불씨의 관리 방법에 대해 논한 바 있다. 우리는 이때 제단 불씨를 담는 비품이 다름 아닌 "재를 담는 통들"이었을 가능성을 제시했다. 랍비들은 제단 불을 덮는 거대한 뚜껑을 제안하거나(랍비 요하난), 그것을 반대하여 별도의 숯불 보관용 비품을 제안했다(랍비 시므온). 그러나 헤거는 시므온이 어떤 별도의 잔불 보관용 용기를 제안한 것으로 이해하지 않는다. 단지 시므온은 여행 중에는 제단 위에 특수 용기로 숯을 덮었다는 요하난에 맞서 여행 중에는 재를 제거하라는 민수기 4:13을 따라 단지 제단의 재를 완

전히 제거해야 한다고 주장했을 뿐이다(Heger, 181). 그래서 헤거는 이 두 랍비의 상이한 견해와 더불어 토라 내에서 모순되어 보이는 견해가 나타난다는 점을 지적한다(Heger, 182). 그러나 이 책 11장 "번제단"에서 언급한 대로, 랍비 슈라가 실버슈타인(Shraga Silverstein)은 시므온의 견해는 별개의 비품이 사용되었음을 의미한다고 해석한다.

사실 시프라의 원문에 나타난 시므온의 견해는 모호하며 명확하진 않다. 실제로 그는 불을 담는 "용기"에 대해 별도로 전혀 언급하지 않는다. 단지 랍비 요하난에 맞서 제단의 재와 숯불은 뚜껑으로 덮으면 안 되고 완전히 제거해야만 한다는 것을 언급할 뿐이다. 그러나 우리는 실버슈타인의 번역을 따라 시므온은 제단의 재를 모두 제거해야 한다는 강조에는 동시에 제단 불을 끄지 말아야 하는 지시를 준수하기 위한 별도의 보관 용기가 암시되어 있는 것으로 해석한다. 흥미롭게도 미드라쉬(Midrash *Bamidbar Rabbah* 4:17)는 랍비 요하난이 말한 숯을 덮는 커다란 특수 용기가 다름 아닌 "재를 담는 통"일 가능성을 제시한다(참고. Heger, 181). 왜냐하면 민수기 4:14의 제단 위에 놓는 제단 부속 비품들 중에 흥미롭게도 "재를 담는 통"만이 빠져 있기 때문이다(자세한 것은 [부록]의 "성막 운반법과 시설 관리"를 보라). 그러나 요하난은 뚜껑처럼 덮는 비품의 용어로 "큰 그릇"(large pot)을 뜻하는 아람어(히브리어) '페사크테르'(כתיר םפ)를 사용하는데 이것은 재를 담기 위한 "통"을 뜻하는 '시르'(סיר)와는 전혀 다르다. 즉, 요하난은 별도의 특수 비품을 제안한 것이다. 혹자는 "불 옮기는 그릇들"이 잔불 보관을 위해 사용되었을 가능성을 제시한다(기동연, 347). 그러나 그것들은 언제나 불을 옮기는 화로나 향연을 피운 향로의 목적으로 사용되었을 뿐이며, 더구나 결정적으로 제단 운반법에서는 그것들이 제단 "위에" 놓이므로 전혀 가능성이 없다. 우리는 "재를 담는 통들"이 잔불 보관용 용기로 사용되었을 가능성을 받아들인다. 다만 그 통들은 제단 위가 아니라 이동 중에는 비어 있는 제단의 밑면에 놓았다고 제안한다.

진설상의 떡이 일주일 동안 따뜻했다?

47) 참고로, 탈무드에 의하면, 연중의 첫 번째 곡식인 보리의 첫 추수물의 한 단은 볶은 뒤 빻아 체로 13회를 걸러 냈으며, 이어서 약 두 달 후에 수확하는 밀의 첫 추수물의 한 단은 그대로 빻은 뒤 체로 12회를 걸러 냈다고 말한다. 그리고 매 안식일의 진설병 재료인 밀가루는 11회를 빻았다(Talmud Menachot 76b). 탈무드가 소개하는 이 견해는 미쉬나의 해설인데, 이것을 해석하는 탈무드의 게마라(미쉬나의 해설을 '게마라'라 칭한다)에서 다른 랍비들은 이런 횟수는 근거가 없으며 단지 여러 번 체로 걸렀다고 말한다.

48) 구약에는 이 진설병이 무교병이라는 기록이 없지만, 미쉬나와 요세푸스는 이것이 무교병이었다고 말한다(Mishnah *Menachot* 13:4와 *Zebahim* 9:5, 13:6; Josephus, *Antiquities* 3:6:6).

49) Mishnah *Menachot* 11; 참고. 미쉬나의 이것을 해석한 Talmud *Menachot* 99b; 그외 Tamlud *Yoma* 21a; Talmud *Mennachot* 29a와 96b; Jerusalem Talmud *Shekalim* 6:3; 그 외 Midrash *Ein Yaakov*(Glick Edition) *Menachot* 3.

50) 조슈아 컬프는 미쉬나 쉐칼림에 대한 해설에서 가르무 사람들을 제사장 가문으로 본다(Joshua Kulp, *English Explanation of Mishnah Shelakim* 5:1, www.sefaria.org 에서 인용). 그러나 이것은 역대상 9:32의 증거에 부합하지 않는다.

단행본과 논문들

기동연, 《레위기》. 서울: 생명의양식, 2019.

김경열. 《레위기의 신학과 해석》. 서울: 새물결플러스, 2015.

김의원. 《레위기 주석: 제사장 나라의 성결 설계도》. 서울: 기독교문서선교회, 2013.

박철현. 《출애굽기 산책》. 서울: 솔로몬, 2014.

이민규. 《신앙, 그 오해와 진실》. 서울: 새물결플러스, 2014.

조철수. 《메소포타미아와 히브리 신화》. 서울: 길, 2000.

Ashley, Timothy R. *The Book of Numbers*. NICOT. Grand Rapids: Eerdmanns, 1993.

Beale, G. K. *The Temple and the Church's Mission: A Biblical Theology of the Dwelling Place of God*. 강성열 역. 《성전신학: 하나님의 임재와 교회의 선교적 사명》. 서울: 새물결플러스, 2014.

Berlin, Adele, ed, *The Oxford Dictionary of the Jewish Religion*. Oxford University Press, 2011.

Biderman, Avrohom. *The Mishkan-The Tabernacle: Its Structure and Its Sacred Vessels*. NY: Mesora Publications, 2011.

Brenner, Athalya. *Colour Terms in The Old Testament*. JSOTsup 21. Sheffield: JSOT Press, 1982.

Cassuto, Umberto. *A Commentary on the Book of Exodus*. Jerusalem: Magnes Press, 1967.

Chwalkowski, Farrin. *Symbols in Arts, Religion and Culture: The Soul of Nature*. Newcastle upon Tyne: Cambridge Scholars Publishing, 2016.

Cohen, Uri. "The Weight of the Ark Cover", 2011 (이스라엘 Bar Ilan 대학 세미나의 미출판물).

Derby, Josiah. "The Gold of the Ark", *JBQ* Vol. 33:4 (2005): 253-256.

Durham, J. I. *Exodus*. WBC Vol. 3. Waco, TX: Word Books, 1987.

Goffredo, Strefano and Duinsky, Zvy (editors). *The Mediterranean Sea: Its History and Present challenges*. Dordrecht, The Netherlands: Springer, 2014.

Golan, Ariel. *Prehistoric Religion: Mythology, Symbolism*. Jerusalem: A. Golan, 2003.

Gooder, Paula. *Heaven*. 이학영 역. 《마침내 드러난 하늘나라》. 서울: 학영, 2021.

Graves, David E. "What is the Madder with Lydia's Purple? A Reexamination of the *Purpurarii* in Thyatira and Philippi", *NEACB* 62 (2017): 3-28.

Grossman, Yitzhak. "'The Scholar Rabbi Levi' — A Study in Rationalistic Exegesis", *Hakirah* Vol. 12, (2011): 171-207.

Hamilton, Victor P. *Exodus: An Exegetical Commentary*. Grand Rapids, Mich.: Baker Academic, 2011.

Haran, Menahem. *Temples and Temple-Service in Ancient Israel*. Oxford: Clarendon Press, 1978.

Haran, Menahem. "The Priestly Image of the Tabernacle", *HUCA* 36 (1965): 202-203.

Hartley, J. E. *Leviticus*. WBC 4. 김경열 역. 《레위기: WBC 성경주석》. 서울: 솔로몬, 2006.

Hays, J. D. *The Temple and the Tabernacle: A Study of God's Dwelling Place from Genesis to Revelation*. 홍수연 역. 《하나님의 임재와 구원》. 서울: 새물결플러스, 2020.

Heger, Paul. *The Three Biblical Altar Laws: Developments in the Sacrificial Cult in Practice and Theology: Political and Economic Background*. BZAW 279. Berlin: de Gruyter, 1999.

Hurowitz, W and Hurowitz, V. A. "Urim and Thummim in Light of a Psephomancy Ritual from Assur (LKA 137)", *JANES* 21 (1992): 95-115.

Jenson, P. Peter. *Graded Holiness: A Key to the Priestly Conception of the World*. JSOTSup 106. Sheffield: Sheffield Academic Press, 1992.

Jeremias, J. *Jerusalem zür Zeit Jesu*. 한국신학연구소 번역실 역.《예수 시대의 예루살렘: 신약성서 시대의 사회경제사 연구》. 서울: 한국신학연구소, 1992.

Kurilo, Diego Alonso. *The Sacred Tree: In the Indo-European World*. Independently published in Argentina, 2015.

Levine, Moshe. *The Tabernacle: Its Structure and Utensils*, Jerusalem: Judaica Press, 1969.

Luntschitz, Shlomo Ephraim ben Aaron. *Kli Yakar*. ed. Elihu Levine. Southfield, MI: Targum Press, 2009 (www.sefaria.org).

Milgrom, Jacob. *Numbers*. JPSTC. Philadelphia: The Jewish Publication Society, 1990.

Milgrom, Jacob. *Leviticus 1-16: A new Translation with Introduction and Commentary*. New York: Doubleday, 1991.

Milgrom, Jacob. *Leviticus 23-27: A new Translation with Introduction and Commentary*. New York: Doubleday, 2000.

Milgrom, Jacob. *Studies in Levitical Terminology I*. Near Eastern Studies 14. Berkeley: University of California, 1970.

Sarna, Nahum M. *Exodus, The Traditionnal Hebrew Text with the New JPS Translation*. JPS Torah. Philadelphia: JPS, 1991.

Schatz, Elihu A. "The Weight of the Ark of the Covenant", *JBQ* Vol. 35:2 (2007): 115-118.

Sklar J. "Sin and Impurity: Atoned or Purified? Yes!", in *Perspectives on Purity and Purification in the Bible*. ed by Baruch J. Schwartz, et al. LHBOTS 474. New York: T&T Clark, 2008: 18-31.

Tigay, J. H. *Deuteronomy*. The JPS Torah Commentary. Philadelphia: the Jewish Publication Society, 1996.

Van Dam, Cornelis. *The Urim and Thummim: A Means of Revelation in Ancient Israel*. Winnona Lake, IN: Eisenbrauns, 1997.

Vos, Geerhardus Johannes. *Biblical Theology: Old and New Testament*. Carlisle, PA: The Banner of Truth Trust, 1978. 이승구 역.《성경신학》. 서울: CLC(기독교문서선교회), 2000.

Vos, Geerhardus Johannes. *The Eschatology of the Old Testament* Phillipsburg: P&R Publishing, 2001. 박규태 역.《구약의 종말론》. 서울: 좋은씨앗, 2016.

Ziderman, Irving. "First Identification of Authentic Tekelet", *BASOR* 265 (1987): 25-31.

히브리어 성경과 70인경, 탈굼 외에 사용한 번역 성경

공동번역

개역개정

개역한글

새번역

ASV American Standard Version (1901)

ESV English Standard Version (2016)

JPS Jewish Publication Society Old Testament (1917)

KJV King James Version (1611/1769)

NASB New American Standard Bible (1977)

NET New English Translation (2006)

NIV The New International Version (2011).

RSV Revised Standard Version (1952)

TNK JPS Tanakh (1985)

YLT Young's Literal Translation (1898)

약어

ANET Ancient Near Eastern Texts Relating to the Old Testament.

BDB Brown, Driver and Briggs's *Hebrew and English Lexicon of the Old Testament*.

Kehot Kehot Publication Society에서 인터넷에 공유된 랍비 므나헴 멘델 쉬니어슨(Menachem Mendel Schneerson)의 성막론 자료

TWOT *Theological Wordbook of the Old Testament.*

기타

NIV Cultural Backgrounds Study Bible, the article "Urim and Thummim".

그 외 이 책에 방대하게 인용된 미쉬나, 탈무드, 미드라쉬를 비롯한 유대 문헌들, 그리고 다양한 중세 랍비들의 저술과 문헌은 생략함. 그리고 익히 알려진 고대 유대인 역사가 요세푸스(Josephus)를 비롯한 일부 고대 기록의 자료와 출처 또한 생략함.

사진 및 그림 출처

사진 7.

https://news.artnet.com/art-world/bronze-age-gold-discovered-denmark-316751

사진 10. 조에스더 선교사

사진 16. 위키피디아/ Pureales, CC BY-SA 4.0 〈https://creativecommons.org/licenses/by-sa/4.0〉, via Wikimedia Commons

사진 18. 위키피디아/ Vahe Martirosyan, CC BY-SA 3.0 〈https://creativecommons.org/licenses/by-sa/3.0〉, via Wikimedia Commons

사진 19. Polyxeni Adam-Veleni and Evangelia Steffani (editors), *Greeks and Phoenicians at the Mediterranean Crossroads* (Archaeological Museum of Thessaloniki, Publication no. 15, 2012), 102.

그림 21.

https://www.researchgate.net/figure/Relative-proportions-of-dye-components-IND-MBI-DBI-DBIR-at-554-nm-in-modern-fleeces_fig5_348855387

사진 23. M. Levine, 90.

사진 25.

https://ca.goodseed.com/the-ark-of-the-covenant/

사진 49. Antti Vähä-Sipilä, CC BY-SA 1.0 FI 〈https://creativecommons.org/licenses/by-sa/1.0/fi/deed.en〉, via Wikimedia Commons.

사진 52. Deror_avi, CC BY-SA 3.0 〈https://creativecommons.org/licenses/by-sa/3.0〉, via Wikimedia Commons

사진 62.

https://messianic-revolution.com/e26-3-what-was-the-outermost-covering-of-the-tabernacles-tent-sanctuary-really-made-out-of/

사진 64. M. Levine, 53.

사진 88. Israel Museum, CC0, via Wikimedia Commons

사진 107. See page for author, CC BY 4.0 〈https://creativecommons.org/licenses/by/4.0〉, via Wikimedia Commonstn〈toKu

사진 121. Israel Museum, CC0, via Wikimedia Commons

사진 125. Rudolph.A.furtado, CC0, via Wikimedia Commons

그림 128. The Talmud(Joseph Barclay)

그림 129. 게티이미지뱅크

그림 130. 마이모니데스 Moses Maimonides, Public domain, via Wikimedia Commons

그림 131. 레빈의 등잔대 재구성 Levine, 107

셔터스톡

6, 8, 9, 11, 12, 13, 14, 15, 17, 26, 30, 31, 38, 39, 42, 48, 50, 51, 119, 120, 122, 123, 132 133번

김홍 작가

8, 21, 153, 179, 232쪽